普通高等院校教育学创新规划教材

丛书主编 肖 昊

教育哲学

冯建军 周兴国 梁燕冰 张慧真 叶 飞 著

武汉大学出版社

图书在版编目(CIP)数据

教育哲学/冯建军,周兴国,梁燕冰,张慧真,叶飞著.—武汉:武汉大学出版社,2011.8(2021.9重印)
普通高等院校教育学创新规划教材/肖昊主编
ISBN 978-7-307-08661-6

Ⅰ.教… Ⅱ.①冯… ②周… ③梁… ④张… ⑤叶… Ⅲ.教育哲学—高等学校—教材 Ⅳ.G40-02

中国版本图书馆 CIP 数据核字(2011)第 059451 号

责任编辑:胡国民　　责任校对:黄添生　　版式设计:马　佳

出版发行:**武汉大学出版社**　　(430072　武昌　珞珈山)
（电子邮箱:cbs22@whu.edu.cn 网址:www.wdp.com.cn）
印刷:武汉中远印务有限公司
开本:787×1092　1/16　印张:17.5　字数:400 千字　插页:1
版次:2011 年 8 月第 1 版　2021 年 9 月第 5 次印刷
ISBN 978-7-307-08661-6/G·1974　　定价:36.00 元

版权所有,不得翻印;凡购买我社的图书,如有质量问题,请与当地图书销售部门联系调换。

教育学发展与创新
——普通高等院校教育学创新规划教材代序

任何事物都是不断发展、变化的。人们通过对事物发展、变化的认识来解释自然和社会，于是，就有了自然科学和社会科学。教育是一种社会现象，随社会的出现而出现，随社会的发展而发展，并以自己独特的面貌展现在学术舞台上。教育学是人们认识教育发展、变化的结果，它的出现为社会科学增添了新学科。教育学发展的过程就是人们对教育发展、变化的认识不断加深的过程。在这个认识过程中，从现象到本质，由量变到质变，经继承到创新，永无止境地走向未来。教育学发展孕育着教育学创新，教育学创新推动着教育学发展。这套普通高等院校教育学创新规划教材，是我国教育学发展与创新的时代面貌的展现，是教育学时代征程的新起航。

一

据史料记载，教育学这个概念是"英国唯物主义和整个现代实验科学的真正始祖"弗兰西斯·培根最先提出的。1623年，培根在《论科学的价值和发展》一书中对"各种科学作了百科全书那样广博的观测"，并且按照科学的内在特点，对不同科学的研究对象和知识范围进行了认真考察。在该书中，教育学首次被当做一门关于"指导阅读"的独立科学列出来。但是，教育学作为一门独立科学被列出来，并不意味着教育学事实上成为一门独立学科。教育学产生之初是以一个整体的形式存在的，后来逐步得以系统化、理论化。它的发展经历了漫长的过程。

教育学的西方起源可上溯到古希腊三大哲人——苏格拉底、柏拉图和亚里士多德的教育思想。苏格拉底用他那著名的"产婆术"从"美德即知识"推理出"美德来自教育"的结论，以此说明教育在造就一个有美德的人的过程中的作用和重要性。柏拉图继承和发展了其老师苏格拉底的这一教育思想，认为美德既是理智，又是欲望和意志。作为理智的美德是可教的，作为欲望和意志的美德要通过练习来养成。造就一个有美德的人的教育不仅要传授知识，而且要在练习中养成好的行为习惯。他把美德理解为灵魂中天赋的理念，美德可教在于它可回忆。教育使人具有美德，就是使人醒悟，唤起灵魂中天赋的有关美德的理念。因此，他强调因材施教，主张按年龄分段进行教学，重视在教学中运用点悟、诱导、启发等教学方法，注重采用活动教学形式，倡导通过数学、游戏、故事、音乐、体操等练习来培养儿童正直、善良、正义等美德。亚里士多德继承和发展了其老师柏拉图的教育思想，认为本性、习惯、理智是制约美德形成的三个因素，本性是美德形成的先天条件，习惯和理智是美德形成的后天条件，教育可以使人具有良好习惯和高级理智。他认为"人天生是一种政治动物"，即人是社会和国家的一员，国家必须承担把每个新生成员教育成为具有美德的公民的义务。他基于对人的植物、动物、理性三种灵魂的认识，提出通过与此相对应的体育、智育、德育来促进人的德、智、体和谐发展。亚里士多德关于教学内容、教学方法和教育形式的主张跟柏拉图基本相同。苏格拉底用知识把美德与教育联系起来，这为构建教育学的伦理基础提供了依据。柏拉图用理智、欲望、意志和练习把美德与教育联系起来，这为构建教育学的伦理基础和实践基础提供了依据。亚里士多德用本性、习惯、理智、练习和人的植物、动物、理性三种灵魂把美德、社会公民与教育联系起来，这为构建教育学的伦理基础、实践基础、心理基础和社会基础提供了依据。问题在于，苏格拉底和柏拉图的先验美德哲学，使他们的教育思想具有推理性伦理学基础。亚里士多德从植物、动物、人类推出人的三种灵魂，机械地把教育与心理联系起来；他承认人的社会性是先天的，无视人的自然性和遗传性，这使他建立的教育与心理的联系同教育与社会的联系处于对抗状态，因此，他的教育思想不足以构成教育学牢固的心理学基础。重要的在于，古希腊三大哲人的治学态度开创了古希腊对科学长久不衰的好奇心和热烈而不带偏见探索的传统。这一传统并没有因为中世纪的"黑暗"而完全泯灭。文艺复兴使这一传统重新焕发生机，从而为教育学发展成为一门独立学科创造了良好的学术环境。

1632年夸美纽斯《大教学论》的问世，标志着教育学真正成为一门独立的学科。夸美纽斯在《大教学论》中不像古希腊三大哲人那样把教育作用局限于使人获得美德，而是把教育当做为人的生存做准备的必要条件，教育不仅是打开知识宝库的钥匙，而且是发展智力、弃恶扬善、学会生存的途径，因为任何人都是可教育的，从而使他的教育思想具有牢固的哲学、伦理学基础。他不像亚里士多德那样用三类生命体类所推出的三种灵魂来解释教育的心理因素，而是用心理功能来解释教育的心理因素，从而使他的这种解释近似客观地揭示了教育与心理之间的内在联系。他不像其先辈那样把教育效果的视野局限于教学内容、方法、组织形式，而是尝试着把教育效果当做心理器官反映外部世界的结果，把教学内容、方法、组织形式当做教育艺术的综合体，使得教育艺术成为一种理论。他提出了普及初等教育的倡议，论述了如何适应学生年龄特征来构建学校教育制度，创立了至今仍在广为应用的班级授课制度，规定了具有学科意义的教学内容，提出了教学的便利性、彻底性与迅捷性等原则，评价了教师的职业地位和作用。这本书使教育学的哲学基础和心理学基础变得牢固，使教育学的知识框架变得规范，使教育学的研究对象变得清晰。一旦某门学科有了牢固的基础、规范的知识框架、清晰的研究对象，它会在发展中变得独立。这样说来，夸美纽斯的《大教学论》作为教育学走向独立的标志就是无可厚非的了。

教育学作为一门学科在大学里讲授，最早始于德国哲学家康德，他于1776年在德国哥尼斯堡大学的哲学讲座中讲授了教育学。赫尔巴特是继康德之后在大学系统讲授教育学的学者，1806年他出版的《普通教育学》是对传统教育思想的继承和发展，是历史上第一本最具经典性、系统性、理论性的教育学专著。他在该书中认为"全部哲学必须与对经验主义概念的反省和发挥产生联系"，存在物是一个个独立的"实在"，在对已获得的实在概念的反省中，"当人们体验了这些实在并把它们互相联系起来时，就决定了自己的精神、意志、愿望、决断和道德品质"①。人之所以是可教育的，就在于"实在"概念的获得和体验来自"智力空间"，而这种智力空间又是自我的"精神实在"，其表象是精神实在对其他实在的反应，相似的表象组成"统觉群"，人的精神、意志、愿望、决断和道德品质是其统觉群内部各表象相互作用的结果。他把人的心理理解为具有统觉群的整体，并尝试着用"静力学和机械学"的观念解释心理现象，因此，他是历史上推动心理学科学化的第一人。这就使得他的哲学思想和心理学思想有机结合成一个整体，从而巩固了他的教育学的哲学基础和心理学基础。赫尔巴特将其前辈来自于直观体验的教学论述和思辨加以系统化，首创了"五段教学法"，提出了学校课堂教学的基本模式，建立了学校教育与管理的伦理学、心理学规范。他对教育学的科学基础的进一步夯实，使他在西方学术界赢得了"教育学之父"的尊称。赫尔巴特是历史上用哲学演绎和心理学推理的方法研究教育的集大成者。西方学术界把这种演绎性、推理性教育学称为传统教育学，赫尔巴特也因此被视为"传统教育学派"的代表。

19 世纪以前的几个世纪是传统教育学派占统治地位的世纪，然而，传统教育学为神秘主义、超自然主义和唯心主义所束缚，它掀不开精神实在的神秘面纱。19 世纪原子分子论、元素周期律、热力学三定律、生物进化论、电磁理论、唯物辩证法等科学的问世，把人们的思想从传统教育学的神秘主义、超自然主义和唯心主义的束缚下解放出来。其间，实验心理学与实验教育学蓬勃兴起，这使得心理的客观制约性、可预见性和稳定性以及教育与社会、心理和生活的内在联系等都可以用实验结论加以说明。随着实验心理学与实验教育学研究的不断深入、扩展，那种建立在哲学演绎与心理学推理基础上的传统教育学的理论基础在实验得出的事实和结论面前变得软弱无力，传统教育学的理论体系开始走向终结，并为实用主义的现代教育学理论体系所取代。

20 世纪，杜威的实用主义教育学的诞生，标志着实用主义的现代教育学理论体系的形成。这个理论体系以教育的价值取向为中心，以揭示教育的真实性为目的，以实证为手段。杜威认为，真实的教育是对受教育者有用的教育，唯有真实的教育才是可以实证的教育；教育即生活，教育即生长，教育即经验的持续改造，教育即社会进步及社会改革的基本手段；学校即社会，学校只有从学生的本性、表象、兴趣、情绪出发并引导他们在做中学，才能使他们对一个不断变化的社会的适应能力得到发展。他反对外在固定的、终极的教育目的，强调教育的社会性目的，主张在社会性的情景中实施道德教育，提倡为人的目的而服务的教学。杜威的实用主义教育理论对 20 世纪的东西方教育产生了深远的影响。由于杜威的实用主义教育学不是像传统教育学那样通过哲学演绎和心理学推理来得出教育观点，而是通过实证来得出教育的价值及其实现的途径与手段，因此，它在西方被称为与传统教育学相对应的"现代教育学"，杜威也因此被视为"现代教育学派"的代表。

第二次世界大战以后，西方出现了要素主义、改造主义和存在主义等教育学派。要素主义教育学派把民主与自由的理想、福利与进步所必需的对儿童的指导、具有文化共同性的人类遗产等作为教育内容的要素，教学计划必须体现这些要素并通过教师的系统

---

① S.E. 佛罗斯特. 西方教育的历史和哲学基础 [M]. 北京. 华夏出版社，1987：454.

讲授和学生的正式学习来得到严格执行。该学派并不否定现代教育学派以教育的价值取向为中心、以教育的真实性为目的、以实证为手段等的基本理念。改造主义教育学派把要素主义教育学派称为"新保守派",主张教育的重点是关注让学生获得科学、经验、向往文明与进步的智慧的实践方法,而不是关注拟定这些方法所必需的一些目的,教育的目的是为实现文明与进步而进行的社会改造。改造主义教育学派是对现代教育学派关于"教育即社会进步及社会改革的基本手段"这一思想的继承与发展。存在主义教育学派把学生的"自我设计"、"自我发展"、"自我完成"作为教育的重点,从而把现代教育学派关于"实施对受教育者有用的教育"这一思想推向了极端。

二

在人类历史的进程中,以赫尔巴特为代表的传统教育学和以杜威为代表的现代教育学为何会出现?其间是否有可以查明的原因?教育学历史变革留下了什么遗产?教育学发展的历史表明,以赫尔巴特为代表的传统教育学和以杜威为代表的现代教育学都是以"为谁教"、"教什么"、"如何教"为三大主题的教育学,不同的是,前者以追求教育的"艺术"为目标,后者以追求教育的"实用价值"为目标。

教育是传承知识的途径,而人类在长期实践中积累的知识浩如烟海,如何将有用的知识传授给下一代,这是人们在教育过程中不得不思考的问题。知识的掌握是一种心理活动,需要智力和非智力因素的共同参与,人在其中变得聪明、智慧。更为重要的是,聪明、智慧使人懂得做人的道理,人的行为可能变得更理性、更善良。如果听任人我行我素地实现自我发展却没有精选的知识、周详的安排和智慧的前辈加以引导,那么,人的成长就具有某种不可预测性和迟滞性。于是,应对人的不可预测性和迟滞性成长的教育就被当做一种艺术来加以研究,传统教育学者就是围绕这种艺术来展开研究的。

夸美纽斯把他创立的理论称为一种"把一切事物教给一切人类的全部艺术"。在他看来,教育的任务是教人学会认识世界、约束自我和向往上帝,而人是自然的一部分,教育理所当然要遵循自然,要符合直观性、系统性、渐进性、连贯性、量力性、巩固性等教学原则,要授予一切人,并要分年龄阶段分班级来进行,要使用具有系统性、简明性、渐进性的教材,要用观察、谈话、实践等方法,要为人的生存和来世做好准备。显而易见,夸美纽斯的教育学是追求"为谁教"、"教什么"、"如何教"的艺术。

后来的传统教育学者开展的研究工作都是对这种艺术的完善或创新。关于追求"为谁教"的艺术,在洛克那里回答的是如何为造就"绅士"而教,在卢梭那里回答的是如何为造就"自由人"而教,在爱尔维修那里回答的是如何为造就具有民族精神、爱国精神和社会责任感的"公民"而教,在裴斯泰洛齐那里回答的是如何为培养有道德和全面、和谐发展的人而教,在赫尔巴特那里回答的是如何为培养有美德的人而教,在福禄培尔那里回答的是如何为回归人那"神的本源"而教,在第斯多惠那里回答的是如何为培养有博爱精神和自觉性的"公民"而教,在乌申斯基那里回答的是如何为培养德、智、体和谐发展的人而教。

关于追求"教什么"的艺术,是以"为谁教"为依据的。对教育目的的看法不同,在教育内容的取舍上就略显不同。洛克关于造就"绅士"的教育内容把地理、历史、法律、骑术、舞蹈作为基本知识。卢梭关于造就"自由人"的教育内容把与劳动、生活中事物、情景、范例作为基本知识。爱尔维修关于造就具有民族精神、爱国精神和社会责任感的"公民"的教育内容把发生在受教育者周围的一切事物作为基本知识。裴斯泰洛齐关于培养有道德和全面、和谐发展的人的教育内容把日常生活中的行为举止、道德行为、基本技能、自然知识作为基本要素。赫尔巴特培养有美德的人的教育内容把人文知识放在突出地位。福禄培尔关于回归人那"神的本源"的教育内容把宗教、自然常识、数学和语言作为基本知识并要求体现自然与精神统一的法则。第斯多惠关于培养有博爱精神和自觉性的"公民"的教育内容把真、善、美行为、本族语、文学、祖国历史和地理自然知识放在突出地位。乌申斯基关于培养德、智、体和谐发展的人的教育内容把自然和人的知识放在突出地位。

关于追求"如何教"的艺术，后来的传统教育学者秉承了夸美纽斯的研究思路。洛克视感觉为观念的源泉，强调在教学中要注重直观性地培养儿童的学习兴趣和渐进性地培养儿童好的行为习惯，这是对夸美纽斯直观性、渐进性教学原则的完善。卢梭提出要发展儿童的独立性和观察力就必须在自然界中进行教学，这是对实施夸美纽斯直观性教学原则的具体化。裴斯泰洛齐强调在教学中遵循自然的原则和通过循序渐进的练习来发展儿童的各种素质，这仍然是对夸美纽斯直观性、渐进性教学原则的继承。赫尔巴特强调教学要以儿童的兴趣为基础，提出明了、联想、系统、方法四段教学和叙述、分析、综合三类教学的理论以及教学的教育性原则，这是对夸美纽斯教学论的系统化。福禄培尔提出构建教学论的自然与精神统一的法则、人性与神性对立与调和的法则、遵循自然的法则，这是对赫尔巴特教学论作了唯心主义辩证法的阐释。乌申斯基认为教育学是一门艺术而不是一门科学，可以说这是对传统教育学思想的很好概括和总结。

除爱尔维修、乌申斯基等少数人以外，大多数传统教育学者都坚持唯心主义哲学观与唯理方法论。一方面，他们视上帝为造物主，用神性来解释人性的归宿，所以，他们所追求的教育艺术充满神秘主义色彩；另一方面，他们又把人当做自然的一部分，运用唯理的方法来探索自然过程背后的教育"实在"，所以，他们所追求的教育艺术又具有一定的合理性。

然而，达尔文的生物进化论动摇了传统教育学的唯心主义哲学基础与唯理方法论基础。达尔文在《物种起源》一书中全面论述了物种变异和遗传、适者生存的普遍规律，从而打破了上帝造万物的神话。他的结论是用调查所获得的证据来加以说明的，从而赢得了实证方法论对传统唯理方法论的胜利。这就彻底动摇了传统教育学的唯心主义哲学基础与唯理方法论基础。正如佛罗斯特所说的那样："由于这个理论使人类掌握了一种通向儿童本性及其发展的新方法，所以，它深深地影响了教育，向很多早期教学方法提出了挑战。"[①]

首先向传统教育学正式发起挑战的是斯宾塞的教育学，斯宾塞用生物界的变异和遗传、"适者生存"等进化论原理进行他的教育学研究，认为教育的根本任务是向人们传授有用的知识，教他们怎样适应社会和过"完美"生活。他抨击教育中的形式主义、

---

① S.E. 佛罗斯特. 西方教育的历史和哲学基础 [M]. 北京. 华夏出版社，1987：498.

经院主义和教条主义，用实科教育来对抗传统教育学者所倡导的形式教育，把学生学习的主动性作为教学论的基础，把学习行为规定为适应过"完美"生活的活动或活动对过"完美"生活的适应。斯宾塞从知识的比较价值出发并以确定的事实与知识为依据来构建他的功利主义和实证论教育学，其目的是追求教育如何让学生适应社会与生活。这种追求教育对社会与生活的适应在于规定"为谁教"、"教什么"、"如何教"的实用价值，教育艺术只有符合实用价值才有意义。斯宾塞是这种追求"实用价值"的现代教育学的开拓者。

杜威对这种追求"实用价值"的现代教育学进行了全面、系统的论述。杜威认为，万事万物都是变化、发展的，知识唯一可以实证的对象是产生这种对象的一套变化和这种变化的结果。教育所传授的知识应该有用处，即能消除冲突，满足需要，适应生活和生长。他把教育看成是协调和适应的工具。协调就是消除现实与愿望之间的冲突，以便实现学生的愿望。适应就是满足学生的需要，以便使那意味着幸福的生活和生长的事物得到安排。得到协调和适应的教育就是真实的教育。一个教育之所以能产生有效的、成功的作用，就在于它那可以实证的真实性。杜威不像传统教育学那样把教育与人的发展的关系理想化或唯理化，而是把教育学当做是为学生的愿望、需要、选择、奋斗与现实之间的冲突作出诊断与预测并作出适应性教育安排的方法。

第二次世界大战以后出现的要素主义教育学派、改造主义教育学派和存在主义教育学派，徘徊于传统教育学派与现代教育学派之间，走不出"为谁教"、"教什么"、"如何教"的"艺术"和"实用价值"的历史围栏，他们充其量也不过是对追求"艺术"的传统教育学和追求"实用价值"的现代教育学的修修补补，在总体上并没有实现教育学发展与创新的历史突围。20世纪末21世纪初，教育学似乎还没有摆脱那种追求"艺术"与"实用价值"的历史"魔咒"，围绕"为谁教"、"教什么"、"如何教"的课程论和教学模式的研究仍然不遗余力地进行着，并试图通过实验找到那种能产生普遍性效果的课程论和教学模式，然而，所有实验的结果都无一例外地令人沮丧。1996年11月芝加哥大学教育学院的停办表明，那种追求"艺术"与"实用价值"的教育学不仅存在着把教育的功能抽象化、理想化，把人的发展简单化、同一化等研究范式问题，而且存在着把"为谁教"、"教什么"、"如何教"的艺术与实用价值中心化、神圣化的主题问题和目标问题。

三

教育学的东方起源可上溯到古代中国的《大学》和《学记》，前者以论述教育内容见长，后者以阐述课程安排、教学原则与方法为要。遗憾的是，这些古代经典并没有使得教育学在这个文明古国独立崛起，因为"百家争鸣"的先秦优良学风在那为巩固封建统治而展开喋喋不休的儒、法之争的过程中丧失殆尽。殊不知，唯有"百家争鸣"学风的坚持得以制度化，才能激发和保护人们对科学的好奇心和不带偏见的探索，这正是科学发展不可或缺的学术环境。

中国是一个两千多年文明不曾中断的国家，历史上出现了像孔子、王充、韩愈、朱熹、张载、王守仁、顾炎武、陶行知、康有为、张之洞、蔡元培等著名教育思想家，但是，他们没有将自己的教育思想系统化、理论化，因此，中国古代没有出现具有学科意义的教育学。教育学在中国的发展是从国外引进开始的，1901年王国维从日本引进教育学，1917年陶行知在南京高等师范学校系统传授西方新教育理论并提出了"生活教育理论"，这被教育界视为中国教育学进入了学科发展的历史。中华人民共和国成立以后，苏联的凯洛夫主编的《教育学》教材被译成中文并一度成为教育学在中国"苏化"的范本。"文化大革命"期间，许多师范院校的教育学专业停办，教育学受到冷落。改革开放以后，各师范院校全面恢复了教育学专业，各普通高等学校普遍创办了高等教育研究所，高等院校掀起了研究教育学的热潮。30多年以来，随着这种热潮的持续高涨，教育学在分化或综合中逐步发展成为一个由近百门二、三级学科组成的学科门类。科学的不断分化与综合在教育学的发展上得以体现，教育学体系中除教育基本理论、教育哲学、教育伦理学、教育生理学、教育心理学、教学论、德育论和分科教学论等传统学科以外，还出现了教育经济学、教育管理学、教育技术学、教育评价学、教育测量学等新型学科和交叉学科，教育学体系日趋完善。教育学研究领域也从微观教育教学过程扩展到宏观教育运行，从教育内部关系扩大到教育外部关系，从基础教育扩展到高等教育，从正规教育扩展到非正规教育。教育学研究方法也日益追求历史与逻辑的统一、理论与实践的统一、定性分析与定量分析的统一、实证研究与规范研究的统一。

但是，教育学在我国的发展现状并不尽如人意，人们普遍认为，我国的教育学仍然存在学科基础不牢固、学科特色不明显、学科专业化不充分、学科应用方向不明确、学科实用价值不大高的弊病。在笔者看来，当今我国的教育学总体上仍然没有突破那种追求"艺术"和"适应"的教育学的研究范式和研究对象，仍然把"为谁教"、"教什么"、"如何教"的"艺术"和"实用价值"的研究置于学科的中心地位，仍然面临着在其主题与目标上实现重大突破的创新难题。

尽管如此，我国的教育学研究也呈现出令人喜悦的发展态势，那就是教育学的科研选题越来越多地转向教育发展问题和教育管理问题，教育学开始逐步从"为谁教"、"教什么"、"如何教"的主题向"为谁发展教育"、"发展什么教育"、"如何发展教育"的主题转移；从追求教育的"艺术"和"实用价值"的目标向追求教育的"科学发展"的目标转移，从而预示着教育学在中国有可能实现其主题和目标的重大突破。

四

未来的教育学将是以"为谁发展教育"、"发展什么教育"、"如何发展教育"为主题的教育学，将是以追求教育的科学发展为目标的教育学。

为谁发展教育的问题之所以能成为教育学的主题，是因为它所回答的是关于教育发展的依据、意义和价值问题。能否正确回答为谁发展教育的问题，关系到能否把握教育发展与办学的规律，关系到能否正确确立教育发展与办学的指导思想。只有明确教育发展与办学的依据、意义和价值，才能充分认识和摆正"优先发展教育"的战略地位，才能正确认识和处理教育发展与经济建设、政治建设、文化建设和其他社会建设的关系。例如，我国为什么要优先发展教育，这只能从教育发展与办学的依据、意义和目的上加以说明。改革开放以前，我们曾经片面地强调教育的意识形态功能，而忽视了教育的经济功能,在"教育革命"与"意识形态领域革命"之间画等号,长期用建设意识形态的态度来对待教育发展,把教育发展放在次要地位,教育事业成为"十年动乱"的重灾区。因此,教育发展处于相对落后状态,从而极大地制约了经济和社会发展。改革开放以来,特别是在邓小平关于"社会主义现代化建设必须依靠教育,教育必须为社会主义现代化建设服务"的讲话以来,教育发展与办学的依据、意义和价值随着讨论为谁发展教育问题的不断深入而更加明确,教育发展与办学的指导思想也随之发生了重大转变,优先发展教育的战略方针也随之得以确立,教育也随之走上了持续、快速、健康发展的道路,从而为社会主义现代化建设奠定了日益牢固的智力基础,为经济、政治、文化、社会发展提供了日益强盛的后劲。

发展什么教育的问题之所以能成为教育学的主题,是因为它所回答的是关于教育发展的方向、内容、速度、规模、结构、质量、效率问题。能否正确回答发展什么教育的问题,直接关系到教育发展的方向、内容、速度、规模、结构、质量、效率能否体现教育发展的意义和价值,直接关系到教育发展能否与人民群众日益增长的教育需求相适应,直接关系到教育发展能否与经济建设、政治建设、文化建设和其他社会建设相协调。例如,我国要办好人民满意的教育,首先要弄清楚什么样的教育才是人民满意的教育。显而易见,只有那种发展的方向明确、内容丰富、速度适当、规模合理、结构优化、质量高、效率好的教育,才是人民满意的教育。这样的教育才能体现教育发展的意义和价值,才能满足人民群众日益增长的教育需求,才能与经济建设、政治建设、文化建设和其他社会建设相协调。

如何发展教育的问题之所以能成为教育学的现代主题,是因为它所回答的是关于教育发展的体制、机制、方式、手段、途径、措施、技术等问题。能否正确回答如何发展教育的问题,直接关系到教育发展的内容、速度、规模、结构、质量、效率能否实现预期目标,直接关系到教育发展能否实现其意义与价值。例如,过去一个较长时期内我们单一依靠财政力量兴办教育,按刚性计划发展教育,人为排斥市场机制在推动教育发展中的作用,教育发展长期滞后于经济发展。近十年来我国出台了一系列鼓励社会力量兴办教育的法规和政策,一大批民办高等学校建立起来了,有力地推动了高等教育发展,极大地缓解了高考升学压力,与此同时也加快了其他教育的发展。例如,政府的新增教育经费能更多地用于义务教育,就可以向适龄儿童免费提供九年制义务教育了。

追求教育的科学发展的教育学将主要确立教育发展与办学的效率观与公平观,前者以实证研究为主,后者以规范研究为主。这意味着,以"为谁发展教育"、"发展什么教育"、"如何发展教育"为三大主题并以追求教育的科学发展为目标的教育学将实现实证研究与规范研究的统一。科学的教育学既不应该理解为规律的证实也不应该理解为意义的解释,而应该理解为规律的揭示与事实、价值的判断的统一,微观视野与宏观视野的统一。同样,追求教育的科学发展的教育学将通过对以"为谁发展教育"、"发展什么教育"、"如何发展教育"为三大主题的研究来实现这两个统一。值得期待的是,教育学的创新生长点和基本理论突破点将集中出现在对"为谁发展教育"、"发展什么教育"、"如何发展教育"的三大主题做出科学回答的实证研究与规范研究的领域内和范式上,或者说将集中出现在宏观教育学领域。

教育的科学发展问题涉及影响教育发展的方向、内容、速度、规模、结构、质量、效率的因素是什么的问题，因此，对理解教育的全部实践来说，重要的是认识到在一定时期占主导地位的社会形态。这些形态与其说是教育内容，倒不如说是教育前提。教育作为一个整体由此得到发展和辐射。那么，在不同类型的教育中有不同表现的社会形态有什么特征？这些特征为何各不相同？宏观教育学应该回答且必须回答这些问题。当然，宏观教育学所关注的是每一个社会的教育总的特征。现在的问题在于，教育理论如何摆脱狭隘的追求"艺术"的"心理适应论"与追求"适应"的"社会改造论"的观点，该观点假定了一个对教育具有决定与普适意义的心理结构与社会结构、心理发展模式与社会发展模式，而这样的结构与模式在现实生活中是找不到的。对此可以证实的是，在几个世纪以前，教育制度几乎还提不出任何自主要求社会支持的理由，尽管当时哲学家、教育学家和经济学家同样也证明教育是改变一般的人的本性的手段并把知识转化为文化上合法、经济上有效的工具，然而，随着读书人所获成就无穷无尽地涌现，手段变成了目标，工具变成了目的。这样，读书的人们坚定了通过自己的努力可以改变自己人生命运的学习意志，并把接受更多教育当做自己追求的一种目标。这说明，读书人的心理结构在不断变化，不存在对教育制度有决定与普适意义的心理结构。问题还在于，教育理论如何解释存在于特定社会之中的那些与主流趋势不一致的教育方式的作用与社会因素的作用之间的关系；教育理论如何解释教育系统中各个子系统不同程度的相对独立性特征，如何说明这种相对独立性不仅在事实上是可证明的而且在理论上是可解释的。

教育学不应成为远离系统化资料的抽象理论，然而遗憾的是，教育史的研究几乎还没有开始挖掘包含在综合性传记资料和其他历史文献中的有用的丰富宝藏。尽管对这些资料的统计分析不能取代对历史证据的深入的定性分析，但它们可以为新发现提供系统的基础资料。如果说科学是积累性发展的，那么，以科学知识为主要内容的教育就是继承性发展的。以"为谁发展教育"、"发展什么教育"、"如何发展教育"为三大主题的教育学研究将产生大量科学知识，教育学的继承性发展将因为有这些科学知识而成为教育的继承性发展不可或缺的一部分，教育学的基础、特色、专业化、应用方向、实用价值也将因为有这些科学知识而不再备受质疑，教育理论与教育实践也将因为有这些科学知识而不再相抵牾。

应该说，人类自从有了教育，探讨"为谁发展教育"、"发展什么教育"、"如何发展教育"的问题的步伐就没有停上过，特别是在社会转型期，人们往往会就这些问题展开激烈的争论。例如，在古中国奴隶社会向封建社会转型的春秋时期，没落的贵族阶级主张"学校不修"，宣扬"可以无学，无学不害"，企图阻止代表新兴地主阶级利益的"私学"的发展。① 又例如，在欧洲封建社会向资本主义社会转型的时期，代表新兴资产阶级利益的人文主义教育思想家，要求摆脱教会对教育的控制，主张发展新学校和建立新教育制度。但是，长期以来，由于历史条件的限制，"为谁发展教育"、"发展什么教育"、"如何发展教育"的问题并没有引起教育思想家们的高度重视，他们的教

---

① 毛礼锐、瞿菊农、邵鹤亭. 中国古代教育史 [M]. 北京：人民教育出版社. 1981：35.

育著述大都是以"为谁教"、"教什么"、"如何教"为三大主题和以追求教育的"艺术"和"实用价值"为目标而展开的，很少涉及"为谁发展教育"、"发展什么教育"、"如何发展教育"的问题和教育的科学发展问题。当今世界与中国正处在社会大变革的时期，教育学迎来了难得的主题与目标转换的历史机遇，探讨"为谁发展教育"、"发展什么教育"、"如何发展教育"的三大主题不应该再次成为教育学术界的过眼云烟，而应该成为教育学通过主题的转换而走向科学化的历史机遇；追求教育的艺术和实用价值将作为追求教育的科学发展的一部分而融入教育学的宏观目标之中。我国教育学研究者不应该坐视而应该抓住这一历史机遇，我国教育学将可能率先通过其主题与目标的转换而走向世界。

肖　昊

2010 年 12 月于珞珈山

目 录

第一章 教育哲学概论 ··· 1
第一节 哲学与教育 ·· 2
一、哲学及其性质 ·· 2
二、人：哲学和教育的共同主题 ··· 5
三、哲学与教育的关系 ·· 8
第二节 教育哲学及其发展 ·· 11
一、什么是教育哲学 ·· 11
二、教育哲学的产生与发展 ··· 15
三、教育哲学多元化的走向 ··· 20
第三节 教师与教育哲学 ·· 22
一、教师为什么需要教育哲学 ·· 22
二、教师怎样学习和研究教育哲学 ·· 26

第二章 人性论与教育 ··· 30
第一节 人性论对于教育的意义 ··· 31
一、什么是人性 ·· 31
二、什么是人性论 ··· 33
三、人性论对教育的意义 ·· 34
第二节 不同人性论学说与教育理论 ··· 36
一、天性的人性观 ··· 36
二、自然的人性观 ··· 37
三、社会的人性观 ··· 40
四、理性的人性观 ··· 41
五、非理性的人性观 ·· 43
六、游戏的人性观 ··· 46
第三节 走向成"人"的教育 ·· 48
一、人就是"人" ·· 48
二、类生命：人之为人的根本 ·· 51
三、交往实践：类生命的生成机制 ·· 53
四、教育：成"人"之道 ··· 54

第三章　知识论与教育 ····· 58
第一节　知识的不同学说与教育理论 ····· 58
一、知识论与教育理论 ····· 59
二、知识与教育 ····· 61
第二节　现代教育需要什么样的知识观 ····· 66
一、传统知识观与教育 ····· 66
二、现代教育中的新知识观 ····· 69
第三节　现代知识观视野下的课程与教学 ····· 71
一、现代知识观视野下的课程 ····· 72
二、现代知识观视野下的教学 ····· 74

第四章　价值论与教育 ····· 80
第一节　价值论与教育理论 ····· 81
一、价值论是教育理论的有机组成部分 ····· 81
二、价值论与教育理论流派 ····· 85
三、现代教育理论的价值论取向 ····· 88
第二节　现代教育的价值 ····· 91
一、教育价值的本质及其分类 ····· 91
二、现代教育的价值形成及历史基础 ····· 92
三、现代教育价值的多重视角 ····· 95
第三节　现代教育的价值观 ····· 98
一、教育价值观及其实践意义 ····· 98
二、不同取向的教育价值观 ····· 101
三、现代教育价值观之冲突与选择 ····· 103

第五章　道德哲学与道德教育 ····· 108
第一节　道德、道德哲学与教育 ····· 108
一、教育与道德 ····· 109
二、道德教育的哲学基础 ····· 112
三、道德教育的不同主张 ····· 116
第二节　中国传统的道德哲学与教育 ····· 118
一、中国传统伦理学与道德 ····· 118
二、中国传统社会道德教育的基本理论问题 ····· 122
三、中国传统社会的道德教育经验 ····· 125
第三节　现代西方的道德哲学与教育 ····· 128
一、价值澄清学派 ····· 128
二、道德认知发展理论 ····· 133
三、关怀模式 ····· 138

四、品格教育···142

第六章　社会哲学与教育·····································148
第一节　自由与教育···149
　　一、对自由的认识···149
　　二、自由与教育的关系·······································154
　　三、教育自由与自由教育·····································158
第二节　民主与教育···161
　　一、对民主的认识···161
　　二、教育与民主···164
　　三、教育民主的实现···168
第三节　公正与教育···172
　　一、对公正的认识···172
　　二、公正与教育···180
　　三、教育公正与公正教育·····································184

第七章　当代西方教育思潮·····································192
第一节　存在主义···192
　　一、存在主义出现的背景·····································192
　　二、存在主义的代表人物·····································193
　　三、存在主义的哲学思想·····································198
　　四、存在主义与教育···199
　　五、存在主义教育评鉴·······································201
　　六、小结···202
第二节　建构主义···203
　　一、建构主义的发展···203
　　二、建构主义概论···206
　　三、建构主义对教育的影响···································210
　　四、小结···212
第三节　后现代主义···213
　　一、现代主义与后现代主义···································213
　　二、后现代主义与教育·······································215
　　三、小结···218
第四节　批判理论···219
　　一、批判理论的渊源与形成···································219
　　二、批判理论的核心观点·····································221
　　三、批判理论与教育的关系···································223
　　四、批判理论对教育的影响···································225

五、小结 227
第五节　女性主义 227
　　一、女性主义的发展 227
　　二、女性主义的代表人物 228
　　三、女性主义派别和教育的关系 230
　　四、小结 232

第八章　当代中国的教育理念与教育改革 235
　第一节　素质教育的理念与教育改革 236
　　一、素质与素质教育的内涵 236
　　二、素质教育的实施与发展 238
　　三、素质教育理念与学校教育的变革 239
　第二节　主体的教育理念与教育改革 242
　　一、主体人格与主体教育的内涵 243
　　二、主体教育的观念演进 244
　　三、主体教育理念与学校教育的变革 246
　第三节　生命教育的理念与教育改革 249
　　一、生命教育的内涵 249
　　二、生命教育理念的演进 250
　　三、生命教育理念与学校教育的变革 252
　第四节　教育公平的理念与教育改革 256
　　一、教育公平的内涵 256
　　二、教育公平的观念演进 257
　　三、教育公平观念与学校教育的变革 259

后　记 263

第一章 教育哲学概论

☞学习目标

1. 认识哲学的性质及其与教育的关系，理解"决定教育的最后依据是哲学"这句话的含义。
2. 了解教育哲学的产生与发展中的矛盾及其走势，形成自己对教育哲学的认识。
3. 明了教师学习教育哲学的意义，掌握教师学习教育哲学的方法。

☞本章要点

哲学是爱智之学，不是智慧哲学。因此，哲学也不在于其思想和观点，而在于爱智的思维与态度，它更多的是作为哲学的思维、态度与方法，表现为一种超验的、形而上的思维，一种反思批判，一种价值的追求。

哲学与教育因为"人"这一共同的对象而紧密联系起来。哲学在于"使人成为人"，提出成"人"的方向与目标；教育则促使人成为"人"，提供成"人"的方法与途径。哲学与教育的关系，如同杜威所说，哲学是教育的一般理论，教育是哲学的实验室。教育的问题归根结底是哲学的问题，因此，决定教育的最后依据便是哲学。

正是因为哲学与教育的联姻，才有了教育哲学的存在。关于什么是教育哲学，争议颇多。但即便再多的争议都不会否认教育哲学在内容上指向教育，在方法上指向哲学，是以哲学的态度和方法反思教育实践，研究教育问题，提供教育价值和规范原理的学科。19世纪中期教育哲学产生后，尤其是在20世纪教育哲学的发展过程中，经历着教育哲学与教育科学之争，规范教育哲学与分析教育哲学之争，思辨教育哲学与实践教育哲学之争，发展到当代，教育哲学已经不再局限于某一种取向，而是呈现哲学、教育学、分析、实践等多种取向，每种取向既有优势，也有缺陷，它们多元并存，相互补充。

教育哲学不只是为哲学家和教育理论工作者所独有，相反，教育工作者必须学习教育哲学，正如美国教育家奈勒所说，"那些不应用哲学去思考问题的教育工作者必然是肤浅的"。教育哲学的深层问题是哲学问题，教育实践需要哲学反思。教育哲学对于教师的价值在于：反思教育实践背后的理念，明确教育的价值和方向，创造和生成教育智慧。教师学习和研究教育哲学，要努力做到：学习和研究哲学理论，锤炼哲学思维；走进教育实践，体验教育生活；学会反思与批判，创造教育者的教育哲学。只有认真学习教育哲学，不断进行教育沉思，锤炼自己的教育思想，才能创造独特的教育风格，成为一个有智慧、有思想的教育家。

学习教育哲学，首先要认识教育哲学的对象、性质，了解教育哲学的产生与发展，洞察教育哲学的当代趋向，掌握教育哲学的研究方法，为深入学习教育哲学做好准备。

第一节 哲学与教育

教育哲学，无论是作为哲学的应用学科，还是作为教育的哲学提升，它都以哲学与教育的联姻为前提。没有教育与哲学的联姻，就不会有教育哲学。那么，哲学何以与教育联姻，二者之间有怎样的关系？我们需要把其作为教育哲学存在的前提加以探讨。

一、哲学及其性质

有人说，难倒一个哲学家，最直接的方式是问他"哲学是什么"。这并不是说，哲学家对于哲学没有自己的见解，而是说，他们的哲学观点各不相同。就内容而言，试图给哲学一个公认的定义是不可能的，这使得"哲学是什么"这个问题至今尚未有终极答案。

从哲学研究的内容来看，哲学的对象在不断地变化。古代哲学是本体论哲学，研究客体的"整体性存在"、存在的原因、形式等。近代哲学转向了认识论，不再研究单一的客体存在，而是研究人们如何认识客体，哲学的对象从单一存在转向"思维与存在的关系"。现代哲学又从认识论转向实践论，这就是马克思所指出的，"哲学家们只是用不同的方式解释世界，而问题在于改变世界"①。与此同时，当代哲学的发展还出现了语言学转向，发展出了分析哲学。20世纪后半叶，相继又出现了存在主义、解释学、现象学、后现代主义等，使哲学转向对精神世界和人生意义的探讨。以上这一粗略的历史回顾，虽然不足以说明哲学的发展历程，但可以明显看出，哲学在不断地发展，其研究的对象和主题也在不断地变化，使得哲学研究的主题和对象没有定性。其实，从学科的发展来看，哲学作为"知识"的同一语，初始的哲学就是知识的汇集，所有一切学科，均源于哲学。在学科发展的过程中，研究形而下的、具体的可观察的事物从哲学中渐渐分离出来，发展成为某一具体的科学，最后留给哲学的只有形而上的、抽象的"道"。

每个哲学家都有着自己的哲学主张，创建和发展着自己的哲学观念，形成了丰富多彩的哲学理念，因此，哲学是百花齐放的。即便是对于同一个问题，哲学家也会有不同的见解，这属于不同的哲学观。哲学观是哲学的内容，但哲学不等于哲学观。不同哲学家有不同的哲学观，他们对哲学是什么、哲学的主题，有不同的见解。尽管他们的见解不同，但这不妨碍他们的研究都可以称为哲学，因为他们的研究符合哲学的性质。所以，虽然哲学家无法从内容上对"哲学是什么"达成一致的认识，但可以从形式上形成对哲学的共同认识。虽然哲学离不开内容，而且哲学在发展过程中围绕着根本性的问题，也形成了相对固定的主题，如本体论、认识论、价值论、实践论、知识论、伦理学、美学等，但这些主题只表明哲学的一个领域，在具体的研究中仍然存在着大量的分

---

① 马克思恩格斯选集（第1卷）[M]. 北京：人民出版社，1972：19.

歧，哲学不可能消除这些分歧。这些分歧的存在，恰恰是哲学的特性。如果对同一个问题没有不同的见解，那就不是哲学，而是科学了。

哲学的一切特性都来自于"爱智慧"。哲学产生于"惊讶"，一开始是对身边不解的东西感到惊奇，继而逐步前进，而对更重大的事情发生疑问，开始了哲学的追问和思维。正是由于"爱智慧"，我们想探讨事物的本源、事物发生的原因，才会有对事物的表象产生惊讶。如果没有这些探索的欲望，事物无论是新奇与否，都会见怪不怪、习以为常，不会有惊讶，也不会产生哲学的追问和爱智的追求。

西语中的"哲学"一词，来自于拉丁文 Philosophia。Philosophia 是由 philos 和 sophia 两部分构成的动宾词组，philos 是动词，指"爱"和"追求"，sophia 指"智慧"。Philosophia 就其原意而言，乃是指爱智慧、追求智慧、追求真理。哲学不是智慧，但爱智慧，智慧是爱智追求的结晶。

我国清代以前的文化典籍中并无"哲学"一词，只有"哲"这个词。在汉语中"哲"是聪明、智慧的意思。19 世纪末，日本学者西周将希腊文 philosophia 译成汉文"哲学"。我们今天使用的哲学一词，是由日本转译过来的。不过，虽然西方和中国都把哲学当做智慧的学问，但中国更偏重于"智慧"的名词形式，把哲学作为有智慧的学问或智慧的系统知识；而西方更偏重于"智慧"的动词形式，把哲学看做一种探索智慧的态度和思维方式。

哲学不是智慧，而是爱智慧。这使得哲学不等于哲学的知识、哲学的观点、哲学的学问，而是一种对智慧的追寻。柏拉图说，"thauma"（惊奇）是哲学家的标志，是哲学的开端。哲学源于惊奇、惊讶，正是因为惊奇，才会有爱智的追求，表现为一种永不满足的激情和探索的欲望。科学研究虽然也需要探索的激情和欲望，但与哲学所指向的对象不同，哲学的激情是探索宇宙奥秘和洞察人生意义的渴望，促进历史发展和提升人类境界的渴望，是一种求索人生意义和追求理想生活的渴望。① 所以，哲学是对宇宙、人生、价值、知识、伦理等问题的反省与思考。

从哲学探索的主题可以看出，哲学指向的智慧，不同于科学的智慧。科学的智慧，是具体的智慧，是关于某个特定方面、解决某一具体问题的智慧，是"小智慧、小聪明"；哲学是"大智慧、大聪明"，是成"人"的智慧、是安身立命的智慧。用我国当代著名哲学家冯友兰的说法，哲学就是对于人生的有系统的反思的思想，它"为天地立心，为生民立命"。按照马克思的说法，哲学是理论化、系统化的世界观、人生观、方法论，是自然知识、社会知识、思维知识的概括和总结。哲学"判天地之美，析万物之理"（《庄子·天下》），探究世界的本源，提供一切知识的基础，因此，哲学被视为全部科学之母。

从哲学对大智慧的追寻可以看出，作为名词的哲学，追求世界的本源、共性，追求绝对和终极的形而上，是关于"大智慧"的知识和学问，它包括宇宙论、本体论、人性论、认识论、价值论、方法论、伦理学、美学、宗教等。这些都曾是哲学在不同的发展阶段所讨论的主题。虽然我们说哲学"无定性"，任何问题都可以用哲学的方法来探

---

① 孙正聿. 哲学通论（修订版）[M]. 上海：复旦大学出版社，2005：3-4.

讨、哲学的思维来思考，但作为一般哲学或哲学原理，关注终极存在，是其使命所在。哲学不仅是哲学的知识和思想体系，更是一种思考问题的方式、一种哲学思维和哲学态度。某一个学问被称为哲学，不仅因为它关注的是终极问题，更因为它渗透着哲学思维和方法。

那么，哲学的思维和方法是什么呢？

哲学思维是超验的、形而上的思维。哲学与常识、科学不同，常识和科学研究可观察的、形而下的具体事物、现象；哲学超越形而下，研究形而上的"道"。朱熹说，"形而上者无形无影，是此理；形而下者有情有状，是此器"，"有是理便有是气，但理是本"。① 哲学虽然不是玄学，离不开实在，但哲学不是具体的实在，而是一般的、共同的实在的根基。正如亚里士多德在《形而上学》中所指出的，哲学研究"实是之所以为实是"的原因，是"寻取最高原因的基本原理"，所以，"形而上学"的英文metaphysics就是物理学之后，指向物质存在的根基。认识事物就像剥茧，最外层的是常识，中间层的是科学，最里层的是哲学。哲学离不开常识，离不开经验，但不是常识和经验，是对常识和科学的抽象，直至事物存在的内核。哲学是抽象的，是超验的，它探讨的是一切存在的存在，是存在的同一性；哲学所要做的就是阐述这种抽象的同一性。

哲学是反思之学、批判之学。哲学的特征在于追问本质、探问究竟，其方法是不断反思。在内容上，哲学的反思对象无所不包，一切现象均可以成为哲学反思的对象；在深度上，哲学的反思是无穷无尽的，哲学就是不断追问、不断反思。黑格尔说，"哲学的事实已经是一种现成的知识，而哲学的认识方式只是一种反思——意指跟随在事实后面的反复思考"。② 哲学的智慧，是一种反思的智慧，哲学的不断发展就是因为后者是对前者的反思与批判，哲学没有唯一，只要在反思中不断更迭，后一学派是对前一学派反思的结果。反思不是完全否定，而是一种自我否定，自我超越，在否定和超越中实现自身的发展。哲学就是哲学史，是一部哲学反思和超越的历史。哲学的反思，不是指向实在本身（因为实在是客观的，无法反思），而是对实在的认识和认识结果的思想反思，哲学是"对认识的认识"，是"对思想的思想"。

批判是反思的基本特性，也是哲学的基本特性。哲学不只是解释世界，而是在于改变世界。哲学对世界的认识，也不在于接受世界是什么，而在于变革世界，即要批判世界，进而改造世界。只有接受，没有批判，就不可能有对世界的改造。所以，哲学对世界不是采取现成的接受态度，而是采用质疑批判的态度。这正如马克思在谈到辩证法时所说，"辩证法不崇拜任何东西，按其本质来说，它是批判的和革命的"。③ 哲学的发展，是各种思想之间相互批判、不断超越的过程。

科学与哲学的任务不同，科学描述现实，揭示现实的原因，形成关于世界的客观知识；哲学则批判现实，变革和超越现实。为什么哲学会批判和超越现实呢？因为哲学是一种价值之学，它指向一种"应然"，表达着对人生意义的理解和追求，力求实现完满

---

① 朱熹：《朱子语类》卷九十五、卷一。
② 黑格尔. 小逻辑 [M]. 贺麟译. 北京：商务印书馆，1980：7.
③ 马克思恩格斯选集（第2卷）[M]. 北京：人民出版社，1995：112.

幸福的生活。哲学不满足于现实,要改变现实,就是为了追求一种理想,追求一种完美。科学与哲学的另外一点不同,在于科学追求真,不涉及对善的评价,但哲学追求善和美。哲学提供人生和社会发展的方向,哲学的生活,是一种有追求的善的生活。因此,有哲学家就认为,哲学就是价值论。虽然这种说法有些绝对,有以偏概全之嫌,但不可否认,价值论是哲学研究的主要内容,哲学提供价值判断与行为规范的原理。

二、人:哲学和教育的共同主题

哲学与教育因为"人"这一共同的对象,二者紧密联系起来。可以说,它们都因为人而存在,两者的共同兴奋点在于人,在于人生,在于人生意义。哲学在于"使人成为人",提出成"人"的方向与目标;教育则促使人成为"人",提供成"人"的方法与途径。

(一)哲学与人

当代著名哲学家高清海先生通过人和哲学的存在方式,揭示出"哲学的奥秘在于人,人的奥秘在于哲学"。① 从人理解哲学,从哲学理解人,二者是相通的。哲学是一种人生的反思和精神追求。哲学的本质在于人,人的本性也是哲学的。

认识自我是西方哲学的主题。古代哲学是本体论,关注世界的存在及其本源。自从苏格拉底提出"认识你自己"这一思想口号后,哲学从"天上"回到了"人间"。从此,人的存在成为哲学的主题,哲学就是认识人自己。卡西尔(Enst Cassirer)在《人论》一开始就说:"认识自我乃是哲学探究的最高目标——这看来是众所公认的。在各种不同的哲学流派之间的一切争论中,这个目标始终未被改变和动摇过,它已被证明是阿基米德点,是一切思潮的牢固而不可动摇的中心。"② 近代哲学的"认识论转向",也以人的自我觉醒为前提;当代哲学中的"语言转向",不只是讨论语言作为一种交流的工具和形式,更讨论语言作为存在的家,关注语言表达的人文性。马克思主义哲学的"实践论",更是把人看做改造社会历史活动的主体,揭示人如何改变世界。

精神追求是中国传统哲学的主题。与西方认识论的哲学反思不同,中国传统哲学带有追求精神成长的强烈伦理色彩。儒家哲学思想的核心是"仁",儒家的学说就是如何成"仁"的伦理学说。道家也主张摆脱外在的名利和各种限制,回归人性的自然。禅宗将佛性与人性结合起来,人性就是佛性,佛在心中,是自我的感悟和觉醒。所以,在中国的传统中,哲学是一种精神的高雅活动,是一种有意义的精神追求。贺麟先生就指出,"哲学是一种精神活动,一种使人生高清而有意义所不可缺少的要素"。"真正伟大的哲学家并不是智巧的卖弄,而乃是精神上的清茶淡饭。真正伟大的哲学家,其伟大处即在于能道出人心之所同然,能启发人的灵性,提醒人的潜伏意识。"③ 冯友兰先生也说,"在未来的世界,人类将要以哲学代宗教。这是与中国传统结合的。人不一定应当

---

① 高清海、胡海波、贺来. 人的"类生命"与"类哲学"[M]. 长春:吉林人民出版社,1998:15-31.
② 卡西尔. 人论[M]. 甘阴译. 上海:上海文艺出版社,1985:3.
③ 孙正聿. 哲学通论(修订版)[M]. 上海:复旦大学出版社,2005:27.

是宗教的，但他一定应是哲学的。他一旦是哲学的，他也就有了正是宗教的洪福"。①在这个意义上，不仅可以说人是哲学的主题，哲学有着成"人"的追求，甚至可以进一步说，哲学就是人学。

哲学是人的自我反思，是人的一种存在方式。人不仅是一种物质性存在，而且是一种精神性存在。人不仅要有物质生活，还要有精神生活。精神存在、精神生活是人超越动物的根本。哲学作为一种反思，不同于科学的探究。科学探究所指向的是客观事物，是外在于人的，但哲学指向人的思想和行为，是内在于人的，哲学是人的一种自我反思。作为一种反思的精神，是人之为人所不可缺少的。正是在这个意义上，苏格拉底说，没有反思的生活，是没有意义的，是不值得过的。没有哲学的反思，人就如同莽撞的动物，有的只是本能，而无精神的追求。所以，哲学是人的一种存在方式，是人精神生活的守护者。

哲学是美好生活的向导。哲学批判现实，为人生、为社会发展提供一种价值理想，就是为了引导人们过一种有意义的完满生活。哲学关注真善美，给人们提供"应当如何"、"应当追求什么"的价值指引；哲学不断超越现实，否定"旧我"，追求"新我"，把人带到一个新的人生阶段，不断追求新的人生境界。因此，古罗马哲学家西塞罗（Marcus Tullius Cicero）如此盛赞哲学："哲学！人生的导师，至善的良友，罪恶的劲敌，假使没有你，人生又值得什么。"哲学不能提供柴米油盐，但可以引导我们精神追求崇高，过一种值得过的有意义生活，哲学是引导人们过美好生活的智慧或艺术。

哲学追求使人成"人"。正因为哲学具有反思的功能，具有提供价值理想，引导人们追求美好生活的功能，所以，过一种哲学的生活，人生就要不断地"反思"、"矫正"、"设计"、"追求"，在其中，不断地超越自己，实现成"人"。哲学既是引导人成"人"的过程，也是人生追求的最高境界。在过程中，哲学引导人步步提升和实现人生的最高追求。

（二）教育与人

相对于"动物不是教育对象，动物界不存在教育"而言，"人是教育的对象"，教育是人类特有的一种社会活动，这是毫无疑问的。但认识到"人是教育的对象"与"把教育的对象当做人"，使教育真正地成为成"人"的活动，还是不同的。前者是一个理论命题，后者更是一个实践问题。

在教育的两大关系中，我们长期以来关注的是"教育与社会发展的关系"，教育首先满足的是社会发展的需要。不同历史时期，社会发展的重点不同。当政治需要时，教育被视为"上层建筑"，发挥意识形态的作用，成为阶级斗争的工具，维护统治阶级的政治利益；当经济需要时，教育被视为"生产力"，发挥人力资本投资的作用，重视教育的经济功能。在满足社会发展的需要时，虽然教育也指向人，培养人，但此时的"人"，不是真正的、充满人性的人，而是满足政治需要的"政治人"、"阶级斗争的工具"，满足经济发展需要的"经济人"、"人力资源"。立足于社会的需要培养人，是我

---

① 胡军. 哲学是什么 [M]. 北京：北京大学出版社，2002：23-24.

们一贯思维教育的定势。所谓教育，就是指教育者根据一定社会或阶级的要求，有目的、有计划地对受教育者施加影响，以使他们成为社会所期望的人的活动。

我们并不否认教育具有为社会发展服务的功能，也不否认人是社会的产物，社会性是人的重要属性。但这并不意味着教育就是社会的工具，按照社会的要求或政治经济的逻辑运行，丧失自身的独特性；也并不意味着人只满足社会的需要，成为社会的工具，而不能满足自身发展的需要。长期以来的社会本位教育观，使教育和人异化为社会的工具，成为社会政治、经济的奴仆，丧失了教育自身和人的独立性。从表面上来看，我们从事的是教育，面对的是人，但这种教育不是"人"的教育，而是"社会工具"的教育。这是一种异化的教育，也使教育导致了"人的异化"。

要使教育真正成为教育，必须把"人"还给教育。这就需要在根本上实现教育轴心从"社会"向"人"的转换。站在人的立场上，立足于人的发展，认识教育，定位教育，实践教育。恰如著名教育学者鲁洁教授所说："教育以生活中的人为基本出发点，在人的生活世界中，教育是因人之自我生成、自我完善的需要而产生。人的自身生成与完善是人类整个生活和历史发展的终极目的，而教育这一实践活动在实现人类的终极目的中发挥着重要的作用，教育的存在根据和基本使命就是要使人成为'人'。"[①]

人是教育的原点，成"人"是教育的终极追求，教育活动就是促使人成为"人"的活动。人的生成与发展是教育内生的逻辑，人的成长是教育工作的出发点和归宿点，教育乃以"育人为本"。当然，这里的"人"，既不是社会的工具，也不是抽象的人，而是现实的、具有差异的个体人，是社会性和个性统一的完整人。

站在人的立场上，认识和定位教育，并不否定教育的社会功能，而是为了更好地还原教育本能，更好地发挥教育的社会功能。教育之所以是教育，就在于教育面向独特的人，致力于人的发展和完善；否则，就只能使教育异化。教育无疑要承担促进社会发展的使命，为社会发展服务，但这种服务不是直接的，而是间接的，是通过培养人才能得以实现的。教育通过培养具有社会性的完整人，改造现存的"旧"社会，创造一个未知的"新"社会。这就是面向社会的教育与面向人的教育之不同。面向社会的教育，只能是使教育适应社会，复制社会的要求，维护一个"旧"社会；面向人的教育，要立足于人的完善和发展，创造一个更加美好的"新"社会。前者是一种适应性教育，后者是一种超越性教育。在适应性教育中，人是社会的工具；在超越性教育中，人是社会的创造者。教育通过培养工具人服务于社会，只能巩固社会而无助于社会的前进；社会的发展只有通过社会创造者来推动，这就是超越性教育的使命。"自古以来的教育功能只是再现当代的社会和现有的社会关系"，"现在，教育在历史上第一次为一个尚未存在的社会培养着新人"。[②] 这意味着当代教育必须由社会转向人，以新人的培养为目标，引导和创造新的社会。

---

① 鲁洁. 教育的原点：育人 [J]. 华东师范大学学报（教育科学版），2008（4）.
② 联合国教科文组织国际教育发展委员会. 学会生存 [M]. 华东师范大学比较教育研究所译. 北京：教育科学出版社，1996：36.

三、哲学与教育的关系

对于哲学与教育的关系,杜威作了明确的论述。他认为,哲学是教育的一般理论,教育是哲学的实验室。① 哲学家德贺夫(De Hovre)也认为,"哲学乃是指引教育学的明星;可是教育学也同样是人生观的向导和试金石。哲学家应指引教育家,可是教育家也同样能校正哲学家"。② 两位哲学家对哲学与教育的论述异曲同工。

(一)哲学和教育的历史渊源

首先,从教育看哲学的产生。杜威提出"欧洲哲学是在教育问题的直接压力下(在雅典人中)起源的"。③ 最早的哲学是关于宇宙的本体论哲学,与其说是今天理解的哲学,不如准确地说是科学史的一章。因为最早的哲学是知识的汇总,各门知识包括科学知识都汇聚其中。后来是被称为诡辩家的教师,不断和青年讨论德行、政治艺术、城市和家政管理,从此,哲学开始转向人生的探讨,才有了今天意义上的哲学。这些诡辩家是第一批专业的教育家,他们和青年人讨论:什么是美德?美德能教吗?什么是学习?学习与知识有什么关系?什么是知识?知识是怎样获得的?是通过感官,还是实践锻炼,还是通过理性训练?讨论知识与德行之间有什么关系?理性与行动之间有什么关系?……教育中所探讨的这些问题,就是哲学问题,此时的教育就是哲学教育。正是因为诡辩家的教育,催生了以探讨人生意义为己任的哲学。因此,这一时期的教育家就是哲学家。

其次,从哲学看教育理论的产生。教育理论的产生有两个来源:一是教育实践经验的总结,例如我国古代的《学记》,古罗马教育家昆体良(Marcus Fabiius Quiutilianus)的《论演说家的教育》等都是如此。二是哲学家思想在教育中的体现。如我国古代孔子、孟子、荀子的教育思想,西方古希腊苏格拉底、柏拉图、亚里士多德的教育思想,都是其哲学思想的应用。他们的教育思想也都包含在他们的哲学著作中,作为其哲学思想的重要组成部分,甚至认为其教育思想与哲学是同一的。如我国著名哲学家张岱年先生就指出,中国古代的哲学是教育家的哲学;德国教育家那托尔普在评价柏拉图的哲学思想时,也指出"在柏拉图,哲学与教育学是完全一致的"。④ 为什么古代的哲学家都如此重视教育呢?这一方面是因为他们通过教育来表达他们的哲学信念,另一方面,他们又试图通过教育推行其哲学主张,实现哲学所构想的社会理想和人生理想,教育是其哲学观念的实践。如柏拉图的《理想国》,既是政治学说的构想,也是教育的构想。它既构想了理想国家的政治体制,又建构了其实现其政治理想的教育体系。在这个意义上,古代的哲学家又都是教育学家,因为如同杜威所说的"如果一种哲学理论对教育上的努力毫无影响,这种理论必然是矫揉造作的",⑤ 真正的哲学理论必然包含教育上

---

① 杜威.民主主义与教育[M].王承绪译.北京:人民教育出版社,1990:344、346.
② 叶学志.教育哲学[M].台湾:三民书局,2004:26.
③ 杜威.民主主义与教育[M].王承绪译.北京:人民教育出版社,1990:346.
④ 转引自王坤庆.现代教育哲学[M].武汉:华中师范大学出版社,2000:31、33.
⑤ 杜威.民主主义与教育[M].王承绪译.北京:人民教育出版社,1990:344.

的努力；也正如斯宾塞（Herbert Spencer）所说的"真正的教育只有真正的哲学家才能实施"。①

所以，以历史的眼光来看，早期的哲学家都是教育家，他们的哲学著述中都含有丰富的教育思想。如古希腊的苏格拉底、柏拉图、亚里士多德，中世纪的托马斯·阿奎那，近代的卢梭、洛克、康德，以及当代的实用主义哲学家杜威、存在主义哲学家雅斯贝尔斯等，他们都有关于教育的论述或专门的教育著作。

哲学家与他的教育思想

孔子：道德人格的培养与仁义的追求——六艺的教学、有教无类的平等观、因材施教。

孟子：性善论——仁义礼智四端的发扬、民本王道、虚心养气等。

荀子：性恶论——礼治教育、尊师重道、境教等。

苏格拉底：诘问法——知行合一、知德一致、了解自己。

柏拉图：理念现实二元世界观——理想国的教育。

卢梭：自然主义——自然主义教育观。

菲希特：民族主义——德意志民族教育精神。

裴斯塔洛齐：自然主义——平民教育。

斯宾塞：进化论——预备说的教育论。

杜威：实用主义——实用主义教育。

雅斯贝尔斯：存在主义——文化教育学。

考察教育理论发展的历史谱系，哲学家在其中起着重要的作用。最早把教育学推上大学讲坛的是哲学家康德，他于1774—1776年在柯尼斯堡大学讲授了4个学期的教育学，其讲稿《论教育》于1803年由学生林克整理出版。把教育作为一个近代问题提出来的是哲学家洛克，他于1693年出版了《教育漫话》。把教育变成一个思想体系并奠定人本位教育基础的是哲学家卢梭，他于1762年出版了《爱弥儿》。实现教育学独立，把教育学变成科学的是哲学家赫尔巴特，他在1806年出版了《普通教育学》。赫尔巴特提出，要使教育学成为科学，必须建立在两个理论基础上，一是实践哲学（即伦理学）的基础，二是心理学的基础。依据前者提出教育的价值和目的，依据后者提出教育的方法和手段。其实，即便是教育教学方法的选择和运用，也同样涉及哲学的价值判断，比如说，什么知识最有价值？教学追求知识，还是追求能力？这同样离不开知识论。所以，自从赫尔巴特以后，哲学成为教育学的重要理论基础。对教育问题的思考，

---

① 王坤庆. 现代教育哲学 [M]. 武汉：华中师范大学出版社，2000：31.

最深层、最核心的是哲学问题。

总之,古代的哲学家与教育家具有极大的重合性。古代的哲学必然关注教育问题,教育也成为古代哲学的重要议题,教育思想成为哲学家思想的重要部分。但在现代社会,随着学科的建制和分化,百科全书式的哲学家已不存在了,哲学内部也被分割为许多领域,哲学家只关注自己的领域,如政治哲学、法律哲学、道德哲学、历史哲学等。教育问题不再为所有哲学家所关注,而只是教育哲学家的研究领域。不过,与哲学的其他分支学科不同,哲学家研究教育问题的,无论中国还是西方都不多,教育哲学一般多不在哲学系开设,而是在教育系、教育学院开设。教育哲学淡出了哲学家的视野,而成为教育家的营生。

哲学家关注教育问题,教育思想是其哲学思想的演绎,是哲学思想的重要组成部分,教育是实现其哲学思想的途径或者是检验其哲学思想的武器或试验田。但教育家关注哲学问题,性质就有所不同,教育家关注哲学问题,是因为教育理论的需要,教育理论离不开哲学,而且归根结底是哲学问题。

(二) 决定教育的最后依据是哲学

杜威说,哲学是教育的最一般方面的理论。这是因为作为哲学家的杜威,把教育作为检验和实践其哲学思想的重要途径。这种情况对于我们一般人来说,是不存在的,我们很少是专门的哲学家,也很少有系统的哲学思想,更谈不上去实践、实验自己的哲学思想。这是否意味着,一般的教育工作者就不需要哲学了呢?是否意味着杜威的这一著名判断就不适合了呢?答案是"非"。

教育需要哲学,从根本上说,基于两点原因:其一,哲学从性质上说,具有总体性、普遍性和终极性。哲学与其他学科的不同,在于它关注整体性存在,探讨终极问题,对一切学科和活动都具有指导作用,其中也包括教育。其二,哲学与教育的关系更紧密,因为哲学是对人生和生活的反思,是影响人生行为的智慧。这就决定了哲学对教育具有重要的指导作用,正如康德所说,"无哲学的教育是盲的,无教育的哲学是空的"。

从教育理论的发展来看,往往是哲学理论的引导在先,教育理论和教育改革随着时代哲学思潮的变化而变化。如希腊的文雅教育是当时重视理智、崇尚理想的哲学思想的反映。罗马的实用教育,是当时注重能言善辩、崇尚实际的哲学思潮的表现。中世纪的宗教教育受经院哲学的控制。文艺复兴的人文教育受当时人文主义哲学思潮的影响。16~17世纪教育理论重视感觉经验、直观教学及科学知识,是受当时唯实主义及自然主义哲学思潮的影响。18世纪人本位的教育崇尚个人自由、平等、发展独立的人格,是受个人主义哲学思潮的影响。19世纪社会本位的教育主张社会价值高于一切,教育要培养社会我,是受社会主义、民族主义思潮的影响。20世纪的上半叶的教育受现代理性主义思潮的影响,主张培养学生的知识、理性、能力,注重科学知识的教育;下半叶受非理性主义、后现代主义思潮的影响,主张发展学生的个性和培养情感等非理性因素。这样说并非意味着教育成为哲学的附庸,而是因为哲学是时代的精华,是时代精神的风向标。教育也是时代的教育,要随着时代的变化而变化。

教育为什么要随着哲学的变化而变化,这是因为教育问题归根结底是哲学问题。例如，教学中教师如何对待学生，这与如何看待学生在教育过程中的地位有关，学生是主体，还是客体？这已经涉及教育哲学问题。再深层地推进思考，学生被视为主体还是客体，又与所秉持的人性观和人的发展观有关。如果认为人性是善的，人本身具有内在的潜能，发展是一个自我展现的过程，那么就会把学生当主体；反之，如果认为人性是恶的，人性是白板，所有的一切都是后天教育和影响的结果，发展的过程是外部施加影响的外铄过程，那么，教育中就会把学生当客体。教育中的问题，诸如教育性质的认定、教育目的的确立涉及价值论，课程内容及其组织、学习的性质等涉及认识论和知识论；道德教育及其实施涉及道德论等。总之，在寻求教育答案的过程中，只要我们反复地追问，最终肯定是一个哲学问题，需要我们做出哲学假设和判断。著名教育哲学家乔治·奈勒曾说："大多数一般性的教育问题归根结底是哲学本身的问题。"① 谢密斯也说："所有的教育问题最终都是哲学问题。"② 不同的哲学假设会导致不同的教育理论和教育实践。教育观的差异，归根结底是哲学观的差异。在这个意义上我们完全可以说，决定教育的最后依据是教育。

决定教育最后的依据是教育，这意味着杜威阐述教育与哲学关系的那句至理名言"哲学是教育的一般原理"同样成立。教育问题最终追溯的结果就是哲学问题。所以，我们的教育行为如果不是一个盲目的行为，不是一个"知其然不知其所以然"的行为，而是一个自觉的行为，就必须知道一种行为背后的哲学依据。对一种教育行为的自觉，是对其行为的价值的正当性判断，是基于对其背后哲学依据的选择和认可。我们是基于最深层的哲学依据建构我们的教育理论，决定我们的教育行为。反过来，我们同样通过教育行为的实践，检验其哲学依据的合理性。

所以，对于教育者来说，哲学是构建教育理论，选择教育行为的一般原理；教育也是实践其背后的哲学思想，检验哲学依据的有效途径。

第二节 教育哲学及其发展

如果说哲学是一门包罗万象的学科，哲学对象的"无定性"，决定了对"哲学是什么"形成统一的认识是不明智的。但对教育哲学来说，其对象是明确的。对象的明确性，决定了回答"教育哲学是什么"是有可能的。尽管教育哲学在研究的内容上会有差异，但这可以视为教育哲学研究的不同取向，在形式上考虑不同取向的教育哲学的共同性，对"教育哲学是什么"作出分析与回答。

一、什么是教育哲学

教育哲学有不同的指称，作为一个学科、一门课程、一个研究方向、一种思维方式、一种方法等，但这里主要讨论的是作为一门学科的教育哲学，其内涵、所指是什么。

---

① 陈友松. 当代西方教育哲学 [M]. 北京：教育科学出版社，1982：28.
② 蒋晓. 美国教育工作者的教育哲学探析 [J]. 外国教育动态，1988 (6).

教育哲学是哲学与教育的交叉学科。教育哲学作为一个复合词，离不开哲学与教育，哲学与教育以"人"为中介而相互连接。哲学关注成"人"，教育关注怎样成"人"。教育哲学的存在，以哲学与教育之间关系的确认为前提。哲学作为一门关注人生的学科、一种探讨人生意义的学问，教育作为一种培养人的实践活动，教育哲学就是哲学理论与教育实践紧密结合的一种学问，它以哲学的理论审视、分析、回答教育实践中的问题，为教育实践进行价值评判、提供行动指南。

教育哲学是哲学的应用学科。教育哲学作为交叉学科，可以归为哲学学科，也可以归到教育学科，但它在不同学科体系中的地位不同。在哲学学科体系中，教育哲学是哲学的一般原理或方法在教育中的运用与体现，属于哲学的应用学科。古代乃至近代的教育哲学，多是哲学家思想的延伸或体现，以其哲学思想分析验证教育中的问题；现代和当代的哲学家较少顾及教育问题，教育哲学多为教育家所研究，这种研究不是再做某一哲学结论的直接推演，而是将教育问题上升到哲学的高度进行分析，但它依然以哲学理论为根基。教育哲学无论如何都离不开哲学的指导，哲学是教育哲学的根基。哲学孕育了教育哲学，教育哲学从哲学中分离出来，但它依然属于哲学的家族，与政治哲学、历史哲学、道德哲学等一样，属于哲学学科的实践与运用。

教育哲学是教育学的基础学科。教育哲学虽然是教育学的分支学科之一，但它与教学论、课程论、德育论等分支学科的地位不同，这些学科专门研究教育中的某个领域，诸如教学、课程、德育等；它与教育社会学、教育经济学、教育文化学等交叉学科的地位也不同，因为哲学涉及根本性、整体性的问题，社会学、经济学、文化学则不然。教育哲学在这一点上，秉承哲学的本性，依然是对教育中根本问题的整体思考。按照马克思主义哲学的观点，哲学是系统的世界观与方法论，教育哲学自然是教育活动中的世界观和方法论，对教育学的其他学科和教育活动都具有指导作用。其他学科研究教育活动的某一方面、某一局部问题，但教育哲学则研究教育的整体问题，涉及教育本质、教育价值、教育目的、教育中的真善美、教育正义、教育民主、教育自由等。随着教育哲学的研究深入，教育哲学也开始细化，出现了德育哲学、教学哲学、课程哲学、教育管理哲学等，这些教育哲学的分支虽然不再涉及整体教育的根基问题，但研究的依然是特定教育活动中的根基问题，如课程与教学涉及知识论问题。

以上论述，严格来说，并非教育哲学的定义，而是教育哲学的属性。那么，教育哲学是什么呢？单从内容上看，对教育哲学研究什么，有不同的见解。有人认为教育哲学是研究教育领域中的基本问题和根本问题的学问，有人认为教育哲学是研究教育价值问题的学问，有人认为教育哲学研究教育领域中思维与存在的关系，有人认为教育哲学是运用哲学原理来探讨教育的理论和实践方面的问题，有人认为教育哲学是分析和澄清教育的概念、术语、命题，实现教育哲学的科学化，如此等等。教育哲学在内容上存在着巨大的争议，试图想统一这种争议，是不明智的，也是危险的。透过诸多争议，我们看到，有争议的只是其研究内容，无争议的是其研究方法和研究态度。无论是哪种研究，只要是教育哲学的研究，都是因为它们研究的内容是教育，研究的方法是哲学。所以，教育哲学是一门在内容上是教育、在形式上是哲学的学科，是以哲学的态度和方法研究教育的学问，是对教育的一种哲学思考或哲学解读。

教育哲学在内容上研究教育，无疑是对的。但它研究教育的什么呢？是教育活动、教育思想，还是教育问题？如果是教育问题，是教育的一般问题，还是具体问题？传统哲学是思辨哲学，主要是运用概念、范畴进行思想本身的演绎与推理，所以黑格尔说，哲学"以思想本身为内容，力求思想自觉其为思想"，也就是说哲学是"对思想的思想"、"对认识的认识"。① 国内有教育哲学研究者认同这一思想，同样提出"教育思想"是教育哲学的研究对象，教育哲学是对教育思想的前提反思。② 这一对哲学和教育哲学对象的认识，仍然局限于传统的思辨哲学，但"当代哲学家不同于他们的前辈，不再忙于用普遍性概念、范畴去构建令人生畏的知识体系，而是将哲学的触角伸向存在、伸向生活、伸向最现实最具体的问题"。③ 这一转换，意味着哲学、教育哲学不再以抽象的思想为研究对象，而是转向教育问题，教育问题有具体和一般之分，传统的教育哲学只研究教育中的一般问题，但现代教育哲学渗透到教育生活、教育实践中，面对教育中的所有问题，但其对问题的研究也不是具体的，而是要抽象到哲学的高度。在这个意义上，教育哲学依然是研究教育中的一般问题，只不过，这些一般问题不是头脑思辨的结果，而是来自于实践问题的提升和概括。当然，在教育哲学的分支学科中，所谓的一般问题也是相对的。例如，对于课程哲学来说的一般问题，对于教育哲学来说，可能就是特殊问题。但不管怎么说，教育哲学及其分支，都是在研究的相应领域指向一般的问题。无论是思想也好，问题也罢，这些都来自于教育活动、教育实践，没有教育活动和教育实践，思想和问题都是空想的、臆造的，因而也是无价值的。教育哲学从根本上说，是教育实践的哲学，是对实践的理论追问与反思。

教育哲学是以哲学的态度和方法研究教育问题。哲学的态度和方法不同于社会学、经济学，哲学独特的态度和方法表现在：（1）哲学是理性的思辨。哲学不能实证，尽管我们可以举例说明哲学问题，但哲学不在于实例，而在于理性的思辨，哲学存在于理性中，是对社会和人生根本问题的理性思考。哲学是通过概念、范畴建构的，通过概念、范畴的推理，形成系统的思想。在这个意义上，哲学是超验的。（2）哲学是规范的，哲学追求价值的正当。科学面对事实，提供事实判断；哲学研究价值，提供价值评鉴。哲学不在于说明事实"是什么"，而在于指示"应该是什么"。哲学提供一种价值指向，追求一种美好生活。就终极来看，哲学是一种信仰，是一种境界之学。（3）哲学是抽象的。抽象不等于玄学，不等于无中生有。抽象是相对而言的，哲学虽然面对现实和实践中的问题，但要超越事实和实践，而要透析到现实和实践背后的思想观念，进行反思、清理、辩护。哲学提供价值的评判标准，但它不是具体的行为规范，而是一种价值指向。（4）质疑、反思与批判是哲学的基本方法。哲学没有固定的答案，哲学就是不断地追问，在反思事实的基础上，寻求"应该是什么"。哲学的思维是生成性思维，而不是预成的、现成的。哲学不在于

---

① 黑格尔. 小逻辑 [M]. 贺麟译. 北京：商务印书馆，1980：38、39.
② 郝文武. 教育哲学 [M]. 北京：人民教育出版社，2006：27.
③ 石中英. 教育哲学 [M]. 北京：北京师范大学出版社，2007：22.

"发现"结论,而在于"创造"思想。哲学源于惊讶,因此,哲学的首要方法就是质疑、怀疑。质疑已有的思想、现存事实的合理性,反思现实背后的思想和观念,加以批判,提出新的观念和发展方向。哲学就是在对事实背后观念进行质疑、反思、批判的基础上,提出新的价值判断和应然的追求。

鉴于教育哲学内容复杂性和取向的多样性,我们提出以方法定义教育哲学。教育哲学是以哲学的态度和方法反思教育实践,研究教育问题,提供教育价值和规范原理的学科。

中外学者对教育哲学的不同认识

范寿康:研究教育学假设的科学,我们叫它"教育哲学"。教育哲学是应用哲学的一种,与经济哲学、政治哲学及法律哲学一样,是必要的,而且是可能的。

吴俊升:教育哲学的发生,由于教育与哲学关系的确认,其目的在于探究教育所依据的哲学的根本原则,并批判此等基本原则在教育理论与实施上所发生的影响。因此,教育哲学乃是教育之所依据的基本原则的探讨和批判。教育哲学是应用哲学的一种,把哲学的基本原则应用到教育的理论和实施方面,便是教育哲学。

黄济:教育哲学是用哲学的观点与方法来分析和研讨教育中的根本理论问题。教育哲学带有方法论的性质,是其他教育学科的理论基础。教育哲学具有理论性、综合性(或概括性)、批判性等特点。

桑新民:教育哲学是研究教育领域中的思维与存在的关系,是教育观和教育研究的方法论。

王坤庆:从根本上来说,教育哲学是研究教育领域中的"价值"问题的一门学科。

石中英:21世纪的教育哲学是从"哲学的高度"帮助受教育者对困扰自己的任何教育问题的理论批判与反思。从后现代的立场来看,新的教育哲学更强调实践性、反思性、批判性和价值性。

【英】奈勒:教育哲学就是寻求从总体上去了解教育,并协调各个教育学科的研究成果。

【日】下程勇青:教育哲学是以哲学态度和哲学方法来考察教育的基本概念和基本原理,从而对教育现实以及教育科学的各个领域从根本上加以整体把握的一门"原理"性学科。

二、教育哲学的产生与发展

(一) 教育哲学的孕育期

虽然教育哲学作为一个独立的学科，是19世纪以后的事情，但教育哲学却有一个很长时间的历史。因为哲学作为知识的总汇，教育学自然孕育其中。古代哲学家的教育思想，都是其哲学思想在教育中的运用与体现，这些思想既是其教育思想，也是其教育哲学思想。在中国，古代思想家孔丘、墨翟、孟轲、荀况等，都从各自的哲学观、政治观、道德观、人性论、认识论等出发，论述教育问题。在欧洲，古希腊哲学家苏格拉底、柏拉图、亚里士多德等，也都用自己的哲学观点论述教育问题。如在柏拉图的《理想国》、亚里士多德的《政治学》中，教育作为实现其政治理想的途径，其中都含有丰富的教育哲学思想。可以说，古代哲学家的教育思想，都属于教育哲学。最早的教育学讲座，也大多由哲学家开设，如康德曾于1776年在德国柯尼斯堡大学首开教育学讲座，之后继位的是赫尔巴特，依然是哲学家。

如果从学科发展的谱系看，应该是先有教育学，然后随着教育学的发展，才有教育哲学。教育哲学作为交叉学科，是教育学发展到一定阶段的产物。但与教育学的其他学科不同，教育学是从哲学中分离，最早也是由哲学家讲授的；因此，教育学的渊源与教育哲学具有一致性。可以说，早期的教育学都是用哲学思辨的方法来探讨教育问题，研究者也多为哲学家。因此，当时的教育学与教育哲学实际上是一码事，教育哲学是作为教育学的别名提出来的。[①] 无论是夸美纽斯的《大教学论》，还是赫尔巴特的《普通教育学》，都是哲学性质的教育学。赫尔巴特本身是哲学家，他提出教育学的两个理论基础，其中之一就是"实践哲学"。作为哲学家的赫尔巴特，把实践哲学中的"正义"、"公平"之类的道德观念，作为不证自明的公理在教育学中运用，这显示了其教育学的哲学性质。赫尔巴特指出，实践哲学说明教育目的，心理学说明教育的途径和手段。其实，赫尔巴特的《普通教育学》原名为《从教育目的推论的普通教育学》，这意味着教育手段也是由教育目的推论出来的。在冯特的实验心理学出现之前，赫尔巴特的心理学依然是哲学的观念，而非科学的心理学。

(二) 教育哲学的产生

虽然早期教育学在性质上是哲学的，但毕竟不是教育哲学。教育哲学作为一门独立学科，出现在19世纪中后期。

1848年，德国柯尼斯堡大学康德、赫尔巴特教育学讲座的继承者、哲学家罗森克兰茨（K. Rosenkranz）出版了《教育学体系》(Die Pädagoggik als System)，该书1886年被美国学者 A.C. 布莱克特（A.C. Brackett）译为英文，更名为《教育哲学》(the Philosophy of Education)，这通常被认为是最早的"教育哲学"。该书共分为四个部分，导论部分说明"教育与科学的性质和任务"，第一部分为"教育的一般概念"，第二部分为"教育的特殊要素"，第三部分为"具体的教育体系或制度"。该书实际上论述了教育的性质、教育要素、教育体系，这是一本系统的教育学，如同其德文的书名所标称

---

① 桑新民. 呼唤新世纪的教育哲学 [M]. 北京：教育科学出版社，1993：8.

的，而不是以哲学的观点论及教育。把它称为第一本教育哲学，名不副实。

1899年德国社会学家那托尔普（Paul Natorp）出版了《哲学与教育学》（philosophie und pädagogik）一书，该书继承了康德的哲学思想，从逻辑学、伦理学、美学三个方面论述教育，开辟了以哲学观点和体系论述教育的先河，对后来教育哲学体系的建立具有重大影响。

20世纪以后，许多哲学家和教育家编著了教育哲学。初期影响比较大的主要有：1904年，美国教育家霍恩（H. H. Horne）出版的《教育哲学》（Philosophy of Education），该书是第一本直接以教育哲学命名的著作，它从生物学、生理学、社会学、心理学、哲学五个方面论述和认识教育，虽然该书提出"哲学是决定教育观念的主要方面"，但哲学也只是本书论述的一个方面。在这个意义上，该书被认为是教育学的理论基础比较恰当。1912年，美国教育家麦克文纳尔（J. V. Mac Vannel）出版了《教育哲学教程纲要》（Outline of a Course in the Philosophy of Education），该书从哲学认识论和社会观讨论教育问题，并且第一次明确提出了探讨教育哲学学科性质的必要性，意识到教育哲学的独特性。在这个意义上，可以将该书视为教育哲学的真正开端。① 1916年，美国哲学家杜威出版了《民主主义与教育》，其副题为"教育哲学引论"。该书是杜威在哥伦比亚大学讲授教育哲学的教科书，它立足于实用主义的立场，系统阐述了实用主义对教育性质、教育功能、教育目的、教育价值、课程与教学、知识与教材，以及教育哲学、认识论、道德论等方面的见解，是一部系统的实用主义教育哲学教科书。虽然杜威的教育哲学以其实用主义思想为指导，但他不认为教育哲学是哲学的简单演绎，他说："教育哲学并非把现成的观念从外面应用于起源与目的根本不同的实践体系。教育哲学是明确地表述培养正确的理智的习惯和道德的习惯的问题。"② 《民主主义与教育》虽然是哲学家所作，但却是一本系统的"教育"哲学（the educational philosophy）专著，是对教育问题的哲学提升与讨论。对比那托尔普的《哲学与教育》与杜威的《民主主义与教育》，可以发现两种不同的教育哲学建构方式，前者从哲学问题出发来论述教育，后者是从教育出发提升到哲学高度分析；前者被称为"the philosophy of education"，后者被称为"the educational philosophy"。

（三）教育哲学的发展

教育哲学作为一个学科在19世纪末、20世纪初已经成型，但教育哲学的发展，并非一帆风顺，受到来自教育科学和教育哲学内部的不断挑战，使得教育哲学的性质不断地改变，有的甚至危及教育哲学的存在。这里仅以教育哲学发展中的论争，展现教育哲学的发展历程。

1. 教育科学与教育哲学之争

我们知道，教育学源于哲学，因此，在一定意义上说，传统的教育学都是哲学的教育学，具有浓厚的哲学思辨色彩。但近代学科的发展却是朝着科学化的方向努力，自然科学是科学的典范，也是各个学科努力的目标。传统教育学因其思辨自然难以列入科学

---

① 王坤庆．现代教育哲学［M］．武汉：华中师范大学出版社，2000：5-6.
② 杜威．民主主义与教育［M］．王承绪译．北京：人民教育出版社，1990：347.

之列，所以，不断有教育学科学化的努力。尽管赫尔巴特以建立科学教育学为目标，且其建立科学教育学的心理学基础尚不是科学，而是哲学观念，所以，其建立科学教育学的尝试是不成功的。随着1879年冯特建立了第一个心理学实验室，标志着科学心理学出现。实验心理学强调实证、实验，反对以前的观念心理学，冯特指出："不要那种建立在哲学预想之上的心理学，我们需要这样一种哲学，它的思辨之所以有价值，只是因为在每一步骤上注意到心理学以及科学的经验的事实"。① 心理学的科学化，无论是内容，还是方法，都影响了教育学的科学化。正是在实验心理学出现不久，就有了拉伊（W. A. Lay）和梅伊曼（E. Meumann）的实验教育学。实验教育学实际上是实验心理学成果在教育上的运用，内容主要是儿童的心理发展及其教育，强调观察、实验、测量等实证方法。因为实验教育学符合科学发展的潮流，所以，实验教育学出现后就成了教育学科学化的主流。在实验教育学的影响下，20世纪初到20世纪30年代，教育研究明显地沿着科学化的方向发展，并形成了科学的研究范式。在科学化面前，教育理论中的形而上学、价值判断，因经不起科学的考验，而视为没有意义和价值，受到科学的排斥。

教育哲学的形成之初，就遇到了以实验教育学为主导的教育科学化思潮，教育科学的主流和强势威胁到教育哲学，使教育哲学在形成之初，经历着生死存亡的考验。这场考验的关键是教育哲学作为价值之学，无法得到科学的证实和检验，其存在有没有意义？虽然有人否定教育哲学的存在，但也有人为教育哲学的存在寻求辩护。伯格莱（Bagley）就指出，"科学给我们以事实，事实本是很重要的；可是，科学不能给我们以理想，亦不能教我们根本如何选择理想。理想的选择，不是科学家的事而是哲学家的事，所以，除了教育科学以外，应有教育哲学和它并行"。波德也指出，"教育哲学所讨论的是态度、价值与进步。科学给我们以各种有组织的和确定的事实。可是这些科学如何利用，是另一个问题。教育哲学的职责，不在于事实的发现，而在于事实的解释"。② 教育哲学与教育科学不同，不仅在于其研究方法不同，更在于其研究主题不同。教育科学以发现事实，揭示规律为目的，而教育哲学则在于关注材料的意义，揭示事实背后的价值，并做出判断和指引。事实和价值是不可缺少的两个方面，因此，对教育的研究，不仅需要教育科学研究、描述事实，而且需要教育哲学研究、揭示意义。教育哲学之所以在教育科学的强攻下没有消亡，根本上在于它有独特的存在价值。

2. 规范教育哲学内部以及与分析教育哲学之争

20世纪，教育哲学在经受了教育科学的挑战和考验后，巩固其地位，随即得到了较快的发展，形成了不同的教育哲学流派，这种流派蕴含着继承与批判的内在关系。首先得到发展的是杜威的实用主义教育思想。杜威的《民主主义与教育》既是教育哲学学科的典范，又是实用主义教育思想的宣言。可以说，教育哲学在20世纪的发展，与杜威的《民主主义与教育》是同步的。

杜威的实用主义教育思想，适合了美国20世纪初的教育发展需要，在这一思想的

---

① 黄济. 教育哲学通论 [M]. 太原：山西教育出版社，1998：315.
② 黄济. 教育哲学通论 [M]. 太原：山西教育出版社，1998：316.

影响下，美国兴起了进步主义教育。进步主义教育，既是美国教育改革的潮流，也是一种教育哲学思想。它反对传统教育，主张教育即生活，教育即生长，学校即社会，在做中学；强调教育要重视儿童的需要、兴趣、能力以及儿童的身心发展状况，以促进学生的自由发展。20世纪30年代，进步主义教育衰竭，改造主义教育以一种继承者的身份出现，它以实用主义思想为基础，发展了杜威的教育即社会的思想，主张学校是形成"社会新秩序"的主要工具，教育的目的是促使实现一个经过周密考虑的社会改革方案。

作为对进步主义和改造主义教育的批判，20世纪40年代又有要素主义、永恒主义的出现。它们作为新传统教育的流派，极力批判进步主义教育的儿童中心主义，认为由于其忽视系统文化知识教学，降低教师作用，造成教育质量和学生文化水平严重下降，重新强调知识学习和以教师为中心。要素主义主张把文化的"共同要素"作为课程的核心，进行知识的系统学习和传授，提倡教师中心，强调教师的权威和严格的纪律。永恒主义认为人性是不变的，教育就是培养学生适应普遍而不变的真理，强调以"永恒学科"为课程的核心，恢复古典人文学科。

20世纪的教育哲学，强调理性的训练，尤其是新传统教育派，重新主张纪律和教师中心，随后遭到了存在主义教育的批判。存在主义强调哲学的根本问题是人的存在，认为"存在先于本质"，强调人的非理性和自由选择。在教育上，认为教育的目的是要帮助人"自我发现、自我完成"，在教学上主张个别对待，反对划一和强制，教师的作用不是控制学生，而是使他们能够自由地做出选择，追求他们感兴趣的东西。在道德教育上，主张以自由选择道德标准为原则的道德相对主义。存在主义主张以人为本，充满了人文性，在一定意义上，又回归了进步主义教育。

通过以上的简单回顾，我们可以看出，进步主义和改造主义教育批判传统教育，倡导现代教育；但要素主义教育和永恒主义又回归传统教育，倡导新传统教育。存在主义教育又批判传统教育，倡导新人文教育，回归进步主义。上述教育流派都在为教育如何发展提供价值引导，属于规范的教育哲学。每一种教育流派，都在为教育的发展提供各自认为合适的方向，致使不同的流派之间充满着争论，无休无止。

针对规范教育哲学的争论，20世纪40年代后逐步发展起来了分析教育哲学，60年代达到兴盛。分析教育哲学是分析哲学在教育中的应用。分析哲学认为，"哲学的目的是从逻辑上澄清思想"，"哲学应该使思想清晰，并且为思想划定明确的界限"。① 它把哲学的任务不再定位于构建思想体系，而定位于对思想进行语言的逻辑分析。哲学的这场变革被称为哲学的"语言学转向"。

分析教育哲学认为，规范教育哲学之间的争论，是因为它们使用的概念模糊不清、指代不明，且这些争论是没有实质意义的。因此，分析教育哲学提出应转向对教育中的概念、命题进行语言和逻辑分析，以解决由于对概念和命题的不同用法、对其意义的不同理解而引起的争论。分析教育哲学的任务在于教育语言的清晰与澄清。由于分析教育哲学打着科学哲学的旗号，对澄清教育理论中的概念混淆、提高理论的科学性，确实有

---

① 维特根斯坦. 逻辑哲学论［M］. 贺绍甲译. 北京：商务印书馆，1996：48.

帮助。所以，曾经得到教育哲学的追捧，关于20世纪70年代达到了鼎盛。但一段时间之后，人们发现，分析教育哲学沉溺于语言的清晰和概念的游戏，陷入繁琐的逻辑论证，对教育改革中的重大问题却置若罔闻，使哲学失去了对实践的指导。于是又出现了对分析教育哲学的质疑与批判。怀特在《再论教育目的》中指出："直至最近，教育哲学一直具有过多的分析倾向。当然，它一直对教育目的感兴趣，但是它花费太多精力去论证如何理解教育目的这个概念，而没有充分强调教育目的应该是什么等实质性问题。"① 一线教师也不满意分析教育哲学，对此，他们作了一个比喻：当他们从战壕里来到五角大楼时，却发现将军们在下五子棋，对火热的战场一点都不关心。正因如此，导致了分析教育哲学渐渐式微。80年代以后，教育哲学再次回归到规范哲学，相继出现了新实用主义、建构主义、结构主义、批判教育学、现象学教育学、女性主义教育、后现代主义教育等诸多思潮，他们在性质上也属于规范教育学。

3. 哲学化倾向与实践化倾向之争

教育哲学是以哲学理论分析教育问题，还是把教育问题提高到哲学高度，这是两种不同的思路：前者是哲学的思路，后者是教育学的思路；前者把教育哲学看做哲学的应用学科，后者把教育哲学看做教育的基础学科。由于最初的教育哲学都是哲学家思想在教育领域的体现和延伸，也由于西方教育哲学的从业者都具有较好的哲学素养，使得哲学化一直被认为是教育哲学的专业化之路。所以，教育哲学不断向哲学靠拢，以哲学为典范，是教育哲学的追求。

纵观20世纪教育哲学的发展。无论是规范教育哲学，还是分析教育哲学，都是以相应的哲学流派为前提，教育哲学是相应哲学流派的教育应用。它虽然有助于提高教育哲学的学术水准，但也使得教育哲学离教育本身越来越远，不从教育实际出发，也不关注教育发展中的问题，只是封闭在哲学体系中玄思、构想。教育哲学向哲学靠拢，以哲学为荣，但由于其本身只是哲学的应用，对哲学自身的发展贡献不大，所以哲学也不怎么看重教育哲学。如今，大学哲学系开设有政治哲学、道德哲学、历史哲学、社会哲学等诸多哲学应用学科，却很少有教育哲学，教育哲学一般都在教育学院开设。而在教育学院的教育哲学似乎又不大乐意以教育为业，一心追求哲学化，不注重教育问题，不能为教育改革出谋划策，这又使其在教师培养和教育实践中被视为"无用"而加以排斥，至少是不受欢迎。

美国学者斯蒂文·脱泽把美国教育哲学学会会员的研究分为三个阶段：1942—1958年为早期阶段；1958—1982年为中期阶段；1983年至今为现在阶段。前两个阶段没有什么太大的不同，它们都强调哲学的主题而非教育实践的主题，关注点从哲学体系与教育的关系转换到教育概念的系统分析，学校改革的问题始终处于边缘。但是自20世纪80年代以后，教育哲学转向关注教育实践与教育改革的问题。② 关注教育实践，是教育哲学合法化存在的基础，教育哲学家必须关注实践，否则"一个对于教育实践和研

---

① 怀特. 再论教育目的 [M]. 李永宏等译. 北京：教育科学出版社，1997：8.
② 邵燕楠. 哲学化还是实践化：教育哲学研究的两难 [J]. 教育研究，2009 (5).

究毫无所知的教育哲学家不能符合教育哲学家的标准"。①

英国教育哲学在20世纪70年代分析教育哲学崛起后达到鼎盛,但80年代式微后,教育哲学开始关注教育实践。"英国教育哲学家们更加清醒地认识到分析教育哲学的狭隘性、抽象性和经院性,更加以一种积极的态度回应教育实践的批评。他们在保持分析教育哲学思想清晰风格的同时,逐渐将学术兴趣从教育认识问题转回到教育实践问题"。② 教育哲学不仅不再是哲学的思辨,而且也不再局限于教育中的形而上问题,诸如人性论、知识论、认识论等,而是深入教育实践,透视教育实践背后的理念,为变革实践提供新的理念指导和方向。当代英国教育哲学家卡尔(W. Carr)指出:"今后讨论教育哲学时,应首先讨论什么是实践活动,而非什么是哲学。此意指教育哲学为一种实践哲学。……唯有重新确立实践概念之传统角色,教育哲学方能好好地发挥其促进教育实践活动之功能。"③

所以,教育哲学发展到现在,不再是某些专业哲学家的高深学问,不再只是讨论抽象的问题,进行纯粹的思辨。尽管专业的教育哲学和思辨依然不可少,但教育哲学的范围大大拓宽,其拓宽的方向面向教育,面向实践。教育哲学应该回归教育自身,研究教育实践,为教育改革"把脉问诊",引领航向,寻找属于自己的独特发展路径,而不是总在哲学的阴影下,寻求哲学的"庇护"。教育哲学要以哲学的思维、哲学的方法研究教育问题,把教育问题提升到哲学高度分析。作为哲学的分支学科,要对哲学有所贡献;作为教育的基础理论学科,又能为其他教育学科和教育实践提供理论辩护和价值引导。

三、教育哲学多元化的走向

教育哲学是一个不断发展的学科,在发展过程中,生成着对教育哲学对象、性质和研究主题的新认识,使教育哲学形成了不同的取向,出现了多元化的趋势。多元化是教育哲学发展的趋势,"正如生物群的种类多元化有利于各个生物生长一样,世界需要多元,教育哲学也需要多元。如果教育哲学固守一个模式,而非多元,则会走向死胡同"。④

美国教育哲学家索尔蒂斯(J. F. Soltis)根据教育哲学的主体不同,把教育哲学分为三类:个人的教育哲学、公共的教育哲学和专业的教育哲学。个人的教育哲学是每个教育工作者教育理念的沉思与表达,它对个人的教育活动非常重要。公共的教育哲学指向社会大众,是公众对教育生活、教育实践的反思和认识,引导着公众的教育观念,制约着社会教育改革的推行;专业的教育哲学,指向专业的教育哲学家和教育哲学从业者,他们从事教育哲学知识和思想的生产。在索尔蒂斯那里,专业的教育哲学特指分析教育哲学。

---

① 石中英. 教育哲学 [M]. 北京:北京师范大学出版社,2007:65.
② 石中英. 教育哲学 [M]. 北京:北京师范大学出版社,2007:56.
③ 卡尔. 新教育学 [M]. 温明丽译. 台湾:台湾师大书苑,1998:115.
④ 邵燕楠. 美国教育哲学研究的多元化特征及其启示 [J]. 教育科学论坛,2009 (6).

美国哲学家弗兰克纳（W. K. Frankena）根据教育哲学的研究主题，把教育哲学也分为三种类型：思辨的教育哲学、规范的教育哲学和分析的教育哲学。思辨的教育哲学直指教育根基，寻求教育关于人、知识、认识、道德、社会的根本意义，论辩教育中形而上学的假设。规范的教育哲学指向教育本身，提供教育目的和教育发展的价值取向、教育实践的原则，并对其进行价值辩护。分析的教育哲学是针对规范教育哲学中的概念、命题和论争的模糊不清，所提出的一种语言和逻辑的分析方式，其目的在于澄清教育概念。

我国学者郝文武根据教育哲学研究的主题与方法，提出已经和正在形成的教育哲学：探究的教育哲学、演绎的教育哲学、分析和实证教育哲学、价值论教育哲学、元教育学、综合教育哲学、建构的教育哲学。①

上述研究者虽然对教育哲学的分类不同，都反映了教育哲学多元化的趋势。从教育哲学产生和发展的历程，可以看出，在取向上，主要有哲学的、教育学的、分析的和实践的。

所谓哲学取向，就是立足于哲学，把哲学的原理、观点和方法直接运用于教育，教育哲学成为哲学的应用学科。如那托尔普的《哲学与教育》就采用此种方法，说明逻辑学、伦理学以及美学与教育的关系。当代西方教育哲学，也多包含"理念论与教育"、"实在论与教育"、"知识论与教育"、"道德论与教育"、"社会政治哲学与教育"等内容，试图从哲学观点反观教育。我国台湾学者的教育哲学，也多属于哲学取向或包括哲学取向的内容。国内学者以桑新民的《呼唤新世纪的教育哲学》为代表。该书以哲学研究"思维与存在的关系"推论教育哲学研究"教育领域中思维与存在的关系"，作者根据马克思主义哲学的思路，提出了教育哲学的三大部分：教育本体论、教育价值论和教育实践论。哲学取向把教育哲学归为哲学，提高了教育哲学的学术性和理论性，但教育哲学成为哲学的演绎与应用，缺少对教育自身的关怀，使教育哲学与教育实践渐行渐远，无法发挥对教育实践的指导作用。

所谓教育学取向，就是立足于教育问题，把教育问题尤其是教育中的一般问题，提升到哲学的高度，以哲学的思维方法进行分析，得出属于教育自身的哲学结论。我国学者的教育哲学多属于这类，其中讨论的内容包括教育意义、教育本质（教育本体）、教育价值（功能）、教育目的、教育主体、教育理念、教育精神、教育知识等。按照哲学研究人类和社会发展中普遍问题、基本问题的观点，教育哲学研究的是教育中的一般问题、普遍问题，寻求的是教育实践、教育问题的根基。它立足于教育，对教育过程中的问题进行哲学探讨，解释教育的意义、价值与本质。与哲学取向相比，教育学取向与教育关系密切，但它又与教育原理、教育思想等学科难以划分。教育学取向固然关注教育自身，但它只停留在教育的一般问题上，着眼于教育的形而上假设论争，与教育实践还具有一定的距离。

分析取向的教育哲学，无论是其哲学取向，还是其教育学取向，在性质上都属于规范教育哲学。20世纪的规范教育哲学都是一种"主义教育哲学"，"主义教育哲学"都

---

① 郝文武. 教育哲学［M］. 北京：人民教育出版社，2006：16-23.

会根据自己的哲学观、教育观，为教育发展提供方向的指导。但不同流派提供的指导往往是矛盾的，致使实践工作者无所适从。20世纪50—70年代发展和勃兴的分析教育哲学，认为"主义教育哲学"之所以出现争论，是因为人们使用的概念混乱、语义不清，所以，分析教育哲学把自己定位为对教育概念、命题进行语言和逻辑的分析，以解决"主义教育哲学"的无谓论争。分析教育哲学以对教育中语言的澄清与清晰为目的，实现了教育哲学的"语言学转向"，提高了教育哲学的学术性和科学化水平，但也使得教育哲学脱离了火热的教育生活而成为"文字游戏"。

实践取向的教育哲学，立足于教育，在这一点上和教育学取向是一致的，但教育学取向沿袭了对哲学的传统认识，只探讨教育中的一般问题，揭示教育中的形而上假设；而实践取向的教育哲学，把触角伸向教育实践、教育生活中的所有问题，反思和批判教育实践背后的教育观念、教育理念，目的不在于揭示其背后的形而上假设，而在于唤醒和解放教育者，引导他们反思自己的教育生活和教育实践，追求教育生活的价值和教育人生的意义，过一种有意义的教育生活。教育哲学不再是高高在上，脱离教育实践；而是走进教育实践，走进教育生活，成为教师反思、解蔽、解放的力量。实践的教育哲学是一种唤醒、一种教育变革驱力。

一段时期教育哲学的发展，虽然有主导趋势，但主导并非是唯一。哲学的发展不同于科学的发展，科学是单一的，有对错之分；哲学是"合法化的偏见"，是多元的，没有对错。固定性是科学的本性，多元化是哲学的本性。但多元化并非没有底线，并非什么都可以称为教育哲学。教育哲学的底线就在于其领域是教育，方法是哲学。教育哲学是以哲学的态度与方法研究教育问题，此乃教育哲学的底线，也是教育哲学在多元化中的共性选择。

第三节 教师与教育哲学

长期以来，教育哲学成为哲学家的专利，局限于概念的、范畴的玄思与逻辑推理，使教育哲学成为哲学家的"自娱自乐"，远离着教育实践，失去了观众——广大的教师。谈到教育哲学，一线的教师首先感到的是深奥、空洞、没有用，因此，对教育哲学不热爱，也不想学。即便有教师认为教育哲学很重要，但也认为哲学晦涩、艰深，担心学不会，更不知道何时需要哲学，如何运用哲学。那么教育哲学是否只是哲学家的"专利"？一线教师是否需要教育哲学，为什么需要教育哲学？教育哲学对他们有什么价值？怎样学习和研究教育哲学？这些都是学习教育哲学之前必须解决的，因为它关系到教师对教育哲学的理解，影响他们学习教育哲学的动力。

一、教师为什么需要教育哲学

教师需要教育哲学，因为教育活动蕴含着哲学，不了解教育哲学，就无法很好地从事教育活动。正如美国教育哲学家奈勒所说，"那些不应用哲学去思考问题的教育工作者必然是肤浅的。一个肤浅的教育工作者，可能是好的教育工作者，也可能是坏的教育工作者——但是好也好得有限,而坏则每况愈下"。①

　　从表面上来看,我们从事的教育活动,很具体、可操作性强,它与高深的教育哲学似乎扯不上任何联系。我们在从事这些具体活动的时候,也没有刻意地以某种哲学理论为指导,很多的活动都是一种习惯,自然而然。这些活动表面看来是不自觉的,但只要我们不断地追问,其背后都有一个哲学的假设。例如,如何对待学生?有人认为必须严加管理,甚至不惜使用惩罚;有人认为要尊重学生,不仅不能惩罚,甚至不能批评,主张赏识教育。为什么同样是管理学生,会有截然不同的方法呢?根本就在于教育者所持的人性观、教育观不同。前者认为人性是恶的,人性中"有不安分的种子"(赫尔巴特),教育就需要依靠外在的灌输、约束和管理;后者认为人性是善的,教育就是人性的一种自然涌现,因此,要尊重学生,满足人性发展的需要。再如,为什么有的教学强调死记硬背,有的教学强调主动建构?这与对学生在教育过程中地位的认识有关,也与教育者所持的知识观有关。前者认为,知识是客观事物的反映,是客观的、唯一的、普遍的,不以人的意志为转移的;所以,知识无法创造,只能记忆,如果不是死记硬背,最后的也是有意义记忆。后者认为,知识是人对事物的反映,人的主观经验不同,其对事物的反映不同;因此,知识是主观的、个人化、情景化的经验建构。在这种知识观看来,没有僵死的普遍的知识,知识都是个人建构的。其实,任何教育活动,无论是有意的还是无意的,只要我们不断追问,其背后一定是哲学的问题。教育行动如何,取决于我们的哲学选择。我们的教育行动之所以没有意识到背后的哲学问题,是因为我们更多的是靠缄默知识、靠经验行动。我们缺乏明确的反思意识,这并不等于说我们的行动没有哲学依据。

　　教育活动需要哲学,还因为教育是一种价值选择与判断。教育与"教唆"同是"教",但教育有"育"的引导,使其区别于"教唆"。"育,养子使作善。"育是一种教人为善的价值引导,这使得教育不是一种技术,而是一种指向善的伦理关怀活动。教育在于追求一种美好生活,引导学生成"人"。任何教育都是施教者认为的"好教育",都体现着他们的价值选择和判断。什么是"好教育",成"人"应该追求什么,成什么样的人?对这些教育问题的回答,是由教育哲学来完成的,教育哲学有助于教师作出价值选择和判断。没有哲学思考的教师,是一个盲目的教师,虽然做了,但不知道为什么这么做,做的对与错、好与坏,也无从判断。这样的教师就是奈勒所说的,"好也好得有限,而坏则每况愈下"。

　　正因为教育活动背后都蕴藏着哲学问题,所以,从事教育活动不能不学习哲学,哲学能使一个教师变得更好,工作变得更有智慧,更有创造性。教育哲学对于教师的价值或功能在于:

　　第一,反思教育实践背后的理念。

　　哲学不是一堆哲学知识,不是哲学家言论和思想的汇集,哲学更是一种审视和反思的态度。教育哲学也是教育者走入教育生活、进行教育活动的一种姿态。教师不只是寻找"我怎么做,做的方法和策略",而还要思考:我为什么这么做,这样做的理据何

---

① 陈友松.当代西方教育哲学[M].北京:教育科学出版社,1982:135.

在？这个理据合理吗？正当吗？它反映了一种什么样的教育追求、教育信念？……反思是哲学的本性。教育哲学作为教师的一种反思生活，就是不断地追问"为什么"，在追问中反思"我做的是不是合适"，"我应该怎么做"。在日常教学中，教师凭借的是经验，是个人的实践知识、缄默知识，"知其然不知其所以然"。教师做了，不知道为什么这样做，做的道理何在？教师只追求怎么做得更好，追求一些技术和细节上的问题，即便是我们现在进行的教学反思，也只是反思一些具体的操作细节，不追问和反思行动背后的理念和思想基础。其实，理念决定行动。改变行动，必须从改变理念开始。教育哲学的反思，直指实践经验、教育方法、技术、策略赖以存在的前提和根基，也即不断追问教育实践经验、技术与方法背后的本源性追求，它使我们的教育之思触及教育之根，回到教育的原点，直抵问题的实质。对教育理念的反思，能够使我们超越经验的狭隘性、褊狭性，以整全的观点来认识教育、回到教育的原点，提升教育实践的品质。

第二，明了教育的价值和方向。

奈勒说："个人的哲学信念是认清自己的生活方向的唯一有效手段。如果我是一个教师或教育领导人，而没有系统的教育哲学，并且没有理智上的信念的话，那么我就会茫茫然无所适从。"[①] 教育的行为是一种有意识、有目的的行为，其目的性和意识性不仅表现在"我知道我在做，我是为了一定目的而做的"，而且要知道"我为什么这样做？我这样做是要追求什么？我追求方向的正当性何在？"教育哲学作为一种规范，就是要为教师的行为提供指导和帮助，但这种指导不是操作性的技术和方法，而是一种发展方向和原则。教师的教育行动需要明确"好教育的标准"是什么，其教育行动，就是努力实现"好教育"。但这种好教育的标准，不是教育哲学家强加于教师的，而是教师的内在标准，教师不是某一哲学家思想的实验场，而是自己内心信念的执行者。教师是自我信念的主体，而不是他人思想的被动执行者。因此，每个教师都需要有自己的教育信念，有自己的教育哲学，有自己的教育追求，有自己对好教育的判断。教育哲学对教师来说，是教育者的个人哲学，是教育者自我生成的教育哲学，是教育者的教育信念和教育追求，它对教师从事思想深刻和目标明确的教育活动至关重要。一个没有教育哲学的教育者，如同一个没有信仰和追求的人一样，其教育活动必然是盲目的，教育生活必然是暗淡的。

第三，创造和生成教育智慧。

哲学的目的就是通过爱智，生成智慧。教育是一种创造性活动，教育对象的个体差异性、过程的动态性、环境的复杂性，决定了教育没有固定的、统一的方法和技术，教育必须是一种个性化的艺术。教育中的某种方法，适合于特定情境下的某个教师，但不会适合另一情境下的另一位教师。现代性主导下的教师培训，过于注重技术和方法，而忽视了理念和哲学的思考，很容易使教师成为一种工匠或技师。教育哲学不能提供技术，不能教我们怎么做的步骤，但它有对于"好教育"的思考，教师基于"好教育"判断，综合教育场景、学生的特点和教师个体的人格，实现自己的教育创造。因此，我们在现实中也看到，教师的专业越发展，那些有成绩、有造诣的教师，他们就不醉心于

[①] 陈友松. 当代西方教育哲学 [M]. 北京：教育科学出版社，1982：135.

纯粹的"方法和技术",而是有对教育哲学的强烈需求,有对自己行为背后理念的反思,有自己的教育主见,有属于自己的教育创造、教育风格、教育智慧。一个有着哲学思考,把握了教育灵魂的教育者,一定是教育活动的反思者、批判者和创造者。

所以,对教师而言,教育哲学不是外在的教条,而是教师自我反思的智慧、批判的智慧和变革的智慧,它能引导教师进行价值思考,提升教育品性,进行教育创造,生成教育智慧。一个真正的教育家,一定是一个教育哲学家,因为教育创造离不开哲学实践反思和价值引导。

教育哲学对教师的价值[①]

1. 帮助教师理解最基本的教育问题;
2. 能够使教师对解决这些问题的诸多策略作出判断;
3. 有助于澄清教师对生活目标和教育的思考;
4. 有助于形成与生活目标具有内在一致性的教育观和一种在更广阔背景下的教育策略。

尽管教育哲学对于教师确立教育理念、反思教育实践、进行教育创造,非常重要。但从客观上说,教师对教育哲学的认可和重视程度不高。这其中的原因是多重的、复杂的,既有教育哲学自身的原因,也有教师本身的原因,还有社会发展的原因。从哲学自身来讲,长期以来,我们把哲学知识化,哲学成为一门知识学科,成为哲学家思想的汇集。传统的教育哲学偏于思考原则性的"大问题",而远离了教育生活和教育实践,使教师在教育哲学中看不到自身的身影,也看不到自己的工作,自然也不会关注教育哲学。教育哲学就成为少数哲学家的专利,失去了广大的教师。就教师自身来讲,现代的教师教育在现代性的视野下,追求工具理性,失去了价值关怀。教师只追问"什么样的方法最有效",而不深究"什么是有效,追求什么的有效",我们在寻求有效的教育技术之时,疏于对"好教育"的价值思考。在这样一个技术化、功利化的时代,这些思考甚至显得迂腐,甚至被教师讥笑。从社会视角来看,当今的社会是功利化的社会,是一个精神贫瘠、价值失缺的社会。哲学在功利化的社会没有立足之地,教育哲学自然也不会成为教师自觉的精神给养。

教育呼唤教育哲学,从事教育活动的教师必须学习教育哲学,尤其是在当今教育哲学缺失的时代,教师学习教育哲学更为紧迫和必要。

---

① George R. Knight. *Issues and Alternatives in Educational Philosophy*, Andrews University Press, 2008, p. 161.

二、教师怎样学习和研究教育哲学

教育哲学是个复合词，一是哲学，二是教育。这就决定了学习和研究教育哲学必须具有双重素养：哲学与教育。哲学是一种思想体系、一种思维方式。教育既指一种理论，也指一种实践活动。对教师而言，教育哲学不是简单地记忆哲学理论，在教育实践中"套用"，而是对教育活动的一种哲思，是哲学对教育的滋养和提升。正如有学者指出的，"一个教育哲学家本质上是一个精通教育并走出教育走进哲学王国的人，而不是一个精通哲学并走出哲学走进教育王国的人"①，这是教师的教育哲学与哲学家的教育哲学形成的不同路径。

与哲学家研究教育哲学相比，教师学习和研究教育哲学长处在教育，短处在哲学，尤其是哲学素养较为欠缺，因此他们需要增强哲学素养。哲学是教师进行教育哲学思考的工具，不具备哲学素养，就不具备分析教育问题的工具，谈不上对教育的哲学思考。所以，教师学习、研究教育哲学，首先要提高哲学素养，然后才能以哲学的立场、思维和方法，透视教育实践，分析教育问题，提升教育哲学理论。为此，学习和研究教育哲学，需要努力做到以下几点：

1. 学习和研究哲学理论，锤炼哲学思维

教育哲学首先是哲学，教育哲学是哲学的应用学科，二者是母与子的关系。哲学与教育哲学的关系，决定了学习和研究教育哲学，必须以学习和研究哲学为前提。哲学是教育哲学的给养，是思考教育哲学的工具。尽管哲学不是哲学知识的堆砌，但它首先表现出来的就是哲学家关于哲学问题的论断，我们学习哲学，就要面对这些哲学理论，但学习哲学不能是哲学理论的记忆，而是要走进哲学家的心田，学会和哲学家对话。哲学重要的不是结论，而是过程，在和哲学家对话中学会"做哲学"。所以，康德说，不是"学哲学"，而是"做哲学"。哲学不是思想教条，哲学是人的一种思维方式，学习哲学理论，虽然面对的是理论，但我们要把理论还原为一种思维、一种对话，学习理论，审视理论，挑战理论，形成自己的认识。

哲学理论的学习方式，有以下几种：（1）学习哲学教科书。哲学教科书不是哲学思想，是对哲学及其基本问题的认识。哲学教科书把我们领进哲学的大门，走马观花，略知一二，但要真正领略哲学的思想，还需要后面几种方式。（2）学习哲学史。哲学不同于其他学科，哲学就是思想之间的批判、扬弃和超越，哲学就是哲学史。学习哲学，要了解各种思想之间内在的逻辑，展现其思维的历程，就是要学习哲学史。学习哲学史，对我们既是"学哲学"，又能从中体验"做哲学"。（3）研究各哲学流派的思想，进行比较。哲学是以流派而成型的，哲学不应该是东说说、西说说，自相矛盾，而应该自成体系，成为一个学派。哲学各流派之间思考的问题，乃至思考方式都不一致，但都有其合理性，多有借鉴意义，我们要精深研究哲学流派，但不能局限于一个流派，要钻进去，同时也要跳出来。开展各流派之间的比较，找出他们思考问题的共同点和不同点，在比较中，作出自己的选择，形成自己的判断。（4）专事于某一哲学家思想的

---

① 刘庆昌. 教育者的哲学 [M]. 北京：中国社会出版社，2004：7.

精深研究。哲学是由一个个哲学家的思想支撑的，学习哲学，最原始的方法，就是研究某个哲学家的思想，其途径就是学习哲学家的著作，形成与哲学家的深入对话。（5）开展以问题为核心的哲学研究。虽然哲学家的见解各异，但他们讨论的哲学范畴多是相同的，只是他们对不同范畴的理解不同。我们可以以某一哲学范畴，或哲学问题为核心，如对"自由"、"民主"、"正义"、"权利"等研究，在比较哲学家对这些范畴理解的异同之时，更多地要考察他们思考问题的独特性，从中受到思维的启迪。

2. 走进教育实践，体验教育生活

不同于传统教育哲学只关注教育的一般问题、普遍问题，强调其抽象性、思辨性，当代教育哲学日益走向实践哲学，实践性成为教育哲学的首要特征。① 实践性不仅意味着教育哲学要为实践服务，更意味着教育哲学的主题不再只是抽象的一般性教育问题，而是教育实践中产生的问题，是教育实践中的困惑，是急需要解决的问题。传统的教育哲学，研究教育的一般问题，建立教育的形而上假设。虽然教育中的形而上假设，是教育活动的根基，对教育实践活动很重要，但毕竟有着较大的距离，教育哲学不关注实践中的问题，导致对教育实践的指导不力。现代教育哲学转向实践，面向实践中的问题，寻求问题背后的原因，反思问题的根源，从根本上去解决问题。

传统教育哲学研究教育中的形而上问题，使得教育哲学更多的是一种返思，是一种抽象推理和理论演绎。这使得哲学家即便是没有教育实践，没有教育经验，凭借着哲学的头脑和素养，照样可以做出教育哲学。它同样使一些教育哲学研究者，脱离教育实践，把教育哲学做成书斋里的学问。尽管这样的学问，也是教育哲学，但缺乏生命力，也不受教育者的欢迎。

当代教育哲学走向实践哲学，这意味着研究者必须走进教育实践，参与教育实践，体验教育生活，丰富教育经验。今天，不参与教育实践，没有教育生活的体验，不感受火热的教育改革，无法发现教育实践中的问题，就不可能生成有价值的教育哲学。

教育实践是一个宽泛的概念。不仅包括自己的教育实践，也包括他人的教育实践，既要总结自己的教育经验，也要善于观察和研究别人的教育经验。教育哲学关注教育实践，体验教育生活经验，并不在于实践和经验本身，而在于经验的背后，善于分析经验背后所折射出来的观念，分析这些实践活动和经验背后隐含的理论，检验其合法性、正当性以及与教育实践之间的适切性。必须注意的是，对教育经验的分析，不能就教育论教育，教育是社会的重要组成部分，哲学也是时代的精华，时代精神的反映，教育哲学自然要体现时代和社会发展对教育的需要。所以，教育哲学不只是教育的哲学，也是时代的社会哲学。我们既关注教育，也要关注社会。

3. 学会反思与批判，创造教育者的教育哲学

教育哲学是反思之学、批判之学，反思与批判是教育哲学研究的基本方法。

"学习和研究哲学，并不是一般地'面向文本'、'面向现实'和'面向自我'，而是在自觉的反思取向中实现这种'三面向'。因此，只有培养和训练自觉的反思取向，

---

① 石中英. 教育哲学 [M]. 北京：北京师范大学出版社，2007：26.

才能从'三面向'中提高理论思维能力和提升哲学理论境界。"① 这段对学习和研究哲学的论述，同样适合教育哲学。教育者要学习和研究哲学理论，要深入教育实践。但学习哲学理论不是为了掌握哲学知识，深入实践也不是为了获得感性经验，而是为了在理论中反思、在实践中反思，最终改变个人旧的教育观念，形成新的教育观念。

教育哲学的反思，要指向三个层面：第一，反思教育经验、教育习惯、教育常识。黑格尔说："哲学的特点，就在于研究一般人平时所自以为很熟悉的东西。"② 经验和习惯是习以为常的，人们按照经验来行动，但却很少有人反思行动的适切性，追问"为什么这么做"。对教师来说，支配其行动的不是显性的教育理论知识，而是由其经验形成的缄默知识、实践知识。反思教育经验、教育习惯、教育常识等，是教育哲学反思的开始，也是最艰难的。第二，反思教育实践背后的理念。教育行动是一种有目的的行动，就在于每一个教育活动，都受特定的人性观、价值观、知识观、社会观的支配。反思教育实践，重要的不是面向教育操作中的细枝末节，而是要直指实践背后的理念：这种实践反映出的是什么理念，这种理念的正当性、合理性，以及与当代社会发展、教育改革要求之间的适切性，这种理念是否适合，问题何在，如何改正，等等。教育哲学研究者参与实践的目的，不仅在于认识实践，更在于变革实践，但它的变革不是表层的、操作性的，而是深层的、思想性的。第三，反思教育的基本理论和教育思想。思想反思是哲学反思的根本。教育哲学的反思，既要追问和反思教育发展历程中的根本问题，如教育本质、教育目的、教育价值、教学观、德育观等，还要进一步超越教育，直指根基的人性观、价值观、知识观、道德观等。后者是对教育理论前提的反思。教育哲学的最深刻的反思，就是对教育理论前提的质疑和挑战，这种反思最终变成哲学问题，回归到母学科的哲学反思。

哲学的反思特性决定了它的批评本质和批判精神。哲学在本质上是批判之学，没有批判，就没有哲学的发展。一部哲学史就是思想之间的批判史，这种批判既可以指向思想本身，更深刻的则指向这些思想的"前提"。对"前提"的批判是一种"清理地基"式的批判，一种新理论的产生，必须建立在这种地基式批判的基础上。

反思既需要于正面总结和理论提升，也需要深刻的批判。这种批判不是"就事论事"，而是指向事情背后的思想、理念。批判教育经验和教育常识中的集体无意识，使隐含的观念得以呈现；批判教育实践背后的观念与实践之间的恰切性、时代性，使之发现教育中的深层问题。批判指向教育常识、教育实践，目的是对教育者进行理性启蒙，使其从陈规陋习中、从蒙蔽中解放出来，彰显教育者的主体性和创造性。职业的教育哲学批判，还指向一种教育理论、教育思想的前提假设，建立新的教育理论、教育思想。

批判不只是为了批判，更不是为了"推翻"。在批判中，蕴含着选择和建构。一种观念、思想、理论，为什么是有问题的、是不恰切的，在回答这个问题的时候，已经蕴含了批判者的理想建构。所以，教育哲学基础在反思、在批判，但根本在建构，在批判中建构新的理论，明确教育的方向和标准，实施价值引导。

---

① 孙正聿. 哲学通论（修订版）[M]. 上海：复旦大学出版社，2005：301.
② 黑格尔. 哲学史讲演录[M]. 北京：商务印书馆，1959：25.

哲学的批判不是一种人格的攻击，而是一种思想的批判。在人格意义上，批判一种思想，恰是显示这一思想有值得批判的价值。因此，哲学批判是一种"带有敬意的批判"。① 长期以来，在我国的特殊语境中，批判被政治化、意识形态化，批判就是"攻击"，批判就是"打倒"，被批判的思想，被认为是不正确的、"腐朽的"，是要被"清理"出去的。这种批判的习惯，不利于哲学的"批判"。因为任何的哲学都是一种"合法性偏见"，每种思想都不能全面代表真理，都必然被其他思想所批判，哲学的发展，依靠的就是思想间的批评。没有批判，就没有哲学的发展，也就没有哲学。批判是哲学发展的灵魂。我们当今开展教育哲学研究，首先要对我们"批判的习惯"加以批判，形成正确的批判观念，开展正确的思想批判。

◎ 反思与探究

1. 如何理解哲学的人本性及其与教育的关系？
2. 为什么说"决定教育的最后依据是哲学"？
3. 如何理解教育哲学及其特性？
4. 教育哲学的发展趋向是什么？
5. 教师为什么要学习和研究教育哲学？怎样学习和研究教育哲学？

◎ 拓展阅读

1. 胡军. 哲学是什么［M］. 北京：北京大学出版社，2002.
2. 孙正聿. 哲学通论（修订版）［M］. 上海：复旦大学出版社，2005.
3. 孙凤歧. 什么是教育哲学［J］. 教育理论与实践，2008（4）.
4. 刘旭东. 论教育哲学的时代转向［J］. 教育理论与实践，2008（12）.
5. 郝文武. 当代中国教育哲学的变革［J］. 陕西师范大学学报（哲学社会科学版），2009（6）.

---

① 孙正聿. 哲学通论（修订版）［M］. 上海：复旦大学出版社，2005：304.

第二章 人性论与教育

☞ **学习目标**

1. 以人的视角理解人性的内涵，认识人性之于教育的意义。
2. 了解教育思想史中不同教育家的人性观及其教育理论主张。
3. 以马克思主义的观点认识人的类生命本质以及其成"人"的教育实践活动。

☞ **本章要点**

人性是与"神性"、"兽性"、"非人性"、"反人性"等相对的"人之为人"的特性。以人的方式认识"人"，人非物非神，人就是人，因此，人性也非物性，也非神性，人性就是"人"的特性。人性是物性与神性、种特性与类特性的矛盾统一，单一的物性或神性、种性或类性，都不是对人性的正确认识。

人性论是对人性的总体认识，但人的类特征决定了对人的认识，不能采用一种物性的思维，即一种实证的科学思维，而只能采用哲学的思维。人性论就是站在一定的立场上，对人应该成为什么、应该怎么样的一种价值判断和主观假设。不同的人，基于不同的需要，对人性有着不同的看法，形成了不同的人性观。人性论对于教育的意义，不是可有可无，而是教育的根基。教育只有把人性作为根基，才能使教育指向人，真正成为人的教育。因此，人性假设对于教育，决定着教育的本质内涵。由于对人性的认识不同，使人们对教育的认识也不同，于是就形成不同的教育理论。

近代以来，对人性的认识有天性的人性观、自然的人性观、社会的人性观等，天性的人性观是文艺复兴时期人文主义教育家的人性主张，他们把人从中世纪的神归还给人自身，充分相信人性，尊重人性，高扬人性。自然的人性观一方面也是人的天性所在，另一方面则表现为人性免受社会污染的纯真，卢梭的自然人就是一个人性纯真的人，他提倡教育回归自然，也就是要回归人性的本真。社会的人性观不仅主张社会性是人性的重要构成，而且将社会性与个性对立起来，认为社会的价值高于个人的价值，人性的发展必须顺从社会的要求，教育就是要促使个体的社会化，培养一个"社会我"。理性的人性论是近代西方主导的人性观，它把理性作为人的本质属性，人的一切发展都基于理性，以理想为基础，教育就是传授知识，在知识教育中培养和训练其理性。近代教育所培养的理性是全面的，但随着科学的发展，理性渐渐演化为技术理性、工具理性，而失去了实践的道德理性、价值理性，导致现代人成为只有理性而无人性的"单向度人"。针对理性人的问题，又导致形成了非理性的人性观。非理性主义把人的情感意志、本能冲动和个性等非理性因素置于人的理性之上，看做人生命的本质，强调教育要关注人的生命意志、价值、尊严、个性和自我实现等，突出表现在20世纪的德国文化教育学、存在主义教育和人本主义教育思想之中。当代教育思潮中还出现了游戏人的人性观，把游戏视为人的本质，追求教育中的游戏性和游戏精神，克服教育的功利性、机械性，享受教育带来的愉悦。

在教育思想史上，无论是把人的属性归结为什么，都是一种本质主义的物性思维，这种思维方式不适合生成中的人。转换这种物性思维，以人的方式来看待人，人的双重生命的存在，不仅具有动物的种生命，更具有人所特有的类生命。类生命是人之为人的根本，也是教育成"人"的人学依据。教育成"人"的根本在于成就人的类生命。交往实践是类生命生成的机制，因此，成就类生命的教育，必然要求成为主体间的交往实践活动，在交往实践中建构生活，在生活中促进人的生成与发展。因此，教育成"人"，在根本上意味着"教育即交往实践"，"教育即建构生活"。

有学者指出，"倘若要问某人'什么是教育？'也就等于问他'什么是人'"。① 因为教育的对象是人，教育是人与人之间的活动，教育的世界是人的世界。教育离不开人，理解教育自然离不开对人性的认识。教育学的知识中最重要、最核心的是人的知识。正如德国教育家福禄倍尔所说，只有对人和人的本性有了彻底的充足的认识，从而得出教育人所必需的一切知识，才能使教育开花结果。因此，我们要认识和研究教育，有必要从认识和研究人开始。人是教育的核心，人性是教育理论的根基，不同的人性观形成不同的教育理论。林林总总教育理论中的人性观，不一定都符合人性的要求，有的反倒"束缚"人性甚至"反"人性。因此，我们需要确立合乎人性的人性观，建立符合人性的教育理论。这是教育哲学的首要任务，也是其最高追求。

第一节 人性论对于教育的意义

一、什么是人性

在现实生活中，每个人尽管属于不同的国家、不同的民族、不同的阶层，具有不同的知识经验、不同的身份地位、不同的年龄和性别……再多的不同，也阻挡不了他们最大的共同性：他们都是人。人性是人的属性、特性，不是某个人的特殊性，而是所有人的共同性、类的特性。它超越了民族、国家、地域、个人身份和身心发展的差异，只要是人，都具有人性。人性是一切人都具有的属性，是人的共性。人性不能在人与人之间寻找，而只能在人与"非人"的对比中寻找，人性是与"神性"、"兽性"、"非人性"、"反人性"等相对的"人之为人"的特性。简言之，人性即"人"的特性。

人性是人的特性，附属于人。理解人性与理解人是一致的。人不是物，人也不是神，马克思说，"人的根本就是人本身"②，人是非物非神的独特存在。因此，人性非物性，也非神性，人性是"人"性。这不是一个简单的重复，而是对人和人性的独特

---

① 米亚拉雷等. 教育科学导论［M］. 思穗，马兰译. 北京：教育科学出版社，1991：30-31.
② 马克思恩格斯选集（第1卷）［M］. 北京：人民出版社，1972：9.

理解，即以人的方式理解人和人性。

人性不是物性。说"人性非物性"，完全能够理解，似乎也是常识。但要说人非动物，怕是有很多人不理解，也不同意。这其中不只是普通人不同意，很多哲学家也不同意。因为他们都是把人看做动物，无论是最初柏拉图的"两足无毛"动物，还是到后来哲学家提出的"合群"的动物、"政治"的动物、"理性"的动物、"思想"的动物，以至于今天提出的"符号"的动物、"文化"的动物、"劳作"的动物，不管以后还会变换出与动物的多少区别，但核心属性是动物，人是具有附加值"X"的动物。如此理解"人"的话，人性就是物性。可是，人性不是物性，因为人不是动物。相对于物性，人性要实现对物性的超越。

人性不是神性。把人当做神，西方宗教文化比中国世俗文化表现得突出。从最初的"上帝造人说"，到中世纪把人归属于上帝，到当代哲学家萨特的"自由意志"、尼采的"强力意志"、柏格森的"生命冲动"，都超越物的被动性，呈现出超凡的超越性、自由性，表现为神的特性。中国传统文化虽然少了宗教色彩，但强调树立"圣人"的形象，把人"神圣化"，也是其文化的重要特征。人非俗人，是圣人，是神，超凡脱俗，无所不能。这同样是以神的方式认识人得到的结论。人性不是神性，人不是神，人就是人。相对于神性，人性要认识到自身的不完善性和缺陷。

人性是"人"性。这句看似无意义的重复，具有深刻的内涵，因为它道出了看待人的一种非物非神的方式，这就是人的方式。人不是动物，但人由动物进化而来，人具有肉身，这决定了人永远不可能脱离动物性。人性非物性，但物性是人性的一维。人不是神，但人有着与神一样的精神追求，正是这些使人区别于动物，向神靠近。人性不是神性，但神性是人性的一维。就这样，"物性"与"神性"、"自然性"与"超自然性"两种完全相反的特性融于人一身，把人看做物不行，但人有物性；把人看做神也不行，但人又有神性。人不是动物，也不是神，动物和神容纳不了人，"人就是人"。人性就是"人"性。不是物性，也不是神性。对于人的这种双重特性，正如尼采所说，"人是一根绳索，连接在动物和超人之间——绳索悬于深渊上方"。① 前方是"超人"，具有神性，引导人朝着它的方向前进，超越物性。但后方是动物，它在紧紧拉着人，阻止人成为神。面对物性，人性要实现对物性的超越；面对神性，人认识到自身的不完善和缺陷，有意识地无限趋近人的理想性存在，发挥人的自由意志和创造精神。人性和物性、神性形成一定的张力，人就是寄居在这种关系与张力的境遇之中。② 人有着超人的追求，但又摆脱不了物的被动。人性就是这样一个特殊的矛盾性存在，它是人的特性，不是物性，也不是神性。只有以人的方式认识人，才能真正把握属于人的性质，理解"人"性。

类特性是人性的根本。人不能归结为物，也不能归结为神，因为人是一个双重生命的存在，即"种生命"和"类生命"。"种生命"是人和动物共有的，它是大自然赋予的，具有自在的性质，非人所能自主，它服从自然的法则，与肉身结为一体，作为

---

① 尼采. 查拉图斯特拉如是说 [M]. 黄明嘉译. 桂林：漓江出版社，2000：8.
② 戴茂堂. 人性的结构与伦理学的诞生 [J]. 哲学研究，2004（3）.

"种特性"同等地存在于一切个体身上。而"类生命"是人所创生的自为生命，仅仅属于具有自为创生能力的人所特有。类生命作为对种生命的超越，突破了个体生命的局限，具有超生命的永恒、无限的性质。它体现在不同个体身上，表现出不同的价值、追求和创造。① 种生命使人具有动物的自然性，类生命使人具有超生命的本性。如果依据种生命来认识人，人性是与生俱来、生而固有的普遍的本性，这就是人的动物性。一些人认为，人性是个人生而赋有的性质，是与生俱来的天性和本能，这就把人性等同于动物性，其结果必然是人的物化和人性的丧失。以人的方式认识和把握人性，就是要把"类生命"作为人的生命的独特性，把"类特性"作为人性的根本。"类特性"体现着"人之为人"的特性，是人的独特性。

人性不是单一的，而是种特性与类特性的独特的复合体，因此，全面地认识人性，既不能以物的方式认识人，把人性等同于与生俱来的普遍的动物性，也不能把动物性排除在外，只把握"人之为人"的独特性。离开了动物性，人是超生命的神，不是人；同样，没有超生命的精神追求，人只有空灵的肉身，也不是人。人性是物性与神性、种特性与类特性的矛盾统一。物性是有限的，神性是无限的。面对物性的有限，人要超越有限；面对神性的无限，人的无限要受到物的限制。种特性代表人性的实然，显示人性的有限和被动；类特性代表人性的应然，显示人性的无限和超越。人性作为双重的特性，在有限中追求无限，在实然中追求应然，在自我否定中实现着自身的发展。

"一切科学对于人性总是或多或少地有些关系……它们总是会通过这样或那样的途径回到人性。"② 人性是众多学科共同的研究主题，但不同学科对人性关注的层面不同，重点不同。生理学研究人的动物性和生理的发展；心理学研究人的心理机能和心理意识发展；伦理学研究人性的善恶，对人的行为作出道德评价；社会学关注人性的社会关系和社会行为，研究人的社会性特征；哲学关注人性的假设，即人性论。以成"人"为指向的教育哲学，更应该关注人性假设，为"成为什么人"提供方向。

二、什么是人性论

人性论不同于人性，人性是人性论认识的对象，人性论是对人性总的看法和概括。这里的关键是，对人性的看法是一种事实判断，还是一种价值判断。如果是一种事实判断，意味着"人性是什么"有着固定的、唯一的答案，任何回答都是要寻找固定的人性。如果是一种价值判断，那就意味着人性没有"是什么"，只有"应该是什么"，每个人都有自己的人性判断，都会形成各自的人性论。这种人性论，是一种人性的假设，而不是一种人性的科学。

那么，对人性的认识该采取哪种判断形式呢？其实，该采用哪种判断形式，与对人的认识有关。

如果我们把人当做物，人性看做与生俱来的普遍的属性，把人性客观化、固定化，这时的人性是人的自然性，反映的只是人的本性、本能，是人和动物所共有的。此时，

---

① 高清海．人的"类生命"与"类哲学"[M]．长春：吉林人民出版社，1998：37．
② 休谟．人性论[M] 关文运译．北京：商务印书馆，1983：6．

我们可以使用科学的思维方式，把人当做物来认识，以物性化的思维方式认识人性。以这种方式认识的是人的本能、本性。本性属于人性的部分，但不能把人的本性当做人性。

问题在于：人不是物，人是物性和神性俱在的特殊生命体。"人作为一种特异的存在，对他的认识，既不能单纯运用科学的'对象意识'方式，也不能单纯运用神学的'超越意识'方式，而只能把二者的本性结合为一体，运用'对象——超越——反思意识'的哲学意识方式。"① 我国著名哲学家高清海先生提出"以人的方式认识人"，而这种方式就是哲学，哲学的思维、哲学的智慧。这意味着，对人性的理解合适的方式，不是事实判断，而是价值判断。对人性的认识，不是科学的回答，而是哲学的假设。哲学没有固定答案，只有合理的偏见；因此，人性没有固定的本质，人性论就是在一定的立场下，对人应该成为什么、应该怎么样的一种价值判断，我们只能以哲学的方式来理解人性。

人性论是对人性的一种价值判断和假设，是对人性的一种主观判断和价值选择。人性不是客观的，至少说，不完全是客观的，人性是什么，取决于人们对人性的看法。不同的人，基于不同的需要，对人性有着不同的看法，形成了不同的人性观，诸如围绕人性的善恶，就有"性善论"、"性恶论"、"性无善无恶论"、"性亦善亦恶论"等。对于人性的不同认识，没有对错，只有哲学家不同的价值判断和选择，因此，每一种人性论都是一种合法性偏见。人是什么，能够成为什么，既取决于人本身"是什么"（自然性、种特性），还取决于人"应该成为什么"，即人性的假设和人的期望。

作为对人性的假设，人性论是预成的，而不是生成的。生成的是人性，而不是对人性的认识。人性应该是什么样的，是人们对人性的期望，也是人们行为的依据。人们根据人性的预设，设计活动，其目的为了发展人性或者改造人性。没有人性的预设，人们的活动就缺乏目的性。这对于以人性发展为天职的教育活动而言，更是如此。人性论是教育者对人性的预设，这一预设是教育活动的原点，也是教育活动的价值旨归。

三、人性论对教育的意义

教育哲学关注人性的假设，而不是人性的事实。人性假设对于教育的意义，不是可有可无，而是教育的根基。教育只有把人性作为根基，才能使教育指向人，真正成为人的教育。因此，人性假设决定着教育的本质内涵。

教育的本质是什么？置身于科学视野，是对教育事实、教育存在的抽象和概括，是从教育存在的事实中抽象和概括出教育"是什么"，反映的是教育事实的共同性和普遍性。但置身于哲学视野中，教育的本质是一种"好教育"的价值追求，是理想教育的构想。这种教育构想，最根本的是要确立教育的原点。教育的原点是什么？教育又为了"什么"？可以有不同的选择：社会、人、文化等。为了社会的教育，教育不仅成为社会政治、经济的工具，而且按照政治经济的逻辑运行，教育本身也成为一种政治活动或经济活动。为了文化的教育，教育就是一种文化传承活动，教育注重的是如何传承文

---

① 高清海等. 人的"类生命"与"类哲学"[M]. 长春：吉林人民出版社，1998：17.

化、保存文化、发展文化；为了人的教育，教育直面人的生命，遵循人的特性，提升生命质量，促进人的完善和发展。

在哲学的意义上，教育没有固定的本质，教育应该是什么，追求什么，是一种价值赋予，赋予它什么，它就成为什么，追求什么。如果赋予其社会的追求，教育就是一种社会的活动，教育中的人就成为社会的工具，符合和满足社会的需要，而不是人自身的发展。如果把教育置于人性假设之下，赋予教育一种从人自身出发的内在的本质规定，教育就成了人的教育。

以人性假设规定教育，教育就成为人的教育，教育的目的是使人真正成为人，而不是社会的工具。只有这样的人，才是一个真正具有人性的人。人之外的任何出发点，都不会把受教育者真正当做人，在教育过程中也不会遵从人的特性，也不会追求人性的发展和完善。在这种非人的教育中，人不是目的，而是手段；在教育过程中，不是以人的方式来对待人，而是以对待物的方式对待人。这样的教育，从起点到过程，以致结果，都偏离了人自身，最终只能是对人性的压制和异化。只有建立在人性假设上的教育，才能以人为中心，追求生命的成全，使教育真正地走向"育人为本"。"育人为本"的教育，不否定为社会政治经济服务，但这种服务是通过培养人而实现的，而不是直接充当政治、经济的工具。所以，立足于人性论的教育，把成"人"作为教育的首要目标。

确立教育的人性论，在根本上使教育立足于人性，"确立以人为根基的基本立场，这一立场决定了教育的基本信仰和方向。有了这一信仰，教育就不再漂浮和动摇，就有可能与世俗社会保持健康的距离，能在任何情况之下保持自己在精神和信念上的独立性"。①

教育的人性假设，在确保教育关注人的前提下，因其对人性的认识不同，导致对人的教育的认识不同，包括教育理念、教育原则，乃至教育的方法、手段，于是就形成了不同的教育理论。

同样是关注人，若认为人性是善的，教育就会尊重、信任儿童，为他们善性的自在发展创造条件。若认为人性是恶的，教育就会依据一定的道德规范对人性之"恶"加以改变，使其变恶为善。性善论在教育中主张内发论，教育要满足人的内在发展需要，为人性的发展提供合适的"土壤"。性恶论在教育中主张外铄论，教育要通过严格的管理和训练来改变人性之恶，使其养成良好的道德行为。同样是关注人，有人主张教育应该培养自然人，发展人的自然天性；有人主张培养社会人，发展人的社会性，注重教育对人的社会化的影响；有人主张教育培养理性人，给人以知识技能，发展人的理性能力和工具理性；有人主张发展人的非理性，培养完满人格的人，如此等等。对人性的假设不同，不仅直接影响着教育的培养目标，而且影响着教育价值取向的确立、教育的观念、教育的原则与方法选择。因为人性是教育的原点，有什么样的人性，就会有什么样的教育和什么样的教育理论。所以，建构教育和教育理论，首先要确立作为前提的人性论。

---

① 薛晓阳. 一种基于人性假设的教育思考 [J]. 阅江学刊, 2009 (4).

第二节 不同人性论学说与教育理论

人性观是哲学对人性的认识和把握。哲学在发展的过程中，形成了各种各样的人性理论，产生了不同的人性假设。教育的进行，无论是自觉，还是不自觉，都遵循和秉持一定的人性观。本节将介绍教育思想发展史上比较有影响的人性观，以及基于不同人性观的教育理论。

一、天性的人性观

西方教育真正对人性的重视，是从文艺复兴开始的。文艺复兴是一场针对中世纪宗教神学人性异化而进行的人性解放运动。中世纪的宗教神学把人性异化为神性，基督教相信耶稣是完美代表，人的情感欲望是万恶之源，只有通过禁欲主义才能通达神性。在中世纪的宗教神学中，人是上帝之子、神的化身。文艺复兴运动，高举人的大旗，力主把上帝主宰的人还给人自身。被称为"文艺复兴和人文主义之父"的彼特拉克大声疾呼："我不想变成上帝，或者居住在永恒中，或者把天地抱在怀抱里，属于人的那种光荣对于我就够了，这是我所祈求的一切，我是凡人，我只要求凡人的幸福。"[①] 他的名言是"我是人，凡是人的一切特性我都具有"。文艺复兴运动赞扬人的伟大，歌颂人的价值，提倡人的尊严，反对对人的压制，确立人的主体地位；反对强制，尊重人的天性，宣扬人的自由意志和自由发展；反对禁欲主义，提倡现实生活和尘世享受。文艺复兴运动真正地实现了把人当成"人"，把人的一切特性还给人，这里的"人的一切特性"指的是人生而具有的自然本性，即天性。"认识和揭示丰满和完整的人性"被认为是文艺复兴"一项尤为伟大的成就"。[②]

在文艺复兴思想家看来，人性就是天性，儿童的天性，是教育的唯一依据。人文主义教育家首先认为，人性是完整的和美好的，人具有天赋的潜在能力和创造能力，这种本性和能力是潜在的，具有趋向完善的倾向，需要教育唤醒。在人文主义教育家看来，人要按照自己的天性顺性发展，就会成为一个完善的人。蒙田指出，"我们所训练的，不是心智，也不是身体，而是一个完整的人，我们决不能把二者分开"。[③] 为此，他强调教育中必须把心智训练和身体训练结合起来，使人的身心都得到发展，成为体力强壮、心智健全的人。其次，人性具有自然性，尊重自然的发展规律。维多利诺就指出，"和其他任何的生物一样，孩子都擅长真正属于他本性的活动……因此，要按照大自然的规律办事，在学校中清除过重的劳累现象，要尽量使学习能够自由和愉快"。[④] 蒙田也告诫人们，"决不要揽起你的孩子天性的责任，让他们凭运气按自然和人类的规律发

[①] 陈小川等. 文艺复兴史纲 [M]. 北京：中国人民大学出版社，1986：45.
[②] 布克哈特. 意大利文艺复兴时期的文化 [M]. 何新译. 北京：商务印书馆，1979：302.
[③] 华东师范大学教育系，杭州大学教育系. 西方古代教育论著选 [M]. 北京：人民教育出版社，1985：396.
[④] 劳伦斯. 现代教育的起源和发展 [M]. 纪晓林译. 北京：北京语言学院出版社，1992：36.

展吧"。① 既然天性是人性，所以，我们不可能改变天性，只能根据人的自然天性进行。因此，人文主义教育抨击中世纪对儿童的体罚、禁欲，提出积极、快乐的教育方法。在他们看来，教育尊重儿童，顺应儿童的发展，人的天性允许他发展到什么样子，就发展到什么样子，不可强迫。维多利诺通过"快乐之家"的教育实验指出，即便是对那些不愿意学习的人，也不能实施强迫，因为苍天没有赐给每个人学习的爱好和能力。再次，他们相信人具有一种善良的天性，因此，要给予人的发展以自由。拉伯雷认为，人性是"趋向德性而远避邪恶的"，因此，人完全可以按照自己的意志去自由发展，拉伯雷据此提出"想做什么，便做什么"的教育原则，一切教育都应该根据儿童的意愿来安排。第四，人性具有个体差异性，教育要尊重差异。维多利诺指出，"我们并不希望每个儿童要表现同样的天才嗜好，无论怎样，儿童总可以有他自己的所好；我们承认我们必须跟随儿童的自然本性前进"。② 蒙田也说，没有适合一切学生的学习方法，教师最重要的是"一开始就应该按照他所教的孩子的能力施教，使他的能力表现出来"。③

总之，从中世纪解放出来的人文主义教育把人的天性归还给人自身，充分地相信人性，尊重人性，高扬人性，强调教育按照人的天性，尊重个体发展的自主性、差异性，反对对儿童的强迫或威胁，促进人的自由、和谐、快乐的发展。

二、自然的人性观

人性是自然性，还是社会性？教育是发展自然性，培养自然人，还是培养社会人？自然与社会，一直是人性中的一个争论。一般说来，性善论是一种主体的内在决定论，倾向于自然发展；性恶论是一种外在的环境决定论，倾向于社会发展。西方传统的人性论总体上倾向于自然发展，中国传统的人性论总体上倾向于社会发展。④ 因此，在词源意义上，西方的教育表现为"引发"、"引导"的内发式，中国的教育表现为"上所施，下所效"的外铄式。

中国古代儒家、墨家、法家的思想，尽管有差异，但在主张人的社会性上是一致的，无论是孔子的"仁"、孟子的"仁政"、荀子的"礼治"等都如此，教育也主要培养人的社会性人格，诸如"君子"、"大丈夫"、"兼士"等。但道家有所例外，主张"素朴"的人性论，发展人的自然本性。教育就是要把人的发展置于自然的背景下，使其自然本性自在发展。"处无为之事，行不言之教"，这就是道家的"自然无为"教育。道家的核心哲学是老子的"道法自然"，道是万物所遵循的自然，"辅万物之自然而弗敢为"，不要人为地去约束和限制人性。它批判儒家的思想，无异于"落马首，穿牛鼻"，是对人性的破坏和摧残。

在古希腊的教育思想中，典型的自然主义教育思想是犬儒学派。犬儒学派如同道家

---

① 蒙田. 我知道什么呢——蒙田随笔集 [M]. 辛见，沈晖译. 上海：上海三联书店，1983：142.
② 滕大春、姜文闵. 外国教育通史（第2卷）[M]. 济南：山东教育出版社，1989：173.
③ 李明德. 西方教育思想史 [M]. 北京：人民教育出版社，2008：127.
④ 孙培青，任钟印. 中外教育比较史纲 [M]. 济南：山东教育出版社，1997：225-226.

的哲学一样，是一个避世的学派，主张清心寡欲，鄙弃俗世的荣华富贵，力倡回归自然，它强调人应该顺从"本性"而生活。第欧根尼·拉尔修（Diogenēs Laertios）指出，"人应当选择与自然本性相符的工作"，所谓本性就是人本来的自然性，回归到"自然"状态中去生活，而不受外在的社会影响。① 犬儒学派对其后的斯多葛学派产生了深远的影响。斯多葛学派也主张"以一种顺从自然的方式生活"，其所谓的"顺从自然"，既包括顺从"一个人自己的本性"，也包括顺从"普遍的本性"。普遍的本性是来自宇宙的共同本性。但斯多葛学派没有把来自宇宙的共同本性看做大自然的本性，而看做来自上帝的神性，强调顺从天命，安于自己在社会中所处的地位，恬淡寡欲。由此看出，斯多葛学派已在人的自然性中渗透了社会性，使西方教育思想出现了自然原则和社会原则共存的状况。②

亚里士多德虽然认为人是一个政治的动物，但他还认为"人天生是一种政治的动物"，"人类天生就注入了社会本能"。③ 不仅认为"求知"是人的天性，而且还认为"人的道德行为虽然有许多是顺从约定的习俗的，但更多的是遵从事物的本性"。④ 在影响人发展的本性、习惯和理性三因素中，"本性优先"。人只有在本性的基础上，遵从本性的发展要求，才能培养良好的习惯和发展理性，使人成为真正的人。人的本性是人赖以形成的前提和基础，教育要与人的本性发展相适应。他把人的灵魂分为三个层次：植物性的、动物性的、理性的。适应这一发展顺序，就是要分别实施体育、德育、智育和美育。教育必须遵循人的自然发展，不能违背本性发展的要求和阶段顺序。亚里士多德提出的这一自然适应性原则，成为西方自然主义教育思想的重要源泉。

17世纪捷克教育家夸美纽斯（J. A. Comenius）明确提出了自然适应性原则。虽然他对人的认识还摆脱不了时代的神学观，依然把人看做上帝的创造物，但他又不同于其他创造物，"我们是上帝的缩影，然而，我们毕竟是人"。⑤ 人是造物主中最崇高、最卓越的，具有学问、德行和虔诚的天赋，就像种子一样蕴藏在人身上，因此，"没有必要从外部给人注入任何东西，只需要人自己所固有的蜷缩在内部的东西伸展出来，显现出来，只需要注意每一个个别的成分"。⑥ 自然的种子蕴藏在心中，但需要教育的诱发和引导。不同于犬儒学派和道家的消极"无为"教育，夸美纽斯倡导的是积极"有为"教育，"只有通过恰当的教育，人才能成为人"。但这种教育不是外在的注入和灌输，而是要适应人内在发展的本性，据此，夸美纽斯提出了教育的自然适应性原则。"'自然'，应理解为一切借助于事物内部的力量自发产生和形成的东西。"⑦ 教育的自然适应性原则，意味着人是自然界的一部分，人的发展遵循自然的规律，教育的法则也应该

---

① 苗力田. 古希腊哲学 [M]. 北京：中国人民大学出版社，1989：233.
② 孙培青，任钟印. 中外教育比较史纲（古代卷）[M]. 济南：山东教育出版社，1997：230.
③ 苗力田. 亚里士多德全集（第九卷）[M]. 北京：中国人民大学出版社，1994：6-7.
④ 叶秀山，傅乐安. 西方著名哲学家评传（第2卷）[M]. 济南：山东人民出版社，1984：104-105.
⑤ 夸美纽斯. 夸美纽斯教育论著选 [M]. 任钟印选编. 北京：人民教育出版社，2005：365.
⑥ 夸美纽斯. 大教学论·教学法解析 [M]. 任钟印译. 北京：人民教育出版社，2006：6.
⑦ 夸美纽斯. 夸美纽斯教育论著选 [M]. 任钟印选编. 北京：人民教育出版社，2005：204.

遵循自然的法则，遵循儿童的发展本性，在这个意义上，教育的法则不是来自于外，而是来自于儿童发展的需要，正如夸美纽斯在谈到智力发展时所指出的，"作为理性动物的人，不是受别人的智力的指导，而是受自己的智力的指导"。①

18世纪启蒙思想家卢梭（Jean-Jacques Rousseau）旗帜鲜明地提出"自然教育"，主张培养"自然人"。卢梭所指的自然，不只是人的身心发展的自然，更多的是指人的本性自然，或者说是不为社会所污染的纯真人性。《爱弥儿》的开篇指出，"出自造物主之手的东西，都是好的，而一到了人的手里，就全变坏了"。本真的人性是自然的、美好的、率真的，但社会污染了人性，使人性发生了质变。他始终相信，"本性的最初的冲动始终是正确的，因为在人的心灵中根本没有什么生来就有的邪恶，任何的邪恶我们都能说出它是怎样和从什么地方进入人心的"。② 他把此作为"不可争辩的原理"，或者一切原则的元假设。

卢梭认为，人生而赋有自由、理性和良心等善良的天性。人生而自由，自由是自然赋予人的权利，是人的天性，放弃了自由就等于放弃了做人的资格。但封建社会的专制，使人失去了自由天性，因此人无论身在何处，他都受到锁链的束缚。理性是人具有的一种高级能力，人与动物的不同，就在于人有理性。理性不仅能够实现对感性材料的分析、概括、抽象，形成知识、观念，判断是非，指导自己的行动，而且能够控制自己的情欲，使人表现出善良的天性，这就是良心。良心是"在我们心灵深处生来就有的一种正义和道德的原则……我们在判断我们和他人的行为是好或坏的时候，都要以这个原则为依据"。③ 卢梭认为，人性之所以善，就是因为天赋良心。自由、理性、良心是人性的自然状态，但社会却破坏或污染了人性的本真，所以，他提出回归自然，也就是要回归人性的本真。

所以，卢梭的自然教育，不是"鲁滨逊式"的教育，而是启发人性的自觉，成为一个真正意义的大写的人。卢梭提出培养"自然人"，以对抗当时腐败的社会。他把公民比做分数的单位，对分数而言，分子要受到分母的控制；而他所说的自然人是一个整数单位，整数是绝对的统一体，因此自然人自立、自制、自爱，他只为自己的生活负责。卢梭的自然人，不是生活在原始自然中的野蛮人，他说："我的目的是：只要他处在社会生活的旋流中，不至于被种种欲念和人的偏见拖进漩涡里去就行了；只要他能够用他自己的眼睛去看，用他自己的心去想，而且，除了他自己的理智以外，不为任何其他的权威所控制就行了。"④ 所以，自然人依然是一个生活在社会中的人，但要成为一个不受社会所控制、所污染的自我独立的主体。

卢梭认为，在教育中"我们或是受之于自然，或是受之于人，或是受之于事物。我们的才能和器官的内在发展，是自然的教育；别人教我们如何利用这种发展，是人的

---

① 夸美纽斯. 大教学论·教学法解析［M］. 任钟印译. 北京：人民教育出版社，2006：79.
② 卢梭. 爱弥儿（上卷）［M］. 李平沤译. 北京：人民教育出版社，2001：92.
③ 卢梭. 爱弥儿（上卷）［M］. 李平沤译. 北京：人民教育出版社，2001：418.
④ 卢梭. 爱弥儿（上卷）［M］. 李平沤译. 北京：人民教育出版社，2001：362.

教育；我们对影响我们的事物获得良好的经验，是事物的教育"。① 这三种教育，自然的教育是无法改变的，因此，人的教育和事物的教育必须服从自然的教育，也就是服从人性发展的自然原则。虽然卢梭不否定人为的教育，但人为的教育必须顺应天性，以天性为师。卢梭在儿童教育上，提出要尊重儿童的天性，把儿童当儿童，而不是"小大人"。

对于卢梭自然主义的教育思想，杜威评价说："卢梭关于教育根据受教育者的能力和根据研究儿童的需要以便发现什么是天赋的能力的主张，是现代一切为教育进步所做的努力的基调。……从卢梭那时以来，教育改革家所强调的种种主张，都源于这个概念。"② 因此，也有学者认为，卢梭真正开辟了西方人本位教育的先河。

三、社会的人性观

不同于自然人性观强调顺应人的自然发展，社会的人性观强调人性的发展必须顺从社会的要求。一般来说，天性和自然的人性观属于个人本位论，社会的人性观属于社会本位论。

中国古代的教育思想，除了道家之外，多倾向于社会的人性观。无论性善性恶，实质都是以社会的要求规范和评价人性，重视群体的善恶价值。儒家认为，社会是一个整体，个体生活在群体中，个体的善取决于群体的善。墨家和法家更强调个体对群体的服从，法家甚至是以抹杀个性为前提，为了社会的要求，为了群体的利益，甚至不惜牺牲个体。因此，教育就是以社会善引导或改造人性。儒、墨、法"尽管目标不同，手段有异，但要求人的发展服从社会的发展，儒、墨、法三家却无异"。③ 他们共同创造了中国以社会为本的教育传统，以至于影响到今日对教育的认识：教育是按照一定社会的要求对受教育者施加影响，把他们培养成为社会所需要的人的过程。强调教育适应社会，培养社会所需要的人。

古希腊教育思想总体上也强调社会原则。柏拉图在《理想国》中把人分为哲学王、护国者和劳动者，虽然分别遵从了理性、激情和欲望的本性，但最终是为了国家的正义。"国家的正义在于三种人在国家里各做各的事。"④ 亚里士多德在人性中注入了社会的成分，认为"人天生是一种政治的动物"。⑤ 他所谓的"政治动物"，是指人不可能独立生活，而是要依靠城邦生活。城邦是人生活的最优形式，人在本性上天生趋向于城邦生活，因此，人性必须符合城邦生活的要求，满足城邦生活的需要。"公民既为他所属的政治体系中的一员，他的品德就应该符合这个政治体系。"⑥ 在亚里士多德看来，参与城邦的生活，既是城邦的需要，也符合人的天性。在这一点上，与柏拉图基于人性

---

① 卢梭. 爱弥儿（上卷）[M]. 李平沤译. 北京：人民教育出版社，2001：3.
② 杜威. 学校与社会·明日之学校 [M]. 赵祥麟等译. 北京：人民教育出版社，1994：221.
③ 孙培青、任钟印. 中外教育比较史纲（古代卷）[M]. 济南：山东教育出版社，1997：227.
④ 柏拉图. 理想国 [M]. 郭斌和、张竹明译. 北京：商务印书馆，1986：169.
⑤ 苗力田. 亚里士多德全集（第九卷）[M]. 北京：中国人民大学出版社，1994：7.
⑥ 苗力田. 亚里士多德全集（第九卷）[M]. 北京：中国人民大学出版社，1994：79.

建立正义城邦的思路是相同的，人的天性与国家（城邦）的正义实现了统一。

社会的人性观，立足于人的共同生活的社会要求。孔德（Comte, Auguste）指出："真正的个人是不存在的，只有人类才能存在，因为不管从哪一方面说，我们个人的一切发展都亏着社会。"① 因为人生活在生活中，是社会的人，也只有在社会中才能够独立为人，离开了社会，人无法生活，也不能存在，因此，社会性是人的本质属性。

社会性强调人的发展按照社会的要求，而社会的要求有时会与个体自然发展产生矛盾，这时就会形成不同的取向。卢梭的自然人性观反对社会对人性的压制，主张远离社会，保护纯真的人性，形成个人本位取向。相反，如果为了社会的发展，认为社会价值高于个人价值，因此，人的发展必须与社会要求相适应，这就形成了社会本位。

社会本位论者涂尔干指出，在我们每个人的身上存在两种状态：一种是由仅仅适用于我们本身以及我们个人生活事件的所有心态构成的，称之为"个体存在"；另一种是由我们所参与的群体或各种不同的群体所构成的"社会存在"。"教育的目的，就是要在我们每个人身上形成这种社会存在。"② 社会存在不完全是在人的原初构造中形成的，也不是以一种自发的形式发展起来的，对于那些刚刚产生的利己主义和非社会性的存在，社会必须尽可能迅速地添加另一种存在，并引向一种道德生活和社会生活。教育就是要在人身上创造一种新的社会存在，所以，他把教育视为"在儿童身上配备社会生存之基本条件的手段"，"教育的目的就是在儿童身上唤起和培养一定数量的身体、智识和道德状态，以便适应整个政治社会的要求，以及他将来注定所处的特定环境的要求"。③ 他认为，天性和自然的人性观虽令人向往，但不可能实现，因为人必须在社会生活中，承担一定的角色，因此必须适应社会的要求。

在教育培养社会人上，社会本位的其他论者，持同样的观点。贝尔格曼指出，"教育除了造就每个人使其乐于为社会而生活，并乐于贡献其最优力量于人类生活的保存和完善外，不能有别的目的"。那托尔普（Paul Natorp）也指出，"在事实上，个人是不存在的，因为人之所以为人，是因为他生活在人群之中，并且参加社会生活"。因此，他认为，"在教育目的的决定方面，个人不具有任何价值，个人不过是教育的原料，个人不可能成为教育的目的"。④

古希腊哲学家把社会性看做人的天性，谋求天性和社会性的统一，但社会本位论者，往往把个性与社会性对立起来，只强调人的社会性，强调人对社会的适应。如此，不仅破坏了人性的和谐发展，失去了人的独特个性，而且也导致了人成为社会的"工具"。教育不再为个人的发展服务，而为社会发展需要服务。教育本体价值被弱化，外在价值被强化，教育也因此成为社会的工具。

四、理性的人性观

中国传统教育思想中的人性观关注人的社会性，偏重伦理本位，而缺少理性的根

---

① 石中英. 教育哲学 [M]. 北京：北京师范大学出版社，2007：82.
② 涂尔干. 道德教育 [M]. 陈光金等译. 上海：上海人民出版社，2006：236.
③ 涂尔干. 道德教育 [M]. 陈光金等译. 上海：上海人民出版社，2006：235.
④ 扈中平. 教育目的论 [M]. 武汉：湖北教育出版社，1997：65.

基。西方的教育传统不同于中国，它不仅关注个人，而且具有理性本位的传统。在近代科学的主宰下，理性传统愈加凸显，最终甚至演变为唯理性教育，只发展人的工具理性。

苏格拉底虽然没有明确地给人以定义，但他提出的"哲学即爱智"、"知识即美德"以及"未经审视的生活，是不值得过的生活"等经典名言，都说明在苏格拉底思想中理性所占的地位。知识即美德，道德的完善要通过知识，借助于理性而完成。人的生活是一种理性反思的生活，人们通过理性的反思获得智慧。苏格拉底的产婆术借助于对话，追逐理性，既是一个爱智的过程，又是一个智慧获得的过程。

柏拉图明确提出理性在人的灵魂中的重要性。他认为，人的灵魂由理智、激情、欲望所构成，其中理智居于统治地位，它驾驭和主导着激情和欲望，实现三者的和谐。"当人的这三个部分彼此友好和谐，理智起领导作用，激情和欲望一致赞成由它领导而不反叛。"① 这样的人，是有节制的人、正义的人。教育目的在于引导人们的灵魂转向，从虚幻的、不真实的"现象世界"转向真实、可靠的"理念世界"，这一过程就是引导灵魂追求理性的过程。

亚里士多德则明确地提出"人是理性的动物"。他把人的灵魂分为三个层次：低级层次的植物灵魂，主要是营养、生长、发育、繁殖等，指向人的身体；中间层次的动物灵魂，主要表现为本能、感觉、激情、欲望等，指向灵魂中的非理性成分；高级层次的理性灵魂，表现为认知和思维。人的行为受理性支配，在理性的主导下，三者和谐共存。人的生活应该是一种理性的生活，或者受理性控制的生活，"对于人，符合理性的生活就是最好的和最愉快的生活，因而理性比其他任何的东西更加使人是人。因此，这种生活也是幸福的"。② 不同于柏拉图把身体与灵魂二分，并且否认身体对灵魂的限制和束缚，亚里士多德认为，身体和情欲都是人的灵魂的重要构成部分，而且是理性灵魂的基础。人的教育和完善必须经历身体、情感和理性几个阶段。理性的生活也是一种德性的生活，理性在德性的形成中具有重要的作用。他将德性分为两类：智慧德性和实践德性。智慧德性即智德，是纯粹的理性活动，其最高形式是智慧，通过教导而形成；实践德性即行德，是理性活动在行为上的表现，通过风俗习惯而形成。在亚里士多德看来，智德高于行德，行德必须基于理性，是正确思考、正确选择和正确行动的习惯。如此，理性的生活也是德性生活，理性之人也是德性之人。这就延续了苏格拉底的"知识即美德"的理性德性传统。

古希腊孕育的理性传统，在中世纪受到了神学压制，对上帝和神学的尊崇，使人失去了理性的思考，理性的一切力量都被遮蔽。文艺复兴，以人性反对神性，以科学启蒙愚昧，把人性从神性中解放出来的同时，更多的是把人归还于自然，突出人的自然天性。17世纪以后，伴随着近代科学的兴起，理性的传统再次复兴。

笛卡儿的"我思故我在"，作为近代西方哲学的"第一条原理"，宣告了西方理性

---

① 柏拉图.理想国［M］.郭斌和，张竹明译.北京：商务印书馆，1986：170.
② 华东师大教育系，杭州大学教育系.西方古代教育论著选［M］.北京：人民教育出版社，1985：133.

时代的到来。笛卡儿说，"严格来说，我只是一个在思维的东西，也就是说，一个精神，一种理智，或者一个理性"。① 在笛卡儿这里，理性成为灵魂的全部，而不只是灵魂的最高部分。笛卡儿不仅强调"思"，而且强调思的主体是"我"。笛卡儿的这一命题，形成了现代性的两个方面：一方面对人的理性发展的认识在逻辑上超过了对人的自然生物性的认识，与人的具体存在形式相比，人的理性本质处于优先的地位；另一方面，人被理解为一个认知的主体，人以普遍理性的形式存在并与客体相对立，人与世界的关系变成征服与被征服、利用和被利用的关系。② 这就是现代性的两大特征：理性与主体性。

笛卡儿开创了近代理性人性论的先河。作为18世纪普鲁士的启蒙思想家，康德也把理性作为人与动物的区别。他说："人自身实在有个使他与万物有别，并且与他受外物影响那方面的自我有别的能力，这个能力就是理性。"③ "理性，按其本性来说，是要求某种东西来满足它自己，而不是单独为了别的目的或爱好之用的。"④ 正是人的理性，才能确保"人是目的"，而不能只当做工具。康德把理性分为理论理性和实践理性，理论理性是关于认知的，实践理性是关于道德的。理论理性是有限的，所有理性的最终关切是实践理性，它能使人按"善良意志"去行动，才能体现人之为人的价值和尊严。黑格尔也认为，人之区别于动物之处，在于有思想和理性，他从人的精神出发，以超现实的理性或精神实体来规定人及人的本质，构造了"无人身运动"的绝对的理性人性观。

18世纪是一个理性的世纪，理性获得了绝对的地位，成为启蒙时代的新"宗教"。"文艺复兴以来全部文化思想发展的最终产物，它以纯理性主义为基础，绝对相信'理性'，认为提高人类生活水平的唯一手段是理性和科学。"⑤ 人对其生活的社会中的一切，都要实施理性的管制，理性控制了一切。人们充分相信理性的力量，相信理性能够给人类带来幸福。

理性的力量支配着一切，致使18世纪以来的近代教育主要是理性教育，甚至是唯理性教育。教育就是传授知识，在知识教育中培养和训练其理性思维，培养理性成为近代以来教育的最高目的。作为全面的理性，包括价值理性和技术理性，但近代科学的盛行，排斥了人文价值，使理性教育更多地偏重技术理性，教育给人以知识、技能、理性，依靠着知识、技能、智慧征服世界，占用世界，培养的只是一个对外界进行劫取和拷问的占有式主体。

五、非理性的人性观

一个健全的人格是理性与非理性的统一，二者缺一不可，即使在崇尚"logos"的

---

① 笛卡儿. 第一哲学沉思集 [M]. 庞景仁译. 北京：商务印书馆，1986：30.
② 王为理. 人之问——思与禅的一种诠释与对话 [M]. 上海：上海三联书店，2001：61.
③ 康德. 道德形而上学探本 [M]. 唐钺译. 北京：商务印书馆，1959：65.
④ 康德. 未来形而上学导论 [M]. 庞景仁译. 北京：商务印书馆，1978：9.
⑤ 弗·鲍尔生. 德国教育史 [M]. 滕大春等译. 北京：人民教育出版社，1986：114.

古希腊思想家对人的灵魂的论述也为情感、欲望等非理性因素留下了位置，在近代的理性狂热中，康德也提出要限制理性，为信仰留地盘。但这些都没能阻挡住近代科学技术的突飞猛进，理性最终被奉为至高无上的权威，而且蜕变为技术理性、工具理性。它只关心手段，关心效率，而不关心目的和价值的合理性，不仅导致了人的物化，形成单向度的人，而且也必然使理性走向它的反面。正如查尔斯·泰勒（Charles Taylor）所指出的："理性从解放人开始，却通过对感性的遮蔽，给人性重新戴上了枷锁，它自己也随之走向了理性的非理性存在。"① 理性从价值理性与技术理性的统一，在实证科学的驱使下，逐步滑向技术理性的霸权。技术理性在使技术成为社会生活工具之时，丧失了对生活意义的关怀，失去了对人性的关怀。现代哲学家不得不从启蒙时代的追逐理性，发展到 20 世纪的"告别理性"，走向非理性。

叔本华（A. Schopenhauer）最先开始对理性主义的批判，建立了意志主义的思想体系，他认为"世界是我的表象"。独立于人的表象之外的自在世界，就是意志。"意志是第一性的，最原始的；认识只是后来附加的。"理性和认识只是意志的"一种辅助工具、一种'器械'"。意志独立于时间、空间，所有理性、知识都从属于它。叔本华的唯意志论开创了西方非理性主义之先河。尼采从叔本华那里受到启示，认为生命的本质就是意志，是一种贪得无厌的欲望和创造的本能，并提出人世间强力意志最高表现的"超人说"。在非理性主义看来，人的情感意志、本能冲动等非理性活动在人的整个精神存在中起决定作用，它在理性之上，比理性更直接，更宝贵，甚至比理性更实在。②

20 世纪以来，教育开始关注人的非理性的价值，并成为教育思想的主流。非理性不只是人的情感、欲望，而是理性之外的人的心灵、生命的意义和价值追求。它表现在 20 世纪形成的德国文化教育学、存在主义教育和人本主义教育之中。

德国文化教育学是建立在狄尔泰（W. Dilthey）生命哲学的基础上的。狄尔泰批判近代社会人被物化的状况，指出："近现代社会由于科学技术导致的严密分工以及社会等级制度，社会与个人、人的生命感性与理性、现实与理想发生了严重的分裂与对立，这种有限与无限、经验与超验的普遍分裂，使人成为畸形的碎片，人被物化了，丧失了生命的激情，失去了童贞。要获得人性的生命解放，则必须重视人的生命，不断挣脱物质的锁链和理性的专制，恢复人性和谐。"③ 狄尔泰批判大工业把人变成了机器的附庸，技术理性支配着人，使人丧失了生命的意义。"人们再也不会生活在心灵深处，再也不会为一个目标而生活。人们活着，只是作为能使他们运动的机器的驾驭者。这机器就是经济、技术及其结构，三者中最重要的则是技术智能。"④ 狄尔泰认为，自然科学研究自然现象及其规律，受技术理性支配，精神科学不同于自然科学，它研究人的生命价值、人生意义和精神发展。基于精神科学的文化教育学，批判理性或知性的教育培养的

---

① 泰勒. 现代性之隐忧 [M]. 程炼译. 北京：中央编译出版社，2001：5.
② 巴雷特. 非理性的人——存在主义哲学研究 [M]. 杨照明，艾平译. 北京：商务印书馆，1995：203.
③ 李明德. 西方教育思想史 [M]. 北京：人民教育出版社，2008：409-410.
④ 李明德. 西方教育思想史 [M]. 北京：人民教育出版社，2008：411.

人"有悟性，却没有灵魂；有知性，却没有精神；有活动，却没有道德欲望"，因此，打破知性教育和理性教育对人性的肢解与物化，文化教育学的代表人物斯普朗格（Eduard Spranger）认为教育是对人格心灵的唤醒，教育的目的不是传授知识、发展人的理性，而是唤醒人的心灵，唤醒人的生命感、价值感和意义感，诱发人的潜在力量，陶冶人格，实现人生的价值。正是基于人格唤醒和心灵培育的需要，教育的过程不是认知的过程，而是人与人之间体验、表达和理解的过程。教育只有通过教育者和受教育者之间的体验、表达和理解，才能够凸显生命的意蕴和价值。教育的过程是心灵与心灵的对话，是教育者传递教育爱的过程，而不是对事物的理性认知过程。

非理性主义人性观，还表现在存在主义教育中。存在主义产生于19世纪下半叶并兴盛于20世纪上半叶，是一种典型的个人主义哲学。它反对抽象的、普遍的、无人身的生命；反对"本质先于存在"，倡导"存在先于本质"，"存在就是个人存在"；反对理性，倡导非理性；反对普遍的个人，倡导具体的、个别人的存在。所以，存在主义认同的是具体的、非理性的个人，它注重与个人意识、情感、体验相联系的东西。"存在先于本质"是存在主义的第一原理，人因为自我的存在，才会有对自己的规定。所以，人是什么，没有固定的本质，人的本质是生成的，是个体选择的结果，具有偶然性。选择性和主观性，是存在主义对人性的认识。人成为什么，是自己选择的结果，真理也是个人的选择，为"我"者即真理。存在主义反对任何普遍的真理和价值选择，因为它不符合"存在先于本质"的第一原理。人的存在是人的选择，人选择了自己的存在，而不是本性规定了人的存在，因此，存在主义强调个体存在的独特性和主体性，强调存在的自由状态。任何同质化和对人的自由的剥夺，都是对人的异化，是人的非本真状态。存在主义教育批判理性主义寻求一种本质的和技术的教育程序，使得教育统一化、标准化、机械化、程序化，抹杀个人的独特性，压制了人的自由。理性主义教育对人的个性、创造性和生命本能的压抑，造成了人的异化，失去了人的本真。因此，存在主义教育作为对理性主义的批判，提出的口号是"让教育为个人而存在，让教育教会人像他自己的本性要求那样的自发而真诚地生活"，让教育真正地成为个人的存在。对个人独特性和自由的充分肯定，是存在主义为教育提出的动人使命。但由于存在主义教育的极端性，使其在教育实践中的影响不大，20世纪70年代后，存在主义教育思想逐步走向衰落。

20世纪下半叶兴起的人本主义教育是以人本主义心理学为基础的。人本主义心理学反对行为主义心理学和认知心理学对把人视为"无意义的人"，强调关怀人的意义，研究个体的体验，关心和提高人的价值和尊严，开发人的潜能和创造力，促进人的自我实现。人本主义教育既是对人本主义心理学成果的吸收，也是对20世纪60年代以来美国教育中主知主义（以布鲁纳的结构主义为代表）和行为主义（以斯金纳的程序教学为代表）的批判，它纠正主知主义对人的情感的忽视，纠正行为主义无视个体的能动性、创造性和个体性的差异，强调人的意识、尊严、潜能和自我实现。马斯洛（A. H. Maslow）指出，教育的功能、教育的目的，在根本上就是人的自我实现，是丰满人性的形成，是人性能够达到的或个人能够达到的最高度的发展。一切教育都应该使人性达到能够实现的最高境界。弗洛姆（Erich Fromm）则强调，教育要培养自由的人，这种自由的人不仅不受他人的操纵，而且能够自由地发挥他的认识能力和审美能力。罗杰斯（C. R. Rogers）把心理咨询的模式运用到教育中，提出"非指导性教学"的模式，发展人的情意。

以上我们把德国文化教育学、存在主义和人本主义教育完全纳入非理性的人性观，其实并不完全合适，因为他们关注的不仅仅是非理性，而是一个完整的人。但就他们在批判理性主义对人的异化中是共同的，正是因为理性使人被肢解、进而碎片化，使他们强调关注人的生命、生存和价值、尊严、自我实现等，努力"使每一个人成为人"，成为一个"完整的人"。他们由非理性的人性观切入，试图恢复人的完整性。在这个意义上，上述三种教育思潮也可以归为非理性的人性观。

六、游戏的人性观

游戏人是作为对理性人的另一种矫正形态而出现的。理性人的教育，不仅只关注技术理性的发展，导致人的自我异化，而且理性教育在性质上是一种功利主义教育。教育教人以知识和技术，征服和占用外部世界，"唯有实利的知识和技术才有价值，所以，做这种学问的人都成了知识和技术的奴隶。由此产生的结果是人类尊严的丧失"。[①] 教育只教人追逐外部世界，追求外部的目的，而丧失了对人的关怀，缺失了内在的目的。理性人的教育，在过程中追求普遍性、精确性和划一性，使教育成为一种技术、一种机械化的程序，使人失去了自由，也失去了对个性的追求。教育的价值，指向于外，而非于内。"游戏"人作为教育的人性假设，就是要矫正教育的功利性、教育的机械化和教育的外在价值，突出教育的内在性、自由性和自足性。

游戏是人的一种活动，游戏中的自由和悠闲自古以来，都得到了人的充分肯定。《庄子·田子方》中，孔子问"游"，老聃曰："夫得是，至美至乐也。得至美而有游乎乐至，谓之至人。""游"在这里不仅体现着自由和乐趣，而且是人的一种至善至美状态。这与后来德国美学家席勒的论述颇为一致。席勒在《审美教育书简》中指出："只有当人是完全意义上的人时，他才游戏；只有当人游戏时，他才完全是人。"[②] 游戏不只是体现自由、愉悦的人的一种休闲、娱乐活动，而是人的存在和发展状态。

明确提出游戏人的思想的是荷兰的文化史学家胡伊青加（John Huizinga）。他在《人：游戏者》一书中批判了"理性人"（Homo Sapiens）和"制造人"（Homo Faber）的提法。他认为，对于"理性人"来说，"随着时间的流逝，我们已认识到，我们并不像18 世纪认为的那样如此有理性，那个世纪崇拜理性而且具有一种天真的乐观精神"。对于"制造人"来说，"尽管'制造者'不如'理性者'那样暧昧含糊，然而，它作为人所专有的称谓甚至更不恰当，因为许多动物也是制造者"。

胡伊青加明确提出"人是游戏者"的命题，对此，他从两方面进行了论证：一是从发生学上看，人类文明是在游戏中并作为游戏而产生和发展起来的。"游戏竞赛的精

[①] 汤因比、池田大作. 展望二十一世纪 [M]. 荀春生等译. 北京：国际文化出版公司，1985：60.

[②] 席勒. 审美教育书简 [M]. 冯至，范大灿译. 上海：上海人民出版社，2003：124.

神,作为一种社交冲动,比文化本身还要古老,并且像一种真正的酵母,灌注到生活的所有方面。"仪式、诗歌、音乐、舞蹈、哲学、战争的规则、高尚的生活习俗等,所有这些文明都是"在游戏中并作为游戏而产生和发展起来的"。① 游戏铸造文明,人在游戏中创造文明;二是从时代的要求看,"游戏人"是对"理性人"时代危机的批判。在理性时代,技术的霸权使游戏在主流社会生活中隐退;技术的规则化、标准化、程序化没有为游戏留下空间。在这样一个时代,人失去的不只是作为活动的游戏,而是作为精神的游戏。游戏活动的衰退,必然导致游戏精神的失落,出现人的精神危机。摆脱理性时代的危机,必须把游戏性、游戏精神归还于人、归还于生活。

游戏不只是一种活动,而是人的生活,人在生活中体现出游戏精神、游戏品质。这种游戏的精神和品质主要表现为:第一,游戏的自由性。胡伊青加说:"首先,一切游戏都是一种自愿的活动。遵照命令的游戏已不再是游戏,它至多是对游戏的强制性模仿。"②"游戏是一种自愿的活动或消遣,这种活动或消遣是在某一固定的时空范围内进行的;其规则是游戏者自由接收的,但又有绝对的约束力。"③ 游戏是自由的,但恰恰游戏又是最遵循规则的。没有规则,就没有游戏;不遵循规则的人,将会被清理出游戏。规则对游戏者是一种约束,但游戏者之所以在约束中还能体会到自由,是因为规则是一种内在的自我约束,规则不是限制和束缚,而是对自由的保护。游戏使自由和规则达到了高度的和谐与统一。游戏是自由的,但同时又是有秩序的、受限制的。第二,游戏的超功利性。伽达默尔(Hans-Georg Gadamer)认为,游戏不是游戏者在玩游戏,游戏者不能像对待一个外在物一样对待游戏,游戏和游戏者不是分离的,游戏是通过游戏者来表现的,游戏的主体是游戏本身。游戏没有外在的目的,游戏本身就是目的。"属于游戏的活动不仅没有目的和意图,而且也没有紧张性。它就像是从自身出发而进行的。"④ 为游戏而游戏,游戏既是目的,也是手段,是目的与手段的统一。真正的游戏,不为外在的功利目的,而是生命的内在创造和愉悦,具有自足性。第三,游戏的愉悦性。人们之所以对游戏流连忘返,忘乎所以,是因为游戏能够给人带来身心放松和精神愉悦。尽管有的游戏会消耗体力,使人生理感到紧张,但却在游戏中体验着放松和快乐。游戏的愉悦性,恰是人所追求的诗意的生存状态。此外,游戏还体现着合作性、平等性。人们在游戏中体验中快乐、自由、愉悦,也体现着人的平等与尊严。正是游戏的自由性、无功利性和精神的愉悦性,使人能够摆脱技术理性下的生存的异化,回归到生命的本真。

自古以来,游戏是教育的一种活动,但多限于童年期,表现在幼儿教育中。在学校教育中,游戏只局限于闲暇、娱乐,作为学校教育的主渠道的课堂,很少甚至是排斥游戏。之所以出现这种情况,是因为我们只把游戏作为一种游乐嬉戏的玩耍活动,而没有提升到游戏精神的高度来认识。近年来开展的"愉快教育"、"乐学教育"、"闲暇教

---

① 胡伊青加.人:游戏者[M].成穷译.贵阳:贵州人民出版社,1998:2.
② 胡伊青加.人:游戏者[M].成穷译.贵阳:贵州人民出版社,1998:9.
③ 胡伊青加.人:游戏者[M].成穷译.贵阳:贵州人民出版社,1998:34.
④ 伽达默尔.真理与方法(上卷)[M].上海:上海译文出版社,2004:138.

育"、"合作学习"等,虽然运用到了游戏的因素,但也都只是把游戏作为手段,而非本体的意义。在本体意义上,人生活在游戏中,游戏创造的人类文明,自然包括教育。原初的教育作为人类的特殊交往方式,就是一种游戏。纠正理性教育的功利性,重提教育的游戏性,就是要使教育本身成为一种游戏,处处体现游戏精神。就教育目的而言,游戏教育没有外在的目的,教育的目的就在于教育过程,如同游戏本身是游戏的目的一样,教育本身就是教育的目的,教育的目的就在于不断地接受教育,在教育中体验着愉悦、建构、理解着自己的意义世界。人的成长、发展是教育过程的自然结果,而不是教育有意设计的,这就是杜威所说的,"教育本身并无目的"。就教育过程而言,教育是一场游戏。游戏需要规则,但这种规则是游戏参与者所制定、共同认可、共同遵循的,规则的约束不是来自于外在的强制,而是游戏者的自我约束。教育不一定必然通过游戏活动,但应该使学生在教育过程中体会到游戏的自主、自由、合作、平等与精神的愉悦,使教师和学生的身心处于一种游戏的忘我状态,师生作为自由人投入游戏中,真切地体验着、表达着、创造着。如此,教育的游戏性,使教育真正成为人的诗意存在,回归到生命的本真。

第三节 走向成"人"的教育

人与教育之间是一种内在循环的关系,我们需要什么样的教育,怎样进行教育是由人性决定的,同时人性发展成什么样也是由教育决定的。这就是说,我们需要通过人性去定位和理解教育,也必须通过教育引导和发展人性。只有在教育与人的内循环中,我们才能够理解教育中的人性和人性所需的教育。

一、人就是"人"[①]

我们在上一节讨论了教育思想发展史中出现的种种人性假设,从宗教的人性观到天性的人性观,从自然的人性观到社会的人性观,从理性的人性观到非理性的人性观、游戏的人性观,每种人性观都有其时代的合理性,但诸种人性观都是作为对立面的纠偏而出现的:性恶是对性善的纠偏,天性人是对宗教人的纠偏,社会人是对自然人的纠偏,非理性人、游戏人是对理性人的纠偏。无论是对立面的哪一方,所言及的一方面都属于人性,但也只是人性的某个方面,而不是完整的人性。如自然人只看到人的自然性,忽视了人的社会性和精神性;理性人只强调人的理性尤其是技术理性,忽视了人的情感、意志等非理性。教育局限于人性的某个方面,发展的只能是片面的人。

其实,人性讨论中的致命问题,还不在于把诸如天性、宗教性、自然性、社会性、理性和非理性等视为人性的一个方面,不论把人性归结为哪一个方面,它们在思维方式上,都是一种"物性"的思维。物性思维首先是一种对象化的形式思维。对人的认识,采用对象化的形式思维,即人与动物的区别是什么,按照形式逻辑的方式把握人区别于

[①] 著名哲学家高清海教授出版有《人就是"人"》(辽宁人民出版社,2001)一书。这里借鉴了他的提法,并吸收了他的观点,特此说明。

动物的特征，如人是思想的动物、符号的动物、文化的动物、制造的动物、游戏的动物等。意识、思想、文化、符号、制造、游戏等，构成了人区别于动物的本质属性，即人性。不论具体的人性是什么，这种思维方式总体上把人看做具有"附加值 X 的动物"。人首先是动物，在此基础上，确立人不同于动物的附加值 X，这就是以认识物的方式认识人。"运用物性的这种方式去把握人，视人为一种特定的客观对象，以形式逻辑的方法知性地分析人与其他存在的异同点，把人归结为某种确定不变的性质与规定。这样势必会把人'物化'，使他失去人的特质。"① 而且，物性思维也是一种本质主义思维。本质主义遵从的是"本质先于存在"，本质是固定的、先在的、预成的。无论把人性归结为自然性、社会性、理性、非理性，人性都是先在的、固定的、永恒的。作为一种永恒的人性，没有历史的差异、时代的差异，也没有个体的差异，人性是人之为人的"既定"抽象物，这同样是一种物性的认识方式，正如存在主义所说，物的本质是固定的，但"人是一种随时在改变的存有：人无法保持现状"，"他要突破他在开始的情况。他不断在新情况中获得再生"。② 物的"本质先于存在"，物的本性是先在的、固定的，后天无法改变；但人要不断地突破自己的存在，生成新的自我，人则是"存在先于本质"，人的本质是后天通过实践自我创生的。人自我创生的本性，决定了对人的认识必须采取一种生成性思维，而不是一种凝固的本质主义思维。

所以，从思维方式上看，以往对人性的认识，无论是哪一种认识秉持的都是一种物性思维逻辑，在这种思维模式中，无论再怎么认识，人终究不过是一个物，而非"人"。因此，我们对人的认识、对人性的定位，首先要改变的这种认识人的物性思维方式，以人的方式认识"人"。美籍犹太教哲学家和神学家赫舍尔指出："只要我们从人出发来思考人，即更人性一些，避免使用在低等生命的研究中产生的范畴，我们才能充分认识人。"③ 我国著名哲学家高清海教授也提出，只有以人的方式认识"人"，才能把握人独特的本性。

以人的方式认识"人"，人是不同于动物的独特性存在。人的独特性表现为：

1. 人是种生命和类生命的双重存在

唯物主义认为，人是自然进化的产物，人首先是一种自然生物，具有生命的躯体和生物的属性。人的生物性，是与动物共同具有的，是物种生命的呈现，即种生命的存在。但人又异于动物，"动物和它的生命活动是直接同一的……它就是这种生命活动。人则使自己的生命活动本身变成自己的意志和意识的对象"。④ 人能够有意识支配自己的生命活动，超越生命的被动性，这代表着人之为人的生命，即类生命。人区别于动物，就在于人有动物所不具有的类生命。类生命是人的生命的本质所在。所以，高清海先生把人的生命本质归结为"超生命的生命"。"人的生命只有体现为超生命本质，它

---

① 高清海等. 人的"类生命"与"类哲学" [M]. 长春：吉林人民出版社，1998：20.
② 雅斯贝尔斯. 人是什么 [A]. 孙志文. 人与哲学 [C]. 台湾：台湾联经出版事业公司，1982：67.
③ A. J. 赫舍尔. 人是谁 [M]. 隗仁莲译. 贵阳：贵州人民出版社，1994：3.
④ 马克思恩格斯全集（第42卷）[M]. 北京：人民出版社，1979：96.

才能够是人的生命。"① 人的生命的独特性，决定着不能把人归结为动物，也不能以物的方式认识人性，必须基于人的双重生命的存在认识人性。

2. 人性表现为生命与超生命、物性和神性之间的否定统一

人是双重生命的存在。人是生命，但又超越了生命的局限；人具有超生命的本性，但又不是超脱于物性的神。人就是这种双重的矛盾存在。说是物又不是物，但具有物性；说是神又不是神，但具有神性。物性与神性交织在一起，构成了人的独特存在。神性代表着应然与自由，物性代表着实然与被动。神性向前，物性向后，人处于在物与神之间，保持二者的张力。人就是在神性的应然中，提升和否定人性的实然，在不断地否定中实现着人的发展。对于人来说，实然是暂时的状态，应然是永恒的追求。打破实然，追求应然，使实然成为应然的一种暂时状态，从而实现人的超越。

3. 人性的超越性

人性的双重性，使人处于两个世界中：实然的世界和应然的世界。人的现实发展状态，是生命的实然存在。但人不满于"是其所是"的实然状态，超生命的本性决定了人要追求"不是其所是"的应然。"是"的实然状态是人所不满意的，"不是"的应然状态才是人所想要的。人身上充满着"是其所不是"和"不是其所是"的二律背反，也正是在实然与应然的矛盾中不断向前发展，这就是人之发展的人性论根据。实然规定人的现在，但不能规定人的未来。应然面向未来，赋予人自我发展的动力，使人之表现为对实然的不断超越。

4. 人性的开放性与生成性

动物本能的特定化，使动物和其环境保持着对应关系，动物被动地适应环境的要求。马克思在谈到人与动物的区别时说："可以根据意识、宗教或随便别的什么来区别人和动物。一当人们自己开始生产他们所必需的生活资料的时候……他们就开始把自己和动物区别开来。"② 在马克思看来，人与动物的区别，重要的不是意识、宗教等，而是人能够生产他们所必需的生活资料。人"自己开始生产他们所必要的生产资料"的行为，从根本上改变了生命固有的存在方式和存在本性，从而把人从动物界的"自在生命"中提升了出来。动物的生存是前定的，本能地依靠环境；但人的生命是自我创生的，人在生活资料的生产劳动中生成着自我。动物性是先在规定的，但人性是自为的，是人的实践生成和创造了自我，规定了人的发展可能。人性没有固定性，也没有终结。只要不断地实践，不断地超越，也就不断地生成着新的自我。

5. 人性的个体性

对于物来说，其本性是固定的，因此，对物的认识，就是要在差异中把握共性。但人就不同了。人作为个体，虽然也有共同性，但共同性不代表人的本性，人的本性是自我创生的，人的实践不同，其创生的本性不同。个体的差异性，才表明人的本质所在。"人之所以为人的类的特性，却不但表现于个体身上的共同特点，更重要的是，它还包含着个体身上多样化的个性特点，确切地说，它只能体现于众多个体既相互统一又彼此

---

① 高清海等. 人的"类生命"与"类哲学"[M]. 长春：吉林人民出版社，1998：17.
② 马克思恩格斯全集（第3卷）[M]. 北京：人民出版社，1960：24.

区别的具体关系之中。"① 马克思主义哲学的出发点和归宿点是"现实的人",现实的人总是有差别的具体的人。如果试图以共同性认识和把握人性,将其归为某一个固定的本质,这恰是以本质主义思维方式来认识人,结果势必使人抽象化,因此我们要以生成性思维认识具体的、处于现实中的人。

总之,以人的方式来认识人,人性是一种开放性的"无"。正是人性的这种不确定性、开放性,使人凭借自己的实践活动,实现着生命不断超越、生成和创造。

二、类生命:人之为人的根本

动物的生命是单一的,人的生命是双重的。"我们应当从两重性的观点去理解人的本性,也必须以同样的观点去理解人的生命,即把人看做有着双重生命的存在:他既有被给予的自然生命,又有自我创生的自为生命。我们可以称前者为'种生命',称后者为'类生命'。种生命与类生命的分别,可以从我们平常所熟悉的个体生命与社会生命、物质生命与精神生命、自然生命与文化生命、自在生命与价值生命、本能生命与智慧生命等的区别中去理解,因为它们大体上是相当或相互对应的。"②

种生命是一种自然的生命,由自然给予,表现为肉体、本能、天性与身心发展、成熟。种生命是自在的生命,由人的自然发展所决定,其生命主动权不是人所控制的,它受自然的支配和主宰。人具有自然的种生命,但种生命的发育程度与动物不同。人类学的研究表明,动物的种生命是特性化的,其器官的发育与特定的环境完全适应,动物的生命完全受环境的控制,动物难以适应环境的变化,就导致动物的灭绝或变种。特性化意味着本能的完善性,动物完全依靠本能生活,这就是马克思所说的,动物的生命与其活动是一致的。但人不一样,人能够有意识地支配自己的生命活动。人何以需要支配自己的生命活动,为什么能够支配自己的生命活动?这是因为人有动物所不具有的类生命。与动物特性化的种生命相比,人的种生命是未特性化的。换言之,"人是所有生物中最无能的,但这种生物学意义上的脆弱性,正是人之力量的基础,也是人所独有的特性发展的基本原则"③。种生命的"未特性化",一方面意味着自然不能完全主宰人的生命,另一方面意味着人的生活不能完全依靠自然生命,还需要另一重生命的弥补。人的文化、智慧、精神、价值生命等,作为类生命都是对种生命的弥补。

正是由于类生命的出现,使人摆脱了自然的主宰,改变了人对自然的被动依赖关系,人能够有意识地支配自己的生命,创造自己的生命,使人成为类的存在物,人的生命成为类生命。马克思指出:"人不仅仅是自然存在物,而且是人的自然存在物,也就是说,是为自身而存在着的存在物,因而是类存在物。"④ 人作为人的自然存在物,不同于动物,就在于人能够摆脱种生命的限制,"为自身而存在",成为自己生命的创造者和主宰者,因而,人的生命不同于动物,就在于人的类生命。"类"作为人所独有的

---

① 高清海等. 人的"类生命"与"类哲学"[M]. 长春:吉林人民出版社,1998:18.
② 高清海. "人"的双重生命观:种生命与类生命 [J]. 江海学刊,2001 (1).
③ 弗洛姆. 为自己的人 [M]. 孙依依译. 北京:生活·读书·新知三联书店,1988:55.
④ 马克思恩格斯全集(第42卷)[M]. 北京:人民出版社,1979:169.

存在方式，是人之为人的根据。对动物来说，种生命是其全部，它只能为自然所控制，但对人来说，人摆脱了自然的绝对控制和主宰，把生命变成"自我规定"的自由存在，超越种生命的局限，去追求一种无限、开放和创造的生命。因此，人是"超生命的生命"，超生命是人的本质所在。

对于动物来说，种生命的特性化意味着教育的不可能性，动物依靠环境的自然赐予而生存。但对人来说，未特性化的种生命，为教育的发展留下了空间。但人之所以需要教育，并不是因为种生命，种生命虽然不完善，但教育却无能为力，因为种生命的发展遵循的是自然的规律，教育对于人的种生命只能是消极的，能够做的只是敬畏和尊重人的自然生命，维护自然生命的本性，不可能发展人的种生命。人的独特性在于人的类生命。类生命在内容上表现为人的社会生命、文化生命、智慧生命、精神生命、价值生命等，在形式上表现为生命的自为性、自由性和超越性等。对于动物来说，种生命是它的一切。但对人来说，种生命只是其存在的生理基础，人的生命还要创造和实现具有价值意义和追求的类生命。动物的生命是与生俱来的，人除了与生俱来的生命，还必须进行生命的第二次生成，只有经过第二次生成，人才能成为"人"。动物不需要学习"怎样为物"，但人必须学习"怎样做人"，学习"为人之道"。

教育对人的形成和发展的作用，为教育家所肯定。夸美纽斯认为，人是可教的动物；康德也指出，人只有受过教育，才能够成为人；教育人类学的研究也表明，人是需要教育的生物，教育是人的第二天性。但对这些至理名言的理解，不能只局限于人生命的未特性化需要教育，教育能够使自然人转变为社会人。如此理解没有把握人需要教育的实质，因为人的根本是类生命，类生命使人成为人。因而对教育成人的更深层次的理解，应该指向人的类生命。教育应该关注的是"怎样使一个人成为人"，"怎样使一个人更具有人性"，它以人性的充分发展为根本指向、终极追求，这才是教育成"人"的真正内涵。

类生命是基于种生命之上的社会生命和精神生命的统一。种生命是类生命的生物基础，没有自然的生命，一切意义和追求，就失去了物质前提。教育虽然不指向发展人的自然生命，但不能违背人的自然生命，要在尊重自然生命的基础上，发展人的社会性和精神性。社会性发展的过程，是个体社会化的过程，它使人更好地适应社会。但人不能只是适应社会的世俗性存在，人还是一种高贵的精神存在。精神性使人具有人生的目的、意义和价值，充满着生命的高尚和追求。失去了精神的人，不仅失去了生命的另一半，更重要的是失去了生命的航向。教育使人成为人，成"人"不仅意味着要适应社会，使一个自然人转变成社会人，更意味着要从社会人转化为精神人，成为有人生追求、有反思和批判能力的精神主体。

类生命是自为的、自主的、超越的生命。这意味着对人的教育，不能只是简单地顺应和遵从人的天性，使其自由发展。人的发展源于人自身，人是自我发展的主人，是自为发展的主体。因此，人的教育必然是人为的，而不是率性的。但教育的人为性，不应该来自外部的施加，而应该是主体的自为。人只有基于改变自我的需要，才能够真正地活化教育资源，使之转变为自身生命的一部分。教育必须确立"人是主体"的观念，唤醒人发展的自觉性，赋予人发展的自主性，通过人在实践中的自为和超越，否定

"实然的我",追求"应然的我"。类生命的本性意味着,教育必须点燃生命的自为性、自主性,诱导发展的需要,激发发展的动力,不断地超越自我、创造新的自我。

自由自觉是类生命的特征。马克思指出:"一个种的全部特性、种的类特性就在于生命活动的性质,而人的类特征恰恰就是自由的自觉的活动。"① 这不仅标明了类生命的自为性和创生性,也指明了类生命的生成机制——自由自觉的活动。人正是在自由自觉的活动中,通过对外部世界的改造,把人与外部世界相联系,实现了人与外部世界的统一,生成了人自身的生命。人的生命是自我创生的,这种创生不是先验的,而是通过人自由自觉的实践活动实现的。在马克思看来,实践是类生命的生成和存在的方式。正是基于类生命的这一特性,类生命的教育也应该成为人的自由自觉的实践活动,只有通过自由的活动,个人才能获得适合其发展的形式,获得自由、充分、个性的发展。

必须指出的是,马克思的类生命不同于费尔巴哈的类生命。费尔巴哈的"类"在本原上遵循了近代哲学的思维方式,把一些偶然的、表面的、与本质漠不相关的外在特性当做分类的依据,因此他所理解的"类"就只能是一种外在于人的、自然的"无声的普遍性"。类生命不是个体间抽象的共同性,而是以个体的差别为内涵。类生命的"类"不是对事物的归类,而是反映人作为"类存在"的特性。人的类生命是个体基于实践活动而自我创生的生命,因此,人的类生命恰恰是一种差异性的个体生命。以往对人性的认识,基于物性的思维方式,把人性归结为某一抽象的固定本性,认识到的是抽象的人。我们认识的类生命,则是一个具体的人。从"抽象的人"向"具体个人"的转换,恰是当前教育理论和实践最缺乏和最需要的。②

三、交往实践:类生命的生成机制

类生命作为人性的本质,是生成的。当人们自己开始生产他们所必需的生活资料的时候,他们也就开始创造自我的人性。人性不是先验的,而是实践创造的。人性不是固定不变的,而是随着实践的不同而生成的。实践是人性生成的机制。

人和动物的生存都离不开环境。但人和动物与环境的关系有着质的不同。动物的特性化决定了它不仅离不开环境,而且只能被动地依赖环境,因此,动物为环境所控制。人虽然依赖环境,但从根本上改变了与环境的依赖关系。因为人能够凭借生产劳动生产自己所需要的生活资料,不再被动地依赖环境,而变成依赖自身活动的存在。人通过有意识的实践活动改造自然,创造社会关系。一方面创造着适合的生活环境,满足生存的需要;另一方面,在改造世界的过程中通过"客体主体化"的环节,也发展自身,成就自我。所以,实践是人的存在方式,而且是人所特有的存在方式。人只有通过实践活动,才能生成为人,发展自身。马克思说:"个人怎样表现自己的生活,他们自己就是怎样。因此,他们是什么样的,这同他们的生产是一致的——既和他们生产什么一致,

---

① 马克思恩格斯全集(第42卷)[M]. 北京:人民出版社,1979:96.
② 叶澜. 中国教育创新呼唤"具体个人"[J]. 中国社会科学,2003(1). 伍红林. 从"抽象的人"到"具体个人"——当代教育理论与实践中"人"的转向[J]. 高等教育研究,2007(1).

又和他们怎样生产一致。"① 所以,"人不需要从实践之外,也即从人之外去寻找生存的根据和追求的目标。在实践中生成为一个具实践本性的'人',这就是'成为人'的基本含义"。②

马克思认为,实践有两个方面:一是人对自然的改造作用,二是人与人之间的关系,二者是实践活动的一体两面。"为了进行生产,人们相互之间便发生一定的联系和关系;只有在这些社会联系和社会关系的范畴内,才会有他们对自然界的影响,才会有生产。"③ 社会关系以生产为前提,在生产中人们结成社会关系;同样,生产也以社会关系为前提,在社会交往中共同改造自然,从事生产。生产与交往互为前提,任何实践活动都是主体间改造共同客体的交往实践,是一种"主体—客体—主体"的交往实践关系。

人的双重实践关系——人与自然的对象化关系、人与人交往的社会关系,使人能够通过实践活动形成与外部世界内在的一体性关系,既改造外部世界,又成就着人。在人与自然的关系中,人对自然的改造,使人的本质力量烙印在自然之上,形成"人化自然"(这是一个"主体客体化"的过程);同时,人因为改造自然也提升了人类自身的力量,使外部世界由此转化为人的生命结构的因素,变成生命主体的一部分(这是一个"客体主体化"的过程)。人与自然在双向对象化的过程中,人改造了自然,自然也改造了人,实现了人与自然之间的统一。在人与人之间的社会关系中,人通过交往实践创造着社会关系,人是社会关系的缔造者;同时,人又生活在社会关系中,社会关系塑造着人,人又是社会关系的产物。实践沟通了人与自然、人与人之间的关系,塑造了人的生活,也形成了人自身。人通过实践活动,开放了人与自然、他人、社会的关系,使它们成为类生命发展的元素,也使类生命成为一种自为、自主的开放性存在。

人是开放的、自我创生的,其生成的路径是实践。实践不只是一种改造外部世界的对象化活动,而是一种内含"主体——客体"与"主体——主体"关系的交往实践。交往实践不仅创造了人与自然、人与人的关系,构成了人的外部生活环境,而且凭借实践的超越性,通过对环境的改造,也改造和生成了人自身。

有学者把人与外部世界的实践关系,称为客观的实践活动或物质实践活动,把人与自我的实践关系,称为主观的实践活动或精神的实践活动,把二者看做不同的实践活动,相互分离,这种认识是错误的。人的实践活动固然表现为外在的、物质的生产实践:改造了自然界,形成了社会关系,但更深层次上是通过实践的另一个环节——"客体主体化",在改造自然、改造社会中,也改造了人自身。只有认识到物质实践活动和精神实践活动之间的联系,才能真正认识到人的生成与发展的实践机理与作用。

四、教育:成"人"之道

1. 教育:在交往实践中建构人性

---

① 马克思恩格斯选集(第1卷)[M]. 北京:人民出版社,1995:67-68.
② 鲁洁. 做成一个人——道德教育的根本指向 [J]. 教育研究,2007(11).
③ 马克思恩格斯选集(第1卷)[M]. 北京:人民出版社,1995:344.

教育是一种实践活动,这是毫无疑问的。问题是对实践活动的认识不同,影响着对教育的定位。我们曾经把阶级斗争、生产实践作为实践活动的核心,因此导致了把教育的本质认定为上层建筑、生产力,致使教育偏离了人的轨道,失去了教育的本真。

近年来,随着社会"以人为本"的认识深入,对教育的认识也越来越回归到"人",教育成为培养人的实践活动。但在这一总体认识中,又形成了不同的观点。主要有:

第一,改造说。如果把实践活动看做人对客观世界的改造,那么,教育就是教育者对受教育者有目的、有计划地施加影响,使其身心朝着社会所期望的方向变化的实践活动。这种对教育的认识,是传统的生产实践观的反映,把受教育者看做有待加工的"产品",把人与人之间的教育关系视为生产实践中人对客体的改造关系,把人当做物,必然导致人的物化。

第二,自身建构说。马克思指出,生产本身有两种:一种是生活资料以及为此所必需的工具的生产,另一种是人类自身的生产,即种的繁衍。显然,教育属于第二种生产,因此早在20世纪80年代就有学者提出"教育是人类加速自身建构与改造的社会实践","教育是人类自身的再生产和再创造"。20世纪90年代后期,鲁洁教授再次提出"教育是人之自我建构的实践活动"。这些观点对于教育走出社会本位的误区,回归人的本真,对于确立人的精神实践活动的独立性,具有重要的理论意义。但这种认识脱离了外在的社会实践活动,难以找到人自我建构的现实根基和实践依据。

第三,交往活动说。针对主客体改造的教育实践观的不满,近年来教育学界引入交往活动的观念,构建了交往活动的教育观。不少研究者引用西方哲学家对交往的认识:交往是主体间以语言为手段、以理解为目的的意向性活动,是人与人之间的对话、交流和商谈,是"我"与"你"的精神相遇。因此,教育,正如雅斯贝尔斯所说"是人对人之间的主体间灵肉交流活动",是生命对生命的唤醒,是人格与人格的相遇。这种认识把交往视为"主体与主体"的关系,失去了交往的中介底板,容易走向交往的唯心主义。

不同于西方哲学家的交往活动观,马克思主义的交往实践是唯物主义的交往实践,主体间的交往是以共同客体为中介的,"主体—主体"关系是作为"主体—客体—主体"的一个环节出现的。在马克思主义交往实践观的视野中,教育是教育者与受教育者之间以教育资料为中介的交往实践活动,但这还只是教育实践的外部表现,教育归根结底是人的生成,交往实践如何影响人的生成,这才是教育真正关心的,也是认识教育如何成"人"的关键。

马克思主义认为,作为类生命的人性,是在实践活动中生成的。人的任何实践都是交往实践,教育也应该是教育者和受教育者之间的交往实践。教育的交往实践反映着三类关系:第一,人与物之间的对象化关系,即"主体—客体"的关系,包括教师与教育客体(教育资料)间的关系以及学生与教育客体(教育资料)间的关系,前者表现为教师的"教",后者表现为学生的"学"。教育过程不是教师"教"学生,对学生施加影响,而是教师、学生共同改造教育客体,"主体—客体"作为一个环节蕴含在教育交往的实践中。第二,人与人之间的交往关系,即"主体—主体"的关系,包括教师与学生之间的关系、学生与学生之间的关系、师生与文本之间的关系。教育不是主体与主体间无中介底板的交往，"主体—主体"也只是作为环节蕴含为交往实践中。第三，人与自我之间的关系，即教师与学生各自内部的"主我"（I）与"客我"（me）之间的关系，表现为教师和学生各自的发展与超越。① 教育交往实践发展的不只是学生，而是指向师生生命的共同成长。上述三类关系是相互联系的，第一、第二类关系共同构成教育的外部活动，即教师和学生作为主体间的交往实践活动，第三类关系是个体内部的精神实践关系，是人性生成的自我实践活动，表现为人性的自为超越和自我生成。但这种超越是在实践中形成的，实践的过程就是不断地扬弃客观世界和自身的自在性，从而在超越自在的客观性同时，生成和建构应然性。超越的实质就是通过外在交往实践获得资源的支持，转化为应然的要求，从而与自身实然的发展状态构成一种矛盾，超越就是"实然与应然"的否定性统一。不断地实践，就意味着实然不断提升到应然，不断地超越自身。实践活动既改造了外部世界，实现了对客观世界的超越，也在改造客观世界的同时，实现了人自身的超越。

以马克思的交往实践观来分析，教育作为一种人性的建构和生成的实践活动，必然通过主体间的交往实践来实现，因此，教育是教育主体间通过以共同客体为中介的交往实践而形成的人性自我建构的实践活动。教育的核心是人性的建构（包括学生和教师共同的人性建构），其路径是交往实践。当然，学校教育作为一种交往实践具有特殊性，突出地表现为交往主体的特殊性、交往环境的教育性和交往活动的目的性。

2. 教育：过一种人性化的生活

实践生成人性，也建构着生活。因为动物只能生存，生存是动物与环境间的被动依赖状态，动物只能靠环境的自然恩赐，无法改变世界，创造新的世界。但人的类生命的开放性、生成性、自为性决定了人能够改造生存环境，使之为人所用，变成人生命的一部分。人凭借着实践，不但改造着自身的生存环境，创造着自身的生活，也因此生成了人的本质。因此，马克思在《关于费尔巴哈的提纲》中指出"全部社会生活在本质上是实践的"。人依靠实践，创造了生活世界。人是生活世界的主体，人的实践是生活世界存在和发展的动力。

与动物的生存不同，人的存在是一种生活。生活是人的存在的基本形式，也是人之自为生成的活动，是孕育人性的根本所在。马克思认为，人的生活是怎样的，他就是怎样的，人和人的生活具有一致性。教育要形成和完善人性，必须通过实践建构教育生活，在教育生活中发展和完善人性。在这个意义上，我们把教育的目的定位为引导人的美好生活。所谓美好的生活，是符合人性的需要，致力于人的幸福的生活。教育追求美好生活，就是追求越来越人性化、越来越幸福的生活。

生活对于人来说，不是外在的，而是创生的；不是现成的、模式化的，而是个体的、自我创制的。人不是生活的被动适应者，而是生活的主动创造者。人创造了生活，也创造了自身。教育要引导人性的发展，就必须创造一种符合人性、诗意的生活，这种

---

① 冯建军. 当代教育原理 [M]. 南京：南京师范大学出版社，2009：17-18.

生活基于人性发展的需要，遵从人性发展的逻辑，提升人性发展的品质。只有在具有人性的生活中，人才能生活得更像人，才能使生命得以充分的舒展和张扬。教育回归生活，并非把生活当做现成的存在，而是指人要通过实践"创造"生活，创造属于自己的生活。教育不是回归生活，不是回归到现成的生活中，而是要通过实践建构生活，建构一种属于自己的生活。

鲁洁教授在谈到德育时说，"要改变和完善人之德性，既不能只从外部施加影响，同样也不能只是进行封闭式的自我修养，它只在人现实地改变自身的生活方式——生活活动、生活关系的过程中才得以实现"。① 这一结论不仅适合德育，也适合整个教育。教育要促进人性的发展，只能通过教育交往实践，在教育生活中实现。人在生活中获得发展。所以，教育成"人"，必须通过实践，创造一种人性化的生活。

◎ **反思与探究**

1. 如何理解"以人的方式看待人"和"人就是人"的命题？
2. 为什么要确立教育的人性观？其意义何在？
3. 如何正确地看待教育思想史中的各种人性观，说明其合理性和局限性。
4. 如何理解"类生命"的含义，为什么说"类生命"是人之为人的根本？
5. 教育成"人"的含义是什么？说明教育的成"人"之道。

◎ **拓展阅读**

1. 卡西尔. 人论 [M]. 甘阳泽. 上海：上海译文出版社，1985.
2. A. J. 赫舍尔. 人是谁 [M]. 隗仁莲译. 贵阳：贵州人民出版社，1994.
3. 高清海等. 人的"类生命"与"类哲学"[M]. 长春：吉林人民出版社，1998.
4. 李明德. 西方教育思想史——人文主义教育之演进 [M]. 北京：人民教育出版社，2008.
5. 冯建军. 生命与教育 [M]. 北京：教育科学出版社，2004.
6. 石中英. 教育哲学 [M]. 北京：北京师范大学出版社，2007.
7. 岳伟. 批判与重构——人的形象重塑及其教育意义探索 [M]. 武汉：华中师范大学出版社，2009.
8. 鲁洁. 超越性的存在——兼论病态适应的教育 [J]. 华东师范大学学报（教育科学版），2007（4）.
9. 肖绍明，扈中平. 教育何以复归人性 [J]. 高等教育研究，2010（6）.

---

① 鲁洁. 道德教育的根本作为：引导生活的建构 [J]. 教育研究，2010（6）.

第三章 知识论与教育

☞ **学习目标**
1. 理解知识论的不同学说及其与教育的关系。
2. 掌握现代教育与知识的关系，理解现代教育需要什么样的知识观。
3. 理解现代知识观下课程与教学的发展趋向。

☞ **本章要点**

知识和人生关系密切，我们在一生中几乎无时无刻不在和知识打交道。日常生活中遇到什么问题，都得凭借知识来解决。因此，知识可谓是解决生活问题和困难的工具。

然而，古往今来对"知识"的理解，并不一致，从希腊时期柏拉图（Plato）提出的知识定义到近代笛卡儿（R. Descartes）的"理性之知"，再到培根（F. Bacon）、洛克（J. Locke）等主张的"经验主义"知识论及当代批判主义的知识论，有关什么是知识的讨论一直存在。同时，知识观的讨论也一直影响着教育和课程的发展。

跨入 20 世纪，由于知识观的转变，学校教育从过去着重单向知识教授向经验性、建构性、开放性和互动性学习模式转向，而学校教育中的各个环节，如课程设计、学习目标、教学方法和师生关系等，也在发生着改革和变化。整体来说，知识转型带动了教育的改革，而教育改革的目的就是培养多元能力和新视野的人才，以适应全球化和新时代的急遽的发展。

知识论乃探讨知识的本质、起源和范围的一个哲学支派，它与教育的关系非常密切。首先，教育的过程就是对知识进行理解、选择、重组、评价和创造的过程，而深入了解及思考知识的本质、知识与教育及课程的关系，将是新世纪教育发展的核心问题。

第一节 知识的不同学说与教育理论

苏格拉底（Socrates）说："未经检视的生活是不值得过的（the unexamined life is not worth living）。"[①] 对希腊先哲来说，知识是人生中最高的追求。那么，对我们来说，知识是什么？我们从何获取知识？我们又该如何检视人生及知道我们生命方向所依据的知识是否正确？

---

① 柏拉图. 申辩篇（*Apology*）。

一、知识论与教育理论

(一) 知识论是什么

知识论（epistemology）一词，源自 1854 年 J. E. Ferrier 撰写的《形上学原理》，他把哲学分为 epistemology 与 ontology 两部分，前者为希腊文"episteme"（知识），后者为"logos"（论或学）。知识论（epistemology）也就包括了知识（knowledge）和理论（theory）两个部分。从广义上说，知识论包括逻辑学与知识论，简单的可以知识学（science of knowledge）来统称。狭义地说，又称为知识论或认识论，主要指研究知识的本质、来源与效用，并将研究知识的方法学（逻辑）予以排除。① 有学者认为知识论和认识论没有区别，指同一概念；但也有学者认为它们其实是存在一些密切联系的两个不同概念。总括而言，知识论关注知识的本质及人类如何获取知识等议题，它也涉及知识的根源、结构、方法和有效性等。

有关知识论所探讨的问题，最具影响力的作品要算柏拉图（Plato）的《泰阿泰德篇》（Theaetetus），书中他提出了知识的定义。柏拉图将知识界定为被证实的真实的信仰（即被相信的事物）。从此在哲学史上大部分时间内，知识意味着被证实有绝对真实性的信仰，而任何缺少绝对真实的只被称为可能的观点。在西方近代哲学中，知识论发展至笛卡儿（R. Descartes），知识的主体性问题，开始被关注。他提出"我思，故我在"（Cogito, ergo sum），自此，主体（subject）的问题主宰着知识论的讨论。这种观点一直流行至 20 世纪早期，直到 60 年代盖蒂尔（E. Gettier）批评《泰阿泰德篇》的知识定义。他指出在某些情况下一个人所相信的东西在一定程度上得到证实，但不一定被绝对证实，这样我们可以认为这个人并没有得到相关的知识。②

(二) 知识论和教育理论

综观知识观的发展，从柏拉图至今，可概括为观念主义、实在论、经验主义、实验主义和存在主义等。事实上，它们的讨论焦点，都集中在什么是知识的问题，而不同的知识观也就衍生了不同的教育主张。

第一，观念主义（idealism）。观念主义认为我们对世界的感知是出于我们内心观念的建构，代表人物如柏拉图、奥古斯丁、笛卡儿和黑格尔等。观念主义讨论的是"实在"的性质（the nature of reality），它预设了表象（appearance）与实在（reality）的本质完全不同，而真实的东西受制或联结于我们的心灵；因此，认知的过程就是认识或回想潜在的先验形成和已显现于心灵的观念，而通过回想，个人心灵发现宇宙的心灵其实已在自己的思想里。对于观念论者而言，直观、内省和顿悟可以帮助个人发现自己的心灵和绝对的摹本（ideal type）。③

---

① 国内学者多把西方哲学中的"epistemology"称为"知识论"，台湾学者有译为"认识论"或"知识论"，前者多从心理学的角度探究知识的本源问题和过程，后者则从哲学的角度研究知识的本质与教育的关系。

② E. L. Gettier, Is Justified True Belief Knowledge? *Analysis*, Vol. 23, 1963, pp: 121-123.

③ 陈照雄. 西洋教育哲学导论（第 2 版）[M]. 台北：心理出版社，2001：99.

在教育方面，观念主义者提出教育的目的就在于帮助人们去找寻真正理念，同时注重品格的发展。教育一方面教导学生找寻真理，一方面通过学习培养学生的人格，为社会培养有知识、优雅和善良的人。故此，观念主义者认为教育既要注重心灵的发展，也要鼓励学生了解事物的价值。概括而言，观念主义者有三大教育目的，分别为寻找真理、品格的发展和自我实现。在学校课程方面，由于观念主义者认为人的观念最重要，观念可以支配行为，也可以改变生活；因此，他们认为学校课程应选择那些对于观念形成有裨益的书籍与数据。同时，其教育方法也注重思考方法，例如辩论和讨论等，观念主义者相信"真理越辩越明"，理性的讨论乃是寻找真理的重要途径。

第二，实在论（realism）。实在论者倾向于主张存在的东西乃独立于心灵之外，其创始人为希腊哲学家亚里士多德，他认为事物世界（the world of things）是由许多客观、具体存在的事物所构成的，并通过人的感官和经验加以认识。实在论者相信宇宙的运行，是有规律、秩序与目的的，人类需要运用理性发现宇宙的设计，进而了解它的运作及规则，而认识的目的乃在协助我们认识现实中宇宙运作的模式，从而遵从它的规范。因此，知识乃是发现事物的本质，了解自然的法则，并能够适应环境；所谓真知，指那些命题或观念需要与外界的经验事实相符应（correspondence）。因此，我们需要客观地凭借自然科学的方法，认识外界事物，发现宇宙的结构与设计，以期指导人类的行为和未来的发展。

在教育方面，亚里士多德相信教育目的论，认为事物世界应该各尽其职，发挥功能，以追求更美好的发展。对于人来说，人是理性的存在，故此教育就是要启发理性，追求幸福。实在论者认为学校的课程应区分为博雅教育与职业教育，前者重于后者。同时，认为课程最重要的是启迪心智，进而变化气质。因此，实在论者重视知识与道德的关联，重视教育中的教诲作用和实际训练。在教育方法上，看重"领悟"的作用，主张教材的学习，不在吸收其本身内容，而为磨炼智能、陶冶理性，如以苏格拉底（Socratic method）的辩论和讨论来锻炼思考。

第三，经验主义（empiricism）。经验主义指出知识是人类经验的产物，因此人类的思想和理论需要在现实中论证，再以它们与事实的相符度来决定是否接受这些理论。此外，经验主义与科学关系密切，它同时又与实证主义容易混淆，前者强调个人在经验中的实验，后者则强调人对现实的看法。经验主义的代表人物有哲学家阿奎那、培根和洛克，培根提出"知识即力量"，强调求知致用，人需要征服自然，创造新世界，所以学习需要靠观察、实验，并走向自然。他并提倡以科学的归纳法取代传统的思维方法。洛克认为知识分为三等：直觉知识、论证知识和感觉知识。他指出知识是人类经验的产物，因此人类的思想和理论需要在现实中论证，再以它与事实的相符度来决定是否接受与此有关理论。①

在教育方面，阿奎那则认为教育需要从自然的秩序和规律中推想神的存在；培根认为教育的目的是征服自然，以追求美好的生活；而对于怀特海而言，教育的目的是如何学习有用的知识，并学以致用。在学校课程和教学上，经验主义认为应把知识放入人们

---

① 陈照雄.西洋教育哲学导论（第2版）[M].台北：心理出版社，2001：122.

的心灵当中，反对体罚和物质奖赏，主张采用心理控制，如爱和羞耻感。在教育方法上，经验主义强调感官经验，特别重视直观教学与感官训练的价值，故容易走上自然教育的途径，并强调身体官能的自然发展。

第四，实验主义（experimentalism）。它又称为实用主义（pragmatism）、工具主义（instrumentalism）、进步主义（progressivism）等，代表人物中最著名的是美国哲学家杜威。实验主义者认为观念须在实验中锻炼，只有经过实验证明，在实践的过程中能解决实际问题的观念，才是"有价值的观念"。杜威指出知识乃起源于生活上实际的需要，而一切观念、意义或理论，只是工具，用以解决困难和问题。换言之，知识源自实际问题的解决，为思考历程的结果，因此实验主义者重视思考与行动的结合，杜威称为知行合一，他认为我们应在实验和实践中证实认知的意义之存在。总的来说，杜威认为知识为行动的结果、探究的完成、问题的解决与反省思考的过程，所谓真正的知识必须具备三种特质：实用性、行动性和创造性。

在教育方面，实验主义者强调"做中学"（learning by doing），指出经验是活动的产物，故"行以求知"是最好的学习方式，而最好的教育则是"活动教育"。在教学法上，强调学校生活与儿童实际经验的密切配合，并需调和兴趣和训练。实验主义的课程理念强调教育是经验的不断修正和改造，它重视经验与活动，主张学校生活要与学生实际经验密切配合，故十分重视学生的兴趣与实际身处的学习与生活环境。它认为学校课程要以生活为中心，利用活动方式将学生学习的内容融合在活动当中，这样可以结合学生的校内与校外经验，达到经验不断重新修正、改造的目的，进行课程的规划与实施。总括来说，实验主义下的课程组织形态是以活动为主，学生经验与身处的情境为课程设计基础，因此又称为活动课程或经验课程。

第五，存在主义（existentialism）。其思想家包括克尔凯郭尔（Kierkegaard）、雅斯贝尔斯（Jaspers）、海德格尔（Heidegger）、萨特（Satre）等，他们认为主观的选择（subjective choice）及个人认为适当的（personal appropriation）即是真理。换言之，真理即主观，不建立在个人主观选择与意识的真理，不能成为真理。由此可见，存在主义者认为个人主观的行动、态度、情感，较之一般被动接受之知识，信念更为重要。

在教育方面，存在主义者视学习者为一个有具体存在、具有本身价值的、有生命的人，故此，教育的目的在于维护个人的自由，并协助他在生命中作出自由的选择和决定，同时，为个人所作决定的后果负责。在内容上，教育以培养"全人"为对象，故不只是知识的灌输和技能的训练，而应包括情感和价值的教育，尤其关于生死的观念。在课程方面，存在主义较强调人文学科，批评对科学和技术教育的偏重，并反对学科的过分精细化。同时，它强调游戏的重要性，认为游戏可以启发学生的创造性。[①]

二、知识与教育

（一）知识是什么

在西方的哲学中，苏格拉底曾指出知识必须是真的和被相信的，因此需要有证明和

---

① 吴俊升. 教育哲学大纲 [M]. 台北："商务印书馆"，1982：222.

理据。柏拉图在《泰阿泰德篇》中认为知识是被证实的真实信仰（被相信的事物），他指出，我们可以相信一件事而不去知道它，因此我们可以相信一切我们所知道的事，而我们知道的事是我们相信的事的子集。同时，柏拉图认为我们不能因为相信一件事并且相信它是真实的便说我们知道这件事，例如一个没有医学知识的病人相信自己很快会痊愈，而果真如此，但我们不能因此说这个病人知道自己会好，因为他的相信在当时没有足够的证据。因此，知识是因为证实而区别于大众所相信并且真实的事。事实上，在哲学史上的大部分时间，知识意味着被证实而有绝对真实性的信念，任何缺乏绝对真实的只可被视为可能的观点。这里带出知识的重要属性——知识乃是被确证（justified）的真实信仰，任何缺乏绝对真实的信念只属于可能的观点。在这个分析中，知识需要三个条件才能成立：

相信（belief）——必须是个命题，而非仅是某个概念；

真实（true）——是个真的信念；

证明（justification）——必须经过证明。

因此，知识的基本单位应该是一个命题。台湾学者欧阳教指出知识所以为知识，乃由于它可以进行公开检证（public verification），因此任何人均可依循同一方法与历程，核证它的结论的真伪；如能通过严谨的验证得到的事实或知识，便是真知识；相反没有确凿证据或假证据的便不能作为知识。①

在知识需要被知道，也同时需要被证明和相信的前提下，还有两点要注意：第一，在事情缺乏足够证据时我们仍可以相信它是真实的，如一个人没法证明鬼神的存在，但仍然可以相信有鬼神；第二，相信某件事情即认为它是正确的，如果有人说："我知道甲，但我不相信它是真的"，则这人便是自相矛盾。然而，两个人却可以相信互相矛盾的两件事，但不能同时知道互相矛盾的两件事，如甲可以"相信"水资源是有限的，乙可以"相信"水资源是无限的，但他们不能同时"知道"水资源有限同时又是无限的互相矛盾的事情。

另一方面，在讨论"知识"(knowledge) 和"知道"(know) 两个概念时，涉及认知主体的问题。"知识"和"知道"其实是息息相关但又不同的两个概念，前者可被视为被认知主体知道的事物，先于知识而存在——它预设了一个认知主体，没有这个认知主体便不会有知识。这个观点后来被波普尔（K. Popper）推翻，他指出知识可以客观存在，如图书馆中的书籍，虽然没有读者，它的知识仍然存在。波普尔的观点虽然有理，但是我们还是可以说，只有认知主体的存在，知识才有生命。换言之，认知主体的存在使知识成为具有存在意义的东西。综合来说，当"我有某个知识"时，也就是说"我知道某个东西"；更进一步地说，知识就是一切我们知道的东西，也就是一切我们可以用语言表达的东西。

上面曾指出知识就是一切我们知道的东西，也就是一切我们可以用语言表达的东西；然而，并非所知道的东西中的每一个知识均可以语言表达，即知识的范围其实是超越语言能达到的领域。因此，知识可以被分为被语言表达的和不能（或难以）被语言

---

① 欧阳教. 教育哲学（第三章第二节）[M]. 高雄：丽文出版社，1999.

表达的。前者被称为"命题性的知识"(propositional knowledge)、"理论型知识"(theoretical knowledge)或"明确的知识"(explicit knowledge),后者则被称为"非命题性的知识"、"操作性知识"(practical knowledge)或"隐晦的知识"(implicit knowledge)。英国的哲学家罗素(B. Russell)把知识可分为"亲知"(knowledge by acquaintance)及"述知"(knowledge by description)。前者直接来自感官经验的知识,后者则来自推论的知识。①

(二)知识的类型

首先,命题与非命题知识的区别在于一个知识是否能够被命题所表达,即它是否可被一个句子所描述,如果可以,则是命题性的知识,相反则为非命题性的知识。而"理论型知识"与"操作性知识"的区别在于前者可以用一个理论或一般陈述表达出来,它也被称为"事实型知识"(factual knowledge),这种知识可以经由讲述或读书而来,如中国位于北半球。但操作性知识则要求实践和经验累积而来,如骑自行车,是如何学会的只通过读书并不能学会,而必须亲自练习和体会才能学好。同时,学会后也不太能够告诉别人是如何学会的。所以,操作性知识必须由个人在日常生活的语言脉络中学会如何理解及界定有关"知识",然后再操作运用,如"何谓幸福"、"怎样做事"均属之,每个人必须亲自去作思考,有体会后再告诉别人有关的看法。

有关"明确的知识"和"隐晦的知识"则是心理主观上的分别,前者指在思考知识时,感到清晰明确地把握到的东西,而后者则指隐约而未能清楚具体掌握到的知识。在西方传统的知识论中,绝大多数讨论的是"命题性知识"。

其次,还有不能被语言表达的知识,波兰尼(Polanyi)称之为"缄默的知识"(tacit knowledge)。至于"自我的知识"(self-knowledge)则指个人对于自我心灵状态的知识,如我对"快乐"和"痛苦"的感觉是通过心灵的内在经验而获得,而且唯有通过这些经验才能取得相关的知识。但个人心灵的经验只属个人所有,我们也难以证明其他人的相关经验和我们完全相同,我们也无法直接分享这种内在经验,如俗语"如人饮水,冷暖自知",这种"饮水经验"便是"自我知识"。另一种常见的"自我知识"的意义是关于自我了解的知识,如"我是好人"或"我很有爱心",这些表述也是只有个人才能确定,别人无法直接对我个人内在的经验作观察来认识。同时,自我知识必须通过实践才能得到,例如通过行善的行为,我才认识到自己是个好人;因此,它较近似操作型知识。但它有时可以以非常明确的语言表达,又近似理论型知识。基本上,自我知识强调主体性,西方哲学多认为不够客观,但在"神的存在"和"人生意义"等重要问题上,却又必须以自我知识来进行讨论。

推论的知识也被称为先验的知识,即仅凭推理得到的知识,它先于经验观察且不受直接或间接经验的影响。理性主义者认为存在先验性知识,故努力探索它如何可能;相反,经验主义者认为所有知识在一定程度上属于外在经验的结果,因此并不存在先验性知识。

---

① B. Russell, Knowledge by Acquaintance and Knowledge by Description, *Proceedings of the Aristotelian Society*, 1910, pp. 108-128.

经验主义者也否认一些研究抽象和形式上的对象的知识领域，如逻辑学和数学均拥有前设知识，① 穆勒（J. S. Mill）指这些前设知识也是经验得来的，有学者甚或认为那些抽象的领域的知识并不构成真正的知识。最后，对如何求取知识，人言人殊。有说知识来自回忆，即知识来自先天观念（innate ideas）；有指知识来自感官经验，应重视身体感官的训练，如观察和实验等；有言知识来自理性思考，故强调反省、思考、推理等能力的训练；也有指出知识是来自神启，因此强调信仰及遵循神的旨意的重要性；最后，有说知识来自直觉，学习为其次，主观直觉最重要。无论如何，知识与教育的关系密切，后者的最重要目的被认为是知识的获取。

（三）知识与教育的关系

近代的英国哲学家赖尔（G. Ryle）在1949年的著作《心的概念》②（The Concept of Mind）中，认为所有知识均可归纳为"知道是什么"（knowing what）与"知道怎么做"（knowing how）两类。这个观点引起了学者的兴趣，谢夫勒（I. Scheffler）曾把"教育"（education）各种相关动词加以分析，指出两点：

（1）从广义上看，"教育"应包括事实之知（believing that, knowing that）、技能之知（knowing how）或原理之知（knowing why）、规范之知（learning to）和体悟之知（understanding & appreciating）。

（2）在"教学"（educating）范围内，教和学（teaching & learning）大于知道（knowing），也大于相信（believing）。

谢夫勒认为知识的传递与发展，应是教育活动的最基本任务。唯有当我们意识到自己知道某些知识时，才能尝试去帮助别人知道我们所知道的。这个过程应为有意识地将知识传递给学习者，它就是"教学"，也就是"教育"的过程。③ 台湾学者欧阳教认为在"事实之知"和"技能之知"上，应该再加上"规范之知"（learning to），它指的是一种道德事实，即来自道德规范的约定习俗。一直以来，教学内容和课程组织较偏重"事实的认知"及"技能的认知"，但以欧克肖特（M. Oakeshott）指出教学活动中包括两种知识——有关规则、技术与原则的"技术知识"（technical knowledge）和过程中无法以规则来陈述的"实践知识"（practical knowledge）。④

英国哲学家赫斯特（P. H. Hirst）认为须区别不同的知识形式，并把它们联结到学校课程的组织上。他特别强调教师的角色，认为教师必须判断教学的材料是否真实，这些材料带来什么影响？教师也需要评估教育研究中所发现的知识。同时，教师也须思考某些一直只教授给少数学生的学问，可否开放给所有学生？某些科目如代数、几何、古典文学等为何比木工或机械更适合正规课程？对赫斯特来说，教育与知识关系密切，可概括为：

---

① 前设知识指一些已有的意见或信念，如预设的定义或一些必须包括和要求的先决条件。

② Ryle, Gilbert. *The Concept of Mind.* New University of Chicago Press. 1949.

③ Scheffler, I, *Conditions of knowledge: An Introduction to Epistemology and Education.* Chicago: University of Chicago University Press. 1965, p. 10.

④ Oakeshott, M, Rationalism in politics. *Cambridge Journal*, *1*, 1947, pp. 81-98, 145-157.

(1) 博雅教育（liberal education）：教育的基本理念乃是让人们学习自古以来累积的知识、意义、逻辑关系和判断真假的标准，并透过教育发展心灵，这也就是博雅教育（liberal education）的要义。

(2) 知识的获得：知识必须依赖概念，而这种概念必须能够与人分享，同时又必须经过科学的检验，确认其普遍性，才算是好的概念。

(3) 知识的形式（forms of knowledge）：教育可以引导学生获得各种知识形式，它包含特定的概念、经验、语词逻辑与规范、探究过程中的能力与技巧。

(4) 知识的分类：知识形式在教育上呈现在不同科目分类上，共有七种不同性质，包括自然科学、数学、人文科学、历史、文学及艺术、宗教、哲学；另一说法为科学、数学、历史、道德、哲学及宗教。①

（四）知识与课程的关系

课程不只是知识的载体，两者之间存在深层的互动关系，这就是它们都关乎个体的发展和人生。就此而言，它们的关系是：②

(1) 通过课程学习生活，即实用的知识；

(2) 课程可以提供改进人生的知识；

(3) 知识是人类生存和发展的智力工具；

(4) 课程知识的学习和发展价值取决于学习者对待知识的态度。

在谈到学校课程方面，因为教育的时间和空间有限，需要选择传授的知识内容；同时，选择的结果决定了课程的内容。例如，在社会中，知识崇尚"实用性"，则"实用性"或"工具性"的知识便会成为课程的重要内容，结果会倾向于开设职业培训课程。反过来说，如果社会认为"理论性"知识才是课程的基础，那么课程设计便倾向注重"理论性"知识。这种源自知识性质的课程性质直接影响了课程的设计者、执行者和学习者对待课程的态度。当社会人士及教育工作者认为知识是客观的，它已被证明或证实，必然正确，则教师和学生自然以绝对服从的态度对待课程和课程背后的"知识"。在这种神圣化和绝对化的知识观及课程观的主导下，教师和学生除了绝对服从"知识"外，再无他选。故此，要改变这种课程的态度，便要改变教师和学生对知识性质的看法，而要改变教师和学生对知识性质的看法，便要改变课程设计者对知识性质的看法。

同时，课程承载了知识，但课程知识却又涉及对知识选择和控制的问题，对知识的选择和控制，或会涉及课程设计者的利益和价值取向。学习者应对课程保有一种理性的批判态度，而不是绝对的接纳和信服。总的来说，课程知识不仅是学习者认识、理解、学习和应用的对象，也是学习者质疑、批判、反思和修正的对象。这样才能避免成为思

---

① 有关赫斯特对知识和教育的观点，请参考：
Hirst, P. H. & Peters, R. S.. *The Logic of Education*. London and New York: Routledge. 1970.
Hirst, P.H.. *Knowledge and the Curriculum*. London, Boston and Henley: Routledge & Kegan Paul. 1974.
Hirst, P. H.. "Education, knowledge, and practices", in R. Barrow & P. White (ed.), *Beyond Liberal Education: Essays in Honour of P. H. Hirst*. New York: Routledge. 2002.

② 石中英. 教育哲学导论 [M]. 北京：北京师范大学出版社，2002：144-147.

想灌输的对象及窒息思想自由的牺牲者。

其次,教学过程也建立在课程知识的传递上,教师和学生如何看课程知识,影响着他们如何互动及进行评估。如以考试取向为主的课程,师生把课程知识视为考试工具,那么教学过程自然倾向背诵答案、温习试题及记忆考试范围内的"标准答案"。这样的课程和教与学过程,使教师和学生不但受制于"考试知识",更会失去独立思考及批判的能力。同时,教学的评估也只会偏向"标准答案",而不需思考和分析。

最后,知识实为达到教育旨趣的一种工具,而不是目的本身。学习者需要内在拥有求取知识的动力,才能获得知识;故此,真正知识的获得,是要学习者对知识加以融会贯通,转换为生活思想、观念和态度;不然,知识只是数据和信息而已。因此,在知识爆炸的新时代,教育应有一套新的教学观点,以处理知识传递与应用的问题,这样才能提高教育的质量,扩大知识视野和深度,并适应急遽变化的社会形势和需要。

第二节 现代教育需要什么样的知识观

一、传统知识观与教育

传统的知识观以理性主义知识观和经验主义知识观为主,前者把知识当做外在于主体的客观存在,学生需要通过一定合理的学习方式才能获取这些客观知识。经验主义知识观认为知识的来源是科学技术和现实生活,经过实验验证,是不容置疑的真理和知识。两者均认为知识属于确定的认识,独立于人的价值观念和社会意识外,故此真正的知识是不变的真理,具有普遍性、必然性和有效性。由此形成的理性知识自然比感性知识更有价值,自然科学知识比社会科学知识更为客观。因此,真理掌握在少数科学家、哲学家和科学家的"知识权威"手中,大多数的群众只是接受"知识"和"真理"。①

从传统进入现代社会,经历了知识的爆炸、知识的孵化和综合、知识的专门化和问题的爆炸等现象,现代科学性的知识属性偏重"客观性"、"普遍性"和"中立性"。

首先,现代知识被普遍相信是"客观"的,那何谓"客观"?布朗希尔(R. J. Brownhill)指出知识的客观性须符合五个条件:②

独立性:知识为独立的"实体"(reality)。

检验性:这个独立的"实体"是可被重复核对和验证的(testability)。

客观性:依据事实、理论和其结构脉络而被建立的理论性知识的本质应是客观的(objectivity),非基于个人的感觉。

准确性:知识应是准确和独立自存的体系,其精准性(explicitly)超越个人的感受及主观判断。

普遍性:独立而客观的知识应该可被公开传播及被准确理解(communicability)。

知识的"普遍性"指向知识的陈述,假如知识是客观的,它同时也将被不同社会

---

① 卢晓梅. 对当代知识观转型与课程变革的审视 [J]. 课程·教材·教法. 2006 (9).
② R. J. Brownhill, *Education and the nature of knowledge*, London: Croom Helm, 1983, pp. 11-12.

和群体条件普遍证实和接纳，例如"光合作用"的现象就是一种普遍性的陈述，它不会随着个人或社会文化、价值和性别的差异而改变。现代知识追求知识的普遍性，并以它为最高的价值参照，然而，所谓跨地域及文化的"普遍知识"，却带有浓重的西方中心主义，即以西方文化为参照标准，因此流通全球的现代知识在某种程度上等于把西方知识推及全球。如果以普遍性标准来衡量其他非西方的知识体系，则把各种社会和文化中体系中衍生的"地方性知识"（local knowledge）和"本土知识"（indigenous knowledge）排除于外，它们被标签为不是"真正的"和"客观的"知识，甚至应该在知识发展的过程中被超越和淘汰。

知识的"中立性"是指现代知识的"价值中立"，即知识是经验性和理智的产物，无关认知者的种族、出身、文化和价值取向。建基于"中立性"知识观的传统教育，主张学校传授的知识应为"客观的"、"普遍的"和"价值中立"的，因此课程内容需要按学生的认知、心理发展和社交活动而设计，它也应该是学科的和逻辑的。换言之，偏重西方社会的教育和课程模式——强调知识的"专门性"和"科学性"，分层分级递升的教学机制，单向讲授专门知识，并以掌握知识的精确度作为评估标准（如背诵标准答案）。受这种知识取向的限制，师生在教和学的过程中，只能是被动地理解和重复课程内的知识，虽然它有效地传递和普及了近代西方的知识和价值观，并为现代工业社会培养了所需要的熟练工人，满足以世俗化、技术化与科学化的现代社会的发展需要。然而，单纯以西方的知识标准来衡量不同社会和文化中的知识经验，容易造成西方的知识霸权，并使非西方社会过分依赖西方社会的专家和权威，最后威胁"本土知识"和"地方性知识"的认同性和发展机会。同时，过分强调知识的中立性亦容易压抑学生的创意思维，压抑个体的独特性和声音。

总的来说，传统知识论强调知识的公共性、普遍性，它认为知识是一种具有客观基础的、能够被论证和被普遍相信的真实信念，这也是它有别于个人的主观体验或意见，而属于独立于个人体验外的客观存在实体。如要获得客观的知识，必须认识它原来的样子和准确反映它的本质，在这个过程中，也必须除去个人的猜测或可能的偏见。因此，在传统的知识论的影响下，课程的发展较重视规范性和科学性的知识。同时，也倾向以承载知识的教科书作为评估成绩高低的绝对标准，而开放性、创新性和批判性的学生答案，得不到认可和接受。

老师，你的课堂存在霸权现象吗？
常州市花园小学 曹月红

片断1. 一位教师在教学《捞月亮》时问："猴子捞月亮的做法好不好？"当学生说到猴子"不好"时，老师高兴地评价："对，小猴子不好，遇到事情不爱动脑筋，我们可不能像它们一样。"当学生说到猴子"好"时，老师立刻生气地说："再读读课文，好好想想"，显然不同意这种观点。

片断 2. 在某小学二年级语文课《美丽的丹顶鹤》，教师在引导学生感知课文内容问：

老师："同学们，你们想对丹顶鹤说什么？"

随即出示了一个补充句子："丹顶鹤，你真_____！"

学生1："丹顶鹤，你真美丽！"。

学生2："丹顶鹤，你真高雅！"

（突然，一位小男孩站起来）

学生3："老师，我……我觉得……"

老师：（还没等他说完，教师就立即示意）"嗯，想好了，再按老师给你的句式说。"

片断 3. 一位教师执教《徐悲鸿励志学画》中的一段（"徐悲鸿的生活十分清苦，他只租了一间小阁楼，经常每餐只用一杯白开水和两片面包，为的是省下钱来购买绘画用品"）时，问道：

老师：请大家细心品读这一段，看看你从中体会到了什么？（一学生举手，教师让其回答）

学生1：我想问个问题，徐悲鸿每餐只吃那么一点东西，他不会饿出毛病来吗？

老师：（露出失望的神情）你听清楚老师刚才的问题了吗？坐下去！（学生不好意思地坐了下去，整节课再也没有吭声）

学生2：我觉得徐悲鸿的生活十分清苦。

老师：（表情严肃地追问）仅仅是生活清苦吗？（学生语塞，其他学生没人举手了）

老师：徐悲鸿为了提高自己的画技，宁愿过着清苦的生活。你们感受到了徐悲鸿为祖国勤学苦练的精神了吗？

评析： 这种现象在很多课堂上都可以看到，当学生们就某一问题展开讨论、各抒己见时，教师或沉默不语，或巧妙地打断学生，只有当学生说到教师想要的答案时，教师才大加赞扬，就此展开下一环节的学习。这不加批评、貌似开放的评价，实则只留给学生唯一的路径，那就是教师所赞同的答案和思维方式才是正确的，因为在他们认为知识是客观的、唯一的。所以，学生的学习在教师一丝不苟地"走教案"、完成既定目标的过程中，表现为被动的、机械的状态。这种过于注重既定目标达成的评价，无视于学生独特的体验，往往会造成课堂上师生的自我迷失，对教学是十分有害的。

二、现代教育中的新知识观

现代教育面对信息及社会的急遽发展和改变，知识观也出现范式的转移，其中以建构主义和后现代主义知识观为代表。建构主义的代表人物有皮亚杰、波兰尼等。皮亚杰（Piaget）认为知识既不是现实的复制，也不是先验形式对现实的强加，而是一种主体与环境之间互动交流后建构（或重建构）的认知经验。波兰尼则把建构的知识看成"个人知识"，他反对传统知识观把这些热情的、个人的、人性的成分从知识中清除，认为知识是对事物能动性（agency）的反映。总的来说，20世纪以来的建构主义认为人的心灵是真实存在的，个体基于个人的经验及社会文化和历史的背景，以主体建构的方式而融入外部的知识；因此，知识是人的心灵与外界客体互动下从内部组成的，而学习过程则被视为主动理解和建构知识的过程。另一方面，后现代主义知识观批判现代理性造成的负面影响，强调知识的文化性、情境性和价值多元性。①

第一，后现代知识的文化性。指知识的本质既受制于它所处的文化传统和模式，也与它所在的社会和文化体系中的价值系统、生活方式、语言习惯等密切相关。社会学家曾指出知识基本上是一种"文化建构"，而非"客观的事实"，更不会是恒久不变的。后现代知识的本质，其特点是推测性的、变化的和可证伪的。因此，后现代社会的知识观，明显带有相对主义的取向，这是由于个人或社群所在的位置不同、视点有异，故其思想、价值取向和对现实的接受及诠释出现分歧，从而形成多元的理解及推论。②

第二，后现代知识的情境性。指在后现代的时期，应明白及掌握知识存在的特定空间和时间，这包括知识衍生的文化背景、价值体系、生活模式和语言习惯等。这些不仅是知识存在的脉络，也是个体取得和诠释这些知识的特定背景（情境）。知识的"情境性"特质颠覆了传统的"普遍性"观点，也批判了知识的"西方中心主义"。过去普遍相信西方科学性的知识才是真知识，非西方的知识不是真正的知识；然而，随着对知识客观性和普遍性的反思和批判，不同文化体系的知识被重新发现和肯定，而"本土知识"也重新被关注。因此，后现代知识的"情境性"一方面颠覆了"西方知识"的单一价值和霸权，另一方面也补充了文化多元论的观点。

第三，后现代知识的价值性。它建立在对现代知识的中立性的批判上，由于在认知的过程中，知识作为认知主体和社会建构的结果，必然带有个人和社会的价值取向，因此并非中立。既然知识本身带有一定的价值成分，它的传播也必然受到社会权力的制约。同时，现代知识的中立性所要求的量化和科学性的方法，也只能应用于有限的知识领域，而后现代知识的价值性则超越这个限制。换言之，知识（一件事物、一种关系或一个问题）也不可能是纯粹客观的，它与个人的兴趣、知识水平、背景和价值观等因素关系密切。当学习者进行认知活动时，这些个人的主观因素将影响问题的形成、表达、分析和总结，于是新知识被融入个人已有的认知框架，并重构新的知识结构。因此，在建构知识的过程中，学习者不但了解到认知对象的"共同"本质，也发掘出它

---

① 卢晓梅. 对当代知识观转型与课程变革的审视 [J]. 课程·教材·教法，2006（9）.
② 石中英. 教育哲学导论 [M]. 北京：北京师范大学出版社，2002：157-160.

的"个别"属性。换句话说，当代知识观相信个人对事物的理解均不可避免地带有主观的意识，这也决定了当代知识的"价值性"属性。

后现代知识观强调的文化性、情境性和价值性，冲击着后现代的教育和课程。后现代课程的"范式转移"发生在20世纪70年代，它从过去的设计式课程转为理解性课程，亦批判传统课程的权威主义和结果取向的模式。后现代主义课程专家多尔（W. E. Doll）以建构主义及经验主义理论，提出了一种课程的矩阵（matrix）。多尔提出课程乃是参与者的行为和课堂互动的结果，因此是建构性而非线性的。在课程上，他指出在工业化时期，社会需要培养"读、写、算"能力较强的精英，故课程以"3R"（read, write, arithmetic）为核心价值，但后现代社会需要能够掌握丰富性、回归性、关联性和严密性课程的人才，故提出"4R"的课程：①

（1）丰富性（richness）：指课程包括不同深度和意义的层次，并蕴含不同的可能性及作多种的解释，它强调课程的本质应具有适量的不确定性与疑问，才能启导学生思考与创造。

（2）回归性（recursive）：课程需要让学生反思个人与环境、文化和社群的关系，以建构自我的认知。

（3）关联性（relational）：课程不是封闭性的，需与外界产生文化联系，这种课程与文化的对话，使学习不再停留在资料性的记诵，而是通过学习者掌握概念背后的文化脉络以深化学习。

（4）严密性（rigorous）：课程带有解释性与不确定性，即在学习过程中，学习者可能面对不同的选择、观点、关系和联系，并通过对话和反思，寻找有意义的对话和方案。故此，它强调思考、批判以及互动，以探究性的课程进行学习，以提升学生的兴趣和学习动机。

既然现代教育需要一种非线性、开放性和多元性的课程设计，让学生在丰富性、回归性、关联性和严密性的氛围中建构知识，并培养其创意和批判思考能力。无论如何，现代教育需要新的知识观来引导课程的改革和发展，而新的知识观呈现出三个特质：从理论性的知识转向到实践性知识、显性知识和缄默知识并重、从个人知识到公共知识的建构。

首先，新的知识观指出课程的内容应从理论性知识转向实践性知识。前面曾指出知识有四种本质：（1）"知道所指"的知识（know-what），即"是什么"的知识，指关于事实的知识；（2）"知道为何"的知识（know-why），即"为什么"的知识，指自然原理和规律方面的科学知识；（3）"知道如何"的知识（know-how），即"怎么做"的知识，指关于技能和方法的知识；（4）"知道是谁"的知识（know-who），即"谁的知识"，指谁在掌握信息或数据的知识，即关于人事/人际方面或社会网络或关系的知识。当代知识观从过去侧重第一类和第二类的知识，转向第三类及第四类知识。前者可以通过读书、听课和数据分析而来，后者属于经验性知识，只能通过经历和体会而获得。这反映了当代知识体系的结构性变化，由于新的知识观强调学习者的亲身实践和亲身经

---

① 多尔. 后现代课程观[M]. 王红宇译. 北京：教育科学出版社，2006.

历,"怎么做的知识"(学习方法的知识)和"谁的知识"(人事/人际方面的知识)更为重要。

其次,新的知识观强调显性知识和缄默知识并重。在知识的范围内,显性知识(explicit knowledge)指那些可以用概念、命题、程序或图形等陈述及以文字表达的知识,缄默知识(tacit knowledge)是指知识总体中那些无法言传或不清楚的知识,它只可意会,不能以文字或言语表达。① 缄默知识的特点是:(1)无意识性,它的拥有者通常没有意识到自己拥有这种知识;(2)情境性,它不会恒常或固定出现,只能在特定的情境、关系或气氛中体现;(3)个别性,它主要出现在个人身上,少为集体拥有;(4)它的出现或是长期经验累积的结果。因此,缄默知识的形成主要靠"经验"与"实践"。同时,由于缄默知识不能以语言和文字进行逻辑性的表述,甚至知识的拥有者和使用者也不能清晰地表达和进行理性思考,故较少纳入学校课程。加上传统的课堂多采用单向灌输的教学策略,明显忽略学习者的个体经验和感受性的分享,这种学习模式分割了显性知识和缄默知识。就如石中英指出:"学生既不能使意识到'理智的力量'和知识的用途,又不能借助于显性知识修正自己的缄默知识,提高自己缄默认识的水平,从而出现'高分低能'的现象。'高分'说明他们掌握了很多的显性知识,'低能'说明他们在实践中与那些未受过教育或未受过同等教育的人一样,应用的仍是缄默知识和缄默力量"。② 总的来说,对缄默知识的重新认识和开发,应该是当代知识观的一大转向。

另一方面,新的知识观更重视公共知识的建构。波兰尼提出"个人知识"(private knowledge)的概念,他认为个人的私人知识是每一个人的亲身经历,而且是其生命中珍贵的财产;同时,任何社会的知识均起源于个人知识,新的个人知识又将积累成社会知识的新基础。③ 在新的知识观下,我们既要承认"社会知识"的作用,也不可忽视"个人知识"的地位,两者紧密联系且需互为转化。因此,过去注重单向知识教授的传统教育,必须改革,并重新重视学习过程中学生的实践和参与。过去由教师教授的个人知识较难成为社会知识,而新的知识观却强调学生的第一身经验,如实践和探究,让学生在参与社会活动的过程中建构知识,再通过分析、讨论、沉淀、反思和总结,最后把这种个人知识汇入为社会知识。④

第三节 现代知识观视野下的课程与教学

2010年12月,英国皇家学会(Royal Society)杂志《生物学通讯》(Biology Letters)

---

① 缄默知识由英国思想家波兰尼(M. Polanyi)提出,他的名言:"我们知道的多于我们所能表达的",清楚地说明了缄默知识的内含。它包括了信仰、信念、直觉、比喻和思维模式和其他"知道如何"(know-how)的知识。见 M. Polanyi, *The Study of Man*, Chicago: University of Chicago Press, 1959, p. 5.
② 王升,高吉魁. 研究性学习的知识论基础[J]. 教育科学,2002(4).
③ Polanyi, M. *The Tacit Dimension*. New York: Doubleday, 1967, p. 10.
④ 王升,高吉魁. 研究性学习的知识论基础[J]. 教育科学,2002(4).

的科学期刊首次发表由小学生完成的研究论文。皇家学会是具有数百年历史、久负盛名的科学组织，其主办的《生物学通讯》属于影响力较大的国际学术刊物，而这篇小学生论文是通过了该刊正常的同行评议审稿程序，这也是高水平学术刊物首次发表小学生的论文。

这篇论文由来自英国德文郡（Blackawton School）布莱克沃顿小学的 25 名小学生完成，而伦敦大学学院的洛托博士（Dr. Lotto）为他们提供了大黄蜂和实验器材。小学生们观察了大黄蜂在实验装置中觅食的行为，并设置了规则，只有在具备某些颜色组合模式的花朵上才有糖水，然后观察大黄蜂能否识破这一点。小学生们对科学实验充满了乐趣，就像和大黄蜂玩一场"游戏"。洛托博士说："整个实验都是属于孩子们的"，他们提出了大黄蜂能否判断颜色模式的问题，并自己记录数据和寻找答案。最后，学生们发现大黄蜂的确具有观察和学习颜色组合模式的能力。以往研究人员只知道蜂类有很强的空间判断能力，以为它们只会按空间规律来采蜜，但原来大黄蜂还具有观察和学习颜色组合的能力。这个观察为昆虫视觉辨识领域相关研究提供了重要的科学证据。

布莱克沃顿小学校长斯特拉德威克说，与论文相比，更让他感到自豪的是，学校能让孩子们在玩耍的同时真正参与科学探索的过程，而不像传统教学那样只是被动地接受知识。他说有部分孩子已经觉得科学是件"很不错的事"，希望能够继续干下去。

一群英国小学生的论文正好颠覆了传统的知识观念——知识是学院的、权威的和属于社会精英的，这个经验也启示了当代学校教育的新方向——建构知识和探究式学习才是学校教育追求的方向。

一、现代知识观视野下的课程

课程作为一种知识体，也是一种意识形态。建构主义知识观强调学习者的主体能动性，为课程发展带来了深远的影响。美国教育哲学家布劳迪（H. S. Broudy）、史密斯（B. O. Smith）和伯内特（J. R. Burnett）从学校学习知识的角度，提出学校的知识必须具有四大属性——重复性、联想性、应用性、解释性。[1]

（1）重复性（associative）：由于知识是为了以后在适当的条件下去重复这些知识，故此学校许多教学均直接引起这些知识的重复，如以某个知识回答某个问题；

（2）联想性（explicative）：学校所学主要为间接知识，因为在实际运用中，往往需要对所学的知识产生联想，因此学校所学知识应当能促进学习者对知识产生联想，把已学习的知识与新事物联系起来，这需要充分发挥知识的联想功能；

（3）应用性（applicative）：即把所学的知识去解决某个问题，知识的应用需要去发现所认识的事物与想要达到的目的之间的联系，它还需要创造性、综合性和智慧；

（4）解释性（interpretive）：对知识的解释，即它从某种理论和观点出发，建立某种新的见解或意义，从某种程度上来说也是对知识的运用。

美国教育学家古德莱德（J. I. Goodlad）提出把知识分成五种课程领域，即理想课

---

[1] Broudy, H. S., Smith B. O., Burnett, J. R.. *Democracy and excellence in American secondary education: A study in curriculum theory*. Chicago: Rand McNally & Company, 1965, pp. 46-55.

程、正规课程、领悟课程、运作课程、体验课程。古德莱德认为课程的纵向分类，应是课程由理想状态走向实践层面，而在课程实施过程中，正规课程将与其他领域互动，并产生差异。他提出教育的变革应以学校为革新中心，校长为学校革新的关键，中小学和大学应建立伙伴关系及支持网络。古德莱德建议教育革新过程应以研究、发展、决策、评价（RDDE：research, development, decision, evaluation）的模式推行。古德莱德认为，要使革新出现，内部的反应与外部的激励就必须很好地相结合；要使革新持续下去，这两股基本力量之间的张力就必须很好地处于持续的、高效的状态。他提出了教育革新的对话、决策、行动、评价（DDAE：dialogue, decision, action, evaluation）模式。DDAE模式不是外部目标的工具，而是以一种开放及对话的态度来进行改革。

现代知识观的转向，推动了课程的改革，它体现在课程的目的、价值取向及内容上。首先，课程宗旨及目的更新。在教学过程中，培养学生的怀疑精神、批判意识和使他们从小懂得知识是永远进步的，并让学生明白没有知识是神圣不可侵犯的。在这个认知方面，知识创新所需要的各种基本素质和能力是均需要独立思考和多元角度的学习结果，因此在教学过程中，小班教学、合作教学、研究性学习（专题研习）可以为学习者提供更多的讨论、资料搜集、辩论和创新的机会。在教学方法上，反对各种灌输法，并充分利用学生的主体知识和社会经验作为学习基础，使教学过程成为教师启导下以问题为中心的学习过程，以反对课程的霸权。在教学评价方面，注重课程知识的记忆、理解、掌握、综合和简单应用到注重学生对课程知识的独特理解、阐释、质疑、批判和应用上。如一贯以"客观主义"、"科学主义"、"权威主义"为取向的科学教育，其课程目标应从新的课程观出发，考虑超越具体的科学知识、方法和技术，与社会、历史、哲学等角度重新编排科学的知识内容，并结合学习者的生活经验。

其次，开发本土课程。在后现代知识中，"本土知识"的概念开始出现，正在挑战长期以来支配人们知识生活的"西方知识"或"全球知识"的霸权。石中英把"本土知识"定义为："由本土人民在自己长期的生活和发展过程中所自主生产、享用和传递的知识体系，与本土人民的生存和发展环境（既包括自然环境也包括社会和人文环境）及其历史密不可分，是本土人民的共同精神财富，是一度被忽略或压迫的本土人民实现独立自主和可持续发展的智力基础和力量源泉。"[1] 从课程目标而言，本土课程的开发在于：

使本土民众意识到自己完整、系统和悠久的知识体系被长期压迫和剥削；重新唤起本土人民对本土知识体系的价值意识；通过本土知识的传播，加强本土社会青年学生的文化认同；改造源自西方的自然科学、社会科学及人文科学课程，使它们本土化，剔除它们之中对本土社会稳定和可持续发展不利的东西。在这些课程的目标下，本土课程的开发和建设不仅在基础教育阶段中进行，也在高等教育和中小学进行，而且也在师范阶段进行。[2]

随着"个人知识"和"本土知识"作为一种知识的类型得到更多的接纳及认可，

---

[1] 石中英. 知识转型与教育改革 [M]. 北京：教育科学出版社，2001：327.
[2] 石中英. 教育哲学导论 [M]. 北京：北京师范大学出版社，2002：161.

它的社会价值也被肯定。因此，选择、保存、传递和发展本土知识成了后现代教育的一个重要使命，本土课程开发和建设也就因此成为后现代课程的一个重要内容。同时，它也让他们再次反思人文知识和人文课程的定位，人文知识主要通过对内在世界的关注和理解来建构，在当代的课程改革中，人文课程实应被纳入改革之列，并作为核心课程。

最后，知识的传播方式和管理方式也正在革新，电子和网络技术以及多媒体教学的迅猛发展，正在从根本上改变着学习和教学方式和生活经验。这些现代知识形态的改变，预示着人类知识生活的革命即将到来，并提示我们教育和课程的改革刻不容缓。

二、现代知识观视野下的教学

21世纪的知识正在转型，它正深刻地影响着当前学校的教与学。

（一）学习过程的转变

在传统知识观和教育观的支配下，教学的核心任务或基本任务就是正确、有效地传递和掌握课程知识；师生关系的基本性质就是知识的传递者与学习者之间的关系，教学的基本形式、教学原则、教学方法、教学评价的核心或最终目的也都归结于此、服务于此；学生被允许的活动范围也就限制在这个极其狭小的圈子而不能越雷池半步。现代知识观则揭示了长期被传统知识观所掩盖的文化性、情境性、价值性、建构性。在这种知识观下，为了形成知识，个体的学习方式便出现了变化。在21世纪初教育改革的浪潮中，学生要获得具有文化性的知识，知识掌握的主体必须参与社会生活，参与实践。同时，知识的建构性也需要学生在学习当中进行探究，一些新的学习策略，如研究性学习、问题为本学习，就是这么一种充满了探究意味的学习方式。概括而言，就是学习过程的转变，这要求学生的学习方式、教师的教学策略和学校的课程设置都要进行根本性的改革。这些改革的要点在于：①

（1）提倡反思性学习与合作性学习，提倡真正意义上的讨论法、实验法、实践法等，促进各种形式的质疑、对话、交流与合作。

（2）提高教学活动的问题意识，充分利用学生的"个体知识"和"地方知识"，使教学过程变成一个在教师指导下的、以问题为核心的、师生共同探索知识及其意义的过程，以更加接近于真正的知识发现活动。

（3）让学生真正认识到教师教材知识的社会性、猜测性、价值性，将被传统教学剥夺了的对课程知识进行独特理解、质疑和批判的权利还给学生。

（4）帮助学生学会不断地从自己显性的观点和想法中分析自己所使用的缄默知识，从而不断提高他们的元认知水平，提高他们对自己的学习行为进行自我分析和自我管理的能力。

（5）将教学评价从注重学生对课程知识的记忆、理解、掌握、综合和简单应用转移到注重学生对课程知识的独特理解、阐释、质疑、批判和应用上来，实行旨在衡量一个人的知识创新意识、素质和能力水平的教学评价。

---

① 王升，高吉魁．研究性学习的知识论基础［J］．教育科学，2002（4）．

> **课堂重构：从"知识课堂"到"生命课堂"**
>
> "知识课堂"的特点："知识课堂"中课程的设置以"知识"为中心；在"知识课堂"中，教师的角色是知识的传授者；在"知识课堂"中，学生的学习以死记硬背、机械训练为主。"知识课堂"中的教学是一种"操作性教学"，其实质是低效的教学。
>
> "生命课堂"就是在课堂教学中，不仅仅是为了知识而教学，而是为了人的发展而教学。"生命课堂"的特点主要表现在：课程是开放的、多元的、生成的；教师成为研究者，教师成为专业人员，教师的工作成为充满智慧的事业；学生成为学习的主人；"生命课堂"的教学活动是创造性的教学和有效的教学。
>
> ——王鉴. 课堂重构：从"知识课堂"到"生命课堂"[J]. 教育理论与实践，2003（1）.

（二）探究式的学习经验

知识观念的转变，促使我们重新认识教师、学生的角色和教育教学的任务。在传统知识观的支配下，知识简单地等同于显性知识、公共知识和"是什么"、"为什么"的知识，并过多地强调了知识的客观性、普遍性和中立性的一面，教师也就成为了显性知识、公共知识和"是什么"、"为什么"知识的高效的传递者和权威的阐释者，学生则是一个完全"无知"的人，在学习中完全处于被动接受的地位，而知识观念的转变则让学生来到课堂的同时带来了他们生活中获得的缄默的知识和个人的知识。他们不仅是已有知识的接受者，而且还是已有知识的批判者；不仅是知识的消费者，而且还是知识的生产者。教育教学的任务不仅要借助于学生的缄默知识和个体知识来获得显性知识和公共知识，更要借助于显性知识和社会知识来检验、批判、修正他们的缄默知识和个人知识，并掌握关于方法和资源方面的知识。学校教学可通过丰富多彩的生活实践、文化和社会实践等，让学生应用和深化课堂所学，获得在课堂以外的其他知识，并创造新的知识。英国小学生有关大黄蜂的论文，就是最好的例证。

（三）教育目的的更新

新的知识观必然引起学生学习方式的变革，而学习方式变革的要求也必然会引起教学策略和课程设置的巨大变化。学生将来从事知识创新的真正基础不是什么具体的知识，而是他们的好奇心、求知欲、批判意识、合作意识、综合意识等，因此教育目的从过去强调知识性的学习到现在强调培养学生的综合能力。同时，教育目的亦从教学目标转为学习成果，前者以教师单向制订的教学目标为依归，后者以学生的学习结果为参考。因此，教授知识之余，培养学生的能力和态度，成为新的教学目的。

以香港的教学改革为例，香港教育统筹委员会为配合21世纪新社会环境和需要的转变，重新制订香港教育的改革蓝图，并把教改工作归纳为七项重点：课程改革、语文教育、支持学校、专业发展、"收生"机制、评核机制及增加高等教育机会。其中"三三四"新高中学制及课程改革的成败，将是香港教育改革关键的一环，影响着香港未来一代的发展。为了配合2009年新高中的教学目标,课程将"通识教育"科设为必修及必考学科。这一改革从2005年咨询至今,引起了不少讨论,在众声纷扰中,新高中"通识教育"科的课程及评估大纲,最终于2007年定稿。其中高中"通识教育"科的教育宗旨是为透过对不同议题的探究,扩展学生的视野及知识基础,并提升其对社会的触觉。课程的文件更强调学生"在学习过程中联系各科的知识,能从多角度研习不同的课题"①,从而达到建构知识、培养能力及人生积极态度的目标。

(四) 跨学科的知识内容

当代的知识观已逐渐由"知识就是真理"的传统观念转向,学校逐渐出现新的课程内容,如校本课程和乡土课程。以下以香港高中的"通识教育"科为例,说明新学科的跨学科本质。

香港高中的"通识教育"科以"自我与个人成长"、"社会与文化"及"科学、科技与环境"三大学习范畴组成,其中包括六大单元,分别是个人成长及人际关系(自我与个人成长)、今日香港、现代中国和全球化(社会与文化)以及公共卫生、能源科技与环境(科学、科技与环境)。各单元采用议题为本的学与教策略,帮助学生建构知识,了解个人、社会和世界之间的关系,以及"理解现今世界的状况及其多元化特质"②。然而,这三大学习范畴"并非独立的知识领域"③,而是互相联系的(图1),即强调知识的融会贯通,也帮助学生在学习过程中联系不同学科的知识和概念,以至于可以多角度地探讨课题。由此可见,新世纪的学习模式已从过去的单向的传授知识,走向知识的整合、贯通、建构和开发,它突破了"客观性"、"普遍性"、"中立性"等传统知识观念的牢笼,从个人出发,试图关怀、理解和分析社会、文化和全球性,甚或人类相关的议题。这是对传统知识观的颠覆,也是现代知识范式的重要转变。

(五) 教学法的转向

带有建构主义理论色彩的教学策略,有何特质?就以香港新高中的通识教育科为例,"通"是通识教育科的核心。简而言之,学生需要将自己的知识融会贯通。在这种原则下,通识教育科鼓励教师使用间接教学(indirect instruction)的策略,它与传统式的直接教学(direct instruction)完全不同。直接教学以教师为中心,直接将知识向学生灌输;间接教学则以学生为中心,教师采用不同的教学方法和活动引导学生进行探究,让他们自行整合各种知识并发现答案。④ 因此,"议题探究"成为通识教育科的一个重要学习模式,同时,为了促进有效地探究,通识教育科鼓励教师因应课题、学生的知识基础、能力等,采用多元化的教学方法,引导学生进行探究。各种的教学策略,如分组

---

① 香港课程发展议会及香港考试及评核局. 通识教育科:课程及评估指引(中四至中六)[M]. 香港:政府物流服务署,2007:1-2.
② 香港课程发展议会及香港考试及评核局. 通识教育科:课程及评估指引(中四至中六)[M]. 香港:政府物流服务署,2007:2.
③ 香港课程发展议会及香港考试及评核局. 通识教育科:课程及评估指引(中四至中六)[M]. 香港:政府物流服务署,2007:8.
④ 香港课程发展议会及香港考试及评核局. 通识教育科:课程及评估指引(中四至中六)[M]. 香港:政府物流服务署,2007:3、69.

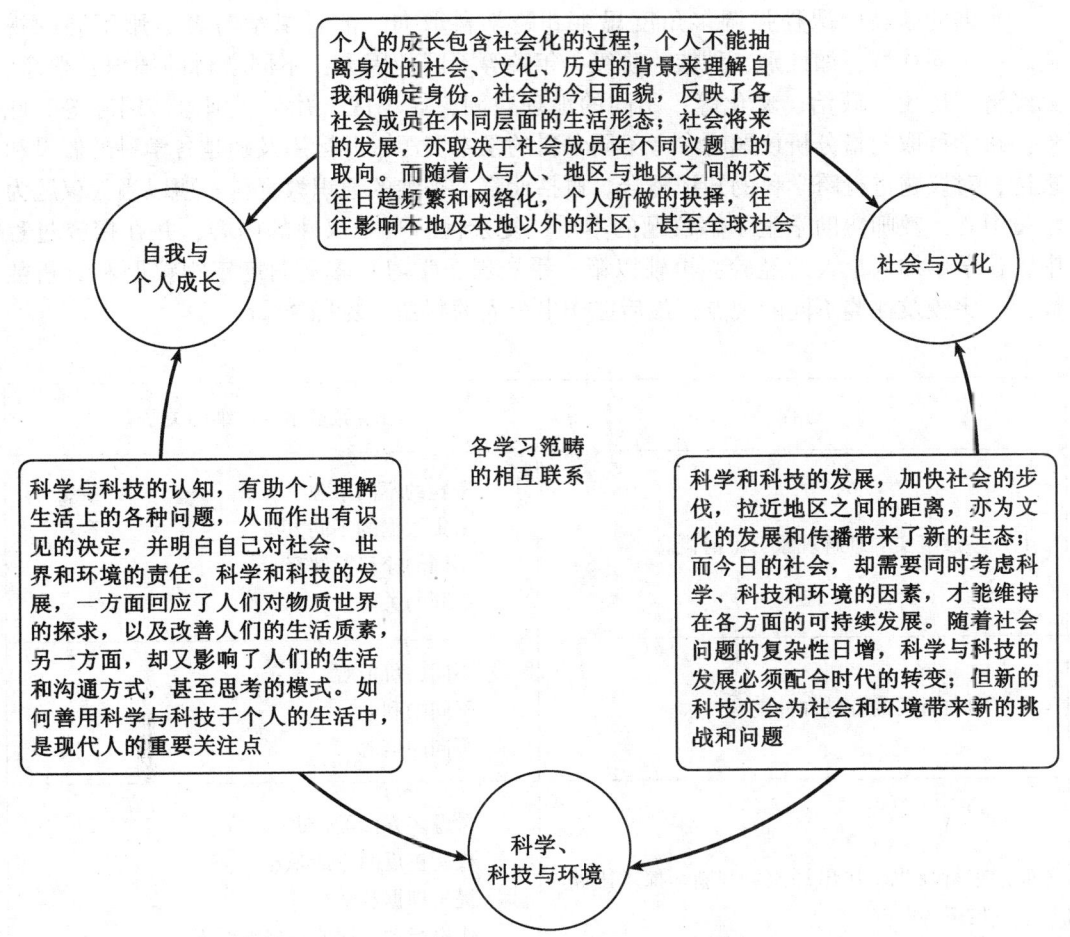

图1：通识教育科三大范畴的联系图（"通识教育"科网页，2008）

讨论、角色扮演、情景学习、辩论等，均为常见的教学方法。因此，在不同议题的探究过程中，教师选用的教学策略和活动都有很多不同变化。

以通识教育的教学策略为例，它强调互动性，即把课堂建设为多导向的交流平台，不但重视师生之间的互动，更重视学生与学生之间的交流，让教和学的过程成为多向交流的开放性学习空间。此外，它也强调学生主动展开对课题的探究，让他们成为课堂中的主动学习者，培养他们的自主学习取向。由此观之，通识教育科教师从过去课堂内的主宰者，变为学生的学习促导者，辅助学生进行学习。而在概念或事实澄清方面，教师成为学生的解说者和资料提供者，直接传授、提供有关的知识。在学生的探究过程中，教师扮演着一位学习促导者，观察学生的进度，为学生提供适当的指引，协助他们达到学习目标。探究完结后，教师的综合解说、回馈更可以强化学习效果，这种学习评估者的角色亦是不可或缺的。所以，教师会随着教学的变化，肩负起不同的责任。然而，随着学生的能力加强，教师的辅助角色会渐渐减退，最终变成学习社群中的平等参与者，与学生共同参与知识的构建,成为学习的伙伴。①

香港的新高中课程强调多角度思维和跨学科取向,前者指学习者运用不同的视角——不同社群,如性别、种族、阶级、年龄等不同的因素;不同学科的知识及概念,如经济、历史、政治、文化等;不同的地理空间,如小区、社会、国家、国际等。此外,跨学科取向指分析议题时参考不同学科的学术资源,并运用及超越各学科的假设和理论,对议题进行跨学科的知识整合。概括而言,香港的通识教育科希望以当代议题为学习中心,教师协助学生了解议题的本质、复杂性和具争议性的内容,并在探究过程中,让学生加入个人的经验,再辅以第一手资料,学习从多元角度审视议题和分析数据,并比较及评鉴不同的观点,最后能作出个人的判断(见图2)。

过程	与培养多角度思维的关系
(Ⅰ)掌握事实、理解现象、澄清概念	资料的不同来源 采集数据的不同方法 不同的诠释及解释 不同的关联
(Ⅱ)明白有关的分歧和冲突	不同的价值观 不同的利益 不同的信念
(Ⅲ)进行反思、作出评鉴、判断、探求出路、付诸实践	考虑多方面的论据 权衡正反两方的观点 提出理据和解释 作出行动、评鉴,接纳结果 修订立场

资料来源:香港课程发展议会及香港考试及评核局(2007)。

图2:议题探究过程与多角度思维

总的来说,新的知识论不只是关注知识的认知价值,而且重视知识如何影响情感、态度和精神领域。当代知识作为认知的媒介和成果,也被视为人类精神态度和价值伦理的载体。相信对当代知识的全面理解,将为助于发展当代的学校课程,并平衡人文学科、社会学科和科学课程的发展,从而达到学生全面发展的教育理想。

---

① 香港课程发展议会及香港考试及评核局.通识教育科:课程及评估指引(中四至中六)[M].香港:政府物流服务署,2007:81.

香港高中"通识教育"科的宗旨

1. 加深对自身、社会、国家、人文世界和物质环境的理解。
2. 对不同情境中(例如文化、社会、经济、政治及科技)经常出现的当代议题作多角度思考。
3. 成为独立思考者,能够适应个人和社会环境的不断转变情况而建构知识。
4. 培养与终身学习有关的能力,包括批判性思考能力、创造力、解决问题能力、沟通能力和运用信息科技能力。
5. 在多元社会中欣赏和尊重不同的文化和观点,并学习处理相互冲突的价值观。
6. 建立正面的价值观和积极的人生态度,使他们成为对社会、国家和世界有认识和负责任的公民。

——香港课程发展议会及香港考试及评核局. 通识教育科:课程及评估指引(中四至中六)[M]. 香港:政府物流服务署,2007:4-5.

◎ **反思与探究**

1. 不同的学说如何理解知识及其与教育的关系?
2. 传统的知识论与现代的知识观有什么不同?
3. 现代知识观有什么特质?
4. 现代知识观如何理解课程和教学?

◎ **拓展阅读**

1. 刘易斯·P. 波伊曼. 知识论导论:我们能知道什么?(第二版)[M]. 北京:中国人民大学出版社,2008.
2. 裘学贤. 教育哲学[M]. 台北:高雄复文图书出版社,2007.
3. 石中英. 知识转型与教育改革[M]. 北京:教育科学出版社,2001.
4. 石中英. 教育哲学导论[M]. 北京:北京师范大学出版社,2002.

第四章 价值论与教育

☞ **学习目标**

1. 掌握价值论、教育价值及教育价值观的内涵。
2. 理解价值论与教育理论、价值论与教育理论流派、价值论与教育价值的关系；理解现代教育理论的价值论取向。
3. 了解现代教育的价值形成及历史基础，了解教育价值观的历史嬗变。
4. 能够运用价值理论分析现代教育的价值冲突与选择。

☞ **本章要点**

教育实践对价值的基本要求，世界发展的多元化、全球化的历史潮流，使得当代教育价值论的研究方兴未艾，世界各国由此而出现教育价值论研究的热潮。教育价值研究是这个研究热潮中的一个重要领域，它是以价值论作为其理论基础的。价值论作为关于价值的哲学理论，是指对价值问题进行研究的一门学说。价值论在阐明价值的本质时阐明了人的实践活动与价值追求的关系，从而为人类实践活动提供理性的辩护。不仅教育实践需要价值的定向，教育理论研究亦不能没有价值论的支撑。19世纪以来，各种教育理论流派相继问世，彼此竞争并各自阐述其对教育的主张。不同的教育理论有着不同的价值论基础。不同的价值论影响到教育理论的建构以及教育主张的提出。教育价值在本质上是指教育活动的属性、特点、功能、效果与教育活动主体之间的关系，它表明教育活动过程及其结果对教育活动主体需要的适合或满意程度。我国学者一般把教育价值划分为对个体的价值与对社会的价值。现代教育价值是在古代以及近代教育价值追求基础之上形成的，具有多重视角，但主要表现为现代教育的社会价值和现代教育的育人价值。现代教育价值的多重视角使得教育价值的选择成为教育改革和实践的首要任务。现代教育的价值观不同于现代教育的价值。后者着重于回答教育与人及社会的需求关系，从而确定教育自身的价值属性；前者则主要回答是什么构成了对人和对社会来说具有终极意义的东西，因而是教育必须给予其对象的。

价值问题既是教育理论不可绕开的问题，也是教育实践必须涉及的问题。正如日本的教育学研究者所说的那样，"教育的价值问题有其极为广泛而复杂的一面"，至少包括三个方面的问题：一是在教育中必须实现的价值究竟是什么价值；二是各种各样的教育内容分别具有什么样的价值；三是教育者应持有什么的价值观。[①] 教育理论需要对上

---

① 大河内一男，海后宗臣等. 教育学的理论问题 [M]. 曲程，迟凤年译. 北京：教育科学出版社，1984：168-169.

述问题进行思考并作出回答，以便教育实践能够在一种确定无疑的价值观的指导下进行。这种思考通常是以一种明确的价值论为前提的。价值论对价值的研究与辩护为教育理论提供价值基础，进而指导教育实践的展开。

教育实践对价值的基本要求，使得当代教育价值论的研究方兴未艾，世界各国出现教育价值论研究的热潮，这与世界处于多元化、全球化的变化时代需要对教育进行价值定位有关。我国教育价值论的研究主要是从 20 世纪 80 年代开始的，主要表现为通过教育哲学应用或教育原理的方法研究教育价值相关问题，如教育的价值本质、教育的价值分类、教育的价值取向或教育价值观等。国内出版的教育哲学专著包含着大量教育价值的内容，并把教育价值作为教育哲学一个方面单独论述，如黄济教授的《教育哲学》专门阐述了教育价值论，傅统先、张文郁的《教育哲学》研究了教育的内在价值和外在价值的属性和相互关系。王坤庆的《现代教育价值探寻》对教育价值进行了分类，比如教育的经济价值、文化价值等，在其他类教育著作中也经常可以见到教育价值的内容，如傅维利的《教育功能论》、扈以贤的《现代教育原理》、台湾学者欧阳教的《教育哲学导论》、桑新民的《呼唤新世纪的教育哲学——人类自身生产探秘》等。

第一节 价值论与教育理论

在传统的教育哲学中，人们多从本体论和认识论的角度来探讨教育理论及其多样性问题。然而，仅仅从认识论的角度来考察教育理论是不够的，还需要从价值论的角度来认识教育理论多样性的合理性，以及多主体教育理论建构的不可化约性。前者使得教育理论的多样化成为必然，后者则使得各种不同流派的教育理论难以就教育实践问题达成共识。这是教育实践的价值要求在教育理论中的反映。教育理论所表现出来的流派纷呈既反映了人们在建构教育理论所持有的本体论和认识论，同时也深刻地反映了作为教育理论之基础的价值论上的分歧。价值论的不同学说成就着不同的教育理论流派，同时也成就着多种多样的教育实践。

一、价值论是教育理论的有机组成部分

从价值论出发来考察教育理论，是教育理论发展的自身逻辑需要。价值论对于教育理论的意义在于，价值论既是教育理论的理论基础，为教育理论提供有关教育的价值辩护，同时也是教育理论的重要组成部分。教育理论不能脱离价值论而独立存在。从价值论的研究旨趣和教育理论的功能来看，教育理论不能不涉及基本的价值问题。价值论是教育理论的有机组成部分。

（一）价值论的研究旨趣

价值论是一种关于价值的哲学理论。英文的 axiology（价值论），由希腊文 axios（有价值的）和 logos（学科）组成，是指对价值问题进行研究的一门学说。价值论的基本内容涉及价值的本质、价值创造、价值认识、价值实现、价值的作用等方面，其特点是从"人—文化—价值"的相互关系，从人类的文明与人类的存在选择的关系，从主体的需要和客体能否满足主体的需要以及如何满足主体需要的角度，考察和评价各种

物质的、精神的现象及人们的行为对个人、群体、社会的意义。某种事物或现象具有价值，就是该事物或现象对个人、群体或社会具有某种意义，能满足人们的某种需要，成为人们的兴趣、目的所追求的对象。

有研究者指出，尽管价值一词在远古时代就已经存在，但真正对价值进行系统的研究，形成价值论或价值哲学，不过一百年的历史。在西方，关于价值论大体有两派意见：一派以美国《哲学百科全书》为代表，认为价值论研究仍属于伦理学和元伦理学的范畴；一派以《英国大百科全书》为代表，认为价值论是研究全面的价值或一般的价值。后者则将价值论（axiology）称之为价值（value）的理论，"是关于最广义的善或价值的哲学研究。一方面，它赋予价值这个术语以广泛的含义；另一方面，它为经济的、道德的、美学的以及逻辑的这些通常相对地孤立考虑的各种各样的问题，提供统一的研究"。①

尽管人们关于价值论有着不同的看法，但从中我们还是可以发现价值论研究的基本旨趣。这就是，通过对价值本质的追问，阐明价值的本质属性以及各种价值之间的相互关系。人类欲求的价值是多方面性的，不同的价值之间到底存在着怎样的关系？这些不同的价值对于不同的主体具有着怎样的意义，是否存在着不同时代不同社会都追求的一般价值？当不同的人们组成社会而生活在一个共同的文化传统之中时，当现代社会中的人们越来越崇尚个体自由而突出多元化与多样性时，这些问题就绝非一个纯粹的理论问题，而是与人们的生活，与人的生命意义直接地联系在一起。由此来看，价值论的研究虽是理论性的，而其指向却是实践性的。价值论在阐明价值的本质时阐明了人的实践活动与价值追求的关系，从而为人类实践活动提供理性的辩护。此外，不仅是人们的实践活动需要确定的价值导向，理论的研究亦离不开基本的价值范畴，正是这些基本的价值范畴赋予理论研究以实践意义。

（二）价值论与教育理论的功能

教育理论是一个系统的知识体系，其目的在于自觉地提出有关教育总体计划的教育观点；其功能在于：对教育实践进行指导、强化教育技能、树立教育者的自我意识，并提供教育活动的内在保证，由此成为一个统一的整体。② 教育理论对教育实践的指导功能，在于任何教育理论都不能不阐明教育应达到的目标以及受教育者应实现的身心状态。它通过规范性的论述而非描述与说明，来实现这一理论追求。

教育理论指导教育实践的功能要求，使得教育理论必须对教育实践中的价值问题进行合理的辩护与申明。正是在这个意义上，我们说，价值论是教育理论的有机组成部分。教育理论，特别是着眼于指导实践的教育理论，不能没有价值论。各种不同的教育理论之区别，只是在于教育理论内含的价值论之强与弱或显与隐而已。作为指导教育实践的教育理论，其理论的构成总包含两个方面的内容，即描述性论述与规范性论述。前者旨在阐明人们对教育的理性认识，以帮助教育者获得实现教育目的的手段性知识。在

---

① 李连科. 价值哲学引论 [M]. 北京：商务印书馆，1999：33.
② 朔伊尔, 施密特. 教育学 [A]. 瞿葆奎, 沈剑平. 教育学文集·教育与教育学 [C]. 北京：人民教育出版社，1993：299-307.

教育科学还没有充分发展的时代，有关教育的事实性知识主要是来自于常识与经验，反映了人类对于教育的洞见与直觉性认识。后者则是阐述教育的价值追求，以确定教育的目的与目标。伦理学、道德哲学或实践哲学对于人类社会生活及其与存在意义有关价值问题进行思考与辩护，从而形成了一个特定的研究领域——价值论。这意味着，教育理论对于教育实践指导所必需的事实性知识与价值性知识，分别来自教育科学及其他相关的社会科学如社会学和心理学，来自实践哲学或道德哲学及伦理学。教育理论本身并不提供直接的价值辩护。然而，教育实践的价值取向又使得教育理论不能绕开价值问题。在这种情况下，研究一般价值的理论，即价值论就成为教育理论的有机组成部分。

质言之，教育理论发挥其指导教育实践的功能，其着眼点的一个重要方面，就在于提供有关教育的价值辩护。教育理论要发挥其指导实践的功能，就必须解决教育的价值观问题。由于教育理论自身并不对价值问题展开研究，或者说关于价值的性质、构成、标准和评价等问题，并不是教育理论所要探讨的问题，而它们恰恰是价值论所要探讨与思考的问题。教育理论只是将价值论所探讨的价值取向直接吸收过来，以对教育的实践进行价值定位。由此，作为指导教育实践的教育理论就不能不依赖于价值论。

（三）价值论是教育理论论题的应有之义

价值论直接进入教育理论的视野，是因为教育与价值问题分不开。"教育学作为一种科学，是以实践哲学和心理学为基础的。前者说明教育的目的。后者说明教育的途径、手段与障碍。"① 教育目的对于教育实践的不可或缺性，使得价值问题不仅成为教育实践首要问题，而且也是教育理论建构必须正视的问题。教育现象不是单纯的事实，而是以价值为内容的现象。国家的教育制度涉及教育的价值取向和评价问题，人的发展是面向价值生活的意志追求，人是按照一定的价值观成长起来的，因此人对于发展因素的价值判断，对于教育的价值选择，对于生活和知识的价值定位都影响着教育。既然教育活动是一种价值活动，就需要有相应的价值理论作指引才不至于走弯路。从价值角度系统深入地审视整个教育行动，开展教育价值研究，由此构建相应的教育理论，以促进教育价值的顺利实现，是教育理论的基本目的。

价值问题的根本性以及人类社会所有实践领域都不能不涉及价值问题，使得教育理论的建构也同样离不开价值论。价值论是教育理论的理论基础。其突出的表征就是，除了实证主义倾向的教育理论之外，其他所有的教育理论都表现出价值-规范的倾向性，都把价值-规范因素放在教育理论的重要位置。② 从某种意义上可以说，不同的教育理论被人们称为流派，从根本上来说是它们各自所持有的价值论不同。

从"有效的教育实践"这一命题来看，有效的教育实践需要教育者准确地认识教育对象以及教育实践活动本身。然而，教育者仅仅获得有关教育的经验性知识是不够的，任何教育实践需要有一个确定的目的来保证教育实践的方向。在现代学校教育体系建立之前，当教育还未成为社会的事业时，教育实践所必须确定的价值问题，或者从国家或城邦的层面来加以辩护，或者完全交由教育的参与者来自行加以解决。然而，学校

---

① 赫尔巴特. 赫尔巴特文集（3）[M]. 李其龙译. 杭州：浙江教育出版社，2002：187.
② 陈桂生. 历史的"教育学现象"透视 [M]. 北京：人民教育出版社，1999：299.

教育的公共化使得价值问题凸显出来。各种冲突的教育价值取向使得现代学校教育无法前行，必须确立正确的教育价值观，以保证教育活动的正常开展。

学校教育的体系化与全民化，使得教育的价值问题无法由教育实践自身来解决。这些问题是如此之重大，需要教育理论的深刻反思与探究。在这些问题中，特别突出的是教育价值问题。社会不同的利益群体所秉持的各种教育价值观，形成冲突与对立的态势，制约并影响着教育的改革与发展。

（四）价值论为教育理论提供价值基础

价值论的任务是为确定的实践提供价值辩护。例如，要回答"各种各样的教育内容都分别具有什么样的价值"这样的问题，首先就必须对价值本身进行合理的论证。当斯宾塞提出各种各样的知识怎样才能有利于完满地生活时，实用性作为一种价值标准跃然纸上。然而，这种以实用作为一种价值之标准的合理性辩护，却并非教育理论的任务，而是价值论必须承担的任务。它需要进行专门的讨论。同样，要回答"在教育中必须实现的价值究竟是什么价值，和其他领域的价值之间又具有什么样的相互关系等类似的问题"，也必须以某种确定的价值之认同为前提。教育理论并不对这些被视为前提的价值本身进行辩护或思考。即便从教育实践出发来思考教育行为的价值问题，也同样需要一个预设的价值前提。的确，当人们试图对教育进行某种评价时，一种被视为当然的价值观便已然存在。至于这种价值观本身是否恰当，那需要诉诸价值论而加以阐明。

当柏拉图在《理想国》中试图建构一种正义城邦的教育纲领时，柏拉图便不得为花费大量的时间来探讨正义作为其教育纲领之基础的价值问题。这种融教育思考与价值思考于一体的教育著作，尽管在随后的教育理论发生史中不断呈现，但从总体上看，在教育理论建构中不得不进行价值辩护的任务逐渐被看做实践哲学的任务，并且从教育理论的研究中被转移出去。近代以来，教育思想家尽管在进行教育理论的建构中还必须进行价值辩护工作，但是这种价值辩护已经在其教育理论中被分离出来。这一点我们在洛克的《教育漫话》、卢梭的《爱弥尔》、康德的《论教育》以及赫尔巴特的《普通教育学》中看得清清楚楚。

穆尔（J. Mill）在《教育理论的结构》一文中指出："教育是为了实现所希望的某些目的的一种手段，系统地阐述这些目的就是解释通常称之为教育的各种'目标（aims）'。因此，任何广义的教育理论都将涉及这种价值的假定。"[①] 在这里，我们必须注意到，尽管教育理论把所涉及的价值看做一种假定，但是这种被视为假定的价值却是在价值论中得到过充分的辩护的。教育理论包含着价值判断。也正是因为教育理论必须从某种确定的价值出发，因而教育理论由以出发的价值基点，就很容易受到"各种哲学论点的责难"。而之所以如此，是因为价值问题本来就是哲学所关注的核心问题。

[①] 穆尔将教育理论区分为"广义的教育理论"和"狭义的教育理论"。狭义的教育理论主要包括教学法（最有效的教学方式）方面的各种处方。广义的教育理论在范围和目的方面更加深远。它们不仅包括有效的教学条件的建议，而且包括为培养某种类型的人，有时甚至是为造就某种类型的社会提出建议。柏拉图、卢梭、穆勒和权威的教育理论是广义的教育理论。参见：穆尔. 教育理论的结构[A]. 瞿葆奎，沈剑平.《教育与教育学》[C]. 北京：人民教育出版社，1993：485-496、492.

> **教育理论的结构**
>
> 教育理论是一种实践性的理论,是由提供给实践的各种建议组成的。它的结构包含着关于目的的符合需要性、关于人的本性以及儿童的本性、关于知识和教学方法等某些假定,因而它是以提供实践上的建议的这些假定为基础的。……就它包含经验判断而言,它要受有关的经验事实的检查;就它包含的价值判断而言,它易受各种哲学论点的责难;就它是一种论点而言,它要受内部一致性的检验。假如某种教育理论经不起其中任何一方面的检验,人们就不会用它来指导教育实践。
>
> 穆尔. 教育理论的结构 [A]. 瞿葆奎. 教育学文集·教育与教育学 [C]. 北京:人民教育出版社,1993:500-501.

二、价值论与教育理论流派

19世纪以来的教育理论,呈现出异彩纷呈的现象。各种教育理论流派相继问世,彼此竞争并各自阐述其对教育的主张。多样化的教育理论丰富了人们对教育的认识,同时也使得人们对普遍适当的教育学之可能性产生怀疑。教育理论的多样化有其认识论方面的原因,但更为重要的,是各种教育理论所持有的价值论的分歧。考察教育理论多样化现象,分析其产生的内在的因素及其逻辑必然,有助于我们认识和揭示教育的本质以及价值论教育理论的关系。

(一) 教育理论流派的出现

一种教育理论从提出某种教育主张到最终而成为一种教育理论流派,表明该主张至少得到了相当一部分研究者的认可以及对这种教育主张、教育问题等的追随。与此同时,也必有另一个教育研究者群体与他相对应,进而相互竞争、相互辩论。在多样化的教育理论的发展进程中,我们大体可以发现各种不同的教育理论流派之对立与彼此竞争的现象。

自赫尔巴特的《普通教育学》问世以来,教育学在其后的发展历程中呈现多姿异彩、流派纷呈的景象。当赫尔巴特提出科学的教育学之设想后,相继有施莱尔马赫的"应用伦理学"的教育学、贝内克的"应用心理学"的教育学、各种不同的实践教育学,以及具有思辨色彩的哲学教育学等问世;到19世纪末20世纪初,更有纳托尔普和贝尔曼的"社会教育学"、斯普朗格的"文化教育学"、拉伊和梅伊曼的"实验教育学",教育学流派纷呈。到20世纪上半叶,教育理论研究的重心从德国转向美国,在世界范围内相继出现永恒主义、实用主义、存在主义、要素主义、进步主义、社会改造主义等教育理论流派。通过分析不同的教育理论流派之相互竞争的教育主张,我们可以发现,在多样化的教育理论流派现象背后,实际上隐含着规律性的发展脉络。

自赫尔巴特的教育学说问世以来，曾被湮没了很长的时间。后经其弟子的努力，而逐渐产生影响，形成名噪一时的赫尔巴特学派。然而，随着赫尔巴特学派的形成，也同时引发出对赫尔巴特学派的否定性因素。这种对于赫尔巴特学派之否定，主要体现在以下两个方面：

一是在德国本土出现了两种挑战性的教育理论，即贝内克学派和实验教育学派。前者"偏重于从教育观点方面"来批判赫尔巴特学派。这种批判与贝内克及其弟子所持有的价值论不无关系。例如，贝内克不同意赫尔巴特所持有的认为善的本质在于动机的直觉判断的观点，而认为道德判断是从"当为"而来。由此，贝内克认为，教育旨在奠定人的精神活动的基础。人的精神活动的基础，也就是人的实践理性（即道德）。① 后者以拉伊和梅伊曼为代表的实验教育学，从认识论与方法论出发来批判赫尔巴特。

二是在远离德国的美国，出现了以杜威为代表的现代教育理论对赫尔巴特学派所展开的批判。杜威的教育理论与赫尔巴特学派的分歧，既表现在认识论和方法论上，更表现在价值论上。杜威的现代教育理论的出现，标志着传统教育理论时代的终结，同时也引发了人们对传统教育理论的更深入的思考与探讨，由此又在一定的程度上带来传统教育理论的复兴。围绕着杜威教育理论之内在的缺陷，在美国又相继出现了与杜威教育理论进行竞争的其他教育理论流派。

（二）教育理论流派的价值论分歧

在教育理论多样化的背景下，一些研究者试图从认识论的视角出发，对教育理论本身进行经验—认识论的分析，从而为实现普遍适当的教育学理论的理想而努力。应该看到，教育理论流派之异彩纷呈，当然是教育理论之建构在认识论和方法论上的不同考量之结果。赫尔巴特的思辨教育学与实验教育学之分歧，在很大程度上与他们各自所持有的认识论与方法论密不可分。这一点我们可以在拉伊的论述中得到证明。拉伊指出："新旧教育学的主要区别，在于它们积累经验的方式和研究的方法。旧教育学依靠知觉、内省观察和观察别人进行研究……实验教育学通过全面的观察、统计和实验，来补充和完善旧的研究方法。"② 但是，这样的努力似乎并没有取得成功，相反，教育理论仍然呈现出多样化发展的趋势。教育理论自身发展的逻辑之所以有悖于认识论的努力，盖因教育理论之建构，因教育实践的逻辑而不可能不涉及价值论。

教育理论在其发展过程中向我们所显现的事实表明，如果仅仅从认识论与方法论的视角出发来分析与思考教育理论流派之产生，如果不能说是武断的，那至少也是有一定的片面性的。其实，从教育理论的内在逻辑出发来考察、分析与比较各种不同的教育理论流派就会发现，根本的差异与教育理论的建构者所持有的价值观的分歧密不可分。不同的历史条件引发出不同的价值取向，由此而塑造着不同取向的教育理论家；由此，而形成各有其特色的教育理论流派和不同的教育实践。

价值论对于教育理论的影响，主要表现为它对教育目的的影响。不同的价值取向决

---

① 陈桂生．历史的"教育学现象"透视［M］．北京：人民教育出版社，1999：122-126．
② W. A. 拉伊．实验教育学［M］．沈剑平，瞿葆奎译．北京：人民教育出版社，1996：8．

定着不同的教育理论有着不同的价值追求，从而也预设了不同的教育目的。当赫尔巴特提出"实践哲学说明教育的目的"这样的命题时，则教育理论流派之分歧也就奠定了其根基。这里需要指出的是，教育学家所持有的价值论并不能孤立地来加以理解，而是需要结合其形而上学、认识论以及方法论。价值论总是和形而上学、认识论及方法论紧密地联系在一起的。不同的教育理论流派所出现的价值论冲突都不可避免地包含着有关教育的本体论、认识论和方法论的冲突；同样，即便主要表现为认识论和方法论冲突的教育理论流派，也必然会出现价值论上的分歧。从赫尔巴特的"科学的"教育学与狄尔泰的解释学的教育学之比较分析中，我们或许可以发现其中的玄奥。单从认识论的角度来看，虽然他们都追求教育学的"科学性"，但赫尔巴特和狄尔泰则赋予"科学"以不同的理解。前者是在一种更为狭窄的自然科学的意义上来使用的，后者则在人文科学的意义上来使用"科学"这一概念的。由此而在对教育的认识问题上，出现了"实证"与"解释"的取向。但是，这并不表明两者就没有价值论上的分歧。实际上，就价值取向而言，赫尔巴特强调人的"道德性格"，而狄尔泰则突出"人格"以及文化在形成人格方面的力量。

（三）教育理论流派的价值论分析

不同的教育理论有着不同的价值论基础。不同的价值论影响到教育理论的建构以及教育主张的提出。价值的形式千差万别、复杂多样。价值的多样性以及不同价值之追求的相互冲突性，决定了教育理论建构必须进行价值选择和取舍。不同的教育理论家从其价值观出发，往往更强调或突出某种形式的价值而置其他形式的价值于次要的地位。尽管价值表现出多样性的特征，但在思维上我们可以根据一定的标准对价值进行分类，并在此基础上对教育理论所赖以建构的价值论进行分析，以发现它们各自所表现出来的价值论分歧。

价值的形式千差万别、复杂多样，可以根据它的不同特点进行具体分类。根据作用主体类型的不同，价值可分为个体性价值和社会性价值。个体性价值是指事物对于个人所产生的价值；社会性价值是指事物对于社会所产生的价值。根据作用社会领域的不同，价值可分为经济类价值、政治类价值和文化类价值。根据作用事物类型不同，价值可分为物质价值、精神价值和人的价值。根据价值的属性，价值可以分为绝对价值和相对价值。根据价值的作用时期的不同，价值可分为追溯性价值、现实性价值和期望性价值。追溯性价值是指过去事物对于主体的价值；现实性价值是指现实事物对于主体的价值；期望性价值是指未来事物对于主体的价值。从价值论的角度来分析近代教育理论流派则可以发现，不同的教育理论流派所秉持的不同的价值观。大体而言，我们可以从价值的相对性与绝对性、价值的作用主体以及价值的社会领域来划分教育理论流派的不同取向。从价值的作用主体来看，则教育理论流派大体可以区分为突出个人性价值取向的教育理论和突出社会性取向的教育理论。

价值的相对性或绝对性是教育理论分歧的一个重要的根源。在以杜威为代表的进步教育理论和以赫尔巴特为代表的传统教育理论的对立中，分歧当然是多方面的。其中一个重要的分歧就是价值论的分歧。对于赫尔巴特来说，普遍有效的教育学是以价值的绝对性和永恒性为其前提条件的。当赫尔巴特将他的哲学任务规定为把人培养成为"目由的、自觉的世界公民"① 时，一种将人的发展而不是社会的发展作为教育价值追求的取向便显现出来。在这种价值观的支配下，赫尔巴特由此而确定了他的教育的最终追求：全部的教育目的在于造就有文化的文雅之士，这种人在本性的驱动下能努力争取真正的道德。教育应当这样塑造人的品质，使他非善莫为。恰当的教育就在于给予青年广泛的经验，由此产生出多样化的兴趣而最终导向美德。② 当教育目的被确定为发展多方面的兴趣后，赫尔巴特便转向探求产生这些兴趣的方法。而对于杜威来说，价值的相对主义取向，使得教育更加突出个体在面对特定情境时所作出的道德反应。杜威的教育理想在于培养年轻人的一种批判性的思维方式。这种主张与他对"什么是善"这个问题的看法紧密相连。杜威反对绝对善的观念，认为一切价值都是相对的。不存在普遍的道德原则和绝对价值，行为的善恶不能仅仅依靠外在的权威或者某种先天的道德律令来加以判断。每个情境都是独特的，需要区别对待。善与恶取决于特定的情境。一种行为，在一种情境下是正确的，在另外一种情境下就可能是错误的。

从价值的作用主体来看，教育理论的分歧也有不同的取向，或者表现个人性价值取向，或者表现为社会性价值取向。教育理论对待价值作用主体的分野，可以在19世纪德国的教育学理论流派中表现出来。当纳托尔普（Natorp, P.）提出"离开了社会，便没有教育存在"的观点时，当"个人不能成为教育的目的"成为教育的主导性观念的时候，则一种不同于赫尔巴特的个人取向的教育理论便宣告形成。需要指出的是，纳托尔普的社会取向的教育理论更加注重一种统一的社会意识，并且是诉诸先验的理性而非个体的社会经验。③ 除了纳托尔普外，德国的教育学者贝尔格曼（Bergemann, P.）也提出了一种"社会教育学"，指出教育学应当从社会入手，教育应以社会整体为目的。

三、现代教育理论的价值论取向

现代教育理论是一个笼统的称谓，其中"现代"乃是一个时间的范畴，而非某种教育理论主张的统称。"现代教育理论"大体是对20世纪以来所出现的各种教育理论的概括。现代教育理论是现代教育的产物，是人们对现代教育问题系统化思考之总结。"现代教育理论"作为一个统称性的概念，其中包含着相互竞争、相互对立的各种教育理论主张。诸如存在主义教育理论、永恒主义教育理论、要素主义教育理论、实用主义教育理论、分析哲学的教育理论、进步主义教育理论、社会改造主义教育理论等，在当代则更有建构主义教育理论、人本主义教育理论、多元智能理论、结构主义教育理论、批判教育理论、现象学教育理论、女权主义教育理论等，不一而足。各种不同的教育理论流派都持有其各自不同的价值论取向。教育理论的分歧是多方面的，其中以价值论分歧为最根本的分歧。其中的原因在于，价值论取向将直接决定着教育目的的取向，从而影

---

① 文德尔班. 哲学史教程 [M]. 罗达仁译. 北京：商务印书馆, 1993：914.
② 佛罗斯特. 西方教育的历史和哲学基础 [M]. 吴元训等译. 北京：华夏出版社, 1987：457.
③ 陈桂生. 历史的"教育学现象"透视 [M]. 北京：人民教育出版社, 1999：221-230.

响到教育活动的各个方面。为此，我们根据教育理论流派对于价值的根本看法，把各种不同的教育理论流派划分为自由主义和保守主义等。

（一）自由主义教育理论的价值论取向

自由主义的教育理论有种种不同的派别，从杜威的经验主义到社会改造主义，再到存在主义，从它们所持有的价值论取向来看，都可以归为自由主义的教育理论。自由主义的价值取向是建立在否定任何终极的或绝对价值之上的。自由主义价值社会论者认为，所有的价值都植根于人的日常活动。价值的真正存在依赖于发生在社会情境之中的各种事件。人类的物质世界及其社会的基本特征是不断变化的，价值也同样随着人类社会的变化而变化。不存在什么永恒的价值，价值具有社会性。自由主义价值个体论者认为，个体的选择和对个体需要的满足是价值观的最终评价标准。个体的选择没有绝对的标准。标准和基于标准而作出的选择都是相对的、变化的。每个人的价值取向都有其合理性，因而每个人的选择都是个体存在的前提。① 价值的相对性、社会性以及由此而表现出来的选择性，使得价值的合理性与经验紧密地联系在一起。价值判断从某种意义上说就是经验判断，是经验而非权威决定了价值的可接受性。当社会及环境发生变化时，则基于经验而形成的价值观念也就因此而发生变化。价值的本质在于社会的认可性。个体的行动结果也是根据社会的公益来加以判断的。

经验对于价值可接受性的决定，使得自由主义的教育理论更加注重知识的获取，以及强调目的—手段关系的经验的价值。由此，教育的主要任务不是发展年轻人的理智能力，而是让年轻人适应不断变化的社会。由此，自我实现、人际关系、经济效益以及公民责任等，就成为自由主义教育理论的核心概念；校内外与学校教育有关的活动与生活则成为课程设计的基本组成部分，学生的兴趣与需要是课程开发与设计的依据，学校教育与社会生活和学生生活紧密联系，无论是主张教育为未来生活作准备，还是主张教育即生活，或者还是主张教育回归生活，都意味着学术性课程的拒斥与抵制。在教学方法上，自由主义者强调以学生为中心，重视学生的活动，重视对社会问题或生活问题的解决，主张通过经验来学习。此外，在有关学校权威与秩序的问题上，自由主义反对传统的教师权威观，认为教师的相对成熟和经验赋予了他们某种控制课堂的权利，但是教师不具有源自某种最高权威的权威。学校管理注重民主精神，强调给学生以选择的自由，反对过度的控制与压制。为了实现学校纪律和秩序，主张通过运用群体的标准和压力来实现秩序和纪律，由此教师应当引导学生努力建立和落实课堂规范和学校行为准则。

在对学生的管理上，一个争论的焦点问题是有关善与正当（权利）的优先性问题。自由主义强调正当（权利）对于善的优先性地位，而反对把善（目的）放在首位。在自由主义者看来，善对正当的优先性有可能导致对人的权利的侵犯。此种立场的依据是，存在优先于存在的目的。没有人的存在，所谓目的也就丧失了基本的意义。因此，对于个体来说，最为根本的并非我们选择的目的，而是我们选择目的的能力。从自由主

---

① 杜普伊斯，高尔顿. 历史视野中的西方教育哲学［M］. 彭正梅译. 北京：北京师范大学出版社，2006：15.

义教育理论的立场出发，我们不能为了学生的"善"而任意行动，所有对待学生的教育行动都必须以不侵犯学生的权利为准则。例如，在日常的学生管理生活中，自由主义者强调必须尊重学生的权利，而反对在"为了学生好"的名义下教师所做出的侵犯学生权利的行为。在非自由主义的特别是传统的教育观念中，教育者为了学生的未来发展前途（善或目的）而可以施行相应的教育行为。

（二）保守主义教育理论的价值论取向

与自由主义所持有的价值相对性不同，保守主义则认为人类有一些基本的价值，这些价值是绝对的和永恒的，不会随着社会的发展和变化而发展变化。正是这种基本的永恒的价值指导着人们的日常生活。因此，一个人要正确地行动，就必须认识什么是好的，什么是对的，什么是善的。这是人们过上美好生活的基本前提。

基于永恒价值的观念，保守主义者强调教育的任务在于使学生认识到这些永恒的价值。由于指导人们日常生活的永恒价值是人能够利用其理性而认识并寻求到的，因而教育的目的就在于培养人们的理智能力或理性。绝对的或永恒的价值植根于人的心灵之中，人们能够通过其理性而领悟其基本原则。利用自己的理性来分辨善恶和区别美丑，是人的责任。因此，理性或理智能力对于人来说就具有了极其重要的价值。教育的目标就是发展年轻人的理性和培养智力。其他任务目标都应当是发展理智能力的补充。学校的课程设置应当依照理智能力的培养来确定。理智能力是人的本性之所在，并且总是与特定的科目相联系的。学校必须开设那些有益于培养理智能力的科目，并且是所有的学生应当选修的。与培养理智能力有关的科目具有强烈的学术性而非实用性的特征。一门学科如果具有强烈的实用性的价值，则它就不适宜培养人的理智能力。由于课程本身具有理智性和学术性，因此，对于接受教育的学生而言，必须适应这些课程，而不是相反，让课程来适应学生。后者是自由主义教育理论所一直倡导的。对于自由主义的教育理论来说，教育的民主性与生活性，使得课程对于学生的适应性成为全部教育理论的焦点问题。如果学生不能掌握课程，则应当要检视与反思教育自身的基础与理念，反思教育在什么地方出问题了。

然而，对于保守主义的教育理论来说，学生无法学好课程，表明学生并不适合于学习那些学术性课程，因此应该被清除或淘汰掉。高深的学问只适合于少数人，而不适合于所有人。这种教育理念使得保守主义推崇教师中心而非学生中心。学生没有理由不学习这些课程和课程中承载的知识，因为这些内容是由权威或理解我们这个世界所必需的。在保守主义的学校里，纪律、权威、顺从和秩序等构成了最为核心的理念。严格的校规有助于年轻人的成长。人本性的邪恶要求不能听凭年轻人自由行事，否则他们的邪恶本性及其自然倾向就会由此而得到发展。

在对学生的管理上，保守主义的教育理论主张善对正当的优先性。正是最终的善或终极目的赋予我们的生活以意义。对于学生的教育来说，终极的善就是学生的理智能力的培养。为了理智能力的培养，学生必须牺牲其兴趣和爱好，压抑其激情与非理性的一面。人类的本质不在其多样性，隐藏在多样性背后的，是一致性和本质性，即人的理性。

第二节 现代教育的价值

教育的价值问题是教育理论研究中的核心问题,也是教育哲学必须思考和回答的问题。人类社会不同的实践领域都有其特定的价值追求,例如,理论领域中的真、道德领域中的善、艺术领域中的美等。① 真、善、美等价值都可归入人类社会的精神价值范畴。与人的精神价值相对,在社会的物质生产领域,则有人类社会活动的物质价值或功利价值。此外,也还有指向人自身的价值,如人的价值。教育在人类社会的不同历史时期,其价值追求也表现出很大的差异。现代教育有其不同于古典教育的价值追求,分析和理解现代教育的价值追求,是教育哲学的基本任务之一。

一、教育价值的本质及其分类

我国学者把教育价值的本质归认为主客体之间的一种特殊关系,指教育这一事物、现象对其他事物、现象所具有的某种意义,教育价值关涉人的需要与教育的属性两方面,教育价值指的是教育活动的属性、特点、功能、效果与教育活动主体之间的关系,它表明教育活动过程及其结果对教育活动主体需要的适合或满意程度。教育价值通过教育对社会、对人所起的作用体现出来的,它具有客观性、实践性、社会历史性、认识性、多机能性、动态性等特点。教育价值的这一观点强调了教育功能与教育价值的关系:教育价值体现出明确的目的性,它是积极的、应然的。教育功能的发挥不等于教育价值的实现,教育价值的实现又依赖于教育功能的发挥。

在教育价值分类的问题上,我国学者一般把教育价值划分为对个体的价值与对社会的价值(或称内在价值与外在价值、本体价值与工具价值等)。学术界认为,教育的社会价值可以分为,政治价值、社会价值、经济价值、文化价值等。教育的个体发展价值,指教育是个体社会化的主要因素,是促成人的全面发展的重要条件,教育在个人价值的完满实现与个体价值的社会化中扮演了重要角色,它可以提高人的价值实现的能力,增强人的创造价值的自觉性和主动性,直接扩展人本身的价值。这两类价值的关系主要表现为,教育的社会价值依赖于教育的个体发展价值;教育活动外在的、工具的价值或者社会各方面的价值通过教育培养人的内在价值而实现。教育应先着重教育活动的内在的、非工具性的价值。

对教育价值的研究,目的是理解教育实践应当追求的教育价值,分析价值主体对教育的价值需要以及教育价值观的合理性,判断和选择合乎目的的教育价值,进行价值教育。从研究问题的内容来看,我国当代的教育价值研究主要集中在教育实际具有或应当具有的积极作用和效用上,也就是说,主要研究的是人们希望获得的教育的种种效用和应然的功能。虽然批判了现实的教育价值观,但是评价宏观和微观的教育实践的价值标准并不是明确的,这与研究中忽视了人类通过教育而追求的普遍的价值(如正义、自

---

① 大河内一男. 教育学的理论问题 [M]. 曲程、迟凤年译. 北京:人民教育出版社. 1984:169.

由、生命、平等价值）是有关系的。教育价值应当包括教育应当追求的人类普遍的价值，这些价值构成了教育活动的目的、原则和规范。这方面的研究是更为基本的，因为它为教育的效用提供了价值定位的标准。

二、现代教育的价值形成及历史基础

现代教育的价值取向尽管深刻地体现和反映出现代社会的价值观念，然而，就其自身发展的逻辑而言，也内含着历史与传统的因子，有其发展与形成的过程，其中体现出教育自身发展的内在逻辑。分析现代教育价值形成的历史基础，将有助于我们更好地理解当代教育的价值追求以及合理性。教育的价值问题是这样一个问题，即在教育中必须实现的价值究竟是什么的问题。教育作为人类社会的实践领域，其价值究竟应该是什么？不同的时代、不同的哲学主张对此问题作出了不同的回答。从教育观念的发生史来看，人们对教育的价值有着不同的认识和看法。即使是在现代社会中，教育究竟实现何种价值，也不是没有争论的。不同社会中的人们对于这个问题的回答是不一样的。

（一）古代教育的价值

中国古代教育和西方古代教育在价值上有着很大的差异。在中国古代，教育的价值在于"明人伦"，在于"建国君民"，其旨归于服务于社会和国家的稳定。教育的政治价值和道德教化的价值成为最核心的价值。西方古代教育以古希腊为代表。从教育观念来看，教育的首要价值是其育人价值。这种观点在古典教育哲学中最为常见。例如在柏拉图那里，"教育的总和与本质实际上就是正确的训练，要在游戏中有效地引导孩子们的灵魂去热爱他们将来要去成就的事业"。"教育乃是从小在学校里接受善，使之抱着热情而坚定的信念去成为一个完善的公民，既懂得如何行使又懂得如何服从正义的统治。……任何以财产、身体的力气，以及其他与理智和正义无关的事物为宗旨的训练，都是粗俗的、不高雅的，完全不配称作教育……正确地接受教育就是接受我们所说的善。"[①] 尽管教育的根本价值在于育人，然而，这种育人的价值又是体现在共同体之中，体现在城邦的正义与和谐之中。无论是柏拉图的正义之邦，还是亚里士多德的政治学，无不由此出发来理解人的完善性。这种观点一直为很多人所坚持，并形成促进人的发展的教育价值取向。在这种取向中，人的现实的不完善性和由此而提出的完善性要求，赋予教育以真正的价值。人的完善性主要是人的德性的实现，德性被认为是最高的善。在柏拉图那里，人需要具有智慧、勇敢、节制和正义四种德性。

观念意义上的教育总是与实践的教育有着巨大的差距。当柏拉图等主张教育的育人价值时，实践中的教育之价值则表现出完全不同的追求。例如，在斯巴达，我们可以看到一种更加注重社会价值之取向的教育，教育就是要使年轻人"达到国家需要的标准"，就是要使年轻人发展出"平等的情感、友谊、集体精神"，并"知道国家的需要"。它遵循着这样一个思想：执行对军事国家有效的教育。个人与国家的利益相比，

---

① 柏拉图.柏拉图全集（第三卷）[M].王晓朝译.北京：人民出版社，2003：389.

它把个人放在次要的地位。① 教育的主要目的就是使公民完满地履行其职责。

教育的育人价值和教育的社会价值在古希腊的教育实践以及各种教育观念中都已经得到充分的展现。现代教育的不同价值从某种意义上来看，都不过是古代教育价值的丰富与发展。从教育的价值演变来看，我们可以发现，教育的育人价值从人的完善性进而演变成现代教育促进人的生长或发展。而教育的社会价值则呈现出两个不同的发展趋势。就教育与社会的关系而论，以柏拉图为代表的教育促进论和以亚里士多德为代表的教育适应性在其后的社会发展中都被加以阐述；而就教育的社会价值之内容来看，教育由注重其政治道德价值而发展出的经济价值和文化价值，进而注重教育的生活价值。

（二）近代教育的价值

近代教育的价值较之古代教育有了很大的变化。人们关于教育的价值之认识，也出现了根本性的变革。如果说古代教育尊崇教育的政治价值和教化价值，那么近代教育则由于资本主义的生产方式的出现，大工业革命以及科学技术的迅猛发展，使得教育的经济价值日益突出，发展成为主导性的观念。然而，这并不意味着教育其他方面的价值就彻底地被清除。相反，在主导性的教育价值观念的支配下，教育其他方面的价值，如教育的文化价值、教育的人格价值、教育的政治价值以及教育的教化价值等，也都在不同程度上、不同范围内得到信奉和践行。实际上，近代教育的价值如其教育理论流派一样呈现出多样性的特征。当赫尔巴特大谈特谈教育应致力于发展学生的道德时，一种功利主义的教育价值取向已经在悄然兴起，并逐渐成为一种流行的观念。

近代教育注重经济价值，其最为典型标志之一就是文雅教育（自由教育或博雅教育）的衰落。文雅教育兴起于古希腊，并经中世纪而延续至近代。文雅教育强调理智的培养，强调通过对事物的研究及通过特殊性而把握普遍性。纽曼在《大学的理想》一书中对文雅教育的极力鼓吹以及对非文雅教育的贬低，可以视为文雅教育衰落之表征。它意味着在纽曼所处的时代，文雅教育已经到了需要有人为它辩护的阶段。哈佛大学开设选修课程以使学校充满活力，恰恰是从经济的角度来满足资产阶级教育需求的一种表现，也是自由主义原则运用到学校的一个典型事例。而人文主义中学和文法学校由缩减而趋向衰落。文雅教育衰落的标志之二，是科学在课程设置中呈现出越来越突出的地位以及人文课程不再处于核心和统治地位。拉丁文、希腊语和数学不再是一种时髦的追求，而课外活动的兴起则更进一步表明，人们对于传统的人文课程不满意。文雅教育衰落的标志之三是职业教育的兴起。关于职业教育的兴起与经济的价值追求之关系，美国的教育哲学家布鲁贝克（John S Brubacher）写道："商业经济下的学徒制被彻底废除，学校开始传授商业课程和进行职业教育。""职业教育的目的是让学生适应，而不是改进现存中产阶级的资本主义制度。"②

随着人们强调教育的经济价值，与之相对应的教育的生活价值的观念也随之而出现，并逐渐成为与教育的经济价值相并行的观念。此种观念在斯宾塞（Herbert

---

① 佛罗斯特. 西方教育的历史和哲学基础［M］. 吴元训等译. 北京：华夏出版社，1987：50-53.

② 布鲁贝克. 教育问题史［M］. 吴元训主译. 合肥：安徽教育出版社，1991：93、96.

Spencer)的思考中得到了最充分的体现。当斯宾塞提出什么知识最有价值这个问题时，斯宾塞经过理性的思考后指出，对于个体来说，准备直接自我保全、准备间接自我保全、准备做父母、准备做公民、准备生活中各项文化活动等更为重要，因而教育应该围绕它们而展开，此时显示的是一种功利性的或事功性的教育价值。怎样生活？这是教育面临的最现实也是最直接的问题。"怎样运用我们的一切能力使对己对人最为有益，怎样去完满地生活？这个既是我们需要学的大事，当然也就是教育中应当教的大事。为我们的完满生活做准备是教育应尽的职责；而评判一门教学科目的唯一合理办法就是看它对这个职责尽到什么程度。"① 实际上，在其后的发展中，特别是1918年美国国家教育协会公布的中等教育七条原则，可以看做是对斯宾塞"五个准备"的进一步发展与完善。七条原则要实现的目标是：健康、掌握基本技能、有价值的家庭成员、职业能力、合格的公民、合理利用闲暇以及道德品质，相应的教育就被划分为与人的生活密切相关的七个方面，即身体健康教育、基本生活技能教育、家庭义务教育、职业教育、公民教育、闲暇教育和道德教育。② 它与传统的教育强调心智能力或理智能力的培养、强调人的身心和谐发展或全面发展，有着极大的差异。

（三）教育价值主张之比较

现代教育是时代精神的产物，同时也是教育的历史产物。古代教育和近代教育的价值不可避免地会留下深刻的烙印。尽管人们关于前现代教育的价值有着不同的认识，但是我们仍然可以从中梳理一些线索。当教育从古代而进入近代时，由于社会生活和生产的巨大变化，教育的价值也由此而发生改变。然而，我们需要指出的是，尽管人们对教育的价值之认识有差异，然而差异也还没有发展到质的不同。

如果我们从杜威有关价值的分析出发，即将价值区分为"内在的价值"和"工具的价值"，前者强调事物自身的意义，后者则突出事物在实现目标追求中的手段意义；那么我们就会发现教育的各种价值取向，或者是注重教育的功利性价值，或者是注重教育的自身价值。前者强调教育应当服务于社会的政治、经济、文化或社会生活（个人生活），后者则强调教育的育人任务，强调教育对于人的发展以及人格的完善。也就是说，有关教育的各种不同的价值主张，古人即已经认识，并且在教育实践中得到不同程度的实践。当近代来临时，教育的价值所呈现出来的，不过是古代教育的价值之进一步理论化与明晰化。与此同时，变革所带来的差异也是明显的。这种差异突出地表现在两个方面。

就教育的功利价值来说，教育的社会价值得到进一步张扬。尽管一些教育家们仍然在追求着教育的育人价值，但是强调教育要为社会的发展服务，已经成为一个主导性的观念。而在强调教育的社会价值时，教育的经济价值和生活价值获得了对于教育的政治价值和道德价值的优先性地位。就教育的育人价值来说，人的完善的观念为人的发展的观念所取代。

从历史主义的视角来看，教育的任何价值选择都有其现实的合理性。人的多样性以

---

① 斯宾塞. 斯宾塞教育论著选 [M]. 胡毅，王承绪译. 北京：人民教育出版社，2005：11-13.
② 布鲁贝克. 教育问题史 [M]. 吴元训主译. 合肥：安徽教育出版社，1991：18.

及社会的多样化要求，必须赋予教育以不同的价值。每一个社会都是从其自身的要求出发，来定位其教育的价值；同样每一位教育家也都是从其自身的观察视角出发，从社会及人的自身局限性出发，来确定教育的价值，以期通过教育而使得个体与社会变得更加美好。与此同时，人们也开始认识到，历史上人们对教育的价值认识各执其一端，都不免有失偏颇。其内在的哲学都源自于一种个体与共同体、人与社会的二元论立场，都源自于身心二元论的基本哲学主张。当杜威试图从对此二元论的否定来建立他的人—社会的一元论的立场，进而试图调和教育的价值冲突时，当马克思主义哲学从其辩证法来辩证地看待人与社会的关系的时候，一种更加综合的教育之价值的认识将出现在现代社会之中。

三、现代教育价值的多重视角

可以从多重视角来分析现代教育的价值。各种不同的分析视角，意味着现代教育的价值多维性，同时也意味着现代教育的价值复杂性。纵观古今对于教育价值的论述，虽然众说纷纭，莫衷一是，但大体可以从社会与人、功利与精神、生活与文化等维度来进行分析。但就社会与人所包含的内容来看，功利和生活亦属于社会的领域，而精神与文化可归于人的领域，因而我们的分析主要是从教育与社会、教育与人的关系出发，可分析现代教育的价值。

（一）现代教育的社会价值

教育是人类发明的最伟大的艺术，也是人类设计出来的最重要的制度和社会实践。从生活之中发展并分离出来的教育，自其产生之日起，就被打上深深的社会的烙印，从而使得教育具有内在的社会性。进入现代社会以来，无论人们试图怎样强调教育的育人价值，教育的社会价值都得到前所未有的加强。无论是从教育的发展历史来看，还是从教育的实践形态和观念形态来看，有关教育的政治价值、经济价值、文化价值、道德价值等，都成为人们关注的核心。倘若我们认为教育的价值可分为教育的内在价值和教育的工具价值，那么教育的政治价值、经济价值、文化价值、道德价值等便可都归入其工具价值，并且明显地带有功利性。教育成为社会发展的工具，教育的工具性成为现代教育的基本特征。

教育的社会价值之不同方面各有其不同的追求与目的。教育的政治价值突出其对公民意识的教育，从而使个体的内在品质与共同体保持一致。教育的政治价值是自古以来都一直为人们所强调的。现代教育之服务于政治，以其对统治者的培养以及对被统治者的政治教化而实现的。特别是后者，构成了现代教育的政治价值之核心。共同体的性质及其政治的正义观，要求其成员必须具有与之相适应的公民品质。这个早就为古典哲人所阐发过的观点，直到现代社会亦没有被淘汰，并且以更加精致的形式而表现出来。民主政体下的公民应当具有民主的品德；社会主义政体则要求其成员具有社会主义的道德觉悟水平。现代教育的政治价值突出地表现在公民教育上，表现在塑造公民的政治意识和社会义务的态度上。

教育的经济价值在于追求社会经济的发展，从而满足人们的物质需求。现代社会是要使每个人过上体面而有尊严的生活。这是一个极富挑战性的目标。要实现这个目标，就需要极大地提高社会生产力,丰富社会的物质财富。为此,生产者的素质和熟练的工作技能就成为至关重要的影响因素。不仅如此,"促进发展的因素不单单是提高劳动力的质量。我们还应该帮助每一个人都要成为自觉的消费者和促进发展的开明人士。要做到这一点,他就要基本上懂得国家、地方和企业的经济生活中的法则、机构和各种错综复杂的活动。他必须了解那些内在的矛盾以及这种矛盾在内部和外部发生作用的力量。"① 所有这些了解和认识都取决于教育能够给予人们什么,取决于教育的内容和方法。

教育的文化价值在于注重对优秀文化的传递与传播,并且在传递与传播的过程中实现对文化的创造与更新。现代教育处在一个开放的社会环境之中。由全球化带来的教育国际交往与交流日益兴盛与频繁。在这个过程中,吸收优秀的外来文化,继承优秀的传统文化,从而通过教育而实现培养经济公民、培养国家公民以及培养世界公民的任务。这是一个快速流变的社会,也是一个问题多多的社会。各种各样的社会问题在社会的快速发展中暴露出来,其中有一些还是根本性的问题。这些问题不解决,则它们的存在就有可能会危及我们人类的家园。置身于这个流变社会之中的每个人,应当具有多种品质,不仅能够适应社会的快速变化,而且也应该有能力来解决和处理那些问题。人类的文化遗产赋予我们现代人以智慧与审慎,增强了我们对人类根本问题的理解力,从而为我们适应社会改造社会奠定了文化基础。

我们还应当注意到现代教育的道德价值和其他方面的价值,教育的道德价值是自古以来就为人们所重视的一种价值。无论是中国古代的教育还是西方古代教育,都无不强调和突出教育的道德性,追求对个体的道德的完善与发展。尽管我们正在进入一个陌生人的现代社会,然而,陌生化并没有降低道德对于社会整合与稳定的作用。恰恰相反,它更进一步地强化了人们对于道德在社会生活中的地位和价值的认识。正是基于这样的社会背景,现代教育的道德价值不仅没有弱化,反而通过不同的形式而得到了强化。

(二) 现代教育的育人价值

现代教育在突出其社会价值的同时,并没有忽略教育的育人价值。相反,由于教育实践对于教育的社会价值的追求,由于现代社会中的人处在一种分裂的状态,由于认识到人的孤独与痛苦,教育的育人价值更多地在理性的层面上受到人们的关注。

现代教育的育人价值有着不同的内涵,各种不同的内涵是基于对人的认识而实现的。但不管对人的内涵有着怎样的认识,人具有力量,这个命题使得教育的育人价值有了一个坚实的前提。人具有力量,然而人的力量之实现却并不是无条件的,而是有条件的。知识、素质、能力、态度、创造性以及个性等,赋予人以现实的力量。所有这些力量都与教育密不可分。人不仅具有力量,而且人还是分裂的。人的分裂可以从三个方面来看:一是指人的整体的分裂,二是指人的各个方面的分裂,三是指个体的人格的分裂。如同《学会生存》所指出的那样,"社会分成各个阶级;人与工作的脱离以及工作的零星杂乱;体力劳动与脑力劳动之间人为的对立;意识形态上的危机;人们所信仰的

---

① 联合国教科文组织国际教育发展委员会. 学会生存——教育世界的今天和明天 [M]. 华东师范大学比较教育研究所译. 北京:教育科学出版社,1996:190.

神话的崩溃；身心之间或物质价值与精神价值之间的两端——人们周围的这些情况看来都在促使一个的人格产生分裂。"① 人的分裂使得人的力量难以发挥，从而也使得人自身受到不应有的压抑。针对这一状况，教育理当承担起应有责任，把育人放在其首要的位置。人的分裂意味着人的未完成性，这里所说的人的未完成性是指人并没有达到完善状态。促进人未完成性向完成性过渡，教育责无旁贷。

现代教育的育人价值，在理想的追求上有着不同的理解。例如，联合国教科文组织提出"培养完人"的主张，要求"把一个人在体力、智力、情绪、伦理各个方面的因素综合起来，使他成为一个完善的人"；而存在主义的教育哲学则提出培养自由人的主张，以为现代社会最大的危机在于个体的功能化和工具化，人因此而受到不应有的压抑。对于寻求真实的个人来说，关键的事情是自由选择，人只有在自我选择中才能够实现自我。因此，教育应当着力于培养学生的自我意识感和责任感，由此使个体作出有意义的个人选择，从而能够独自创造自我规定性。实际上，我国20世纪90年代兴起的"素质教育"思潮，在某种意义上也可以视为追求教育的育人价值之复兴。尽管我国的素质教育思潮有着很深的社会取向，即从个体适应于社会的发展而为素质教育进行辩护，但是从注重素质本身而言，则无疑体现出教育的育人价值追求。

值得注意的是，现代教育的育人价值，强调教育促进人的发展，而非古典教育所主张的人的完善。前者以能力为指向，后者则以德性为核心。人的发展包含着多层含义：人的全面发展、人的和谐发展、人的个性发展、人的创造性发展、人的终身发展便纷纷被提了出来。各种不同的主张反映了人们对教育的育人价值的不同理解与不同追求。

（三）现代教育的社会价值与育人价值之关系

现代教育的两种基本价值，体现了两种不同的教育需求，前者以满足社会发展的需求为指向，后者以满足人的发展需求为指向。由此而使得如何处理好两种价值之关系，就成为教育哲学必须思考的问题。对此问题思考的一个出发点，就是期求能够使得教育的两种价值得到一定的协调，并使两种价值在教育实践中得到有机的结合，而不至于因教育的社会价值而压抑教育的育人价值，或者相反因教育的育人价值而牺牲教育的社会价值。

现代教育的社会价值和育人价值的协调与结合之努力，在杜威的教育理论中可见一斑。杜威借助于生活的概念，试图将个人与社会有机地结合起来。在杜威看来，个人与社会是密不可分的一体两面，"我认为受教育的个人是社会的个人，而社会便是许多个人的有机结合。如果从儿童身上舍去社会的因素，我们便只剩下一个抽象的东西；如果我们从社会方面舍去个人的因素，我们便只剩下一个死板的、没有生命力的集体"。由此杜威认为，教育应该"对个人主义和社会主义的理想都予以应有的重视。它恰恰是个人主义的，因为它承认某种品格的形成是合理生活的唯一真正基础。它是社会主义的，因为它承认这种好的品格不是由于单纯的个人的告诫、榜样或说服形成的，而是出于某种形式组织的或社会的生活施加于个人的影响，社会机体以学校为它的器官，决定

---

① 联合国教科文组织国际教育发展委员会. 学会生存——教育世界的今天和明天 [M]. 华东师范大学比较教育研究所译. 北京：教育科学出版社，1996：193.

道德的效果"。①

马克思主义哲学从价值的关系论以及社会实践的范畴出发,认为教育的社会价值和教育的育人价值既是相互区别的,也是相互联系的。其联系就是人的发展离不开社会,同时社会也离不开人。马克思主义哲学充分而深刻地认识到在现实生活中的人之受到压抑与摧残,意识到社会进步发展的需求与人的发展需求之间所出现的尖锐的矛盾。通过揭示这一内在的深刻的矛盾,马克思主义哲学则进一步阐述了教育的社会价值与育人价值之内在统一的可能条件:当社会发展成为这样一个联合体,"在那里,每个人的自由发展是一切人的自由发展的条件"② 时,个人的全面、和谐、自由的发展和社会的需求将完全统一起来。马克思主义哲学关于人的发展与社会发展的学说告诉我们,教育的社会价值与育人价值之冲突具有显在社会性与历史性之特征。冲突是暂时的,随着人类历史的进步与社会的发展,和谐终将到来。

第三节 现代教育的价值观

现代教育的价值观不同于现代教育的价值。后者着重于回答教育与人及社会的需求关系,从而确定教育自身的价值属性;前者则主要回答有关是什么构成了对人和社会来说具有终极意义的东西,因而是教育必须给予受教育者的。在西方教育哲学中,价值这一术语,是作为善(goodness)、优秀(excellence)、称心如意(desirability)的对等术语。价值构成了人类行为的合理的终极的目的,是支撑美好生活的基础和原点。教育价值观植根于美好生活,是美好生活的基础。西方教育哲学界对价值的定义是:价值是对信念、行动进行评价的参照点,是使人据此而行动的一些基本原则、基本信念、理想或生活态度,是对行为提供普遍指导和定向的规范原则,同时也是人们渴望通过行动而达成的理想和目的。价值表现了可欲的目的。由于教育价值观的研究主要集中在教育应当体现和追求的人类基本价值上,因而其研究主要围绕教育目的的定向和教育的应然目的的决定上;对教育价值观的研究主要是分析人类普遍的价值需要在教育中的实现以及教育与人类价值的关系等,教育如何通过一定的方法体现普遍价值并引导学生追求并实现这些价值。

一、教育价值观及其实践意义

教育活动包含着认识、实践和评价三个方面的内容。教育的目的性和社会性使得教育活动的三个方面的内容都与人们的价值观紧密地联系在一起,并且成为价值观的制约对象。认识包含对教育问题的选择,这种选择本身就体现出一定的价值观念;教育实践和教育评价更是离不开价值观的指导。概言之,无论是个体的教育行为还是群体的教育行为,都是在一定的价值观的支配下展开的。价值观对于教育实践的指导意义,使得我

---

① 杜威. 我的教育信条[A]. 杜威. 学校与社会·明日之学校[C]. 赵祥麟,任钟印,吴志宏译. 北京:人民教育出版社,1994:5、15.
② 华东师范大学教育系. 马克思恩格斯论教育[C]. 北京:人民教育出版社,1986:109.

们必须对教育中的价值观本身进行哲学的思考,以使人们不仅自觉地意识到自己持有的教育价值观,而且能够对所持有的教育价值观进行理性的反思,以确定其合理性和正确性。

(一) 价值观与教育价值观

每个人都会对其周围的所交往的对象以及所遇到的客观事物进行评价。交往的对象不同,所遇到的人、事、物的情境和语境不同,则评价也会有一定程度的差异。然而,尽管具体的评价不一样,但隐含在各种不同的评价背后的,总有一个基本的准则在支配着对客观事物的评价。这就是人们的价值观。价值观是指一个人对周围的客观事物(包括人、事、物)的意义、重要性的总评价和总看法。当支配性的评价观念主要指向教育实践活动以及与教育实践活动相关的人与事时,则这样的评价观念就是教育价值观。教育价值观的问题涉及的是人们如何判断和选择教育价值。教育价值观是对教育的意义和重要性的认识、态度、判断、评价等的总称。

价值观与教育价值观尽管是两个不同的概念,然而却是无法分割而紧密地纠缠在一起的。任何教育价值观都是在一定的价值观的作用下而形成的,是价值观在教育活动领域的实际应用。当社会崇尚理性、知识与真理时,则教育必然以对理性、知识与真理的追求为指向;而当社会把道德及实践之善作为最有价值的对象时,则教育也必定注重道德教育。由此看来,则教育的价值观就包含着两层意思:一是人们用以评判教育实践活动的基本准则或总看法,二是这个评判事物或活动的准则成为教育自身追求的对象,因而成为一种价值观教育。

从教育实践的范围来看,教育价值观不仅涉及国家宏观的正确的教育行动和教育制度的问题,而且也涉及微观的团体、机构或个人正确的教育行动和教育取向的问题。就前者而言,任何一个国家的教育制度以及教育的各种政策要求,都体现出一定的教育价值观取向,都是特定的教育价值观在实践层面的表现与反映。就后者而言,教育价值观是在教和学的过程中表达出来的。这就是说,集中表现在国家的教育制度和教育政策中的教育价值观,也深深地嵌入在学校的结构、管理、政策、语言和各种关系中。

从教育实践的主体来看,教育价值观可以区分为国家的教育价值观、教育家的教育价值观、社会组织或团体的教育价值观、学校的教育价值观、受教育者及其家长的教育价值观以及一般公众或社会的教育价值观。国家的教育价值观一般体现在国家的法律与政策之中;而教育家的教育价值观则集中体现在他们对教育的各种问题的阐述与思考之中,体现在因思考而获得的理论化的知识体系之中;一般公众或社会的教育价值观往往是以家长的教育价值追求的形式而表现出来的。从现代教育的实践来看,就一个社会而言,不同主体的教育价值观可能会呈现出一定的差异性,然而就基本的或核心的教育价值观而言,则一个时代、一个社会或一个国家则又总会表现出一种主流的或公认的教育价值观。这种主流的教育价值观支配并主导着教育实践活动的展开。

实际上,单纯从个体的层面来考察,则每个人都有指导其教育行为教育价值观,并且人们的教育观还呈现出非常大的差异性。影响个体教育价值观之差异性的因素非常复杂。人们所处的自然环境和社会环境,包括人的社会地位和物质生活条件,决定着人们的价值观念。人们的受教育程度以及受教育的经历也会影响到价值观的形成。概言之,处于相同的自然环境和社会环境中的人，会产生基本相同的教育价值观念。然而，这并不意味着人们的教育价值观只有差异而没有一致性。实际上，每一社会都有一些共同认可的普遍的教育价值标准，这种普遍的教育价值标准为人们的普遍一致的或大部分一致的教育行为或教育的社会行为模式奠定基础。例如，在当下的中国社会，"应试教育"作为一种较为普遍的社会行为模式，其存在的广泛性便受到实用价值观以及中国传统教育价值观之支配与影响。

（二）教育价值观的实践意义

教育价值观的实践意义在于，它不仅影响教育者的个人行为，还影响着学校教育、家庭教育和社会教育等群体行为和整个组织行为。从个人行为的角度来看，人们的各种教育行为与其所持有的教育价值观有一定的关系。在相同的客观条件下，对于同一教育现象或教育行动，教育价值观不同，人们就会有不同的看法，产生不同的教育行为。例如，在同一所学校，有的教师注重工作成就和自我价值的实现，追求一种事业上的满足；有的教师看重金钱报酬，追求功利性的东西更甚于精神性的东西；也有的教师则重视地位权力。之所以会出现各种不同的表现，就是因为他们的价值观不同。再如，同一个规章制度，如果两个人的价值观相反，那么就会采取完全相反的行为，由此而对组织目标的实现起着完全不同的作用。从群体的教育行为来看，同一所学校、同一地区的教育群体，其教育行为具有某种程度的一致性或共性，而不同地区不同学校的教育群体行为则会表现出某种程度的差异性。不同的家庭，其教育行为也表现出一定的差异性。群体层面的教育行为的一致性与差异性，既与人们对教育的认识有关，更与人们对教育的价值观念有关。

人们的各种教育行为或教育实践活动都是在一定的教育价值观的指导下进行的。也许人们并不能够清楚地说出指导其教育行为的价值观是什么，然而这并不表明人们的教育行为就无价值观的指导。这里有一个自觉或不自觉的价值观意识问题。认识和了解现代教育的价值观，就是要将自己的教育行为置于自觉的教育价值观的指导，以使我们少犯错误，增强现代教育实践的意识性和合理性。

教育价值观的最核心的体现就是教育目的。当教育目的以一种人的身心发展的理想状态的形式而表现出来的时候，那种人们所设定的理想状态就构成了人们所期待的对象。从教育的观念史和实践史来考察，不同的历史时期，构成人们所期待的人的理想化的状态的对象，则是不断地发生着变化的。在这里，社会的普遍意义的价值观念浸透于其中。什么东西更有价值？这样的问题总是以教育目的的形式而表现出来。而当教育目的确定以后，则教育的课程与内容、过程与方法、组织形式、评价与管理等，便由此而获得了一种价值观的规约。所有教育活动的展开，都是基于特定的价值观，并且是为了更加有效地实现它们。

如果教育价值观的价值在于对教育实践有指导意义，那么这种指导意义就表现为人们对于价值所作出的期待以及由价值期待而带来的自我行为驱动的关系。对于教育实践来说，教育价值观所内含的价值期待实际上是这样一种表达，即"教育应该如何"。这是一种普遍性的教育期待，这种普遍性的教育期待通过主体的自我设定，就转换为一种自我期待和自我驱动，即"我应该如何教育"。伴随着这种主体的自我期待和自我驱动，一种特殊的价值情感因此而产生。教育所要追求和实现的价值，就是教育者以及其他相关的人们所期待的东西，同时这些被期待的东西也必然是一种受到人们肯定的东西；反之，那些被否定的因而是不被期待的东西就是无价值的或至少是被人们看做无价值的东西。

二、不同取向的教育价值观

（一）西方教育价值观的不同取向

比较分析不同时代、不同社会的教育，其价值观有着极大的区别。从历史的角度来审视，能够让我们发现教育价值观之嬗变的轨迹。有学者认为，如果从现代化的进程来考察教育价值观的历史嬗变，则大体可以发现这样的一种演变轨迹，即现代化进程中的教育价值观变迁呈现了从以神为取向的教育到以人为取向的教育，从以人文为取向的教育到以科学为取向的教育，从以政治伦理为取向的教育到以经济为取向的教育，从以精英为取向的教育到以大众为取向的教育的走向。① 这种分析大体描述了教育价值观的总体嬗变之轮廓。由此我们可以看到一种二元对立的教育价值观的取向，即人与神、人文与科学、政治与经济、精英与大众的二元对立。这种分析的视角对于教育价值观演变以清晰的线索，然而却也有将复杂问题简单化之趋势。实际上，历史视野中的教育价值观，往往是多种价值取向的交织与斗争，而且在各种不同的教育价值观取向中，也总是不免有彼此包含与交叉的现象，因而呈现出教育价值观的重合与交错。

从教育观念史和教育实践史的双重视角来透视，则理性主义的教育价值观一直居于主导的地位。由于受到人性观、人生观以及世界观的影响，长期以来人们一直坚持认为，教育的最重要的任务就是培养人的理智能力或人的理性能力。人之为人在于理性，人的本质在于理性。理性高于一切。然而，这并不意味着理性主义教育价值观内部没有分歧与差异。实际上，由于不同的时代人们对于理性有着不同的看法，理性主义的教育价值观有着时代的差异性。例如，一般认为，理性不仅能够帮助人们认识客观事物，使人们能够从繁杂的具体多样的事物中抽象出普遍和一般，而且亦能够使人们辨别善恶。而近代以来，理性则由认识事物和辨别善恶的意义发展成为基于目的而确立合理手段的意义，在后一种意义中，理性则意味着一种精明的理解、精心的算计，一种为达到既定目标而选取最佳路径的能力。前者的本质在于正义，后者的本质则在于功利。② 立足于正义的理性观，则教育强调培养人的完善的德性；立足于功利的理性观，教育则强调对知识和真理的追求。然而，即使是讲对知识的追求，其实也有古典与现代之分。古代教育，以知识与意见对立为前提，以哲学关于人的知识为内核，这与现代意义上所说的知识有着根本的不同。现代教育认为知识与经验对立，强调自然科学知识的价值。相反，古典的知识观，即作为人的安身立命的知识，则越来越显得无足轻重。

理性主义的教育价值观不仅表现在古代的教育家之著作中，近代以来的诸多教育思想家也多秉持理性主义的教育价值观。例如，洛克从"自由即服从理性制定的法"这一命题出发，把教育目的厘定为培养自由人（绅士）。由于自由人乃是理性人，因此，

---

① 邬志辉. 现代化进程中教育价值观的嬗变与问题反思 [J]. 集美大学学报，2002 (1).
② 周保巍. "国家理由"，还是"国家理性"？——三重语境下的透视 [J]. 读书，2010 (4).

理智便成为自由人之首要的品质。与此同时，洛克特别强调，要培养人的理性，那就必须通过理性，亦即通过说理的方式来教育儿童。由此，儿童则被看做自由与理性课堂的学徒。现代教育流派如永恒主义，亦主张教育应培养人们的理智，因为人类社会特定秩序所必不可少的永恒原则只有通过人的理性而能够把握。至当代，美国的保守主义哲学家列奥·施特劳斯（Leo Strauss）同样强调理性主义的教育价值观，

与理性主义将理智作为教育最高的价值不同，经验主义则突出经验对于个体及社会的意义，由此而将经验性知识或经验视为教育的最高价值。我们可以在斯宾塞有关什么知识最有价值的回答中，发现经验主义的教育价值观之与理性主义的根本性分歧；也可以在美国国家教育协会教育政策委员会公布的"美国民主社会的教育目标"（1938）①中发现其中的差异。

从总体上看，西方教育价值观是在历史的发展进程中呈现出不断变化之特质。如果说古典的教育价值观倾向于人的自我完善，以德性为最高的价值追求，以理性为德性的基本准则；那么近代以来的西方教育在价值观上则强调事功与效率，知识仍然受到人们的重视与强调，但是与古典的教育不同之处在于，知识已经脱离了它与道德的关联性，而成为解决问题的手段与策略。知识仍然是重要的教育价值追求，但其性质则已发生变化。

（二）教育价值观与核心价值

伴随着教育价值观的相互冲突与融合，近年来，西方教育价值论对于社会是否存在着核心价值、共同价值和共享价值，以及哪一种价值应当成为一个多元社会教育的基础，一直存在着很多争论。大多数学者认为，当代多元化社会强调核心价值是重要的，尽管人们的价值需要是多样的，生活方式是多元的，人们对价值的定义是有分歧的，但最高和核心的价值是存在的，这些价值是人类普遍的价值，因此是人类共同的和共享的价值体系，是社会生活和个人生活都不可缺少的价值。核心价值分为：公正、平等、宽容、分享、合作、忠诚、自尊、自由、健康等价值，这些核心价值基本上可以得到社会的认可，因此也是共享价值。

共享价值、共同价值或核心价值概念的提出，意味着人们试图在冲突的教育价值观中寻找某种能够为所有的人们所认同的价值观。这种为人们所认同的价值观建构了我们的社会秩序之基础，并且成为人们彼此交流、对话甚至是争辩的基础与前提。它们是如此地为人们所熟悉，以至于人们在面对它们时往往习焉不察。然而，习焉不察并不意味着它们的不存在，因此，与其说人们是在寻求某种共同的价值，并不说是通过人们的理智努力，发现已然存在并为人们所共享的价值观。分歧或冲突是以共识为基础的，倘若没有任何的共同点，彼此的交流都会极为困难，更遑论冲突与分歧了。

从现实的学校生活来看，尽管人们的教育价值观呈现出多元论的特征，但是，也应该看到，不同的教育价值观之分歧背后的共识与融合。这种共识与融合突出地表现在西方社会在学校里推行的价值教育。价值教育在两个方面展现出核心价值或共享价值之存在。首先，倘若没

---

① 美国民主社会的教育目标是：自我实现；人际关系；经济效率；公民责任。参见杜普伊斯，高尔顿. 历史视野中的西方教育哲学［M］. 彭正梅，朱承译. 北京：北京师范大学出版社，2006：109.

有核心价值或共享价值，也就不可能存在什么价值教育。教育必须通过一定的方式把这些价值渗透在教育行动、课程、学校文化等多方面，以引导学生追求这些价值，形成实现这些价值的品格。西方当代教育价值论的研究更多地集中在价值教育的问题，更注重个人和社会的价值形态，通过价值教育而促进社会生活的改善。西方价值教育包括一系列的内容：道德的价值、社会文化的价值、政治价值、科学的价值等价值体系。

其次，价值教育本身也对核心价值或共享价值之形成起到维护和整合的作用。西方教育价值论之所以重视价值教育，是因为价值观在多元社会和多元文化中对实现社会和谐起着非常重要的作用。价值教育是一个新的综合性的教育过程，有精神价值的领域、道德价值的领域、社会价值和文化价值的领域。这些领域在学校的价值教育中形成了一个整体。西方教育价值论的研究沿着这一方向在不断加深。价值教育是学校教育中的一个重要组成部分，学校在培育学生的价值观，促进学生的精神、道德、社会以及文化发展中起着重要的作用。多元文化和社会的多元化，要求对价值观和精神、道德、社会和文化等多方面的价值结构进行更深入的理解，站在多元立场上看待教育中的价值问题和教育价值问题。

三、现代教育价值观之冲突与选择

现代教育价值的多重视角，使得如何处理教育的不同价值关系成为理论上最为急迫的问题。人们所信奉的所有的价值，最终是相互包容的甚或是相互支撑的，还是彼此竞争与相互冲突的？对于这个问题，不同时代的人们对此有着不同的认识和看法。彼此各异的现代教育价值追求，它们之间到底存在着怎样的关系？这是一个不仅关系到教育价值的理论问题，同时也是一个直接影响教育目的的确定的实践问题。

（一）现代教育的价值观冲突

教育价值观是人们关于教育价值的根本认识与看法。其中一个根本性的问题是，各种不同的教育价值之间是相互冲突的，还是彼此相容，形成一个和谐的整体？例如，知识与能力都是教育所欲实现的基本价值，但是在现有的教育体系下，这两者是否能够相容，既实现对知识的传授，又培养起社会所需要的能力？又如公平与效率，教育在其高速发展的过程中，在实现效率的同时，能否保持教育的公平与正义？对此问题的不同看法，将直接影响到教育政策的制定和教育实践的展开。从总体上看，关于上述问题有两种截然不同的观点。

一种观点认为，所有的价值以某种方式共处是可能的，因为宇宙本身就是一个和谐的整体。所有的好事是可以相互调和的。从原则上可以发现某个单一的公式，借此人的多样性的目的就会得到和谐的实现。这种实现将意味着完满未来的到来。这是一种价值一元论或价值和谐论的主张。自亚里士多德始，有关价值可以和谐共处的思想就已经在理论上得到过充分的辩护。最终的善统领着各种不同的价值之关系，并且在终极善的支配下，各种不同的价值形成一个和谐的整体。一切活动都是为了实现终极善。终极善是最高的价值，其他善之存在都是服务于最高的价值。这种一元论的或和谐论的价值观在很长的历史时期一直居于主导地位。尽管近代社会以来，价值一元论的立场受到自由主义的强烈批判，然而它并没有因为自由主义的盛行而销声匿迹。相反，它仍然以不同的

103

形式出现在现代社会生活之中,从而经由理论与政策的双重转换进入到教育生活之中。我们不仅在马克思主义的价值哲学中见到价值一元论的立场,即使是在非马克思主义的价值学说中,同样也可以见到这种立场。

另一种观点则认为,我们在日常生活中所遭遇的世界,是一个价值冲突的世界。所有的善好并非都是相容的。因此,人必须在各种终极价值中进行选择。人的目标是多样的,它们并不都是可以公度的,而且它们相互之间往往处于永久的敌对状态。这是一种价值多元论的立场。持有这种立场的思想家们认为,各种价值彼此冲突而互不相容,为此个体必须在各种冲突的价值中进行选择。人之有别于动物的首要之处,既不在于拥有理性,也不在于发明了工具与方法,而在于能够选择,人在选择而不是被选择时才成为他自己。选择的合理性恰恰根源于价值的相互冲突性。政治平等、有效组织与社会公正就与个人的自由不相容;公正与慷慨、公共忠诚与私人忠诚、天才的需求与社会的要求也会发生猛烈的冲撞。我们在日常经验中所遭遇的世界,是一个我们要在同等终极的目的、同等绝对的要求之间做出选择的世界,在这个世界中,某些目的之实现必然无可避免地导致其他目的之牺牲。① 因此,在各种绝对的要求之间做出选择,便构成人类状况的一个无法逃脱的特征,正是此特征赋予人类的自由以价值。

价值的一元论与多元论的根本分歧,在于人们对价值的本质之不同的认识。价值的一元论坚持价值的绝对性,而价值的多元论者则坚持的相对性。两种立场各有其支持者和信奉者。自由主义者持多元论的价值观立场,通过对价值之相互冲突而为个体的自由进行理性辩护。保守主义者、社会主义者以及社群主义者则拥护一元论的价值观。

一 与 多

有一种信念认为,在某个地方,在过去或未来,在神启或某个思想家的心中,在历史或科学的宣言中。或者在未腐化的善良人的单纯心灵中,存在着最终的解决之道。这个古老的信念建立在这样一种确信的基础上:人们所信奉的所有积极的价值,最终都是相互包容甚或是相互支撑的。……但这是正确的吗?不管是政治平等、有效的组织还是社会公正,都常常与哪怕最少量的个人自由不相容,当然更与无限的需求与社会的要求也会发生猛烈冲撞,这些已经是老生常谈。从这种老生常谈很容易做出这样的概括:并非所有的好事都是相容的,更不用说人类的所有理想了。

——以赛亚·伯林.自由论[M].胡传胜译.南京:译林出版社,2003:240.

(二) 现代教育的价值观选择

从总体的范畴出发,即使是站在一元论的价值立场来看待教育的价值,也首先会遇

---

① 上述有关价值之间相互关系的阐述,可参见以赛亚·伯林.自由论[M].胡传胜译.南京:译林出版社,2003:240-246.

到一个选择问题。例如，当人们把社会的价值看做高于个体的价值时，则各种实践活动的开展都必然会从社会出发来思考问题，从而无法兼顾个体的价值。20世纪80年代提出的"效率优先兼顾公平"的政策理念，原初的出发点当然是美好的。然而，随着改革开放的深入，我国社会得到了快速的发展，社会的效率得到了极大的提高，然而社会在公平方面却暴露出诸多的问题。因此，价值的选择是不可避免的。

学校教育制度的建立以及教育作为公共事务的性质，使得现代教育较之前现代教育有了非常大的变化，教育的价值之确定主体发生了根本性的转换。在前现代社会中，尽管许多教育思想家提出了国家教育的理念，并一直在尝试着将教育变成国家的公共事务，然而，从总体上看，教育的权力并不控制在国家手中，而是控制在私人或教会手中。前现代教育的这种格局对教育的价值确定产生了深刻的影响。其突出之处，是教育者不是站在现代国家的立场来确定着教育的价值，而是基于他自己对教育、社会和人的本质之理解确定教育的基本价值。而当教育进入现代社会之后，情况发生了根本性的变化。教育权力的国家化带来了教育的价值追求的变化，主要表现在两种不同的有关教育的价值定位：或者由国家来确定教育的价值，或者是国家将教育的价值确定交给地方政府。

现代教育的价值选择深受社会的时代精神的影响，并且社会的价值观直接影响并制约着教育的价值确定。无论是育人取向的教育价值，还是社会取向的教育价值，也无论是政治道德取向的教育价值，还是经济与功利取向的教育价值，甚至是生活取向的教育价值，其背后无不渗透着社会总体的价值观念的影响。换言之，一个社会之教育的价值，是该社会价值观在教育中的反映或具体体现。当社会总体上倾向于经济的发展时，教育就必然要被赋予其经济的价值，教育就会被强调要为经济建设服务；而当社会从稳定其政治统治出发，突出社会的政治性时，教育的政治价值和道德价值就会被置于最高的位置。尽管不同的国家，其教育呈现出不同的价值功能，然而各种不同的价值都隐含着人们对社会以及对人的基本看法，同时也必然隐含着社会与人之关系的看法。

尽管人们试图在教育的不同价值取向之间进行协调与统筹，然而这种努力无论是在理论上还是实践中似乎都不太成功。实际上，当中国社会大力强调并推进素质教育而效果并不明显的时候，当人们从各个不同的角度来尝试解释应试教育现象的时候，我们或许应该从教育的价值出发来反思和分析素质教育问题。从教育价值观角度来看，素质教育推进不力的根本症结，在于教育的社会价值和教育的育人价值之难以和谐共生，在于教育工作者欲实现的各种价值之间存在着某种不可调和的矛盾与冲突。无论人们怎样尝试在两者之间进行辩证统一的努力工作，效果都不佳。素质教育的实际状况可以很好地证明这一点。当整个国家在全部社会生活的所有方面，都强调社会至上，并由此而突出教育的社会价值时，基于人的发展的素质就难以落到实处，大概也可以理解了。不是个体的素质的整体提高，而是个体对于社会的适应性，成为主导性的观念。也许人们会辩解说，个体素质的提高正在于更好地适应社会；这个论断从普遍的意义上看当然没有问题，然而就实践的逻辑而言，如何很好地将素质的提升与对社会的适应结合起来，或者是统一起来，一直是一个难解的问题。

（三）现代教育价值观走向和谐共生的可能性

教育价值观走向和谐共生的可能性在于，我们如何看待价值的相对性与绝对性。从绝对的理念出发，则必然会认为价值是绝对的；从个人的经验出发，把个人利益当做衡量价值的标准，则价值便是相对的。因此，如果我们要把价值看做不是彼此冲突的，而是能够和谐相容的，那么我们就需要重新厘定价值的相对性与绝对性。

从价值哲学的角度来看，我们可以看到一种亚里士多德的传统与构想，将各种不同的价值看做都服从于至善。亚里士多德认为，一切技术、一切规划以及一切实践和抉择，都以某种善为目标。由于实践是多样的，技术和科学也是多样的，所以目的也是多种多样的。但是在多样性的目的中，必有一个为其自身而期求的目标，这就是最高的善——至善。它是最完满的、最后的东西，一切活动，一切人们所期求的其他的目的，都是为了这个最后的东西而出现。这个至善，这个终极的和自足的东西，就是幸福。①这意味着，价值的和谐共生，是基于至善的概念，是以至善为基础的。至善的终极性和自足性，使得作为价值的至善是绝对的，所有其他的善或价值都必须服从于至善这个终极的目的。

近代以来，针对自由主义者的强势发展，另一种有别于亚里士多德但又与其有着深刻的思想渊源的努力出现了，这就是通过"基本价值"和"价值的等级"概念区分，将价值多元论导向价值一元论。基本的价值以及价值的等级序列，使得各种价值之间形成一个系列，一个可相互包容的价值体系。其中有些是基本的价值，其他的价值则是从属性的价值。面对这样一个价值体系，我们不需要进行价值的选择。因为，既然是相互包容，也就不会遇到冲突问题，因而也就不存在在诸价值中进行选择的必然。赫费（Otfried Haffe）的立场被视为有关现代一元价值论之区别于古代一元价值论的典型代表。赫费指出，人类广泛的价值领域可以区分为三个不同主群（三种等级）。第一个价值等级是工具性的或功能性的价值，如专注、守时、热爱秩序、服从和勤奋等；第二个价值等级是务实价值，它主要是为务实的重要目标服务，其最低要求是"生存"，最高则是"幸福"，如深思熟虑、法律安全等；第三个价值等级是道德价值，它促使人们展开行动，而这些行动本身是正确的、有益的。真正基本的价值是道德价值，因为一切其他方面的价值都是由基本的价值得出的。有意思的是，关于价值的三个等级，赫费明确地规定了其适用的范围：基本层面的价值适用于全人类，而中等层面的只有一部分适用于不同文化和时代，另一部分则适用于特定的共同体。赫费由此认为："一个人只有不受制于功能价值，当然也不能以基本价值为理由贬低功能，而是具备批判的判断力和行动能力，这样的人才能拥有有意义的生活……"②

马克思主义哲学从其历史唯物主义立场出发，强调价值的绝对性与相对性的辩证统一。马克思主义一元论的价值观，既不同于唯理论的绝对价值观，也不同于经验论者的相对价值观，而是把劳动纳入价值范畴，把人类的社会实践作为衡量价值的客观标准。

---

① 亚里士多德. 尼各马可伦理学 [M]. 苗力田译. 北京：中国人民大学出版社，2003：1-11.
② 赫费. 经济公民、国家公民和世界公民 [M]. 沈国琴，龙岚岚，励洁丹译. 上海：上海译文出版社，2010：136-137.

从价值衡量标准的客观性而言，它是绝对的、一元论的；而从社会实践的多样性和丰富性来看，它又是相对的、多元论的。从历史的角度来看，不同的历史时期，人们拥有不同的价值观念，都是特定的社会实践的产物，因而是相对的；然而，就特定的社会而言，衡量一事物之有无价值，却也并不是任意的，而是有着特定的社会实践作为其客观的标准，因而它又是绝对的、是一元论的。由此可见，价值的绝对性和价值的相对性乃是辩证统一的。

对于一个社会而言，多元论的价值范畴有着不同的含义，也会因此而产生不同的实质性后果。在西方的文化传统中，多元论有其哲学与文化基础，并且与其政治共同体有着天然共生的适切性。然而，对于不同于西方传统的社会而言，多元论对于社会之秩序可能是一个致命的威胁与伤害。由于至善的观念难以获得为人们所认同的辩护，由于"基本价值"的学说亦充满歧义、含糊不清，因此，现代教育的价值走向共生相容，特别是在中国社会的现代化语境中，需要在继承马克思主义的价值学说的思想基础上，以核心价值观为教育的价值指向，将教育的社会价值与教育的育人价值统一起来。

◎ 反思与探究

1. 阐述价值论与教育理论流派的关系。
2. 从价值论的角度分析赫尔巴特教育学派和以杜威为代表的进步主义教育学派的分歧与冲突。
3. 如何理解教育价值的本质？现代教育各自不同的价值追求有哪些？
4. 阐述教育价值和教育价值观的区别。以《国家中长期教育改革与发展规划纲要》为例，试分析我国当代教育的基本价值及教育价值观。
5. 记录同学或者自己有关教育问题言论，然后对所记录的文本进行分析，揭示其中所隐含的教育价值观。

◎ 拓展阅读

1. 佛罗斯特. 西方教育的历史和哲学基础 [M]. 吴元训等译. 北京：华夏出版社，1987.
2. 杜普伊斯，高尔顿. 历史视野中的西方教育哲学 [M]. 彭正梅，朱承译. 北京：北京师范大学出版社，2006.
3. 李连科. 价值哲学引论 [M]. 北京：商务印书馆，1999.
4. 李德顺. 价值论（第2版）[M]. 北京：中国人民大学出版社，2007.
5. 王坤庆. 现代教育哲学 [M]. 武汉：华中师范大学出版社，1996.
6. 郝文武. 教育哲学 [M]. 北京：人民教育出版社，2006.

第五章　道德哲学与道德教育

☞**学习目标**

1. 了解道德、教育与道德哲学的关系，掌握不同的道德教育学说所赖以建立的道德哲学基础。
2. 认识和了解中国传统的道德教育及其经验。
3. 理解现代西方道德教育流派的基本主张、道德哲学基础及各自的局限性。
4. 能够用所掌握的理论，分析和评价学校道德教育现象。

☞**本章要点**

　　无论是日常的道德教育实践，还是理论形态的道德教育主张，都内含着某种道德哲学或伦理学。其中，人们对道德本质的认识，人们对道德的看法，直接影响和制约着道德教育的展开与实施。从规范伦理的角度看，道德哲学大体可以区分为功利主义的伦理学、义务论伦理学以及美德伦理学，由此也引申出各自不同的道德教育主张。

　　中国传统的教育主要是两个方面的教育，即政治教育与道德教育，而核心则是道德教育。中国的思想家和教育家，历来重视学校道德教育，并把它看做教育的首要任务。由此也使得思想家和教育家更多地思考和关注道德教育，留下了丰富的和宝贵的道德教育的理论与思想资源。以道德教育为主体的中国传统社会教育，在其漫长的历史发展过程中，积累起了能够为我们所借鉴的、丰富的经验，包括道德修养与道德自觉、知与行、善与过等。

　　20世纪下半叶以来，西方出现了不同的道德教育理论流派，如道德认知发展理论、社会学习理论、价值澄清理论、体谅或关怀德育模式、品格教育等。

第一节　道德、道德哲学与教育

　　道德、道德哲学和教育，自古以来就一直纠缠在一起，从而形成一个相互关联、密不可分的关系。道德的问题是：我们应当做什么？不应当做什么？我们应当怎样对待他人？我们自己应当如何生活？道德哲学则思考着这样的问题：我们为什么应当如此行动？其理由或根据是什么？教育着重于思考，人们如何才能有效地使年轻人形成道德，从而使他们按照道德的要求去行动？从观念的角度来看，道德哲学对道德是什么问题的思考，则直接影响着道德教育的展开，影响着道德教育的内容与形式，以及方法与手段、途径与策略。

一、教育与道德

中西方文化传统以及制度背景的差异，使得二者对"道德教育"概念的理解有着很大的差异。在中国，由于受到传统文化的影响，"道德教育"是一个其外延包容更广的概念，不仅涉及人与人之间关系处理的狭义的品德教育或道德规范教育，以人们的活动领域的划分而涉及家庭美德、职业道德和社会公德；而且也包括诸如人们的思想教育、政治教育以及人们的心理教育、法制教育等。而在西方，与公共生活有关的道德则规划到公民教育或政治教育的领域，而只将涉及个人生活的方面归入道德的范畴。为了便于讨论，我们将"道德教育"的概念限定在一种狭义的意义上。

（一）争议中的道德教育

道德教育既是我们这个社会关注和重视的焦点，同时也是社会批评与议论的焦点。争论和抨击的核心是道德教育的实效性不高、针对性不强。因为备受人们的关注，所以不断地受到人们的批评与抨击，原也不足为怪，只是社会对道德教育的广泛而持久地批评与抨击这个现象本身倒很值得我们进行理性的思考：为什么会是这样？道德教育到底是什么地方出问题了？或者还是批评或抨击者所持有的某种道德观念用以衡量和评判道德现象所致？

批评当然源自于这样一种客观存在的事实，即社会的道德状况不能令人满意，或者是人们的道德水平普遍下降，以至于人们生活在一个被认为不道德的社会里而感到痛心和不安。尽管促成令人不安的道德状况的影响因素是多方面的，但是人们首先想到的，是学校的道德教育本身出了问题：年轻人没有教育好。这个论断当然不是指学校没有对年轻人进行道德教育，而只是在间接地表达着这样一种认识，即学校的道德教育没有应有的实效性。这种批评的积极意义在于，它促使人们更加深入地思考和探索学校的道德教育，以发现更加有效的途径和策略。遗憾的是，道德教育的理论研究与实践探索在深入和加强的同时，人们对道德教育的批评似乎并没有减弱。人们很少反过来思考这样的问题，即人们对道德教育的批评本身意味着什么？所谓的实效性不高，到底是在什么样的意义上来言说的？

有关道德教育的争议涉及道德教育的方方面面，诸如道德教育的目标，道德教育的内容、形式、方法与手段。此外，这些争议也可能以各种不同的命题而呈现出来，如学校德育的实效性、学校德育与生活的关系（或德育回归生活）等。例如，道德教育到底是应该在学校设计的各种有目的的活动中展开，在各门课程的教学中展开呢？还是应该将道德本身当做一门课程，通过开设德育课来展开呢？著名的教育家杜威主张活动德育和学科教学渗透德育，而强烈反对开设专门的德育课程。杜威把后者称之为"直接的道德教学"或"关于道德的教学"，并且认为"直接道德教学的影响，即使充其量说，比较地在数量上是少的，在影响上微弱的"，因此学校的道德教育就必须关注"学校集体给予的道德训练"、关注"来自教学方法的道德训练"，并且要重视"学科的社会性质"。① 然而，我们必须看到，在另外一些教育家那里，道德作为一门课程并没有

---

① 杜威. 教育中的道德原理 [A]. 杜威. 学校与社会·明日之学校 [C]. 赵祥麟，任钟印，吴志宏译. 北京：人民教育出版社，1994：137-166.

受到排斥，相反道德课程的学习成为全部道德学习的核心，而各种活动以及学科的道德影响则成为补充。

人们有关道德教育之争议的焦点在于：道德教育的基础是什么？对于有效的道德教育来说，人们需要从哪里入手？采取怎样的形式？对于这些问题的思考与回答不仅与人们对道德本质的认识与看法有关，同时也与人们对教育之本质的认识与看法不可分割。

（二）教育对道德的影响

无论怎样估计教育对于人的发展或人的完善的价值，都不会过分。康德说："人只有通过教育才能成为人。除了教育从他身上所造就出的东西外，他什么也不是。"教育之所以具有使人成为人的价值，在于所有的教育都不是"以人类的当前状况，而是以人类将来可能的更佳状况，即合乎人性的理念及其完整规定"而开展的。①

每个生活在这个社会中的人都必须讲道德，每个人由于生活在一个教育的社会之中，都或多或少地表现出道德性的一面。人必须讲道德，这是社会对每个个体提出的道德要求，而每个个体之表现出或未表现出道德性，则是人的道德状况的实际表现。人的道德的差异性使得人们不得不去思考这样的问题，即人的道德性的形成问题。当古希腊智者提出要教给人们道德的时候，这个问题就已经被提了出来。无论后来的人们对此问题作出了怎样的思考和探讨，并作出怎样的回答，有关教育对于道德的影响与价值已经为人们所认识——道德与教育密不可分。人们的道德状况，无论是个体的状况还是群体的状况，都直接受制于他或他们所可能接受的道德教育。一切有关道德教育问题的讨论，都建立在这样一个不证自明的前提之上，即教育对于人的道德的形成有着重要的影响。

人因教育而成为人，人因为教育才成为一个有道德的人。这里所说的教育并不仅仅是指学校教育。实际上，当人降临于人世的时候，教育即已经开始。人在生活中所表现出来的不道德，从某种意义上看是其教育的不完善所致。无论是道德习惯的养成，还是辨别善恶之理性能力的获得，都不能离开教育。

教育之于道德的影响是如何发生的呢？对于这个问题的不同回答，则形成不同的道德教育观。人们首先尝试通过对人的道德的构成进行分析，由此揭示出人的道德行为的基本因素，在此基础上确定道德教育的基本所指：为儿童提供道德楷模，以榜样的力量感染儿童；或者通过音乐教育使儿童产生美好的道德情感；或者通过反复的训练，形成良好的道德习惯；或者通过有关善恶的知识教育，通过讲道理，形成辨别善恶的理性能力；或者通过各种历史故事、诗歌以及文学作品等，即通过道德叙事，使年轻人形成社会所期望的道德品德。这些不同的道德教育方法在历史上都为人们所尝试，并且经验证是行之有效的。人们在长期的道德实践过程中，通过代际的传递，而获得有关道德教育的知识，从而在人们对道德教育还缺乏足够的理性认识的条件下，有效地开展道德教育。

然而，随着公立学校的建设，在自由主义价值观的影响下，教育对于道德的影响，和自由主义所提倡的价值观不可避免地发生了冲突。自由主义哲学家的"德育佯谬"的命题正是基于一种价值中立的立场而提出的。所谓"德育佯谬"是指：道德教育要么是不道德的，要么是无效的；有效的德育则表现出不道德性，而道德的德育则又是无

---

① 康德. 康德论教育学 [M]. 赵鹏译. 上海：上海世纪出版集团，2005：5、8.

效的。因为，无论人们可能对教育作出怎样的理解，道德教育都意味着把某种特定的价值观传递给年轻的一代。这个过程必然伴随着强制，而强制恰恰是自由主义所要极力排除的，即便不能排除也要把它降低到尽可能小的程度。价值澄清学派正是与自由主义的教育理念相适应的一种道德教育理论。

（三）道德对教育的影响

在现代社会，人们无不强调教育对于道德的影响。由于坚守这样的信念，因而当人们的道德出现不同程度的问题时，对教育的指责也便是理所当然的。实际上，我们在看到教育对道德的影响的一面时，我们也必须认真地思考与分析道德对于教育的影响与作用。

道德教育大体经历了由习俗性的道德教育到理智化的道德教育、宗教化的道德教育，再到世俗化的道德教育的发展过程。

在很长的一段时间里，所谓的道德教育都是在日常的生活中进行的。各种宗教仪式、庆祝节日的活动、舞蹈、竞赛、戏剧等本身就是道德教育的表现方式。在这种日常性的生活及各种活动中，社会道德习俗成为唯一的行为评判标准。由于道德与风俗、习俗等紧密地联系在一起，因而，道德教育多在家庭的生活中进行。道德学习就是严格遵守个体所在社会的风俗习惯，而在教育的过程中则不允许违背这些行为准则或者对它们有所批评。

然而，随着社会的政治、经济的发展，随着人们的活动领域的扩展，人们所视为理所当然的社会习俗及风气等遇到了与之绝不相容的风俗的挑战。社会风俗习惯的差异性激发了人们的理性思维，同时也激发起人们对道德教育的批判性思考。当苏格拉底提出"美德是否可教"这样的问题并且尝试着从理性的角度对此问题作出肯定性回答时，则道德教育的理性因素便得到了强调。知识与美德的相辅相成，知善与行善的不可分离，使得道德教育成为一个理性的过程，因此奠定了道德教育历史上的理性主义的或主智主义的基础。尽管道德教育的这种立场遇到了亚里士多德的批评，并且认为仅仅掌握道德知识是不够的，还必须加强道德实践、形成道德习惯，这就构成了亚里士多德强调的道德教育的三个方面，即天性、习惯和理性；不过，坚持道德教育的理性传统却由此奠基。

宗教化的道德教育以一种全新的伦理观、爱的伦理观为基础，凭神的启示而建立的永恒规则是所有的人都必须遵循的。人生而有罪的观念成为道德教育的原初起点，而救赎和获得再生则成为道德教育最终的目标。通过基督教教义的传授去领会基督教的基本信条，新的生活就此而展开。一方面是教义的领会，另一方面则突出不断修身，以约束自身中的混乱的天性、培养教义要求的仁慈与宽恕的道德习惯。在这个过程中，赞美诗的成功运用则进一步激发起人们的宗教情感，使得音乐成为道德教育中陶冶情感的重要因素，成为又一个明证。在宗教化的道德教育中，信仰是第一位的，理性仅仅是第二位的。随着宗教改革运动的兴起，宗教化的道德教育也随之而发生一系列的变革，个人的内在情感在道德教育中更受重视。

世俗教育的兴起也带来道德教育观念的变革。超自然的道德教育的原则为自然原则所替代，理性再次获得人们的认同。例如，我们在洛克那里就可以看到再次对理智的肯定。个人品德的形成很大程度上有赖于人们的理智的形成，洛克深信儿童开始具有理智的时刻比我们承认的要早。因此，在进行道德教育时要和儿童讲道理。另一位伟大的作家卢梭则强调要从儿童的天性中发现自然规律，道德教育要遵循儿童的天性。关于理智对儿童道德发展的影响，由于卢梭认为儿童的天性和人的天性一样，是同情心和怜悯心，这些都是人的情感因素，而非人的理性的因素，因而道德教育就应当从这些基本的情感入手。因而在卢梭看来，儿童早期的道德教育，讲道理是不会起到积极的作用的。世俗教育兴起的一个重要的变化，就是宗教内容从公立学校的课程中的排除。在西方的传统中，宗教是最重要的道德教育的途径。当宗教从公立学校排除出去以后，儿童的道德教育的任务则被留给了公立学校。由于宗教与道德的分离，道德的基础便由哲学来予以保证。在这种情形下，不同的道德哲学就会产生对于道德的不同看法，由此而形成了不同的道德教育观。

近代以来道德教育的一个重大的变化，就是围绕着儿童的道德教育，出现了各种不同的道德教育理论和主张。这些各种不同的道德教育的理论与主张之分歧，内在地体现着人们的道德哲学的冲突与分歧。因此，要理解某种道德教育理论，我们就不能不深入理解奠定这些道德教育的道德哲学基础。各种不同的道德教育的主张，都是源自于道德哲学关于道德的本质的不同看法。

二、道德教育的哲学基础

无论是日常的道德教育实践，还是理论形态的道德教育主张，无不内含着某种道德哲学或伦理学。其中，人们对道德本质的认识，直接影响到道德教育的展开。因此，面对并且尝试理解当代社会中所出现的各种道德教育的理论，则首先需要认真地理解和把握为道德教育理论奠基的道德哲学。例如，当代美国社会出现的品格教育以及与之相配套的美德书之类，我们只有把它们与美德伦理学联系在一起，才能够对它有深刻的理解和把握。

（一）道德哲学的古典与现代

古典道德哲学和现代道德哲学在这个问题上存在着深刻的差异，中国的道德哲学和西方的道德哲学之间也同样存在深刻的差异。西方古典道德哲学以古希腊人，特别是以雅典人为代表。古典道德哲学主要是雅典人的道德哲学，是苏格拉底、柏拉图、亚里士多德、伊壁鸠鲁学派成员、斯多葛学派成员的道德哲学。罗尔斯指出，"古代人探讨着达到真正幸福或至善的最合理的途径，他们探索着合乎德性的行为、作为美德之品格的诸方面——勇敢和节制、智慧和正义，这些本身就是善的美德——如何与那个至善发生着关系"，而现代人"首先追问的问题是，他们视什么为正当理性的权威规定，关于理性的这些规定导致了权利、职责和责任。只是在此之后，他们的注意力才转向这些规定允许我们去追求和珍视的善"。[①] 上述论述告诉我们，古代人在道德上所关心的是美德或德性的概念。由于美德或德性是个体理智探索，美德即知识，知识即意味着对事物有正确的概念，知道它们的目的或目标，知道它们对什么有好处，德性就是有关善恶的知识及随后的行善避恶；因而，从古代人的立场出发，则道德哲学就是"自由而律己的理性自身的训练"。当现代人把职责和责任看做道德的核心概念时，则与职责、责任概

---

① 罗尔斯.道德哲学史 [M].张国清译.上海：上海三联书店，2003：4-5.

念相联系的规范便成为人们所关注的对象。以现代人的看法，道德是一套指导我们行动的原则或规则。道德规则告诉我们应该做什么，不要做什么。

这是一个特别要注意的差异。我们之所以要关注这种差异，是因为道德的这种差异性存在而导致道德教育的根本性不同。现代道德哲学关注人的道德义务和关于行动的理论；而古典道德哲学则将重心放在什么样的人是最值得做的和什么样的生活是最值得过的这些问题上。以义务和行动为中心的道德哲学关心的是行事（doing），因此在这些道德哲学体系中道德评价的关注点是规则和行为；美德伦理关心的是做人（being），因此道德评价的关注点是品格（characters）和品质（traits）。这样美德伦理学不把道德标准看做人们应该接受的、表达规则的命题，而是认为道德标准体现在一种人们置身于其中的生活方式之中。① 在美德伦理学看来，仅有正确的行为是不够的。美德伦理学经常用以说明问题的一个事例是：想象一位同事到医院看望生病的你，你对此表示感谢，他回答说，"这算不了什么，是道德要求我这么做的"。在常人看来，这个回答似乎有点可笑，但在主张美德伦理的人们来看，真正可笑的是支持这种回答的道德观。美德伦理的倡导者用这个事例来说明，仅有行为的正确是不够的，人们在做正确的事情时还需要有相应的倾向、动机和情感。这些东西合起来称为美德。在道德评价上，现代道德哲学侧重于行为的对与错；而在亚里士多德的伦理学中，道德评价主要是针对行为的高尚或低劣。

道德选择问题

假设太平洋上有一只轮船失事，只有两个人通过一个木排暂时得以幸存，但这两人在大海中已经漂流数日，面临被饿死的危险。有一天，他们发现漂流在海上的一个全封闭的箱子，把它打捞上来之后他们发现里面有一些食物。他们有理由相信这些食物足以使得其中一个人活下去，直到漂流到某个小岛上而获救。但是，如果他们共同分享这些食物，那么他们都有可能在获救之前死去。现在，假设其中一个人是一位杰出的科学家，他目前正在研究一种治疗肺癌的药物，而且快要取得成功；但不幸的是，他并没有把他的研究透露给其他人和有关部门。因此，如果他死了，那么人类就会遭受重大损失。另外一个人是一个普通人，对于医学没有任何知识，这意味着，即使这个科学家把他的医疗方案告诉这个人，这个人也无法理解，因此不可能把科学家的研究继续下去。除了这个差别外，在所有其他方面，他们之间没有道德上有意义的差别。现在的问题是：对他们两个来说，他们应该采取什么样的行动方案，例如，他们是分享食物等待奇迹出现，还是抛掷一枚硬币来决定谁应该享用这些食物，或者那位普通人应该把食物留给这位科学家？

——徐向东. 美德伦理与道德要求·编者的话 [M]. 南京：江苏人民出版社，2008：2-3.

---

① 程炼. 伦理学关键词 [M]. 北京：北京大学出版社，2007：85.

（二）规范伦理学的三种理论

任何道德行为都可以区分出三个基本的要素，即道德行为本身、道德行为的后果以及道德行为者。道德判断主要是针对道德的这三个基本的因素。不同的道德判断对这三个基本的因素有不同的关注和强调，由此而形成现代道德哲学的三种基本的理论，即义务论者的伦理学、目的论者的伦理学和美德伦理学。

道德哲学中的目的论者判断一个人行为之是否道德，或者是看行为者的内在动机，或者是看行为者的行为后果。功利主义的道德哲学只关注行为带来的结果，并认为只看行为本身，并无所谓对错，行为的对错取决于它们是否产生好的结果。一个行为本身并不具有内在价值，它的好坏取决于它所带来的结果的好坏。因此，正确的行为总是带来最好的后果或最大的善的行为。功利主义的代表人物边沁所提出的功利原则，即最大多数人的最大幸福原则，意味着人类的义务、道德的行为就是最大化功利。边沁指出，"功利原理是指这样的原理：它按照看来势必增大或减少利益有关者之幸福的倾向，亦即促进或妨碍此种幸福的倾向，来赞成或非难任何一项行动"。在边沁那里，所谓的"功利"主要是"幸福"，就是"共同体的幸福"和"个人的幸福"，幸福就是最大的善、最大的功利。①

当一个人的行为是否道德主要是看行为本身是否道德时，这样的立场就被视为义务论者的立场。某种行为在道德上是否正确，在于它是否符合某种或某些义务的限制，而与行为的利益计算没有关系。道德上的目的论与义务论之分歧，在罗尔斯有关正当与善的关系讨论中，得到了较清楚的阐述。在目的论者看来，某种行为在道德上是正确的，只是因为它将某种善最大化了。因此，目的论者先独立地定义善，然后将正当定义为最大限度地促进善。义务论者则相反，它们坚持正当对于善的优先性，强调一个行为本身就具有内在的道德价值，而不管它是否导致可欲的或最佳的后果。而判断行为是否是正当的，则看行为本身是否符合道德原则。

20世纪下半叶以来，在西方有一场美德伦理学的复兴。它们以亚里士多德的美德概念为基础，以行为者的品格为核心。其典型的道德判断既非行为的对错（义务论者），也非行为的善恶（目的论者），而是行为者的整体人格，如"君子"、"小人"、"卑劣"、"邪恶"、"高尚"等。与义务论和目的论将关注的焦点放在行为上不同，美德伦理学将重心放在"什么样的人是最值得做的"和"什么样的生活是最值得过的"这些问题上。

上述关于道德的三个基本的选项，关涉有关道德的三个基本的问题。目的论者如功利主义者所关注的问题是：什么是人类的善？哪些是我们应该去促进和尊重的价值？义务论者所关注的问题是：什么样的行为是正当的或正确的？如何判断它们的对与错？道德给我们的行动提出了哪些限制？而美德伦理学则主要关涉人的品格问题，即我们应该具有和培养哪些品质和美德？行为、行为后果、行为者，三者构成了有关道德的不同选项，由此对社会的道德教育产生了极其深刻的影响，从而形成了不同的道德教育主张。

---

① 边沁. 道德与立法原理导论 [M]. 时殷弘译. 北京：商务印书馆，2000：58.

> **康德的善良意志**
>
> 康德的道德哲学完全基于"善良意志"的概念。拥有一种善良意志,就是依照他所说的实践理性证明为完全正当理由道德原则去行动,其结果就义务。康德认为有两个原因使意志成为至关重要的。首先,他拒不接受这样一种观点,即我们的行动只是物理宇宙中的另外一套事件,它们是由我们不能控制的因素所决定的。他认为我们要对自己所做的事情负责任,否则道德这种说法以及最为康德所看重的人的尊严的概念就没有任何意义了。其次,康德意识到,因人无法控制的理由而去责备别人是没有道理的。我们所做的事情的后果往往是我们所不能控制的,它会受到我们无法预测的事件的影响。因此,他说"唯一绝对善的东西就是善良意志"——亦即我们履行自己义务的善良的意图和尝试。
>
> ——罗伯特·所罗门. 大问题 [M]. 张卜天译. 桂林:广西师范大学出版社,2004:265.

（三）社会政治哲学对道德教育的基础性作用

道德教育最坚实的哲学基础是道德哲学或伦理学。除此之外,政治哲学和社会哲学也深刻地影响着道德教育,并且成为道德教育主张的哲学基础。

人们通常不是生活在隔绝之中,而是在各种社会政治的实践和制度中相互作用的。然而,如何评价我们生活于其中的政治实践和政治制度?隐含在人们的政治实践背后的那些制度和原则是好的还是坏的,是公平的还是不公平的?美国汉密尔顿学院哲学教授西蒙（Robert L. Simon）在论及有关社会政治哲学关注的主要问题时指出:"社会政治哲学关注的是对社会政治制度的道德评价以及人们建议用来评价社会政治秩序的那些原则的发展、阐明和评定。"① 要对社会的政治实践、制度以及秩序进行评定,就需要有一套标准,并且每一种社会政治秩序都内在地体现着某种价值标准,如公正、平等、民主、自由、权利等。无论一个社会及其政治可能将哪一观念视为社会基本的观念,它们都将不可避免地对学校的道德教育产生实质性的影响。教育总是要培养能够很好地服务并维护现存的社会政治秩序的年轻人,因而任何时代的教育都必须在其实践的展开过程中将社会政治秩序所赖以建立的基本价值展现出来,并且通过各种教育活动的开展而使得社会的基本价值内化为年轻人的价值观。

从社会政治哲学的角度来看,道德教育就不仅仅是一个儿童道德学习和道德发展的过程,同时也是一个公民培养与教育的过程,一个社会政治秩序内化的过程。无论道德教育的道德哲学基础是什么,社会政治哲学都会提出这样的要求,即它们不能与社会政治秩序赖以建立的价值观相冲突。

我们在杜威的道德教育理论中可以清晰地看到社会政治哲学对其道德教育主张的影

---

① 罗伯特·L. 西蒙. 社会政治哲学 [M]. 陈喜贵译. 北京:中国人民大学出版社,2009:2.

响。从道德哲学的角度来看,杜威是一个后果主义者、一个目的论者。在杜威那里,一种行为是根据它所产生的影响而判定为伦理上可接受的或者不可接受的。关于"可接受"或"不可接受"并不存在一个固定的评价标准,而是不断地变化的和动态的,与行为发生的情境和环境密不可分。同时,就后果的评判而言,杜威更强调承担责任(后果)的意愿。然而,杜威的道德教育理论同时也深受其社会政治哲学的影响,特别是杜威关于民主社会之理想的追求。对于杜威来说,道德教育必须在生活中进行,并且以一种民主的方式来展开。

价值澄清学派是另一个极为典型的道德教育与社会政治哲学密切相关的理论模型。对于多元化的信奉以及对自由主义基本的自由理念之追求,促使价值澄清学派反对道德灌输,反对将成年人的价值观念传递给年轻人,因为这种灌输或传递内在地包含着强制,因而是违反自由之理念的,是不道德的。受到这种强烈的社会政治哲学的约束,道德教育只能是价值澄清,而把选择交给学生自己完成。

三、道德教育的不同主张

道德教育的实践依赖道德教育的理论引导,其中最重要的引导是道德哲学。不同的道德哲学关于道德的不同理解,直接影响到人们的道德判断,从而也影响到人们道德教育实践的展开。不同社会中的人们有着对道德的不同认识与理解,从而提出不同的道德教育主张。

(一)义务论伦理学与道德教育

对于义务论伦理学与道德教育的关系,我们可以从康德的道德教育学说中看到最清晰的阐述。对于康德来说,教育的总目的的一个重要方面是道德性的,它"基于准则"而非规训,"人们必须让学童从自己的准则而非习惯出发来做好事"。善良意志促成人去完成由普遍法则所要求的义务。人们更多的是出于"义务"而非"偏好"行事,因此,"必须给他们规定义务"。为此,"人们必须尽可能多地通过榜样和规定使他们意识到他们所负有的义务"。儿童必须履行的义务包括:"对自身的义务"、"对他人的义务"。道德教育的最高目的是遵从绝对的命令。"儿童必须被置于某种必然性的法则之下,这种法则必须是普遍性的。"儿童在学校应该遵守学校的规章制度,但最终的目的是要学会服从于人性本身普遍的法则。由此,康德提出一个道德教育的命题:"道德教育的第一要务是确立一种品格,即按照准则来行动的能力——开始时是学校的准则,然后是人性的准则。"而"儿童品格中的首要一条是服从。这种服从是双重的,首先是服从一个领导者的绝对意志,其次是服从领导者的那种被承认为理性和善意的意志"。这是教育必须为之确立的根据,"教育中的一切成功与否,取决于人们是否能在各个领域确立正确的根据,并使得他们能为儿童所理解和接受"。[①] 实际上,如果我们不能够正确地理解康德的道德哲学,我们也就难以理解康德有关道德教育,特别是有关品格塑造论述的意义。只有和康德所提出的普遍的道德法则以及善良意志的概念等联系在一起的

---

① 康德. 康德论教育学 [M]. 赵鹏译. 上海:上海世纪出版集团,2005:5、31、36-37、42-43、46.

时候，康德的道德教育学说才能够得到很好的理解。

从康德有关道德教育的论述中我们可以看到，基于义务论的道德教育，其核心概念是义务、权利、责任、服从等；道德教育就是培养年轻人的义务感和责任感，特别是社会责任感的培养，强调严格的纪律以及在教育教学过程中对权威的服从。由于普遍的道德准则是由主体理性自我立法，因此，服从外在的法则也就是服从自我。由此，在这个服从的过程中，人仍然是自由的，是目的本身而没有成为他人的手段。普遍的道德准则的基础是理性的意志，是理性而非人们的激情或欲望奠定了道德原则的基础，因此，道德教育的任务就不仅在于培养儿童服从的品格，更应当在培养服从的品格过程中，要特别注重"对心灵各种能力的一般培养"。义务论的道德教育，概括起来可以称为"责任教育"。

（二）功利主义伦理学与道德教育

当功利主义伦理学把行为的后果而非行为本身看做道德判断的根本基础时，当最大多数人的最大幸福或最大福祉成为行为后果的评判标准，任何道德行为或规则不过是实现这一终极价值或目的的工具而已时，则基于功利主义伦理学的道德教育就表现出与义务论的道德教育以很大的区别。

与传统的道德教育不同的是，功利主义伦理学支配下的道德教育将人放在首要的地位，注重从现实中的人出发来进行道德教育而非从抽象的人或理念人的理想追求。由于功利主义伦理学所谓的"效果好"，主要是指非道德的"善"或"好"，是指非道德的价值，而不是道德的"善"或道德价值，因此，功利主义伦理学支配下的道德教育，更加注重"义"与"利"的结合。注重义利的结合使得道德教育更加现实而不空泛，但也会带来过分功利化的倾向，有把儿童引向对功利的过分追求的趋势。

功利主义者所说的"功利"或"幸福"并非是在个体的意义上，其价值也不是行动者的某种价值，而是在"大众"的意义上，是中立于行动者的。换言之，功利主义者更多的是从社会的价值或利益出发，其基本的命题是：一个行动是道德的，当且仅当在各种可供选择的行动中，它能够最大限度地提高大众的幸福感。功利主义的理想是使人关心大多数人的幸福。要实现这一理想，密尔认为有两条重要途径：一是法律和社会组织应当尽可能地使个人利益与全社会利益相协调，二是通过教育和舆论的力量来影响人的品格，使每一个人在心灵深处将自己的幸福与多数人的幸福之间建立起不可分割的联系，使"人的利益对他成为自然而又必须顾及的东西"。根据功利主义的人我统一原则，密尔对自我牺牲精神也给予了充分肯定，而且非常重视正义原则，认为正义与功用原则是一致的。

按照功利主义的观点，道德本身不是目的，而是工具，道德的价值就在于它是获得幸福的最佳途径。因此道德标准就不是存在于主观领域之中，而是存在于客观事实之中，存在于效果之中。密尔在强调效果的同时，也适当照顾到了动机。他认为，道德标准是评价行为善恶的标准，而不是评价人善恶的标准，关于行为者品性善恶的考虑与关于行为善恶的评价是两个不同的问题。好的行为结果并不一定表示行为者必定有好的品德，可褒奖的品性也往往发生受人谴责的行为结果。①

---

① 陈何芳. 西方功利主义伦理学对我国道德教育的启示 [J]. 煤炭高等教育，2004（1）.

(三) 美德伦理学与道德教育

尽管我们难以用一个概念来概括功利主义的道德教育主张，但是我们却可以用一个概念来概括美德伦理下的道德教育：道德教育即美德教育或品格教育，道德教育的最终目的在于使个体形成美德，其核心是把人培养成一个什么样的人。当美德伦理把对道德关注的焦点集中到人而非行为本身或行为的后果时，则人的品格或人的品质等就成为道德教育关注的集中点。尽管在不同的历史时期、不同的社会，人们对人的品德或品格有着不同的要求。对于美德伦理来说，人应当具有某种品德或品格，这是毋庸置疑的。古希腊的四德（正义、智慧、勇敢、节制）、中世纪基督教的三德（信仰、希望和慈爱）、富兰克林所提出的"十三德"（节制、少言、秩序、决心、节俭、勤勉、坦诚、公正、中庸、整洁、镇定、节欲、谦逊），都指出美德的获得需要通过教育，通过反复的合乎美德的实践来获得。其中最重要的道德教育的策略就是榜样和仿效。就美德而言，需要有德行的人做出榜样。各种美德的概念化和条理化，需要通过道德楷模来作为活生生的例子，以一个人的整体形象出现。在道德的情况下，人们相信，道德英雄的存在一方面表明他们的成功是其他人也能做到的，另一方面他们比社会习俗和抽象的道德原则、说教更具有激发力。①

在亚里士多德的美德理论中，美德对于美好生活是至关重要的。具有优秀品格的人（美德），总会在他们的生活中的每一个方面展现出美德。因此，儿童应该接受训练，对于生活的要求做出有德性的反应。人是通过具有美德的行为而获得美德的，因此道德教育的关键在于不断地以合乎美德的要求从事实践。②

第二节 中国传统的道德哲学与教育

中国传统的教育，可以说主要是两个方面的教育，即政治教育与道德教育，而核心则是道德教育。中国的思想家和教育家，历来重视学校道德教育，并把它看做教育的首要任务。由此也使得思想家和教育家更多地思考和关注道德教育，留下了丰富的和宝贵的有关道德教育的理论与思想资源。继承我国传统的道德教育的思想遗产，将有助于思考和探索当代学校道德教育所面临的问题。

一、中国传统伦理学与道德

中国古无哲学之称。在先秦时期，一切思想学术统称为"学"。中国传统的思想学术既无哲学之谓，当然也就无道德哲学之说。然而，虽然中国的传统学术思想无道德哲学之说，却并不意味着中国古代及近代以来的思想家们没有对道德进行过哲学的思考。关于道德的哲学思考，即伦理学，专门研究人与人之间的关系，亦称之为道德学。道德教育是建立在人们对道德本质理解的基础之上的。人们对道德本质的不同看法，将决定着把什么看做道德的或不道德的，由此而决定着道德教育的目标、内容、途径与方

---

① 程炼. 伦理学关键词 [M]. 北京：北京大学出版社，2007：92.
② 诺丁斯. 教育哲学 [M]. 许立新译. 北京：北京师范大学出版社，2008：168.

法等。

（一）中国传统伦理学的基本问题

张岱年先生认为，中国传统伦理学的基本问题乃是道德原则问题，道德学或伦理学，主要是研究道德原则、道德规范的学说。"道是行为应当体现的原则，德是实行原则而有所得，亦即道的实际体现。"① 因此，伦理学的主要问题亦被看做道德的最高原则是什么的问题。

传统的伦理学主要思考道德的最高原则问题。而道德的最高原则在不同的时代，则有不同的要求。例如，儒家以仁或仁义为最高原则，在此基础上孟子提出"仁、义、礼、智"四项道德原则。这是中国传统社会占统治地位的道德理论基础。后经董仲舒扩充，而为五项道德原则，即"仁、义、礼、智、信"。墨家以兼爱为最高原则，道家以全生保身为最高原则。不同的伦理学派所提出的不同的道德原则，表明了不同的价值立场。

在中国传统的伦理学看来，人类的道德现象包含有一定的层次。其最高层次是道德理想，然后是道德原则，最具体的是道德规范。道德理想、道德原则与道德规范构成了传统社会的道德层次与序列。道德原则和道德规范具体体现为道德的纲领和条目。占统治地位的儒家伦理学，以仁为最高的道德原则。服从这个道德原则，则形成了忠、信、恕、孝、悌、恭、宽、敏、惠等诸德，构成了儒家的伦理道德规范。董仲舒讲"三纲"、"五常"，"三纲"是纲，是道德原则，"五常"是目，是道德规范。宋元明清的主要思想都肯定了"仁、义、礼、智"是最高的道德原则。到明清时，有所谓八德之说，即"孝、悌、忠、信、礼、义、廉、耻"都是我国古代社会重要的道德原则和规范。

对中国传统的伦理学的基本问题的判断，直接影响到如何看待中国传统社会的道德教育问题。实际上，当一些学者将中国传统的伦理学的基本问题归之于道德原则问题时，另一些学者则倾向于认为中国传统的伦理学更具有德性论的倾向，以为"儒学心性之学正是一种德性伦理学"，并认为"以德性伦理学模式研读儒学已渐成为儒学哲学研究的占主导地位的模式"。1960年，几位儒家学者出版《为中国文化敬告世界人士宣言》，其中写道："在西方伦理学上谈道德，多谈道德规则、道德行为，道德之社会价值及宗教价值，但很少有人特别着重道德之彻底变化。我们自然生命存在之气质，以使此自然的身体之态度气象，都表现我们之德性，同时使德性能润泽此身体之价值。而中国之儒家传统思想中，则自来即重视此点。"② 并由此认为，儒家与近代西方伦理学之间的反差实为基于品格的伦理学与基于准则的伦理学之间的反差。蒙培元更明确地指出，儒学是德性之学，其核心是仁。仁是人类最真实的情感，又有理性的普遍形式，谓之情感理性。仁是人的理性自觉。仁表现在家庭关系中，就是亲情。家庭亲情不仅使人的情感得到安慰，而且是人类幸福的源泉。在社会政治层面，仁主要体现在对人的尊重和关怀，形成以"仁民"为核心的社会政治伦理，其深层意蕴是以人为目的，而不是

---

① 张岱年. 中国伦理思想研究 [M]. 上海：上海人民出版社，1989：1-2.
② 余纪元. 德性之镜 [M]. 林航译. 北京：中国人民大学出版社，2009：（中文版序言）2.

将人视为实现其他目的的工具。在人与自然界的关系上，仁体现为"爱物"、"万物一体"，这是中国古代的深层生态学。就人与自然的关系而言，一切取决于人类的活动：提高人的德性，转变人类的生存方式，培养仁德，提高心灵境界，是实现人与自然和谐统一、可持续发展的内在根据和根本保证。①

作为中国传统伦理学典型代表——儒家伦理学，其理论进路可能并不全然能够用西方伦理学之范畴来加以概括的。其根源在于，中国传统伦理学乃是基于中国特定的伦理道德问题而提出，并服务于特定的社会与政治的需要。因此，简单地用西方伦理学的义务论或德性论来涵盖中国传统的伦理学，就有可能将本质性的东西遮蔽掉。例如，对待儒家之"仁"，我们到底是应该把它看做"道德原则"，还是看做一个整体德性或总括德性？

不同学派所提出的道德原则和规范，主要是处理和调整日常生活中人们所建立起来的各种社会关系，尤其是以家庭为基本单位的人与人之间的关系，包括夫妇关系、兄弟关系，以及由此而产生的朋友关系、长幼关系、君臣上下关系等。与此同时，儒家学说还提出了许多与个人道德行为和精神气质方面的标准，如温、良、恭、俭、让等。后者则被看做人们所必须具备的德性。由此，这些道德原则和规范、德性品质等就构成了中国古代社会道德教育的主要内容。

（二）中国传统伦理学的几个基本关系

中国传统的伦理学所讨论的基本问题是有关道德原则的问题。在对道德原则及道德规范问题的讨论中，不同的学派都会涉及对义利关系、理欲关系的思考和探讨。对这些矛盾关系的不同认识，则成为传统伦理学学派的基本主张，同时也影响到道德教育的内容、方法、手段与途径等。

1. 义与利

义与利是传统伦理学的一大问题。儒家崇尚义而反对言利，认为人之行动，不应该考虑是否符合个人利益，而只应考虑是否应当。"义"即理所当然，即遵循道德原则和道德规范，行应当之事。"义"与"应当"相联系，而所谓"应当"是与人之所为人相联系。人之为人，在于人异于禽兽，做人之为人之事，即为应当。而人之为人之事，已经体现在道德原则和规范之中，体现在社会的基本道德要求之中。孔子以义与利相对照，并将义利和君子小人之为联系在一起，"君子喻于义，小人喻于利"。从日常行为来看，孔子一生"罕言利"，遇事只考虑是否合义，而不考虑是否有利。义利未必是矛盾的，但儒家并不注意是否有利，而只从义出发。孟子说："王何必曰利？亦有仁义而已矣。"② 尽管同样尚义而反对利，其中却包含着义利并非必然冲突的含义，只是不提倡利而已。儒家之所以对利持一种消极的观念，是因为如果人们把利看做重要的，那就会引发矛盾与冲突，会引发社会的混乱。一言以蔽之，注重"利"不利于社会和谐；而"义"则意味着和谐有序。"利"有公利有私利。张岱年先生指出，"所谓利，即是能维持和增进人之生活者，亦即能满足人之生活需要者。然利有公利与私利的区别。凡

---

① 蒙培元. 儒学的核心价值及其意义［J］. 社会科学战线，2009（8）.
② 《孟子·梁惠王上》。

仅能满足一人之生活需要，或且损坏人群之生活者，谓之私利。凡能满足大众之生活需要的，则谓之公利。"① 墨家讨议利关系，认为"义，利也"。不过，墨家所说的利，乃是"国家人民百姓之利"，② 宣称"仁人之所以为事者，必兴天下之利，除去天下之害，以此为事者也"。③ 而儒家所说之"利"，是指个人之私利。汉代董仲舒的名言"正其谊不谋其利，明其道不计其功"④，对处世的义利观更产生了深远的影响。不过，董仲舒所谓"不谋其利"，仍然是指一种"私利"，而非指"公利"，即所谓"为天下兴利"。

其后伦理学有关义利关系问题，大体都遵循义利公私的理路展开，将利区分为公利和私利，如程颢就认为，义利即是公私之别，提出"义与利只是个公与私也"⑤ 的观点。不过，这只是一个大略，其中含有许多复杂的问题和不同的见解。道义与功利，不仅有一个个人利益和社会利益的关系问题，更包含着精神与物质、理和欲的关系问题。伴随着义利公私观念的出现，则有了兼重义利的伦理思想，如王夫之、颜习斋等。

2. 理与欲

中国传统的伦理学说，很早就注意到人欲问题。人们在日常生活中对欲的满足，在伦理学中就转变成一个如何对待欲的哲学问题。先秦儒家主张节欲，孔子说"七十而从心所欲，不逾矩也"⑥，便包含着节欲的思想。孟子则主张"寡欲"，"养心莫善于寡欲：其为人也寡欲，虽有不存焉者寡矣；其为人也多欲，虽有存焉者寡矣"。⑦ 荀子反对去欲或寡欲，而主张节欲或导欲。荀子说："凡语治而待去欲者，无以道欲而困于有欲者也。凡语治而待寡欲者，无以节欲而困于多欲者也。……道者，进则近尽，退则节求，天下莫之若也。"⑧ 墨子重苦行，有禁欲之倾向，但并不否认欲，而是主张要满足人的基本之欲。墨子说："民有三患：饥者不得食，寒者不得衣，劳者不得息，三者民之巨患也。"⑨ 这里的论述便涉及欲的满足问题。

理与欲是宋儒的两个重要的哲学观念。宋儒主张"存天理灭人欲"，由此而形成理欲之辨。理曰天理，所谓天理即自然的普遍的规律性或准则；欲也称人欲或私欲，不是指人之生存所必须满足或不得不满足的欲望，而是指非必然的欲，不是必须满足的欲。朱熹对于天理与人欲的解答很能说明这个问题。《朱子语类》中记载："问饮食之间，孰为天理孰为人欲？曰：饮食者天理也；要求美味，人欲也。"⑩ 张岱年先生解释为：

---

① 张岱年. 中国哲学大纲·中国哲学问题史 [M]. 北京：中国社会科学出版社，1982：386.
② 《墨子·非命上》。
③ 《墨子·兼爱上》。
④ 《汉书·董仲舒传》。
⑤ 《河南程氏遗书》卷十七。
⑥ 《论语·为政》。
⑦ 《孟子·尽心下》。
⑧ 《荀子·正名》。
⑨ 《墨子·经下》。
⑩ 《朱子语类》卷十一。

"满足基本的生活需要是天理;超过一定限度就是人欲。"① 阳明心学在理欲问题上与程朱理学持相同的观念,强调天理人欲之别:"圣人之所以为圣,只是其心纯乎天理而无人欲之杂。"② 其后王夫之、戴震等,则主张理欲之联系与统一。王夫之说,"天理原不舍人欲而别为体"(《周易内传四上》),"有欲斯有理"(《周易外传二》),又说,"理即公欲"(《正蒙注四》)。戴震不承认理欲对立,认为理原于欲,欲之中节就是理,没有欲就无理可言。德与善都是以欲为基础的。

理欲关系问题是一个有关道德原则与利益满足之关系的问题,同时也是一个涉及道德教育的基本出发点问题。不同的理欲关系则引发出不同的道德教育实践。从总体上看,中国传统的伦理学思想强调合理即合德,由此而在道德教育的实践中,强调对欲的压制与限制。在功利主义盛行以及人的欲望膨胀的今天,中国传统伦理学有关理欲关系以及由此而提出来的道德教育思想,对于今日中国之道德教育改革及德育实效性之提高,仍然具有启迪和借鉴意义。

二、中国传统社会道德教育的基本理论问题

任何社会的道德教育之实践,以及人们对道德教育的理性认识,都包含有对道德教育基本理论问题的思考,包括道德教育的地位与作用,道德教育的理论基础以及道德教育过程及品德之构成等。中国传统社会的道德教育思想也不例外。准确地把握和吸引传统道德教育的思想精华,便不能不涉及有关道德教育的基本理论问题。

(一)政治、道德与教育的关系

为什么要进行道德教育?这是一个有关道德教育在社会生活和政治生活中的地位与作用的根本问题。恰恰道德之于社会生活的意义和价值,决定着日常道德教化和学校道德教育的地位与作用。政治、道德和教育,彼此紧密联系而相互印证。

在中国传统的社会中,政治、伦理与教育乃是密不可分的三位一体,呈相互制约的关系。中国传统的政治哲学遵循孔子"为政以德"的理念,强调主张德政。而要实行德政,则必须借助教育,从而达到化民成俗之境界。由此,中国古人多从政治与道德的关系视角来思考教育的地位和作用问题。由于在中国的传统社会中,教育的核心内容是道德教育,因此,有关政治、道德和教育的关系,可概括为政治、道德与道德教育的关系。清人唐甄对此有一个总体性的概括:"古之圣人,言即其行,行即其言,学即其政,政即其学。"③ 德政的理念使得道德教育成为德政的根基。政治上的成败得失决定于伦理道德的好坏,教育则是传播伦理道德的主要手段。

道德教育为德政之根本的思想,在孔子那里得到了最明确的论述。孔子指出:"道之以政,齐之以刑,民免而无耻;道之以德,齐之以礼,有耻且格。"④ 孟子主张"仁政",而道德教育则是实施"仁政"的基本举措,以为"善政不如善教得民心"。"善教"在于

---

① 张岱年. 中国伦理思想研究[M]. 上海:上海人民出版社,1989:136.
② 《传习录·卷上》。
③ 唐甄:《潜书·有为》。
④ 《论语·为政》。

"明人伦"，从而使"仁政"获得坚实的伦理道德基础。《学记》中说，"建国君民，教学为先"。这里的"教学"即是以道德教育为中心。又说："君子如欲化民成俗，其必由学乎！"这就是说，道德教育是建国君民的根本，并应放在首要地位。受"为政以德"政治哲学理念的支配，宋代以来，许多儒学大师无不强调和突出道德教育之作用。

中国古代教育家之所以特别注重道德教育，是与他们对道德教育的作用之看法分不开的。首先，只有加强道德教育才能修身，而修身则是齐家、治国、平天下的前提。通过道德教育，人们就会按照"礼"或"纲常"行事，即按照一定的伦理道德准则和规范约束自己的言行，使人不敢违背伦理道德准则和规范。其次，道德教育不仅能够"正己"，而且亦能够"正人"。孔子说，"不能正其身，如正人何？""其身正，不令而行；其身不正，虽令不从。(《论语·子路》)""政者，正也。""子欲善而民善。君子之德风，小人之德草，草上之风，必偃。"(《论语·颜渊》) 道德教育与道德、与政治的关系，在这样的论述中得到了最明确的表达。

(二) 道德教育的人性论问题

人性问题是中国传统伦理学中的一个重要问题。在中国古典哲学中，关于人性，讨论得最多的是人性善恶问题。与此相关的还有人性意义问题，即何谓人性以及人性是否可以发展变化等。但对道德而言更为重要的，是人性之善恶的问题。

关于人性之善恶，战国以来代表性的观点有：性善论、性恶论、性无善无恶论、性亦善亦恶论、性三品论和性二元论等。孟子持性善之说，认为人人都有恻隐之心、羞恶之心、辞让之心、是非之心，这些都是人的道德意识的萌芽，有待于培养和扩充。由此认为："仁义理智非由外铄我也，我固有之也，弗思耳矣。"同时又说，"心之官则思，思则得之，不思则不得也"，"至于心，独无所同然乎？心之所同然者何也？谓理也，义也"。① 人为善在于人有同情之心，一种可以理解为先验的道德基础；同时也因为人有理性思维能力。一切道德都皆由"心"而来。"心"既是道德得以存在的基础("四端")，同时也是道德得以存在的保证("思")。然而，人尽管都拥有"四端"，并且都有"心之官"，但需要一定的外在条件，才可促使人们成为有德之人，这就是道德教育。

荀子则主张性恶，认为人生来都有好利、嫉恶、好声色等恶欲。"今人之性，生而好利焉，顺是，故争夺生而辞让亡焉。生而有疾恶焉，顺是，故残贼生而忠信亡焉。生而有耳目之欲，有好声色焉，顺是，故淫乱生而礼义文理亡焉。然则从人之性，顺人之情，必出于争夺，合于犯分乱理而归于暴。故必将有师法之化，礼义之道，然后出于辞让，合于文理而归于治。用此观之，人之性恶明矣，其善者伪也。"伪即人为。这就是说，人之性都是恶的，善则是人为的结果，是外在干预的结果。人性恶，但人有为善之可能，此善依赖于教育，依赖于"师法"、"礼义"、"法度"等。因此，荀子又说："今人无师法，则偏险而不正，无礼义，则悖乱而不治。古者圣王以人之性恶，以为偏险而不正，悖乱而不治。是以为之起礼义，制法度，以矫饰人之情性而正之，以扰化人之情性而导之也，始皆出于治，合于道者也。"②

---

① 《孟子·告子上》。
② 《荀子·性恶》。

尽管中国古代的伦理学家们关于人性的看法彼此分歧很大,然而,隐藏在关于人性之争差异背后的,则有着共同的看法,即人之为善乃是可能的,也是有条件的。当然,由于对人性的看法不同,因而,他们对人之为善的可能性条件也就有着不同的理解。不过,从总体上看,中国古代的哲学家都强调道德教育的必要性。例如,在孟子看来,"善端"能否发展,全靠后天的教育。荀子尽管主张性恶,但也认为,人性"出于辞让,合于文理,而归于治",即也同样需要道德教育。因为每个人都具有"可以知之质,可以能之具",只要"专心一志,思索熟察,加日县久,积善而不息,则通于神明,参于天地矣"。①

(三) 品德的构成与道德教育过程

中国古代伦理学,其理论的进路是义务论的,其基本的问题是确定最高的道德原则。然而,其道德教育却又强调内在的修养,强调提高思想觉悟,达到人格完善。因此,古典的伦理学非常注重道德修养和理想人格。从教育的角度来看,中国的伦理学又是德性伦理学。这使得中国传统社会的道德教育是一种混合着人格培养与规范服从的双重意味。一方面,由于把道德看做确定和调整人们之间各种关系的准则和规范,而道德教育就是使每个人都能够认识、实行这些准则和规范,因此,道德教育特别强调对外在道德原则与规范的遵从;另一方面,道德教育又强调"修身"和"正己",从而使得个体对道德原则和规范的遵从又具有内在的自觉。由此出发,"人品"(现代伦理学所谓的"人格")便成为道德教育的主要目标之一,也成为道德构成分析的出发点。

当代道德教育理论思考品德教育问题时,多将品德的构成划分为知、情、意、行四个方面。例如,《中国大百科全书·教育》把"道德品质教育"定义为:"教育者有目的、有计划、有组织地对受教育者施加一定的影响,促进他们的道德认识、情感、意志和行为习惯形成与发展的活动。"并认为,知、情、意、行四个方面是相互联系、相互促进的心理结构整体,因而学生的品德的发展乃是整体性的发展。②

中国古代教育家在论述品德构成时,亦已经提出知、情、意,或知、情、意、行等观点,不仅强调要提高人们的道德认识,更强调要培养人们的道德意志和道德行为习惯的养成。孔子要求学生要知仁、知礼、知道,不仅要有道德认识,更强调道德情感("好仁"、"恶不仁")的陶冶,重视道德意志和道德行为习惯的培养("无终食之间违仁,造次必于是,颠沛必于是")。曾子讲"吾日三省吾身",也包含着知、情、意、行等几个方面。孟子把道德品质概括为仁、义、礼、智等几个方面,要求既要知之,又要好之,更要立志行之。荀子提倡"君子之学"要"入乎耳、著乎心、布乎四体,形乎动静",做到"闻"、"见"、"知"、"行"。后世的教育家也都是围绕知、情、意、行等方面来思考和探讨道德品质的培养问题。董仲舒把"三纲"、"五常"看做社会的基本道德准则,而仁义则是道德的最高要求。董仲舒认为,人们之所以出现道德方面的问题,是因为"知之所不明",突出了道德认识的重要意义。同时也强调"强勉行道,则德日起而大有功"(《对策一》),表明了对道德意志和道德行为训练之重要性的认识。

---

① 《荀子·性恶》。
② 中国大百科全书·教育 [Z]. 中国大百科全书出版社,1985:47、60.

朱熹同样从知、情、意、行出发来思考道德教育问题，认为小学阶段的主要任务是"学其事"，认为人生八岁入小学，'而教之洒扫应对进退之节，礼乐射御书数之文"①，又说，"小学是事，如事君、事父、事兄、处友等事，只是教他依规矩做去"。② 十五岁进入大学阶段，教育就由"学其事"而转向"明其理"，"教之以穷理正心，修己正人之道"。③ 心学代表人物王守仁主张"致良知"和"知行合一"。王夫之认为行先知后，知行相互为用，因而主张知行并进。

三、中国传统社会的道德教育经验

以道德教育为主体的中国传统社会教育，在其漫长的历史发展过程中，积累了丰富的经验。尽管道德教育内含的伦理道德观的差异而使得这些经验不可避免地具有时代的局限性，然而当我们将这些不合时代精神的伦理道德观清除之后，那么就会发现，它们的许多方面的内容仍然能够为我们这个时代所借鉴。这种古为今用的合理性就在于，道德教育虽然包含着特殊强烈的道德价值观念，然而道德教育亦有其自身发展的规律性。道德教育的内在规律性，使得它在某些方面能够超越时代与历史的局限而普适于人类社会。而古代教育家关于道德教育的思考与探讨，总是会或多或少地包含着对道德教育的规律性认识。

（一）道德修养与道德自觉

中国传统社会的道德教育讲究"成于内"而"形于外"。"成于内"在于将外在的道德原则和规范内化为自身人格；"形于外"则强调以身体力行为践行道德原则与规范。为此，儒家的道德教育特别强调修身，并由此而提出"修身"、"养心（性）"之说。《论语》记载："子路问君子，子曰：修己以敬。曰：如斯而已乎？曰：修己以安人。曰：如斯而已乎？曰：修己以安百姓。修己以安百姓，尧舜其犹病诸？"④ 以张岱年先生的解读，修己即整饬自己的言行，使自己的言行无不合乎原则。⑤《大学》也讲"修身"，指出，"自天子以至于庶人，壹是皆以修身为本"。

"修身"与"养心（性）"，一个重要的方面在于自我省察。自我省察着眼于自我教育，以反省为要务。曾子说，"吾日三省吾身"⑥，就是要发现自己身上存在的缺点与不足。孔子说，"见贤思齐焉，见不贤而内自省也"⑦，即使是看到他人身上存在的缺点，也要对自己作一番自省，以防止类似的缺点出现在自己的身上。这是一种严格的自我要求与自我约束。当今道德教育，也对学生提出自我反省与自我检讨的要求。不过，这种自我反省与自我检讨却是基于外在的强制性要求，而非出于自觉。孟子则更加强调"反求诸己"。宋明理学以"存天理灭人欲"为道德教育之核心，更加强调自我修

---

① 《大学章句·序》。
② 《朱子语类》卷七。
③ 《大学章句·序》。
④ 《论语·宪问》。
⑤ 张岱年．中国伦理思想研究［M］．上海：上海人民出版社，1989：213．
⑥ 《论语·学而》。
⑦ 《论语·里仁》。

养，自我反省。周敦颐认为，圣人之道即"至诚"；为此，要清除一切杂念，做到一个"静"字，然后才能达到"自明"的境界。王阳明认为"致良知"的根本在于"省察克治之功"①。"修身"与"养心（性）"的另一方面就是"自我克制"。如孔子主张"克己复礼"，使自己的言行符合社会的伦理道德原则和规范。《大学》提出"慎独"的理念，亦主张自我克制，要求人们在独处时亦能自觉遵守伦理道德规范。董仲舒则提出"以义正我"的教育主张。

（二）知与行

张岱年先生指出："道德所以为道德，在于不仅是思想认识，而更是行为的规范。道德决不能徒托空言，而必须见之于实际行动。因此，道德修养方法固然包括认识方法，而主要是行动的方法，提高生活境界的方法。道德修养兼该'知'与'行'两个方面。"② 这一概括大体可以厘清中国古代伦理道德教育一脉相传的传统。

知与行的关系，是中国古代道德教育理论中长期争论问题。尽管争论的核心是知与行的先后关系问题，但是所有的教育家都注重在道德教育中既要注重知（道德认识），同时也要注重行（道德行为），争论的焦点在于哪个为先哪个为后。朱熹主张知先行后，王守仁主张知行合一，王夫之则主张行先知后、知行并进。知与行的关系当然会直接影响到道德教育的过程展开与具体的方法。但是，我们在有关知行关系问题的争论上也可以看到没有争议的共同点，即不同的教育家都主张知行应该是统一的，都意识到知与行对道德品质培养的不可或缺性，肯定伦理学说不仅是理论，更必须见之于行动。由于"知"通常总是和语言联系在一起的，并且离不开语言的表达，因此，知行统一问题也表现为言与行的关系问题。

中国古代的教育家强调知行统一或言行一致。这既是道德教育的基本原则，也是对人的基本道德要求。孔子主张要"敏于事而慎于言"，"讷于言而敏于行"，强调"言必信，行必果"。而对学生的考察则注重"听其言而观其行"。孟子尽管强调"存其心，养其性"，③ 但也特别强调道德修养要在实际行动中不断积累，反对"一曝十寒"和"揠苗助长"。荀子主张为学要做到"入乎耳，箸乎心，布乎四体，形乎动静"，突出"学至于行而止"。④ 董仲舒认为，性之善恶，道德之好坏，都是体现在行动上，并通过行动才能分辨得清。因此强调教育学生"既美其道，又慎其行"。⑤ 宋代以后，尽管人们关于伦理道德的观点存在很多的分歧甚至是对立，但普遍注重道德修养要身体力行。朱熹虽然把知放在行之先，却并不认为行不重要，相反，就一个人的道德而言，行更为重要。在朱熹看来，"论先后，当以知为先；论轻重，当以力行为重"。⑥ 明代的许多教育家尽管反对程朱学派的读书穷理，但在躬行实践方面却与程朱学派保持高度的

---

① 《传习录上》。
② 张岱年. 中国伦理思想研究 [M]. 上海：上海人民出版社，1989：219.
③ 《孟子·尽心上》。
④ 《荀子·劝学》。
⑤ 《春秋繁露·玉杯》。
⑥ 《朱子语录》卷九。

一致性。王守仁从"心即理"、"致良知"出发,强调道德教育要从细微处用工夫,突出"立志"与"躬行"对于道德修养的重要性。王夫之在学术见解上与程朱理学、阳明心学存在着极大的分歧,但也同样主张道德教育要有"勤勉之功",要持续不断地进行实际锻炼。他说:"君子之道,譬如行远必自迩,譬如登高必自卑。……行无有不积,登无有不渐,迩积而远矣,卑渐而高矣。故积小者渐大也,积微者渐著也。"①

道德教育注重身体力行,其目的在于将外在的道德准则或规范内化为个体的品质,培养良好的道德行为习惯,从而以一种更加自觉的方式来践行道德原则和规范。这个传统一直延续到今天,从而成为我国道德教育的传统基础。

(三) 善与过

"善"则是在一个人身上所表现出来的合道德的特质,"过"是指一个人在道德上的过失、缺点、错误或不足。每个人都是生活在一定的家庭和社会环境之中,并且耳濡目染,在日常的生活中受到伦理道德的熏陶或者受到不良的影响,而自觉或不自觉地获得了一定社会的道德性或不道德性,由此而构成一个人的优点和缺点。优点或不足都是站在一定的道德立场,以一定的伦理道德观来审视的结果。道德教育就是让受教育者克服缺点,发扬优点,所谓"长善救失"、"发过迁善",这种道德教育的思想为历来的教育家所主张。

每个人都有过失或过错,关键是对待过错或过失的态度。面对过错,不应该掩饰,也不应该文过饰非。小人之为小人,就在于"文过";君子之为君子,就在于他能够"更过",孔子所谓"君子之过也,如日月之食焉:过也,人皆见之;更也,人皆仰之。""过则无惮改","不二过"。② 这是中国传统道德教育思想中最为人们所关注的内容。"过"又往往是与批评联系在一起的。因此,在道德教育的过程中,不仅仅教育学生正确地对待"过",而且要正确地对待他人对其"过"的批评,更需要从他人的身上吸取长处和优点,从他人的缺点和错误中吸取教训。因此,在教育的过程中,孔子所忧者之一就是"不善不能改"。孟子则主张"闻过则喜","见善则迁"。当孟子将"子路人告之以过则喜,禹闻善言则拜"作为道德趣事而讲述的时候,这种以赞赏的口吻而讲述的道德故事本身就能够看出孟子非常重视改过迁善。荀子虽主张性恶论,却也认为道德修养的过程应该是见善以自存,见不善以自省乃最为根本,也是强调改过迁善的精神。荀子尤其主张要倾听他人的批评,并把"非我"者看做自己的教师。荀子说:"非我而当者,吾师也;是我而当者,吾友也;谄谀我者,吾贼也。"③《学记》则提出"长善救失"的思想,以为"教也者,长善而救其失者也"。何谓"失"?《学记》中提出"学者四失"的观点,即"人之学也,或失则多,或失则寡,或失则易,或失则止"。"改过迁善"与"长善救失"都主张要克服缺点,发扬长处。区别在于,"改过迁善"主要是强调学习他人之长,而克服自身之短;"长善救失"则突出发扬自身的长处,克服自己身上的缺点。

"改过迁善"与"长善救失"的思想在其后的教育家有关道德教育的论述中都得到

---

① 《四书训义》卷三。
② 《论语·子张》。
③ 《荀子·修身》。

了进一步的发挥，并在道德教育实践中受到了特别的重视。汉魏年间的徐干（建安七子之一）指出："君子之所贵者，迁善惧其不及，改过恶其有余。"① 南北朝时期的王通认为，"痛莫大于不闻过"。② 元代教育家许衡认为，道德教育要做好两个方面的事情，一是培养已有的善端，二是防止可能的恶端，由此而提出"教人当教其短"的思想。宋明理学把"天理"看做善，把"人欲"视为恶，主张"存天理，灭人欲"，其中同样包含着"改过迁善"的思想。王阳明尤其重视处理道德教育中的善与过的关系。他说："夫过者，自大贤所不免，然不害其卒为大贤者，为其能改也。故不贵于无过而贵于能过改。"而改过的关键是要认识到自己的不足，所谓"学须反己……若能反己，方见自己有许多未尽处，奚暇责人"。③ 明清之际反理学的王夫之，论及道德教育，强调教师要"知其人德性之长而利导之，尤必知其人气质之偏而变化之"。④

古代教育家给今天道德教育的启发在于，在道德教育的过程中，是不能够把善与过分割开来的。"改过"并不意味着"迁善"，同样，"迁善"也并不意味着"改过"，"长善"与"救失"也是同样的关系。有效的道德教育实践需要把"改过"与"迁善"，"救失"与"长善"紧密地结合起来。从教师的角度来看，则既要看到学生的长处，并通过鼓励和正面强化而发扬之；同时也要看到学生身上存在的缺点和不足之处，通过恰当的方法而不断地变化其不足，使其向好的方向发展。

第三节 现代西方的道德哲学与教育

20世纪下半叶以来，在西方出现了不同的道德教育理论流派，如道德认知发展理论、社会学习理论、价值澄清理论、体谅或关怀德育模式、品格教育理论等。各种不同的道德教育理论流派的出现，当然有其深刻的社会道德背景，特别是西方社会出现的社会道德危机；然而，就解决道德危机的策略选择而言，则其中都内在地包含着人们的道德哲学观。可以说，现代西方的教育，特别是学校的道德教育，深受道德哲学的影响。各种道德教育主张之提出，与人们对道德的看法有着密不可分的关系。

一、价值澄清学派

20世纪60年代，美国兴起一个新的道德教育理论流派，即价值澄清理论。这是当代道德教育复兴运动中最富有争议、应用也较为广泛的一种学校道德教育的改革尝试。其代表作以路易斯·拉斯思（L. Raths）、哈明（M. Harmin）、西蒙（S. B. Simon）合著的《价值与教学》为经典。在这本书中，价值澄清的理论和方法第一次得到了系统的论述。

（一）价值澄清学派的道德哲学基础

价值澄清理论学派的产生有其复杂的社会背景因素。其中的一个重要的社会背景因

---

① 《中论·虚道》。
② 《中说》。
③ 王守仁：《传习录十》。
④ 《四书训义》卷十五。

素是，美国所处的多元化背景以及社会价值观念的快速变化。价值的多元化使得儿童获得一个稳定的价值观念变得极为困难，同时这种观念也极易遭到自由主义者的强烈批判与不满。传统的德育方法，诸如说教、榜样、说服、限制性选择、鼓励、规则与制度、运用艺术和文学作品、文化与宗教信条、诉诸良心等，都是以确定的价值观教育为前提，并且这些确定的价值观能够为社会所普遍信奉，而不会有质疑与反对。然而，当价值观日益多元且变动不居的时候，传统的德育方法就显得无所适从。价值澄清理论学派的倡导者们对此指出，他们从不怀疑这些方法在过去对于控制人们的行为、形成信念和态度有着很好的教育意义，但是这些方法已经不适应于他们所处的美国社会了。"我们毫不怀疑上述方法……然而，我们断言它们未曾也未能通往我们所关注的价值。我们所理解的价值代表了自由和审慎的选择，而这种选择是理智的人类与复杂的、多变的环境交互作用的结果。"① 在价值澄清学派看来，上述这些方法似乎并没有产生任何坚定的信仰。人们所期望的价值，如荣誉、勇气、奉献、技艺、节俭、爱等，并没有成为指导公民的行为价值。它们似乎未能很好地发挥作用。正是因为传统的道德教育方法的低效或无能，才使得价值澄清学派尝试着探讨新的方法。

价值澄清学派所持有的核心的道德教育的理念，即自由的选择。价值澄清理论认为，在充满困惑和不确定的事物的时期，道德教育的目的是要通过鼓励学生进行审慎和全面的思考，从而澄清自己的价值观，因而谓之价值澄清。与此相反，"正确的"价值观是预先确定的，以某种说服、逼迫或强加的方式被传授给其他人。"自由选择"，这是贯穿于价值澄清理论的关键词，也是一个统领性的概念。无论是针对传统的道德教育方法的批评，还是立足于自身理论的辩护与建构，自由选择都是其基本的概念。正如拉思斯所指出的那样，传统的德育方法之所以应该被拒斥，就是因为它有太多"灌输的味道"，而"自由式探究、深思熟虑和理性的思想似乎茫然无存。一般所用的方法好像并不在于如何帮助儿童发展评价过程，而是怎样说服儿童接纳'正确的'价值观"。②

在这种道德教育理念的支配下，价值澄清学派认为，"如何获得道德观念"比"获得怎样的道德观念"更为重要。传统的学校德育强调后者，并尝试通过各种方法将某种特定的观念教给学生，而价值澄清学派则更为重视对前一个问题的思考，许多研究者致力于判断人们所拥有的价值，而不重视他们如何获得这些价值的过程。就我们而言，我们更为关注个体是从何处形成有关勤俭的思想，而不是个体是否崇尚勤俭。对于价值澄清学派的倡导者来说，学校德育的主要任务并不在于传授"正确的"价值观，而在于帮助学生澄清其自身的价值观，这样学生就可以获得最好的适合于自己的环境的价值观，同时他也可以调整自身去适应变化着的世界，能够在变化着的世界中扮演一个理智的角色。

从价值澄清理论学派有关价值澄清作为一种德育方法的阐述中，我们大体可以见到其所隐含着的道德哲学观：人们所生活的社会乃是价值观充满着相互冲突的社会；在这个充满着冲突的社会中，根本就没有公认的或为全体人民所认可的道德原则或价值观。由此，在学校德育中，任何想把某种价值观或道德原则传授给学生的老师，都会面临着

---

① 拉思斯. 价值与教学 [M]. 谭松贤译. 杭州：浙江教育出版社，2003：41.
② 拉思斯. 价值与教学 [M]. 谭松贤译. 杭州：浙江教育出版社，2003：42.

一种自由主义者的道德指控。这种指控的突出之处在于教师不能够将价值观直接地教给学生，而只能通过学习评价分析和批判性思考，来帮助学生形成适合于他自己的价值观体系。正如拉思斯所说的那样，"我们的价值理论和源自它的教学策略认为，人们可以通过选择、珍视和行动这一明智的过程来形成价值"。①

概言之，对于价值澄清学派来说，价值澄清最终的目标在于帮助年轻人学会进行道德选择。价值的相对性、多元性以及变动不居性，作为这个理论的前提与出发点，其内在的哲学理念是自由主义的，同时也深受美国的实用主义的哲学传统的影响，强调价值与环境的相互关联性。而当道德教育变成一种价值澄清的时候，我们可以在这种道德教育理论主张中看到分析哲学，特别是日常语言学派的分析教育哲学的影子。

（二）价值澄清学派的基本模式

正确地理解和把握价值澄清学派，就需要深入地思考和理解拉思斯等人对价值观的看法。在拉思斯看来，价值源自个人的经验，不同的经验会导致不同的价值观，而任何个人的价值观随其经验的积累和改变而更改。因为个体与其所处的周围世界处于变动的关系之中，因此个体的价值观就会以个体的经验以及所处周围世界的变化而变化，不存在一成不变的价值观。价值观始终是与形成和检验它们的经验相联系的。在经过充分的锤炼之后，个体常常会形成某种评价和行为方式，即某些事物被视为正确的、值得向往的抑或是有价值的。这些事物就成为我们的价值观。此外，拉思斯还认为，不管个体获得怎样的价值，它们应最有效地发生影响，从而以令人满意和明智的方式使个体与他的内部世界和外部世界相联系。②

价值澄清学派最为人们所关注的应该是在道德教育实践方面，也就是关于如何培养学生的价值观。价值澄清学派认为价值的形成有七个过程，即（1）自由的选择；（2）从各种可能的选择中进行选择；（3）对每一种可能选择的后果进行审慎思考后作出选择；（4）珍爱，对选择感到满意；（5）愿意向别人确认自己的选择；（6）根据选择行动；（7）以某种生活方式不断重复。这七个过程可分为三个过程，即选择、珍视和行动。前三个归于选择，第四、第五个是珍视，最后两个是行动。这七个过程同时也是价值的评价标准，也就是说只有符合以上七个条件的才被称为价值，只有经过了认真的选择、从内心里尊重认可，然后付诸实践的才是真正的价值。价值就是评价过程的结果。

基于价值形成的过程，拉思斯提出了不能算作价值的七种情形：它并非经自由选择而来；缺少一种或多种的可加以利用的可能选择；它的选择缺乏深思熟虑；它没有被珍视；拒绝向所有他人承认；它并没有过以某种形式表现于个体的实际行为中；它只是昙花一现般的爱好，犹如过眼云烟。

对于教师来说，如果要想帮助学生发展其价值观，则同样需要从这七个方面入手：鼓励儿童自由地作出更多的选择；在面临诸多选择的时候，帮助他们发现其他可能的选择；帮助儿童审慎地权衡各种可能选择，同时思考每种选择的可能后果；鼓励儿童思考他们所珍视或所珍爱的事物；向儿童提供确认其选择的机会；鼓励儿童按照自己的选择

---

① 拉思斯．价值与教学［M］．谭松贤译．杭州：浙江教育出版社，2003：7-8.
② 拉思斯．价值与教学［M］．谭松贤译．杭州：浙江教育出版社，2003：24-25.

行动；帮助他们意识到不断重复的行为或生活方式。这既是一个教育的过程，同时也是一个评价的过程，其意图在于帮助儿童独自澄清他们所珍视的事物。道德教育以此过程展开，并不是要竭力说服儿童接受某种预先确定的价值观，而是在其中体现了民主的观念：让他们学会作出自己的决定。

（三）价值澄清学派的方法论

价值澄清学派的道德教育方法论，一言以蔽之，可称之为教育学生"学会选择"。为此，价值澄清学派发展出一套完整的有关价值澄清的方法论。从价值澄清的内容来看，需要教师帮助学生加以澄清的内容主要涉及三个方面。一是被称为"价值指示"方面，包括：目标、抱负、兴趣、情感、活动和烦恼等。二是那些人们都面临并经常使生活复杂化的个人问题，此类问题包括如何应对恐惧或愿望、怎样才能得到成人和同辈的认可、怎样才能彻底抵制低劣的冲动等。就青少年而言，这类问题包括爱情、友谊、性以及工作在生活中的作用等方面。三是有关社会方面的问题，这类问题主要涉及个体与社会的关系：个体该如何对待规则，家庭、邻居或学校里的变化，与他人合作，解决自身利益与社会利益之间的紧张状况等。为更好地帮助学生进行上述三个方面的思想澄清，价值澄清学派发展出若干策略。在《价值与教学》一书中，拉思斯列举了"对话策略"、"书写策略"、"讨论策略"、"提高对结果意识的策略"以及其他19种策略，每一种策略都有其有效的适用对象与领地。

对话策略是教师针对学生所说的话或所做的事而作出的反应，旨在鼓励学生进行特别的思考。对话策略适用于价值澄清学派所认为的"价值指示"，即目标或目的、抱负、态度、兴趣、情感、信仰或信念、活动以及烦恼等澄清事实。对话策略通常是每次指向一个学生，经常是以短暂的、非正式的会话的形式出现在课堂上、走廊里、操场上或教师能接触到其言行会引起这种反应的学生的任何其他地方。下面这个例子是拉思斯用来说明对话策略的一个典型案例。

价值澄清的对话策略

学生：我相信人人生而平等。

教师：你说这话是什么意思？

学生：我想我的意思是，所有人是一样出色的，不应该有人凌驾于其他人之上。

教师：你的观点是否表明，在我们这个世界甚至这所学校和这个城市里必须进行某些变革？（确认）

学生：噢，是许多变革。要不要我列举一些变革？

教师：不，我们得回到拼写课上了，但是我刚才一直在想你是否会为其中的某些变革而努力，并实实在在地竭力使之成为现实。（促进其思考如何付诸实践）

学生：现在还不行，但以后我会尽力而为的。

教师：我懂了。现在让我们回到拼写课上。

——拉思斯. 价值与教学 [M]. 谭松贤译. 杭州：浙江教育出版社，2003：53-54.

在这个例子中,首先教师通过问学生"这句话是什么意思"来回应学生的观点,并通过提出使这一观点具体化,让学生更清楚地知道自己的想法。第二个反应:"你的观点是否表明,在我们这个世界甚至这所学校和这个城市里必须进行某些变革?"这可视为对学生观点的认同,或者说帮助学生确认他自己的看法,这两个澄清反应可视为第五个评价过程:确认。第三个反应:"我刚才一直在想你是否会为其中的某些变革而努力,并实实在在地竭力使之成为现实。"这可视为第六个过程:依据选择行动。最后,对话被中断了,但这种谈话很显然确实会使学生去思考一些问题,比如我该为我的想法做些什么呢,我该如何去做,等等,这样就达到了价值澄清的目的,即促进学生自己思维。①

书写策略则针对对话策略局限于某一个学生的不足,而将价值澄清引向团体,因而是一种着眼于团体的价值澄清策略。为此,拉思斯等提出"价值单"概念,即以一种宽松而令人兴奋的方式使学生注意其中的一些事情,其目的是鼓励学生自由地审慎地作出理智的选择,并使自己的行动合乎这一选择。其具体的做法是:某一发人深思的陈述或一系列问题,被复制在一张纸上并被分发给学生,以便以一种更加直观的形式向学生呈现教师认为对学生有价值意义的问题,促使学生带着这一问题从头至尾历经价值澄清过程。每个学生都必须亲自完成价值单,并将答案写在纸上。然后,学生之间或师生之间就上述答案进行交流,或者将答案当做大规模讨论或小规模讨论的基础。

价值澄清的书写策略

价值单3 闲暇

说明:请以书面形式回答下列问题,星期一上交。我会挑选其中的一些回答在课堂上不透露姓名地宣读,在其他课之后我们也许会抽时间公开讨论这些问题。

漫画家奥本斯说过:

如果我们享有闲暇时间——我们必须限制我们的努力,而这要求作出真正成熟的决定,在主要原则上不可模糊不清。

我们打算刈多少草坪?如果我们决定要刈的草坪微乎其微,我们就会拥有许多空闲时间,但人感到枯燥乏味。假如我们选择给广袤无垠的草坪刈草,我们就会感到疲惫不堪、急躁不安、心烦意乱、失去理性。

(1) 奥本斯在说什么?他要刈的"草坪"是怎样的?

(2) 你能否根据自己的观察详尽描述"毫无生气的脸"?感到兴致索然的人做什么样的事情?

---

① 周瑜. 关于价值澄清理论的几点思考 [J]. 思想政治教育研究,2005(5).

> （3）就你本人而言，奥本斯对你说了什么？
> （4）你是否基本同意他的观点？你会在哪些方面改变他所说的话，以便使之能更准确地描述你在这方面的实际想法？
> （5）事实上你会怎样调整这一领域的问题的处理方式？你会怎样着手？先做什么？其次？在什么时候开始？在接下去的3个月内，你会做些什么？再以后呢？
> （6）你是怎样给自己的草坪刈草的？你认为你很少刈草吗？如果你刈的草不计其数，那么你是怎样判断的？你会以怎样的方式减少刈草？以怎样的方式多刈草？你会如何作出决定？（如果你今后将根据这份价值单改变自己的生活，请告诉我们）
> ——拉思斯．价值与教学［M］．谭松贤译．杭州：浙江教育出版社，2003：96-97．

在书写策略的基础上，价值澄清学派进一步提出讨论策略，以解决学生在讨论的过程中所出现的各种问题。在拉思斯等人看来，大规模的团体讨论常常未能满足教师的期望。教师怀着良好的意图——使学生参与讨论，刺激其思维，鼓励他们相互学习，以及激发学生对话题兴趣而参与这种讨论。然而，在整个讨论的过程中，特别是长时间的讨论过程中，经常会出现团体讨论的分化现象，即若干学生私下的窃语，或者成为几个学生的演讲舞台，多数学生则成为讨论的看客或观察者。因此，团体讨论需要缜密的计划，并将讨论划分为四个步骤：选择主题、鼓励学生谨言慎行、组织交流，以及帮助学生汲取知识。

倘若我们撇开价值澄清学派所持的价值之相互冲突的前提、自由主义的哲学立场以及价值相对主义的主张，从发现学生所持有的价值观或思想出发，这种道德教育的主张则对我们的日常道德教育很有启发意义。其启发价值会在于，通过各种对话、书写、讨论等策略，教师可以更好地发现学生隐含在其行动中的各种价值观和思想观念，从而为教师更加有针对性地开展学校德育工作奠定基础。概言之，通过对学生的价值澄清，教师可以更好地认识学生，了解学生的内心世界和精神追求。由此，教师引导学生形成正确的价值观、世界观和人生观，就能够做到有的放矢。

二、道德认知发展理论

道德认知发展理论是美国的发展心理学家和道德教育学家柯尔伯格于20世纪70年代提出的一种道德教育理论。在研究和汲取杜威的道德发展与道德教育的思想和皮亚杰的儿童发展阶段与儿童道德判断研究成果的基础上，柯尔伯格在其博士论文中提出了有关道德发展阶段理论的基本思想和基本框架。在其后的十多年的时间里，他经过大量的实验研究，并用大量的实证研究资料验证其理论的假设与推断，使得道德认知发展理论更具有有效性、逻辑性和普遍性。与此同时，柯尔伯格还探究了在学校中实行有效的道德教育问题，开辟了学校德育的新思路。

(一) 道德认知发展理论的道德哲学基础

柯尔伯格的道德认知发展理论,其理论基础与思想来源有两个。一是皮亚杰的认知发展心理学,另一个是杜威的道德哲学。柯尔伯格明确地指出:"我们用来描述事实的道德心理学基本上是杜威的道德心理学,在最近则是皮亚杰和我自己加以详细阐发的。教育中的道德哲学基本上也是杜威的理论,我们只是在当代哲学思想的角度对它作了进一步发挥。"①

柯尔伯格的道德认知发展理论不仅有着道德哲学和道德心理学的基础,而且还包含着对已有的道德教育理论的批评与不满。一种是道德教育中的"常识性的"理论。"根据这一理论,'每个人都知道什么是对的和错的',或者至少大多数遵从法律的成人是这样的。因此,成人知道一系列儿童不了解的道德知识,如'偷盗总是错误的'或'帮助他人是好事'等。正如数学知识可以教给儿童一样,这些道德知识也可以教给他们,因为教师具有至高无上的权威。儿童不仅不懂得这些知识,而且也由于意志脆弱,容易说谎、欺骗、吵闹和违抗行为等因素所诱惑,因此,成人不仅应该教儿童学会道德知识,而且也需要教他们去实践道德行为和习惯,并且对其符合道德的行为和屈服于诱惑的行为分别给予适当的奖励和惩罚。"另一种道德教育的理论则认为,"在社会和道德的人格方面,儿童主要被看做受情感和需要所支配的。反过来,道德并不是必须用来衡量儿童的绝对标准,而是儿童文化中相对的规则和标准。作为心理健康的一部分,儿童最终必须以现实的方式去适应这些规则,并且,只要家庭和学校能以比较合适的方式满足儿童的内部需要,他们就会做到这一点"。②

柯尔伯格的道德认知发展理论是基于这样的一个基本假定,即将儿童看做"道德哲学家"。所谓儿童是道德哲学家是指,儿童能自发地形成他们的道德观念,这些道德观念又形成有组织的思维方式。当儿童被看做道德哲学家时,则教师就必须既是道德哲学家,同时也是道德心理学家,前者使得教师能够考虑他自己的行为和价值观之道德的含义;后者则使得教师能理解儿童的思维以及儿童如何意识到教师行为之道德意义。要求教师成为道德哲学家和道德心理学家,就是要求教师必须对一个通常未被理智化的领域予以审慎的思考,而这意味着,这种道德教育将强烈地反对传统道德教育之道德说教;教师的表扬和批评不是帮助儿童社会化的必要因素。在柯尔伯格看来,道德说教以及表扬和批评等,本身就暗含着一种确定的哲学或价值立场:尊重社会权威本身就是道德的善。在涉及日常的学校实践时,这种价值立场就要求儿童必须遵循班级和学校的各种规则。

道德认知发展理论既不同于常识性的观点,也不同于个性心理学的观点。它主张道德在本质上表达了对每一种文化都有效的一套判断和决策的理性原则,它体现了人类利益或公正原则。由不同的文化和学校教育所制定的各种规则或多或少是强制性的,因此,要把它们教给儿童,就必然要诉诸权威而不是依靠理性。无论怎么说,道德原则代表了儿童自己的道德经验的理性结构。儿童是可以有理性的,即能独立思考,能考虑公

---

① 柯尔伯格.道德教育的哲学 [M].魏贤超,柯森等译.杭州:浙江教育出版社,2000:1-2.
② 柯尔伯格.道德教育的哲学 [M].魏贤超,柯森等译.杭州:浙江教育出版社,2000:2-3.

正原则和自己及他人的利益。不过，儿童的理性不同于成人，是处在不断发展之中，呈现出阶段性特征的。基于对道德的这种认识，柯尔伯格提出了一种"苏格拉底的方法"，教师据此可以引导儿童就社会研究、人性、宗教教育和性教育领域内的价值问题进行讨论。

有必要对柯尔伯格意义上的规则与原则作一点说明。在柯尔伯格看来，道德原则并不是指导行为的具体规则，而是作出判断和决定的方式。这意味着在道德判断中要运用一种理性的过程，而不只是机械地运用内化了的规则。道德原则是解决道德冲突的方式，是解决几个人之间观点的相互冲突的方式。其中根本的道德原则就是公正。从某种意义上讲，柯尔伯格的道德哲学观，就体现在他对公正原则的解释上。在柯尔伯格看来，存在着普遍的人类伦理原则。而伦理规则受特定的文化内容的限制。相反，道德原则是指导人们在各种行为中作出选择的原则，不受特定的文化内容的限制。公正原则就是一个普遍的原则，是人类经验所固有的，而不是某种特定的世界观的产物。道德教育，从某种意义上讲，就是教育儿童正确地理解公正原则。

（二）道德认知发展阶段的划分

柯尔伯格通过一系列的实验研究，特别是通过提出包含着道德两难的问题要求儿童予以回答，而提出这样的基本观点：个体对公正的理解及其理解水平的提高要经过一个顺序不变的发展阶段。根据测验中儿童的回答，柯尔伯格等人划分出道德判断的三个水平和六个阶段。柯尔伯格在划分儿童道德发展阶段时，有一个非常重要的概念，那就是"习俗"。道德发展三个水平的划分即是依据个体与习俗的关系而定。这里所谓的"习俗"是指：个体仅仅因为他们是社会的准则、期望和习俗，而遵守和坚持这些标准、期望和习俗。由此，个体的道德发展就分为三个水平，即指前习俗水平、习俗水平和后习俗水平。前习俗水平的个体还不能理解与坚持习俗或社会的准则与期望。那些道德上已经达到习俗水平者能理解并基本上接受各种社会准则，但这是以他们理解并接受这些准则的依据即普遍性的道德原则为前提的。这些原则有时会与社会准则相抵触，此时后习俗水平者便会依据原则而非习俗进行道德判断。柯尔伯格指出："我们可以从这样的角度来理解三种水平，即把它们作为自我与社会准则及期望之间存在的三种不同类型的联系加以考察。从这一点出发，第一种水平是前习俗个体，此时，各种准则和社会期望对于自我来说是一些外在的东西。第二种水平是习俗个体，在这里，各种准则及他人尤其是权威人士的期望与自我一致或已为自我内化。第三种水平是后习俗水平个体。此时，他已将自我从各种准则及他人的期望中分离出来，并会依据自我选择的原则作出他对社会准则的看法。"[①]

1. 前习俗的水平

这一阶段的儿童，能够区别文化中的规则和好坏，懂得是非的名称，但是他们是根据行为对身体上的或快感上的后果来解释好坏的，或是根据宣布这些规则和好坏的人们的体力来分别好坏的。这个水平可分为两个阶段：

（1）以惩罚和奖励为定向，并且服从于体力和物质上的力量。

---

① 柯尔伯格. 道德教育的哲学 [M]. 魏贤超，柯森等译. 杭州：浙江教育出版社，2000：98.

(2) 以对人类关系的工具性观点和享乐主义为定向，开始有了互惠的概念。正确的行为就是那些可以满足个人需要、有时也可以满足他人需要的行为。交换就是"你帮我抓痒，我也帮你抓痒"，而是不根据忠义、感恩或公平来进行的。

2. 习俗的水平

习俗的水平按照家庭、集团或国家所期望人们所做的去行事就被认为它本身就是有价值的，而不管它所产生的直接的和明显的后果如何。这种态度不仅服从于个人的期望和社会的秩序，而且是积极主动去维护、支持和辩护这种秩序。这个水平的道德发展有两个阶段：

（1）以"好孩子"为定向；重视社会的期望，认为道德是由人与人的之间的关系决定的。凡是讨人喜欢或帮助别人而为他们称赞的行为就是好行为；经常用意图去判断行为；好孩子就是获得别人的赞许。

（2）以权威、法律和义务为定向，维护固定的秩序，而不管是社会秩序还是宗教秩序，因为它们是首要的价值。正确的行为就是服从权威、固定的规则和维护社会秩序。尽自己的义务，对权威表示尊敬，维护既定的社会秩序等就是正确的行为。

3. 后习俗的、自主的或有原则的水平

在这个水平上，儿童努力脱离掌握原则的集团或个人的权威，并不把自己和这种集团视为一体而去确定有效的和可用的道德价值和原则。这个水平也有两个发展阶段：

（1）以社会契约为定向，这就是在通过民主方式建立起来的秩序内强调平等和相互间的义务。总的倾向带有功利主义的色彩。正确的行为往往取决于一般的个人权利和已为整个社会批判考核而予以同意的标准。儿童清晰地意识到个人的意见和价值是相对的，从而相应地强调要求有一个取得一致同意的程序和规则。

（2）以逻辑综合性和普遍性的个人良心为原则的道德，最高的价值在于人类的生命、平等和尊严。这个阶段的道德发展以普遍的伦理原则为定向。根据良心作出的决定是正确的，而所谓根据良心作出的决定就是指根据自己选择的具有逻辑全面性、普遍性和融贯性的伦理原则作出的道德决定。这些原则是抽象的和伦理的而不是一些具体的道德规则。实质上，这些原则就是普遍的公正原则、互惠原则、人权平等原则和尊重个人的人类尊严的原则。

柯尔伯格指出，有关道德认知发展阶段的划分并不根据特定的道德观点或判断来划分，而是根据儿童的道德的思维方式和道德选择的依据决定的，而每一阶段本身又是以进入道德决定的价值和问题决定的。

（三）基于道德认知发展理论的道德教育

关于对道德认知发展理论的认识，柯尔伯格认为，这种道德教育理论符合一系列的标准或要求。对道德推理的普遍阶段的促进表明，这种道德教育不是在灌输，不侵犯公民权利，因而是合乎宪法的。历史上的道德哲学家都以不同的方式表达或制定了有原则的道德判断，它并不代表一特定社会的某些群体，因而是普遍存在的，是在哲学上被证明是正当的。此外，道德发展处于较高阶段的人不仅能较好地推理，而且能根据他们的判断行事，因而是对社会有益的。

柯尔伯格的道德教育理论的基本主张，就是将道德教育的目的定为促进发展的下一阶段，以达到对普遍的公正原则有一个明确的清晰的理解。学校的道德教育不是灌输特定的学校、教会和国家的固定习俗，也不是培养人的某些特殊的品格。概言之，道德教育的核心是道德思维方式的教育，是道德推理的教育。教会学生道德思维和道德推理，是道德教育的全部目标。

由此，道德教育的全部问题就成为这样一个问题，即如何培养儿童的道德推理问题。在柯尔伯格看来，道德推理的发展就是一个道德思维方式变化的过程。而变化是以儿童对他的经验的积极重新组织为基础的，变化是由冲突引起的。教师的根本任务是帮助儿童：注意真正的道德冲突；考虑儿童用以解决这些冲突的推理；检查儿童思维方式中的前后矛盾和不适合性；找出解决这种矛盾和不适合性的方法。为了促进儿童自然地运用下一阶段这一变化，应做的第一步工作，就是帮助儿童体验和理解他自己思维方式中的不合适之处。要努力做到这一点，教师必须将注意力放在儿童在道德判断中所用的那种推理上，而不是放在他们的道德选择的内容上。① 基于这样的考虑，柯尔伯格提出了道德认知发展的道德教育方法：了解儿童当前的道德发展的阶段水平；唤醒儿童真正的道德冲突和在成人问题情形上的意见不一（相反，传统的道德教育强调成人的"正确答案"，强调对认为美德总会得到奖励这一信念的强化）；向儿童揭示高于他们所属阶段的那个阶段的道德思维方式。

柯尔伯格将这种道德教育的方法概括课堂道德两难讨论法，并与其他传统的道德教育方法，如伦理相对论、道德美德的教学以及对规则和团体的尊敬等对立起来。这种方法既是苏格拉底式的，教师可以据此引导儿童就社会研究、人性、宗教教育、性教育领域内的价值问题进行讨论；同时也是一种民主的教育方法，即通过增加儿童参与和担负他们认为是公正的职责来促进儿童的道德发展。② 它反对教师把某些预定的价值体系灌输给学生，而是突出强调把学生所面临的道德问题作为要解决的问题而向学生呈现出来。

课堂讨论法

为了激发学生的道德认知发展，柯尔伯格采用了结构性课堂讨论法来进行实践。柯尔伯格要求教师向学生讲述一个有关道德的故事，比较两种道德行为。由于在道德方面的冲突，要求用两难推理来分析和讨论。然后，根据两难推理的结论，教师把班级分成小组，要求各小组提供最好的结论，也就是说，在道德上最有说服力的理由。一旦学生都投入后，非正式的然而是有结构有层面的争论就发生了。通常，问题都集中于"要干的正确的事是什么？为什么？"

——钟启泉、黄志成. 西方德育原理 [M]. 西安：陕西人民教育出版社，1998：202.

---

① 柯尔伯格. 道德教育的哲学 [M]. 魏贤超、柯森等译. 杭州：浙江教育出版社，2000：79.
② 柯尔伯格. 道德教育的哲学 [M]. 魏贤超、柯森等译. 杭州：浙江教育出版社，2000：4.

三、关怀模式

道德教育的实践经验表明,成功的道德教育既要做到以理服人,同时也应当以情感人。唯有将两者有机地结合在一起,道德教育才有可能实现预期的目标。然而,道德哲学以及奠基于其上的道德教育理论却难以将"理"与"情"融贯于某一理论体系之中。由此而形成一种奇怪的理论格局,从"理"出发则难以兼顾"情",从"情"出发则无法包容"理"。"以理服人"指要有逻辑的说服力,"以情感人"则指要有情感的震撼性,这反映了关怀伦理和正义伦理两种不同的进路。从男性视角出发的正义伦理遵循"论理"逻辑,具有普遍性、规范性,多用在本体世界;而从女性视角出发的关怀伦理则遵循"说情"逻辑,体现出特殊性和具体性,更多地应用于生活世界。当关怀伦理理论在传统的伦理学体系中脱颖而出并引起世人关注时,从而使得伦理理论从正义伦理走向关怀伦理,这种现象或许如有学者所说的,它反映了伦理学探究方法由传统的形而上追溯到面向生活世界的转变。①

(一)关怀模式的道德哲学基础②

关怀伦理的道德哲学基础为关怀伦理学。关怀伦理学的出现,与女性主义运动和女性主义思潮密切相关。最初它是以"女性主义关怀伦理学"为名而提出,后经伦理学家不断完善,最后发展成为一种可应用于人与人之间普遍关系的关怀伦理学。关怀伦理学的出现,有着深刻的社会背景因素。全球化、国际化以及市场化所引发的社会竞争日益激烈,引起了人际关系日渐紧张化、功利化,"为了缓解这一激烈竞争和紧张关系对人们所造成的伤害,人与人之间需要更多的关怀。在这种情况下,对于人际关怀的需求,就成为社会文明发展与社会稳定过程中出现的重要道德需求,而关怀伦理理论也就应运而生"。③

关怀伦理学的理论模型最初是由奈尔·诺丁斯提出的。她认为男女两性有着不同的伦理方法。男性以普遍的道德原则为基础进行抽象逻辑分析,女性则集中于实际关系和感性的事件,对于事件发生情境进行细节分析。诺丁斯作为一名教育哲学家,其著述的主要问题都围绕着关怀这个主题展开:分析关怀在伦理学中的地位,发展鼓励关怀关系的学校结构,努力从妇女的立场重新建构关于善恶的概念,利用母性的兴趣去进行道德教育。关于道德教育,诺丁斯提出了一个永恒的问题:道德行为的基础是什么?这是一个所有的伦理学家都提出过并尝试回答的问题。诺丁斯的贡献在于,两种主要的伦理学体系——功利主义的伦理学和道义论的伦理学,都不能为理解妇女的道德两难和伦理学问题提供适当的根据。为此,她提出了另一种以自然关怀为依据的观点,即立足于母亲对儿童的关怀。

---

① 袁玲红.关怀伦理与正义伦理的融通[J].社会科学辑刊,2007(1).

② 关怀,英文care 和caring,伦理学通常译为"关怀",教育学多译为"关心"。本章讨论 care 或 caring,遵从伦理学的译法,用"关怀"来表达;在引用诺丁斯的中文译本时,遵从译者的译法用"关心",为提示读者,我们通常用加括号的方式注上"关怀"。

③ 楚丽霞.关怀伦理的心理特征及应用价值[J].道德与文明,2006(3).

如果说道德认知发展理论的出发点是普遍的道德原则即公正原则，价值澄清学派的出发点是自由选择，那么关怀伦理的核心概念就是关怀。在诺丁斯看来，"我不能退避在我的办公室，然后逻辑地想出我该做些什么——我应该运用什么原则来证明我的行为是正确的。我不能依赖于有用性的计算。我也不能召唤我的美德，并且英雄式地展现深受我的社区的人们所钦佩的那些行为。当然，我可能会受到这些思考中的任何一种思考或全部思考的影响。然而，实际上，我必须应对女士们以特殊的方式向我述说并向我指出具体的，甚至是独特问题的被关怀者。因此，作为关怀者的我，为一个人所做的一切可能不会令另一个人满意。我不是从一个一成不变的原则，而是从我所遭遇的活生生的他者那里寻找线索"。① 与道德认知发展理论的一个重要区别在于，关怀伦理不认同道德发展具有阶段性特征。由此决定了关怀教育并不是依靠人为设计出来的两难故事来讨论道德问题。相反，关怀模式强调真实的生活对于关怀模式的决定性意义。与此同时，对价值澄清学派以及品格教育，关怀模式既有所赞同，同时也多有不同。例如，品格教育与关怀模式都讲关怀（关心），然而品格教育强调改变人的行为使其变得有道德，而关怀模式则强调改变环境，其基本的认识是，一个健康的生活环境往往能够陶冶人的情操，促进个人道德的良好发展。

关怀他人，是关怀伦理的首要表达。关怀与被关怀是人类的基本需要。我们需要被他人关怀（关心）。没有关怀，我们就无法成为一个完整的人。在人生的每一个阶段，我们都需要被他人关怀或关心，随时需要被理解，被接受和被认同。同样，我们也需要关怀他人。然而，并非所有人都学会了如何关怀他人。在诺丁斯看来，关怀可以分为"自然的关怀"（natural caring）与伦理的关怀（ethic caring）。诺丁斯指出，"在许多共同的人类情境中，我们会自发地对别人的困境做出回应。……这一关怀的动机是自动产生的，它不需要别人的召唤"。而相比之下，伦理的关怀则"需要召唤。因此，'我应该'产生了，但遭遇到了冲突：一个内部声音抱怨说，'我应该做但我不想去做'……在这些情况下，我们不必诉诸原则；更为有效的是，我们回到我们的关怀和被关怀的记忆、我们自己作为关怀者的图景或理想"。② 关怀伦理学抛弃抽象的和普遍的原则，强调体验和关心人们的欲望、需要和情感，对待他人要仁慈，要富有同情心。关怀伦理只给原则留下微小的空间。相反，关怀伦理坚持认为，伦理的讨论必须是在关怀的互动中与受到讨论影响的那些人一起做出的。在那些最困难的情境中，往往是原则让我们失败。因此，关怀者不寻求原则的指引，而是转向被关怀者。

关怀伦理涉及两个重要的概念即仁慈和同情。首先，关怀是与仁慈相关联的。所谓仁慈，就是抱有爱心、细心地去爱别人，关心别人的疾苦，更多地帮助别人。仁慈的实质，是一种全心全意关心他人、具有异常的敏感和无微不至的照顾在内的关怀。其次，关怀是与同情相关联的。所谓同情，作为人类天真纯净的天性之美，是人类的善良情感，它是看到命运强加于别人的不幸时所产生的共同悲哀。它是对别人痛苦的感受，并由此产生出一种救援与爱护相混合的爱怜。在这个意义上说，同情会在一定背景下转化

---

① 诺丁斯. 教育哲学 [M]. 许立新译. 北京：北京师范大学出版社，2008：236-237.
② 诺丁斯. 教育哲学 [M]. 许立新译. 北京：北京师范大学出版社，2008：234-235.

为深切的爱和全力的拯救行动。关怀伦理把人看成相互依赖的，而不是独立的个体，认为道德应强调人们之间的关怀、同情和关系问题，而不仅仅是，或主要是单个道德行为者的理性决定。

关于关怀的具体表现形式，关怀伦理认为，存在着文化和个体的差异，这种文化和个体的差异使得关怀有着不同的表现形式。因此，在规范的水平上，不存在普遍性的关怀指导原则。关怀伦理仅仅承认人类处境的普遍性：出生、死亡、身体和情感的需要之共通性，以及人人都期待关怀。期待关怀则成为关怀伦理的基本起点。舍此，便不再有普遍性。

关怀伦理强调关系，强调被关怀者所发挥的作用。关怀伦理认为，关怀并不完全存在于关怀者的态度和意图之中。诺丁斯写道："我们必须追问对关怀者所产生的影响。如果 A 声称关怀 B，但 B 予以否认，那么 A 和 B 之间的关系就不是一种关怀关系。这并不意味着 A 有过错（尽管她可能是错了），也不意味着 B 有过错（尽管她也有可能错了）。可能是这一情境中出现了问题。"①

（二）学会关怀：道德教育的终极目标

诺丁斯在阐述其奠基于关怀伦理的教育观时，首先进行了一项思想实验。诺丁斯写道："我邀请读者朋友与我一起进行如下一个思想实验。假设我们要抚养一个大家庭：我们的孩子来自不同的民族背景，智力水平不同，体能状况各异，兴趣爱好也五花八门。我们必须尊重这些孩子合法的发展差异，同时我们也意识到，有些知识和技巧是他们应该掌握的，有些是他们都应该有所了解的，这些知识和技巧对他们自己的人生选择将有所裨益。那么，我们该如何教育这些孩子呢？"②诺丁斯的关怀伦理正是对这个思想实验所提出问题的思考与回答。分析这个思想实验所内含的前提，也就是分析诺丁斯的道德教育观所蕴含的前提。在这个思想实验中，我们可以看到，发展的差异性乃是诺丁斯思想的全部出发点，尊重这些发展的差异性乃是教育必须遵循的原则。尊重差异性的原则意味着，反对学校对学生的控制，反对强迫学生学习一些特殊的狭隘的课程，从而倡导对人类全面素质和能力的尊重，而并非是对某些素质和能力的尊重。在这种预设的前提下，我们该如何教育各具差异性的学生呢？

针对这个问题，诺丁斯认为，教育最好围绕关怀来组织：关怀自己，关怀身边最亲近的人，关怀与自己有各种关系的人，关怀与自己没有关系的人，关怀动物、植物和自然环境，关怀人类制造出来的物品，以及关怀知识和学问。教育的首要任务是关怀孩子，应该教育所有孩子不仅要学会竞争，更要学会关怀。何谓关怀？诺丁斯认为，关怀的核心在于它的关系性。关怀意味着一种关系，它最基本的表现形式是两个人之间的一种连续或接触。两个人中，一方付出关怀，另一方接受关怀。要使这种关系成为一种关怀关系，当事人双方都必须满足某些条件。关怀就是一种接触与交流。如诺丁斯所强调的那样，"当我真正关怀一个人，我就会认真去倾听他、观察他、感受他，愿意接受他

---

① 诺丁斯. 教育哲学 [M]. 许立新译. 北京：北京师范大学出版社，2008：236.
② 诺丁斯. 学会关心——教育的另一种模式 [M]. 于天龙译. 北京：教育科学出版社，2003：2.

传递的一切信息。这种专注或者关注可能仅仅持续片刻，以后可能出现也可能不出现，但在任何关怀的交流过程中，它都是关键因素"。①

教育就是让学生学会关怀。学会关怀的教育，乃是以道德教育为核心的普通教育。在诺丁斯看来，道德教育不仅是指一种旨在培养有道德的人格的特殊教育形式，而且也指任何一种在目的、政策和方法上合乎道德的教育形式。② 道德目的是教育的首要目的，它指引其他目的。一个合乎道德的教育政策必须认同人类兴趣和能力的多样性。"我们不应该以民主和机会平等的名义而试图让所有的人都上大学，相反，应该教育所有学生尊重一切诚实劳动。为劳动而准备，为养育孩子而准备，为尽公民义务而准备，这是对每一个学生都重要的事情。"③ 学会关心的教育，必须特别注重师生间互动关系和教育的连续性。当关怀被看做一种关系的时候，则互动就成为建构师生间关怀关系的最核心的要求。与此同时，还必须保持教育的连续性。正如诺丁斯所认为的那样，抚养孩子和教育学生都需要时间，需要一种互动关系和连续性，二者要想成功，都必须从建构信任关系开始，并且持续维护和完善这种信任关系。我们当前学校对连续性太忽视了，忽视教育场所、人员、教育目标和课程的连续性。目标是最终的。如果我们教育者的目标是使学生学会关怀，那么我们就会更加注意教育的连续性。

（三）在关怀中学会关怀

从关怀伦理角度出发，诺丁斯认为，关怀模式的道德教育应当包括四个主要组成部分：榜样、对话、实践和肯定。

无论是美德伦理还是社会学习理论，都非常注重榜样的教育作用。在关怀伦理的道德教育中，榜样也具有同样非常重要的作用。在关怀模式看来，道德教育并不是要规律性地引导学生记住一些道德原则，也不是教学生形成怎样的品格，而是要教会学生如何关怀。因此，与道德认知发展理论相比较，关怀模式不太注重道德推理，而是更加注重一种关怀关系。榜样在道德教育中的作用主要源于关怀伦理的一个重要信念，即我们必须在自己的行动中展现出对人的关怀。学会关怀并不是要告诉学生什么是关怀，也不是要学生去关怀，而是在与学生的关系中展现教师的关怀。这种关怀的展现就是榜样。向学生展现在自己的社会关系范围内怎样关怀，这是道德教育的全部，也是榜样之所以发挥道德教育作用之所在。榜样的价值还在于，关怀他人的能力之高低与有多少被关怀的经历有着密切的关系。从这个意义上讲，要培养学生的关怀能力，学会如何去关怀，就需要教师既是学生的关怀者，又是一个关怀的典型榜样。教师在道德教育中扮演着两种角色，即榜样的角色和关怀者的角色。当学生有需要的时候，教师就成为一个关怀者；而当教师尝试解释其行为的原因时，则教师就是一个榜样，所发挥的就是榜样的功能。

关怀模式的第二个重要组成部分是对话。对话是基于师生双方地位平等而展开的心

---

① 诺丁斯.学会关心——教育的另一种模式［M］.于天龙译.北京：教育科学出版社，2003：24.
② 诺丁斯.学会关心——教育的另一种模式［M］.于天龙译.北京：教育科学出版社，2003：4.
③ 诺丁斯.学会关心——教育的另一种模式［M］.于天龙译.北京：教育科学出版社，2003：5.

灵与心灵的交流与沟通。出于关怀的对话，不预设结果，无固定答案，是开放性的。对话是双方共同追求理解、同情和欣赏的过程，是一个不断探寻、一个在开始的时候不存在答案的过程。对话在关怀模式中的价值或功能有两个方面。一个是与道德偏差的致因有关。在诺丁斯看来，许多道德偏差都是决策失误造成的，这种情况在年轻人身上尤其常见。而对话则不仅能够帮助决策者深思熟虑充分论证，而且也帮助人们养成一种习惯，即在作出任何决定之前，都要充分占有信息。对话之于道德的第二种功能是，它将人们联系在一起，从而使人们有可能建立起一种充满关怀的人际关系。对话使人们相互了解，这是关怀的基础。只有当人们深刻地了解对方的需要及其来龙去脉，人们才有可能成为一个好的关怀者。对话之于道德教育的作用在于，它是评价关怀努力的效果之手段。通过对话，关怀者对他了解更多，从而能够更好地确定他者所需要的关怀；对话有助于被关怀者的成长。

关怀模式的第三个要素是实践。在关怀中培养关怀的能力，这是关怀模式的核心的思想，也是关怀教育的基本理念。用诺丁斯的话来说就是，"如果我们希望人们过一种符合道德的生活，关心（怀）他人，那么我们应该为人们提供机会，使他们练习关心（怀）的技巧。更重要的是，使他们有机会发展必需的个性态度"。[①] 这意味着，实践不仅仅是训练技巧，更是锻造思想，打造特殊的人生态度以及处世哲学。关怀不会自然发生，它需要教育者去计划，去准备。关怀的实践应该有助于变革学校并且最终变革我们生活的社会。然而，关怀的实践不能囿于现行的学校结构。

关怀模式的第四个要素是肯定。肯定即是对他人行为的优点进行确认和鼓励。"当我们肯定某种人具有品质时，我们就看到了这个人人性中的闪光点，并且鼓励它发扬光大。只有当我们对这个人非常了解，知道他的行为方向的时候，我们才能这样做。"[②] 在强调肯定的同时，关怀模式也注意到了行为的内在动机问题，要求在肯定的同时必须确认行为的动机。恰恰是对行为动机确认的强调，使得关怀模式特别注重教育的连续性。因为只有在连续的教育过程中，关怀者才能够很好地了解被关怀者，才能更好地确认对方的机动。

四、品格教育

在20世纪60年代后期到80年代中期所流行的价值观和道德教育方法创新中，价值澄清是最普遍的。然而，到了20世纪80年代，价值澄清受到了广泛批评，从那时起，价值澄清再也没有恢复往日的辉煌。取而代之的是品格教育。品格教育是一个以美德伦理学为道德哲学基础的道德教育流派。其基本的道德取向是，品格对美好生活是至关重要的。品格教育源自于亚里士多德的伦理学传统，其间尽管受到功利主义伦理学和义务论伦理学的冲击与挑战，然而至20世纪，在麦金太尔（A. MacIntyre）等人的努力

---

① 诺丁斯.学会关心——教育的另一种模式［M］.于天龙译.北京：教育科学出版社，2003：34.

② 诺丁斯.学会关心——教育的另一种模式［M］.于天龙译.北京：教育科学出版社，2003：35-36.

下，随着美德伦理学的复兴，品格教育再次成为学校德育研究者所关注的对象，并且在美国形成品格教育联盟（the Character Development League），形成与认知发展道德教育理论、价值澄清学派等相对峙的道德教育理论流派。①

（一）品格教育的社会与道德哲学基础

在 20 世纪 80 年代，由于美国社会严重的青少年道德问题，以及比较高的青少年犯罪率，品格教育（Character Education）逐渐兴起并受到重视。到了 20 世纪末，美国品格教育运动迅速扩展，成为北美地区道德教育的主流。严格说来，品格教育并非是一种全新的道德教育理论。实际上，早在古希腊，在苏格拉底、柏拉图以及亚里士多德的伦理学中，就可以见到有关品格（美德）教育的阐述。从某种意义上讲，品格教育是美德教育某些方面在 20 世纪 80 年代美国的复兴。这种复兴则有着深刻的道德哲学基础和道德教育背景。

从品格教育的理论基础来看，美德伦理学是品格教育的道德哲学基础。从观念史的发生过程来看，美德伦理学可区分为经典美德伦理学和当代规范美德伦理学。经典美德伦理学由亚里士多德所阐发，在当代则经由麦金太尔的理论努力得以复兴。美德伦理学关于道德本质的看法，不同于功利主义伦理学，也不同于义务论伦理学。在美德伦理学看来，仅有正确的行为是不够的，人们在做正确的事情时还需要相应的倾向、动机和情感，这些合起来称为一种美德。罗沙林·赫斯特豪斯（Rosalind Hurstbouse）指出，美德伦理学是当今规范伦理学中的三大探究进路之一，美德伦理学强调美德或道德品格，与强调义务或规则的伦理学（义务论）或强调行动后果的伦理学（后果主义）相对立。一个危急中的人应该得到帮助，在功利主义看来，这样做的后果是将得到最大化的福利；在义务论看来，这样做是因为它符合道德规则；而在美德伦理学看来，帮助危急中的人将是仁慈的或仁爱的。② 美德伦理学所关注的重点是如何做人，因此，人的品格而非行为对于道德来说被看做更为重要的对象。

品格教育也是美国中小学道德教育对于青少年的品质状况不良的直接反应。"品格教育的前提，或其必要性是显而易见的，因为在年轻人中存在着不文明、不负责任的、具有破坏性的种种行为，如不尊敬人、不诚实、暴力、滥用药物、性混乱等，以及他们在工作中的不良的道德规范，而这些问题的核心就是缺乏良好的品性。"③ 品格教育的倡导者认为，在青少年身上所发生的这一切，都是与学校教育密不可分的。由于受自由主义者所主张的价值中立的影响，美国的学校道德教育流行价值澄清学派。为此，品格教育将反思的对象指向价值澄清学派。可以说，品格教育恰恰是反思价值澄清学派，重建道德教育的结果。其代表人物是美国科特兰纽约州立大学教育系教授、美国道德教育协会前主席托马斯·里可纳（Thomas Lickona）。1991 年，里可纳在多年研究的基础上

---

① 诺丁斯. 学会关心——教育的另一种模式 [M]. 于天龙译. 北京：教育科学出版社，2003：13.

② 程炼. 伦理学关键词 [M]. 北京：中国人民大学出版社，2007：94.

③ Madonna Murphy. 美国"蓝带学校"的品性教育——应对挑战的最佳实践 [M]. 周玲，张学文译. 北京：中国轻工业出版社，2002：6.

写成了著名的《品格教育——我们的学校如何教授尊重和责任》一书,从为什么学校要进行品德教育,价值标准的内涵,学生应当具有的美德,实施品格教育的具体措施等方面,进行了深入的分析和探讨,在美国社会产生了深远影响。① 其主要功绩在于把核心价值观如尊重和责任灌输到学校的课程和校园文化中去,把高质量的品格教育作为学校工作的组成部分。里可纳认为,价值澄清论犯了一个致命的错误:把孩子当成人看待,忘记了成人只需要明确自己业已形成的价值观,而孩子们首先需要的是,成人世界在促进价值观形成方面给他们提供大量的帮助。正因为学校在道德问题上持中立立场,整个社会又强调个体的价值,致使道德沦丧开始在社会上蔓延,并影响到青少年。针对价值澄清论,里可纳提出了进行品格教育的诸种理由:价值观教育是一项紧迫的需要;无论过去还是现在,价值观教育都是一种文明的行为;当成千上万的儿童从父母双亲那里几乎得不到道德教育的时候,当作为道德中心的教堂和寺庙也远离儿童生活的时候,学校作为道德教育者的角色就变得尤为重要;即使在价值冲突的社会里,也存在着普遍认同的道德标准,除非人们一致承认正义、诚实、文明、民主及尊重真理等价值观,否则多元论是不能成立的;民主社会尤其需要道德教育,因为民主政府就是人民自己做主;没有无标准的道德教育;道德问题是个人和全人类所面临的重大问题之一,等等。

《在学校和青年背景下加强价值观和道德的 100 种方法》

如果灌输积极的价值观和品格是重要而高尚的,那最好的方法是什么呢?如果对教给青年人良好的价值观和品格来说,示范价值观和品格是必要的,那么做一个好榜样的最有效方法是什么呢?如果价值澄清,或者更宽意义上的价值观发展的目标,是帮助青年人内化最好的价值观和道德标准,并以此行动的有用且重要的方法,那么价值澄清及其他建导的方法如何在价值观和品格教育中运用呢?如果教给青年各种能使其过上既有个人满足、又对社会有建设性的生活的技能,能够强化他们的价值观、道德及良好品格,那么这些技能是什么,我们怎样才能最好地教他们?迄今,这种思想的成果就是我在《在学校和青年背景下加强价值观和道德的 100 种方法》中描述的价值观教育的综合方法。现今,品格教育运动如火如荼,人们也认识到价值观教育方法更加综合化是明智的行为。

霍华德·柯申鲍姆. 从价值澄清到品格教育:个人的历程 [J]. 中国德育,2006 (10):65-66.

(二) 品格教育的基本取向

品格教育的基本取向可概括为以下几个方面。

第一,品格与品格教育。何谓品格?里可纳认为,品格是由行为中的价值、操作性

---

① 安钰峰. 托马斯·里可纳的品格教育思想——兼谈美国中小学的品格教育 [J]. 道德与文明,2005 (5).

价值构成的。好的品格应由三个相互联系的部分构成,即道德认知、道德情感和道德行为。道德认知包括:道德意识、道德知识、道德推理、道德决策、道德预见、道德自我认识。道德情感包括良心、自尊、移情、向善、自控和谦卑。道德行为包括:能力、意愿和习惯。三者都是道德所必需的,体现了道德的完整性。① 所谓品格教育是指,学校、家庭和社区在帮助孩子理解、关心和实践核心伦理价值的有意识的努力。

品格、品质、品德和美德,是密切相关而意义又难以区分的概念。在麦金太尔那里,美德即被解释为一种品质,所谓美德即"是一种获得性的人类品质,对它的拥有与践行使我们能够获得那些内在于实践的利益,而缺乏这种品质就会严重地妨碍我们获得任何诸如此类的利益"。② 从这个意义上来看,一个有美德的人,即是一个有着良好的道德品格或品质的人。由于美德往往是与优秀联系在一起的,因此美德也可以是一种优秀的品格。

第二,品格教育应该是向学生传授核心道德价值观,让学生明辨是非,理解、体验并践行这些内容,形成第二天性,养成良好的品格,以使他们成为合格的公民。品格教育的主要倡导者之一的里可纳认为,道德价值观告诉我们应该做什么以及不应当做什么。③ 它可以分为两类:一是普遍意义上的,即那些基于人类基本价值和尊严而不得不为的道德价值观,以及那些我们有责任去实践和推行的道德价值观;二是非普遍意义上的,它不要求全体社会成员去实践,而只是面向部分群体。④ 而良好的品格则包括道德认知、道德情感和道德行为。学校教育应该致力于直接地进行核心道德价值观和美德教育,以便于学生通过道德认知知道他们应该做什么;通过利用班会、校训、奖励和其他特殊课程来鼓励学生,激发他们产生一种良好品格生活的愿望;通过持续的道德实践来养成道德行为。

上述基本主张概括起来形成品格教育的基本内容:为奠定良好品格的基础,品格教育必须促进核心道德价值观教学;品格是一个包括认知、情感和行为等在内的构成性概念;有效的品格教育要求采取一种有意识的、积极的和综合的态度,在学校的各个方面推进核心价值观;学生应有实践道德行为的机会;有效的品格教育应该包括一种富有意义和挑战性的学术课程,这种课程体现了对所有学生的尊重并有助于他们的学业成功;品格教育应激发学生的内部动机;教职员工必须成为一个学习的、道德的集体,所有成员都承担着品格教育的责任,有着良好的示范行为,并努力遵守学生教育中倡导的核心价值观;家长和社会成员参与品格建构工作;品格教育应该把学校的品格、教职员工在品格教育中的作用以及学生在良好品格方面的表现纳入评价范围。

第三,品格(德性)通过适当的方法是可教的。品格可教的思想源自于亚里士多

---

① 吴维屏. 美国新品格教育及对我国小学德育课程实施的启示 [J]. 外国中小学教育, 2009 (11).

② 麦金太尔. 追寻美德 [M]. 宋继杰译. 南京:译林出版社, 2003:242.

③ 郑富兴. 道德教育的现代性问题——关于美国品格教育争论的伦理学分析 [J]. 比较教育研究, 2002 (6).

④ Madonna Murphy. 美国"蓝带学校"的品性教育——应对挑战的最佳实践 [M]. 周玲, 张学文译. 北京:中国轻工业出版社, 2002:4.

德。亚里士多德指出，"德性分为两类：一类是理智的，一类是伦理的。理智德性大多由教导而生成、培养起来的，所以需要经验和时间。伦理德性则是由风俗习惯沿袭而来……（伦理）德性既非出于本性而生成，也非反乎本性而生成，而是自然地接受了它们，通过习惯而达到完满"。由此亚里士多德认为，"我们必须先进行现实活动，才能得到这些德性。……品质是来自相同的现实活动。所以，一定要十分重视现实活动的性质，品质正是以现实活动而区别"。① 基于这种立场，品格教育的倡导者认为，为了让儿童了解什么是美德，就必须对他们进行教育；为了让他们能在特定的情境中，对问题进行正确地分析并最终作出适当的行为选择，就必须对他们进行指导。品格教育遵从亚里士多德有关美德通过实践而获得的教诲，强调品格教育应该给予学生实践美德的机会，以便使高尚的美德生活化。品格教育的倡导者相信，青少年应该主要通过榜样、劝告、训练、以及阅读那些体现了令人向往的德性的独特故事来学习这些德性；相信他们需要实践这些品质，直到这些品质内化为他们的第二天性，相信学校是除了家庭和教堂之外教授德性的最好场所。②

◎ **反思与探究**

1. 选择一个道德教育理论流派，阐述其道德教育主张与道德哲学的关系。
2. 如何看待道德教育的实效性问题？试从道德与道德教育的关系角度加以分析。
3. 如何看待中国传统社会的道德教育经验？借鉴中国传统社会道德教育经验及西方道德教育理论之主张的可能性何在？
4. 怎样看待西方社会不同的道德教育理论流派？试选择一种理论流派加以评述。

◎ **拓展阅读**

1. 杜威. 学校与社会·明日之学校 [M]. 赵祥麟等译. 北京：教育科学出版社，1994.
2. 康德. 康德论教育学 [M]. 赵鹏译. 上海：上海世纪出版集团，2005.
3. 罗尔斯. 道德哲学史 [M]. 张国清译. 上海：上海三联书店，2003.
4. 程炼. 伦理学关键词 [M]. 北京：北京大学出版社，2007.
5. 张岱年. 中国伦理思想研究 [M]. 上海：上海人民出版社，1989.
6. 拉思斯. 价值与教学 [M]. 谭松贤译. 杭州：浙江教育出版社，2003.
7. 柯尔伯格. 道德教育的哲学 [M]. 魏贤超，柯森等译. 杭州：浙江教育出版社，2000.
8. 诺丁斯. 学会关心——教育的另一种模式 [M]. 于天龙译. 北京：教育科学出版社，2003.
9. Madonna Murphy. 美国"蓝带学校"的品性教育——应对挑战的最佳实践 [M].

---

① 亚里士多德. 尼各马可伦理学 [M]. 苗力田译. 北京：中国人民大学出版社，2003：25-27.
② 纳什. 德性的探询：关于品德教育的道德对话 [M]. 李菲译. 北京：教育科学出版社，2007：5.

周玲,张学文译.北京:中国轻工业出版社,2002.

10. 麦金太尔.追寻美德[M].宋继杰译.南京:译林出版社,2003.

11. 亚里士多德.尼各马可伦理学[M].苗力田译.北京:中国人民大学出版社,2003.

12. 纳什.德性的探询[M].李菲译.北京:教育科学出版社,2007.

第六章 社会哲学与教育

☞ 学习目标

1. 能够辨识自由观念、民主观念、公正观念的基本要义,并理解教育自由、教育民主、教育公正的基本内涵。
2. 掌握教育与自由、教育与民主、教育与公正的相互关系,明确自由、民主、公正对于教育活动的价值和意义。
3. 能够阐述教育自由与自由教育、教育民主与民主教育、教育公正与公正教育的内在关系。

☞ 本章要点

本章主要是讨论社会哲学与教育的关系。社会哲学主要是探讨和思考有关自由、民主和公正等基本价值问题。近代以来,随着自由、民主和公正观念的兴起及其不断向教育领域的渗透,有关教育的自由问题、民主问题及公正问题便不断地受到教育哲学的关注和思考。作为基本的价值范畴,自由、民主和公正等概念充斥着争议和分歧,不同的政治哲学流派对此会作出不同的解释和理解。自由主义、社群主义和共和主义都站在各自的社会政治哲学立场,对这些概念作出他们认为是恰当的理解。由此而使得人们对教育自由与自由教育、教育民主与民主教育、教育公正与公正教育等,产生了与不同的解释与理解。然而不管人们对这些概念作出怎样的理解,追求教育的自由、民主与公正,都成为现代教育发展的基本趋向。它一方面力求教育活动本身体现出自由、民主和公正的价值要求;另一方面,现代社会也向学校提出进行自由、民主、公正等价值教育,以使得生活在现代社会中的公民具有自由、民主和公正的精神与品质。

社会哲学是一个争议颇多、迄今学界尚未就其研究对象及研究问题达到共识的一门学科。大体而言,社会哲学所关注的是社会秩序以及社会制度的道德评价以及人们建议用来评价社会秩序的那些原则的发展、阐明和评定。① 人们总是生活在一定的社会制度之中。从规范的意义上看,社会哲学所思考的问题主要是,建构社会秩序的那些原则和制度是好的还是坏的,是公平的还是不公平的,是正义的还是不正义的。概言之,社会哲学所关注和思考的乃是好社会及其建构的问题。作为社会之组成部分的教育,其自身亦构成一个完整的社会。建构教育社会的原则与制度问题,便成为教育哲学所关注和思考的问题。核心是建构教育秩序的基本价值问题,主要涉及自由与教育、民主与教育、

---

① 罗伯特·L. 西蒙. 社会政治哲学 [M]. 陈喜贵译. 北京:中国人民大学出版社,2009:1-2.

公正与教育等。

第一节　自由与教育

自由是人类社会的基本价值，是建构一个好社会必然要涉及的问题。自由既是社会哲学关注的问题，同时也是教育哲学所要关注的问题。随着现代教育的发展，自由与教育的关系越来越为教育理论家所关注，并且在理论思考的基础上进行着实践的尝试与探索。教育蕴含着强制，而自由则包含着免除强制。由此，教育与自由的关系问题开始成为教育哲学思考的基本问题之一。

一、对自由的认识

自由是一个人们耳熟能详的概念。匈牙利作家裴多菲的著名诗句"生命诚可贵，爱情价更高，若为自由故，二者皆可抛"引起了无数人对自由的向往。然而，如果我们要问，究竟什么是"自由"？那么各种分歧的观点就会呈现出来，并且相互争讼，彼此难以说服对方。公众固然有不同的看法，思想家亦秉持不同的立场，对自由作出了不同的解释。尽管如此，然而依据人们对自由的基本的取向，我们大体可以将自由的概念区分为三种取向，即自由主义的、社群主义的和共和主义的。

（一）自由主义的自由概念

自由主义的自由概念在英国的思想家以赛亚·伯林那里得到了最充分的描述和解释。伯林基于观念史的不同主张，把自由区分为两种不同的概念，即积极自由和消极自由。消极自由主要是思考并回答诸如"在什么条件下个人应该受或者不受他人干扰地去做他想做的事，成为他所想成为的人"之类的问题。而积极的自由所关注的问题则是"什么东西或什么人可以成为控制或干预的资源，从而使得个人可以去做这事而不是去做那事或成为这种人而不是那种人"。在消极自由观念的倡导者看来，只有存在着什么东西才可能使得个人变得不自由；而强调积极自由的哲学家们则往往坚持只有缺乏什么东西才可能使得个人变得不自由。由此，消极自由是指一个人能够不受别人的阻挠而径直行动的范围。积极自由观念则认为，所谓自由乃是指个体的选择是否由真正的自我所决定的。如果个体的选择与决定是由外在于我的力量，我对于自己的行为并没有主宰权，则我是不自由的，是处在一种被奴役的状态之中；而如果我是我自己的主人，没有受到任何外在力量的支配，那么我是自由的。

将上述两种自由概念加以归纳就是，消极自由强调"存在什么妨碍自由"，而积极自由则突出"缺失什么妨碍自由"。对于消极的自由概念来说，主要的问题有：存在什么因素而使得个体不自由？一个外在的主体应该在多大程度上进行统治？另一方面是参与集体决定，即积极自由。对于积极的自由概念来说，主要的问题是：是什么东西的缺失导致个体的不自由？谁应该统治我？以消极自由观来看，自由就是"一个人能够不被别人阻碍地行动的领域"，或者像霍布斯所说的那样，"自由一词就其本义说来，指的是没有阻碍的状况，我所谓的阻碍，指的是运动的外界障碍……自由人一词根据这种公认的本义来说,指的是在其力量和智慧所能办到的事情中,可以不受阻碍地做他所愿意做的事情的人"。① 这意味着,不自由与外部行动者的干涉行为有关,这种干涉将使得我们能力范围之内的行动无法实现。

自由主义者持一种消极的自由概念,认为个体的不自由主要与外在的干预或强制有关,因而自由即干涉或强制的阙如。外在的干预越多,则个体自由的空间就越小。对于生活在现代社会的人们来说,对于个体自由之限制的主要因素来自政府的公共权力之制约。因此,社会哲学所思考的核心问题,就是个体的自由与政府的权力限制之关系。从自由主义的立场出发,则自由就是"社会所能合法施于个人的权力的性质和限度",②或者自由就是"一个人能够不被别人阻碍地行动的领域",或者自由就是"一些人对另一些人所施以的强制,在社会中被减至最小可能之程度"。③ 自由即免于不正当的强制。所谓强制,是指由某种外在的机构对追求可能的选择和行动的另外一个行动者的能力的某种干涉行动。这意味着一个人按照自己的意志行动而不被他人任意干预。不仅如此,自由主义者还坚持认为,自由乃是好社会所必须坚持的基本的人类价值,人类其他的价值则必须从属于自由这个基本的价值。

(二)社群主义的自由概念

社群主义者以及马克思主义者则持一种积极的自由概念。社群主义者查尔斯·泰勒指出:"从自我实现的角度看,如果一个人完全没有自我实现,如果他完全不知道自己的潜力,如果他从未意识到实现潜能这个问题,或者由于他害怕打破某些已经内化为他主观一部分的规范——其实这些规范并不真正反映他,他无力去实现潜能,这里我们就不能说他是自由的。在这种概念框架下,一个人要自由,就需要某种程度的操作。或者说,即使如果我们把对自由的内在阻碍看成等同于外在障碍的阻碍,那么在有机会的条件下,操作自由就牵涉到去除内在障碍的问题。"④ 积极意义上的自由意味着内在约束的消除,意味着自治或自主,而不自由则意味着存在着自主的缺失。

自由与某种可操作的能力密切相关。与自由密切相关的能力涉及自我认识、自我理解、道德辨别、自我控制等;它们的不存在,将意味着个体的不自由。能力而不是做事情的意愿,乃是自由的充分条件。如果你毫不怀疑地做你想要做的事情,这不见得是自由。自由意味着一个人所做的事情不能与他的基本目标或自我实现背道而驰。倘若一个人在面对多种选择的可能性时,由于能力的缺失,由于经济方面的原因,或者由于自我认识上的偏差,因而不能作出正确的选择,或者即使作出了正确的选择,却因为缺乏实现这种选择的必需条件,那么个体仍然是不自由的。

自由既与个体的能力有关,同时也与个体行动所必需的条件有关。例如,倘若一名年轻人因为家庭的贫穷而不能上大学,则在消极自由主义者看来,该青年仍然是自由

---

① 利维坦 [M]. 黎思复,黎廷弼译. 北京:商务印书馆,1985:162-163.
② 密尔. 论自由 [M]. 许宝骙译. 北京:商务印书馆,1959:1.
③ 哈耶克. 自由秩序原理(上)[M]. 邓正来译. 北京:三联书店,1997:3.
④ 泰勒. 消极自由有什么错 [A]. 达巍等. 消极自由有什么错 [C]. 北京:文化艺术出版社,2001:71.

的，因为没有外在强制的力量阻止他上大学；而对于积极自由主义者看来，消极自由不过是一种形式的自由，实际上没有什么意义的，因为尽管没有外在的强制干预该青年上大学，然而因为贫穷而不能上大学，这对于该青年来说仍然是不自由的。因此，在这种情况下，就必须对该青年上大学进行干预，以确保贫穷子弟具有实质上的上大学的自由。

由此，自由就被视为实现自己目标的能力。能实现的目标越重要，自由度也就越大。在考虑行为者的自由时，人以及他表达自己欲求、价值和目标的能力，是十分重要的因素。从这个意义上讲，给以自由，实际上就是通过各种可控制的干预行为，提升其理智能力和行动的能力。然而，所谓"能实现的目标"，则是一个涉及对必然性认识的判断。目标及其实现是建立在对必然性的认识之上的。自由就是对必然性的认识。倘若不能够清楚地认识事物发展的必然性，则人的行动就不可能是自由的。需要一提的是，共和主义在讲自由的时候，同样也提及目标的实现问题。区别在于，社群主义者把人看做具有某些终极目的的道德存在，只有当这些终极的目的得以实现，人们才能得到最充分的自由。而共和主义者则认为，自由就是不受限制地实现我们既定的目标。

自由是一种去值得做的事情或者享受值得享受的事物的积极力量或能力。没有这种力量和能力，则一切所谓免除强制或强制阙如的自由便失去了意义。前者是真正的自由，后者则只具有自由的形式上的意义。个人的这种力量和能力离不开群体的合作和努力。当自由被看做人的理性的自由引导时，人的自由就需要由内而寻求。真正的自由是作出一种合理的选择，而不仅仅是无干预的选择。培养人的理性，发展人的能力，认识事物的必然性，参与对群体的治理活动之中，从与他人的合作中获得理性的力量，乃是个体自由之获得的必要条件。自由不是一个有关约束公共权力的问题，而是通过社会改造与教育，赋予个体以行动能力的问题。由此，自由就被看做理性的自主或民主的自治。

（三）共和主义的自由概念

共和主义者则认为，个体的自由始终是与共同体联系在一起的。共和主义者昆廷·斯金纳（Quentin Skinner）明确地将自由与公共服务或共同体联系在一起。倘若如此，则我们在思考自由的问题时，就不能从权利的角度出发，而必须认真对待我们的义务，必须力求尽可能全心全意地履行我们的公共责任。斯金纳指出，"如果我们想扩大自己的个人自由，我们就不能把希望寄托在君主身上；相反，我们必须自己掌握政治舞台"；这意味着，"自由就在于我们能够不受限制地追求我们可能为自己确定的任何目标"，自由并不是"强制的阙如"，而恰恰是强制和约束的产物。①

当共和主义者将自由与公共服务或共同体紧密地联系在一起的时候，自由就既不是社群主义意义上的自主，也非自由主义意义上的选择，而是一种自我控制。自由的自我控制含义预设了两个前提：一是自治的共同体或自治的共和国的存在，只有它能够保证公民的自由。二是公民美德。共和主义者往往把公民的一种关键性的品质即公民美德作

---

① 斯金纳. 政治自由的悖论 [A]. 应奇, 刘训练. 第三种自由 [C]. 上海：东方出版中心，2006：129、121.

为自治的共和国的前提。所谓公民美德乃是每个人作为公民而拥有的能力，这些能力能够使公民自觉地服务于公共利益，从而自觉地捍卫共同体的自由，并最终确保我们自己的个人自由。拥有了公民美德，我们所有的人就会全心全意地投身于一种公共服务的生活；拥有了公民美德，当公共利益和个人利益发生冲突时，公民就会选择把公共利益置于个人利益之上。

共和主义的核心人物之一佩迪特通过批驳伯林两种自由概念，在斯金纳研究的基础上，明确提出一种无支配的自由观。"根据这种观点，只要我们并未发现自己处于他人的支配之下，屈从于他人的意志并从而受到他们的欲望变化的影响，我们就是自由的。"① 佩迪特通过主奴关系的分析认为，不自由就是支配者可以专断地干预被支配者的选择，而无须考虑对方的利益或观点。支配者可以任意地、随心所欲地实施干涉，而不必请示任何人，也不会受到牵制或惩罚。佩迪特认为，共和主义的自由概念同样是消极的。所谓自由，是某种东西的阙如，但不是强制或干涉的阙如，而是支配的阙如。通过辨析"无干涉的支配"与"无支配的干涉"，佩迪特对"支配"与"干涉"进行了明确的区分。佩迪特以奴隶和主人的关系为例来说明，一个奴隶可能受到了主人的支配，而不一定会受到主人的干涉，但奴隶却是不自由的，因为不干涉可能仅仅是因为主人的好脾气或仁慈或奴隶的狡猾或者因为奴隶善于溜须拍马而消失。相反，无支配的干涉则不一定意味着不自由：当且仅当对一个人的干涉是为了保证其进一步的利益，并且是根据所能接受的观点而实施时，另一个人或行动者对一个人的干涉就是可取的。② 教育是这样一种干涉，法律同样也是这样一种干涉。无支配的自由与无干涉的自由之区别在于，前者的对立面是奴役，后者的对立面则是强制或干涉；两者都认为，自由在于选择，不过，前者强调选择的类型，突出正确的选择，而后者强调选择数量。

通过区分干涉与支配，佩迪特进一步阐述了自由的充分必要条件。无支配自由的必要条件是：如果一个人在某些行动中受到了支配，如果他或她在这些行动中处于这样一种地位，即其他人可以随意干涉之，那么在某种意义上，这个人就不是自由的。其充分条件是：如果一个人在某些行动中没有受到支配，如果他没有屈从于专断的干涉，那么，不管他受到多少非专断的干涉或者说非故意的妨碍，在某种意义上，他仍然保留了他的自由。由此，佩迪特在伯林有关自由的思想基础上，确立了第三种自由概念——无支配的自由。

佩迪特通过分析自由与法律的不同关系，来表明同样作为消极概念的自由，在共和主义和自由主义之间所存在的根本性的区别。在自由主义者看来，法律在本质上是通过强制他人来保护我们的自由。法律阻止他人干涉我公认的权利，帮助我在自己的周围划出一个不容他人侵犯的界限。与此同时，法律也通过同样的办法阻止我去干涉他人的自由。由此，法律本质是对人的自由的限制与束缚。相反，对于共和主义者来说，法律不仅仅通过强制他人的办法，而且还通过直接强制我们每个人以某种特殊的方式采取行动

---

① 拉莫尔. 自由主义和共和主义的自由观 [A]. 应奇，刘训练. 共和的黄昏 [C]. 长春：吉林出版集团有限责任公司，2007：387.

② 佩迪特. 共和主义 [M]. 刘训练译. 南京：江苏人民出版社，2006：28-29.

的办法来保护我们的自由。也就是说,法律也被用来强制摆脱习惯性的利己行为模式,充分履行自己的公民义务。因此,法律本身并不意味着限制自由,而恰恰是自由的保障,法律创造了公民共享的自由。在自由主义者看来,法律的必要性在于,如果法律被废止,那么实际的后果不是更大的自由,而是我们享有自由之安全的减少。而在共和主义者看来,法律的必要性在于,法律通过强制人们采取行动而创造并保护了一定程度的个人自由,而一旦丧失了这种自由,人们将迅速陷入绝对的受奴役状态。① 良好的法律可以使人民免于支配。

(四) 对自由的一种理解

孤立存在的个体,并无所谓自由或不自由的问题。只有当个体与他人发生一定的社会关系时,自由才有可能成为问题。而当人们试图摆脱他人的影响和控制时,这种对他人影响力的摆脱与控制之正当性问题才会被提出来,进而成为人们在理智上进行思考与探讨的问题。因此,鲍曼指出,"要使一个人获得自由,必须至少存在两个人。自由表示一种社会关系,一种不对称的社会状况"。② 鲍曼固然是在阐述一种自由的背景因素,但是这种阐述为我们理解自由的概念指明了一条线索,一种方向,即自由的问题总是与人们之间的关系联系在一起的,并且这种关系具有不对称的特征。在一种对称的或者平等的关系中,自由便不会作为问题而成为人们需要思考和解决的对象。类似的观点也可以在哈耶克那里见到。哈耶克认为,"自由"仅指涉人与他人的关系。③ 换言之,在不可能与他人发生关系的地方,也就无所谓自由不自由。

从关系的视角来考察自由,则一个超越自由概念之二分的更为明确的观点来自麦卡勒姆(Gerald G. MacCallum,又译麦克考伦)。麦卡勒姆认为,公民的政治自由或社会自由被区分为消极自由和积极自由是不恰当的。实际上只有一种最值得追求的、最真实的自由。根据麦卡勒姆的观点,"无论何时在讨论一个主体或众多主体的自由的时候,总会涉及摆脱什么限制、束缚、干预和障碍而得到的自由,从而能做或不能做什么事情、能成为或不能成为什么状态。因此这种自由总是什么主体的自由,从脱离什么障碍中获得自由,从而能做或不能做和能成为或能不成为什么,这是一种三维的关系"。④ 这样,个体在社会中的自由就需要两个条件予以保证。个体的自由既是免于什么的自由,也是做什么的自由。遵从麦卡勒姆的分析理路,罗尔斯同样认为,自由总是可以参照三个方面的因素来解释的:自由的行动者;自由行动者所摆脱的种种限制和束缚;自由行动者自由决定去做或不做的事情。于是,对自由的一般描述可以具有以下形式:这个人或那个人(或一些人)自由地(或不自由地)免除这种或那种限制(或一组限

---

① 斯金纳. 政治自由的悖论 [A]. 应奇, 刘训练. 第三种自由 [C]. 上海: 东方出版中心, 2006: 125.

② 鲍曼. 自由 [M]. 蒋光等译. 长春: 吉林人民出版社, 2005: 1.

③ 哈耶克. 自由秩序原理(上)[M]. 邓正来译. 北京: 生活·读书·新知三联书店, 1997: 5.

④ Gerald C. MacCallum, "Negative and Positive Freedom", *The Philosophical Review*, 1967, p. 314.

制）而这样做（或不这样做）。① 罗尔斯所说的"自由的行动者"，所涉及的是"谁的"自由问题；而自由就是某个人"摆脱某种束缚和限制而自由决定去做或不做某事"，则包含了消极的自由概念和积极的自由概念两个方面的含义。自由既是摆脱某种外在的束缚和限制，也是自由地决定去做或不做某事——后者对于教育来说，是具有决定性意义和价值的。罗尔斯对于自由概念的界定思路告诉我们，个体在社会中的行动总是要受到束缚和限制的。不是说只要存在着束缚和限制，就意味着个体的不自由。只有某些束缚和限制才构成自由的对立面。此外，罗尔斯对自由概念的阐述表明，消极自由与积极自由并非是截然对立的，而是相互依存的。

二、自由与教育的关系

人们关于自由的思考与主张，多是在政治哲学的意义上，亦即政治自由的意义上展开的。它们要处理的是个体与政治共同体或政治权力的关系；与此同时，所有关于自由的讨论都有一个未言明的主体特质之设定，即所说的自由是指一种公民的自由，而公民的概念则预设了行动能力、理智的健全发展以及诸如此类的智力方面的要求。这使得我们讨论自由与教育的关系，就会面临一个语境的冲突问题。因此，当我们试图讨论和思考自由与教育的关系的时候，我们就不得不首先进行语境上的简短说明。

（一）公民自由、政治与教育

有关自由的讨论都隐含着两个未言明的前提：自由即政治自由，自由是与公民的行动联系在一起的。这样的两个前提使得我们在思考自由与教育的关系问题时，就需要从给定的语境出发。自由当然涉及一个行动主体的问题。从教育的角度来看，作为行动的主体至少有三个，即学校、教师和学生。不同的行动主体有着不同的特征，学校乃是由个体构成的一个整体性的概念，一个法人；教师则是面对特定的对象进行通过言语和行为来影响其对象的成年公民；学生则是未成年人，作为受教育者而存在的对象性存在。不同的行动主体，预设了不同的自由要求。从教育哲学对自由与教育关系的问题讨论语境来看，人们讲教育中的自由，多从两个层面上来展开，一是讲教师的教育教学自由，讲教师的学术自由，其自由的主体是教师；二是讲学生的受教育自由，讲学习自由。因此，从主体的立场出发，有关自由与教育关系的讨论，主要是有关教育者与受教育者在教育活动中的自由问题。

当教育活动的自由主体被设定为未成年的学生时，则有关公民自由的理论探讨与思想观念是否适合于教育自由的问题就会被提出来。实际上，这个问题早就为洛克所认识到，并以对儿童自由权的限定而进行了说明。在洛克的思想体系中，理性乃是个体自由的基础和条件。一切德行和优点的原则在于克制自己耽于满足欲望的能力，欲望即理性未曾占据支配地位的地方。这一克制能力是经由习惯才能获得的，如果趁早实践，它们还能应用得容易和娴熟。儿童应该明白的第一件事情是，他们之所以能得到某样东西，不是因为这样的东西他们喜欢，而是因为他们适合得到它。幼童越小，就越不应该纵容他们难以控制的欲望。他们自己拥有的理性越少，就越应该把他们置于管教者的绝对权

---

① 罗尔斯. 正义论 [M]. 何怀宏等译. 北京：中国社会科学出版社，1988：199-200.

力和约束之下。"德行的真正原则和标准在于明白一个人的责任,满足于服从造物主,遵行上帝所给予的启迪,以期获得他的认可和赏赐。"换言之,由于理性的不足,成人所享有的自由并不为儿童所享有。洛克由此得出结论说,"我们是生而自由的,也是生而具有理性的;但这并不是说我们实际上就能运用此两者;年龄带来自由,同时也带来理性"。① 尽管洛克借助于理性的概念而限制儿童的自由,然而需要注意的是,洛克恰恰通过赋予理性的发展性而强调教育之于自由的必要性。儿童拥有理性,不足仅仅在于他不会运用理性。教育正在于使他们学会运用理性,从而让他们获得公民所拥有的自由。

还有一个需要加以说明的问题是,自由在政治共同体与教育共同体中的不同应用。在教育活动中,作为受教育者的学生,是生活在一种学习的共同体之中。尽管这个学习共同体不可避免地会分享它所置身于其中的政治共同体的性质,并且不可避免地会在其中产生相应的政治关系,同时教育所培养出来的人或早或迟都会进入政治共同体之中,成为社会之公民,因而教育也必然也必须使得受教育者获得妥善处理自己与共同体之关系的能力,但是,受教育者的自由问题却远非政治哲学所探讨和思考的那种自由。尽管从实践的角度出发,有关受教育者自由的理解,是以充分的政治哲学辩护为出发,并把某种确定的自由概念作为当然的前提,而主要考虑如何保证受教育者的自由。这个自由必须与政治共同体所理解的自由相一致,而不能从想当然的自由概念出发。

然而,如果我们从共和主义的自由概念出发,即认为自由乃是发生在人们之间的交往过程之中,亦即自由乃是发生在一定数量的人们在特定的空间场合的交往性的某种东西时,自由在于个人的行动不受他人的支配时,那么,教育就无论如何也无法远离人们对自由的诉求。如果说,自由与政治乃是相互依赖的,相互重合的,那么当教育不仅仅是教育,同时也是一种政治的时候,自由与教育也就建立起特定的相互关系。自由是政治存在的理由,它同样也是教育存在的理由。尽管教育中的交往乃是发生在不同年龄群体中的交往,因而有别于人们在公共政治生活领域的交往,然而,这种交往却具有公共政治生活领域交往的预备性特征。在这个预备性的交往中,年轻人学习如何在公共的政治生活中参加政治生活,通过言词和行动等与同等的人们进行自由的交往。特别是,当教育明确无误地是一种干涉或干预的时候,则无支配就成为教育极其重要的原则。教育之自由,当然可以在自由主义的立场上,视之为对学生权利的尊重;然而,更为重要的是,在教育的过程中,教师不应该成为学生的支配者。不过,在现实的生活中,作为支配者的教师则随处可见。

(二) 自由之于教育

教育作为社会化手段,尽管其本身具有非常强烈的强制性,例如,给定的课程与教科书,教育者在受教育者面前的出现,确定的教育组织形式等。但是,教育的内在逻辑,使得强制性的教育本身需要充分的自由,以确保教育强制性的成功与有效。概言之,强制性的教育,其本身是不能强制的。

第一,现代教育制度背景下教育对象的多样性与复杂性,使得教育者必须基于自身

---

① 洛克. 教育片论 [M]. 熊春文译. 上海:上海世纪出版集团,2005:121、131.

的理智判断而确立有针对性的方法与手段。尽管每一个年龄阶段的学生,其身心发展都是独特的,因此,教育者所采用的教育方法也必须因人而异。由人类的教育经验而确立的"因材施教"原则,本身也包含着自由的要求。换言之,成功的教育需要教育者根据学生的独特性而施以适合于他的教育。由此,针对教育者的外在强制性要求超过一定的限度,从而成功阻碍教育者根据自己的理智决断而采取恰当的教育方法,都将意味着对因材施教原则的背离,都将导致教育的不成功或失败。自由之于教育的必要性不仅在于教育对象的多样性与复杂性,而且也与教育者的工作性质与特点密不可分。尽管现代教育制度确立了规模化的教育场景,然而,这种规模化的教育场景仍然不能逃脱教师教育工作的精神性与个体性特征。当教师工作表现出强烈的精神性指向的时候,各种外在的约束与强制都有可能归于无效,这种无效并非是约束与强制的不当所致,而恰恰是精神性工作的本质使然。不仅如此,教师工作的个体性,以及由此而展现出的独特性,也使得实际的强制变得不太可能。

第二,知识与真理的探究、创造性的培养,需要给教育以充分的自由。知识与真理、创造性与个性,都是现代社会为了其繁荣与富强而特别强调的价值之所在。这些作为价值而生成的东西,当然依赖于社会的制度设计。与此同时,它也生活在社会之中的人们所具有的品质与素质紧密地联系在一起的。能够带来知识与真理、创造与独特的个人品质与素质,则有赖于具有更加开放性的教育,有赖于充分自由与解放的教育。在这里,自由赋予人们对知识与真理的追求,提供创造性得以发挥的必然条件,并形成个性成长的良好环境。自由之于教育的价值在于,它为未来真理的显现提供担保。鼓励儿童去思考和探索,鼓励儿童勇敢地面对这种因自由地思考和探索而带来的失败,恰恰在培养儿童的勇于探究和求知的品质。

第三,人的个性的培养,同样需要赋予教育以自由。自由意味着个体能够进行自主的选择。选择的出现乃在于存在多种可能性。因此,自由的机会即在于个体作出选择的可能性。对于有待作出选择的个体来说,多种可能性中的每一种都具有其特有的意义和价值,并且不同的可能性彼此之间可能是相互冲突的。如果多种可能性之间是相容的,或者个体只面对一种可能性时,那么个体的选择就显得既无必要也无意义。实现生活中每个人所面临的价值冲突,意味着不相容的多种可能性的存在。而刻意地将多种可能性被他者以某种方式确定为一种可能性时,那么个体的选择也就不存在了。个体的这种选择的不存在恰恰就是个体自由的不存在。因此,从个体选择的角度来看,没有个体的选择,也就没有个体的自由,从而也就没有个体个性的发展。

(三)教育之于自由

教育即强制。康德在《论教育学》中指出:"对他施加一定的强制,是为了指导他去运用自己的自由,人们对他进行培养,是为了他有朝一日能够自由,即不再依赖他人的照料。"在康德看来,为着儿童未来发展及使儿童成为自由的行动者,教育过程中对儿童施以强制是合理的。由此,根本的问题也就产生了:"人们怎样才能把服从于法则的强制和运用自由的能力结合起来。因为强制是必需的。我怎么才能用强制培养出自由来呢?"尽管康德随后就此问题给出了一个原则性的回答:"我应该让儿童习惯于忍受对其自由所施加的限制，并应同时教导他去良好地运用其自由。"① 但是，问题似乎并没有得到解决，以至于法国哲学家阿兰·雷诺（Alain Renaut）认为："这依然是我们面临的问题。只是，将对自由的承认和某种约束手段的使用两者维系、配合在一起这件事，自启蒙时代以来已变得极其困难。"②

尽管思想家们认为自由与教育之间存在着冲突与矛盾，由此也向教育提出了如何处理和协调好这种冲突与矛盾的要求，但是我们也可以看出，教育乃是一个人获得自由的必要条件与前提。无论是有关自由的何种观念，自由主义的、社群主义的或者共和主义的，我们都可以看出教育对于自由的必要性。换言之，受教育者的自由既受到政治共同体的影响，同时也深刻地受到教育的影响。

从自由主义的自由观念来看，所谓自由就是一个人能力范围的行动受到外在干涉而变得不可能施行，这就是说，自由即外在强制的阙如，是它预设了一个重要的前提，即行动能力的存在。霍布斯分析了一个人不能离开房间的困境：一个人有能力离开，但受到了围墙和链条的限制和束缚，以至于无力离开；另一个人则缺乏能力，因为他被疾病困在床上。根据霍布斯的分析，第一个人没有离开的自由；第二个人则既谈不上自由也谈不上不自由。③ 霍布斯解释的理由在于，自由行动的观念预设了在备选项之间的深思熟虑的观念。由此，霍布斯对自由的定义是，自由就是一个人在凭他体力与智力能做的事情中，在做他想做的事情上没有受到妨碍。只有当人们的行动能力范围内的行动已经变得不可能或不可取时，才能说缺乏自由。不过能力的概念并不等同于体力的概念。能力的概念在现代已经有了更大的扩张。它不仅是指体力、智力，而且也指在日常的生活中所表现出来的行动的力量，即行动能力。那么这种行动能力又要靠什么来保证呢？恰恰是这个问题的提出，预示着教育对于自由的价值和意义。强制的阙如与能力的存在，前者依赖于政制的设计，后者依赖于教育的影响。当社会不断地提出要培养人们的实践能力时，这种强调本身也在向人们昭示着个人自由的基本条件。没有社会所必须具有的行动能力，则无论外在的强制如何阙如，一个人总是不自由的。

社群主义的自由观念强调自由完善、自我实现、自我发展。真正的自由是体现在人们是以体现出人的本质的方式而展开行动，在于整个人已经实现了他的目标，在于保持人的存在的真正法则的和谐。上述有关自由的表述并不全然一致，但在根本性的问题上，即在有关人的本质与自由的关系问题上，不同时代的人们却有着惊人的一致性。为此，自由就必须消除障碍。而要实现这样的目标，同样离不开教育。尽管查尔斯·泰勒认为，妨碍人的内在障碍的消除，从根本上说依赖于集体性自治，依赖于自我引导，不过个人的意识问题，个人的能力问题同样必不可少。自由不仅仅是做我们想要做的事情，而更是做我们真正想要的事情、遵从我们的真正意志，真正引导我们的生活。这样

---

① 康德. 论教育学 [M]. 赵鹏等译. 上海：上海世纪出版集团，2005：14、13.
② 雅卡尔等. 没有权威和惩罚的教育 [M]. 张伦译. 北京：中国人民大学出版社，2005：62-65.
③ 斯金纳. 第三种自由概念 [A]. 应奇，刘训练. 第三种自由 [C]. 上海：东方出版中心. 2006：142.

一来，什么是真正想要做的事情，什么是真正的意志，什么是真正引导我们的生活，就会成为一个理性认识与判断的问题。自由必然要涉及背景认识，涉及意义的概念。查尔斯·泰勒的一段描述不仅是对自由的一种主张，更暗含着自由对教育的要求。他说："我正在遵循自己最强烈的欲求，做我想做的事情，这一事实并不足以说明我是自由的。相反，我们必须在动机中间进行辨别，并且同意，在某些动机比如说非理性的恐惧或者恶意、或者对舒适过于强烈的需求——的指引下行动并不是自由，这些行动甚至是对自由的否定。"①

对于社群主义者来说，目标、意义、欲求等与自我实现不可分离。有真正的目标，也有虚假的目标。一些目标不过是人的强烈欲求而已，是不值得为之而努力的。倘若一个人为那些不值得努力的欲求或虚假的目标而努力，那么这个人形式上看是自由的，实质上他根本不能算得上是自由的。这一辨识既与自治的共同体有关，也与教育有关。

三、教育自由与自由教育

（一）教育自由

教育自由的基本要义是强制性的教育在其实施的过程中必须体现自由精神，使得教育者和受教育者能够以更加灵活的方式确立自己的生成与发展。社会固然对年轻人的基本素质提出统一的要求，这种要求以教育目的的形式而表现出来，然而，这并不意味着教育就必须以各种严密的束缚与强制而成为专权的领地。以自由精神而展开教育，给教育者与受教育者以充分的自由，以成就每个人的理想与追求，这是教育自由之本义。

从概念的意义看，教育自由是指参与教育活动的主体在其日常的教育生活中，在不违背教育法律与政策以及教育规律和原则的前提下，不受专断地支配与干预，从而保证教育活动主体的教育意志得以实现，其终极目标在于实现教育的目的，使受教育者成为他自己以及社会所期望的人。教育自由的这一界定包括两个方面的含义。

一方面，这里所谓的"自由"并非是在伯林的消极自由意义上，亦即在一种无干涉的意义上来使用的。因为倘若把自由理解为伯林所谓的消极意义，那么"教育"与"自由"结合而成为"教育自由"这一概念时，则两者之间必须面临着无法解决的冲突与矛盾。因为无论我们怎样定义教育，也无论我们持有怎样的教育之观念，教育总意味着一种干涉，通过这种干涉而使受教育者朝着社会所期望的方向发展。受教育者必须遵守国家的教育法律，必须遵守学校的规章制度，然而，从伯林的消极自由的意义上看，法律和规章制度都是干涉，都在不同程度上限制着个体的自由范围。但是，从受教育者的充分而全面的发展来看，这些干涉不仅有必要，而且是受教育者成为一个社会中自由之公民的必要前提。在这里，我们仍然是在一种消极自由的意义上来使用教育自由这一概念，即在教育过程中，教育者和受教育者都应当免于支配。受教育者不应当受到支配，这并不意味着受教育者不应当受到干涉；同样教育者亦不应当受到支配，这也同样并不意味着教育者不应当不受干涉。

---

① 泰勒. 消极自由有什么错 [A]. 应奇，刘训练. 论伯林的自由观 [C]. 南京：江苏人民出版社，2007：176.

另一方面，教育自由的概念又是积极的，因为它设定了目标的概念，而无论人们持有怎样的教育自由之观念，都意味着它要实现特定的教育目标。教育自由所追求的目标，从根本上讲，就是某种理想状态的人之实现。它可能是导向个体的理性自我控制，也可能是人的自我完善或者是人的全面而自由的发展，还有可能是人的自我实现。无论如何，它都是以某种人的本质或本性为预设的，而教育自由的全部追求就在于使具体生活中的受教育者臻于人的本质或本性，从而导向人的自我完成。从受教育者作为特殊的学习群体角度来看，他们必然要在一定的范围内结成学习共同体，这样一个学习共同体应当置于受教育者在其理性能够作为的范围内，为受教育者自我管理。它突出学习共同体的自治与自我管理。这样的学习共同体当然需要教育者的外在治理，需要外在的约束，通过这种外在的约束而学习自我约束，最后达于自我控制，以确定的外在规范要求与内在的理性要求而进行自我控制。从这个意义看，教育自由也同样是积极的。

(二) 自由教育

自由教育则预设了教育的价值之所追求与目标之设定。自由教育就是培养自由人的教育，通过教育而使得受教育者——社会的年轻一代，获得充分而自由的发展，掌握基本的自由品质，养成自由所必需的理性或德性。不过，尽管如此，自由教育因为概念的复合性而可能具有不同的含义。自由教育可以理解为是对受教育者进行自由的教育，也可以理解为把自由作为教育内容而展开的教育，还可以理解为是对自由人进行的教育。

第一，进行自由的教育就是将自由作为教育的目的而追求。人生而自由，然而生活在社会之中的人们，未必就真正理解何谓自由，什么才是自由人以及怎样的行为才是真正的自由的行为。只有通过自由教育，使得生活在社会网络之中的人们真正懂得自由之真谛，人们才会以合理的行动来践行自由，不至于因为非自由的行为而丧失自由。经验告诉我们，这样的人在社会中并不在少数。由此，自由教育作为目的就尤为显得重要。

第二，自由教育也可以指在教育内容中渗透自由的理念与观念。在这种情况下，自由教育就主要是一个政治教育的范畴，同时也属于价值教育的范畴。就如同法制教育、生态教育、纪律教育等概念一样，作为教育内容而出现的自由教育，是政治道德教育的内容之一，其意义在于培养公民的自由意识、自由品质和自由正确的自由观念。

第三，自由教育作为对自由人进行的教育，乃是在一种更为宽泛的意义上来使用的。生活在古代社会中的人们，从对自我及其财产、劳动的支配权来看，可以分为自由民与奴隶。所谓自由教育就是对自由民的未成年儿童进行教育，以使他们成为一个合格的自由民，并且能够履行法律所赋予的公民之义务，参与政治共同体的治理活动。随着奴隶群体的消失，现代社会所谓的自由教育，通常已经不是从教育对象的角度来审视和定义，而主要是从教育的最后追求来看待自由教育。

三者之间的共同之处在于，生活在现代民主社会中的人们，是以确定的自由为基础，由此而决定了公民应当具有自由所必需的品质。尽管人们对自由的不同理解以及由此而产生有关自由的不同观念，会影响到自由所必需的品质到底是由哪些要素构成的看法，但是，现代社会中的公民应当具有自由所必需的品质，这一点无论是对于自由主义的学者，还是对于社群主义的学者或者是对于共和主义的学者而说，都具有同样的意义。不过，在这里，明确下面的区分乃是非常重要的，即一个社会所流行并体现在日常生活之中的自由之概念，与政治哲学家们所主张的政治概念之间，可能会有着很大的分歧。由此而有两种不同的自由教育的观念，即日常生活中所体现的自由教育的观念和政治哲学家所倡导的自由教育的观念。

（三）教育自由是实现自由教育的根本保证

教育自由与自由教育的关系问题，可以看做儿童的当下自由与其未来自由的关系问题。儿童的教育自由，旨在保证儿童当下的教育自由，亦即儿童能够参与教育并能够被免除不合理的干预或强制。儿童当下的教育自由是基于其理智水平或能力而确定的。一旦儿童成长为成年人，并且必须在成年社会中生存下去，与他人打交道，则自由所要求的内在的条件，如理性的成熟、理智的提高、对自由所不可缺少的各种制度的相关知识等，就是必不可少的。因此，另外一种忧虑就出现了，即儿童当下的教育自由是否会影响到对于他未来的自由来说所必不可少的内在的条件的获得或拥有呢？这是一个与第一个问题有关联但又不完全相同的问题。

有关人的自由及其与人的自由之增长的关系，是一个教育哲学理论需要加以探讨的问题。教育在一定的意义上说，就是改善一个人的自由状况。这种改善主要是着眼于与人的自由密切相关的理智条件。人们对自由的理解尽管分歧很大，但是，个体的任何实质性的自由，都需要满足一定的内在条件，而这些内在条件的获得，都是与教育不可分离的。教育正在于使得个体获得保证自由切实施行的内在条件。这一点思想家是没有什么分歧的。分歧在于，究竟哪些条件对于自由的实现来说是重要的。对于一些思想家来说，自由的主要条件是理性，通过教育使儿童具有理性，是实现自由的基本要求之一。对于另外一些思想家来说，自由就是遵循理性的立法。为此，教育就是让儿童获得有关对理性的立法方面的知识和认识。但是一旦对儿童实施教育自由，即确保教育者不对儿童施加前现代社会所允许施加的任意干预或强制，那么儿童理性能力的获得或对理性的法的认识，是否会受到消极的干扰？尽管教育的前提是预设人是理性的存在，且这种理性都是潜在于每一个体的身上，然而如果没有教育，则人的潜在的理性就会处于蒙昧状态或沉睡状态，教育则在于激活它、唤醒它，并使它在外在的力量作用下，不断地生长出来。

一些在其正处于理性启蒙的年龄而未受到良好教育的人，由于他们对自由理解上的偏差，而最终逾越法律的限度亦即自由的限度，而成为不自由者。究其原因，正在于教育放弃了对儿童的自由教育。对于那些逃避教育强制的儿童来说，他们只是使自己置于他所理解的自由境况之下，所获得的只是表面上的自由，或者是一种虚假的自由，因而实际上是不自由的。如我们在前面所讨论的，任何自由都意味着一定范围或一定程度的约束。没有限制或约束的行为，恰恰是不自由的开始与萌芽。努力逃避教育强制，即儿童已经开始走向不自由的那些表现，既有儿童自己的责任，也有教育的责任，但从根本上说主要是教育的责任。蓄意地将责任归咎于儿童，是在逃避教育者所应该承担的道德责任。这种道德责任，无论教育者是以怎样的借口，都将难以逃脱。儿童逃避教育强制的成功实现，呈现出这样一种事实，即教育者没有能够很好地履行其作为教育者的职责。这里面同样包含着这样一种认识，即儿童的教育自由，不仅仅是给定的，而且也是建构的。"给定的"表明教育者对儿童的若干行为的不干预；而"建构的"则表明教育者必须让儿童在教育自由中学习运用自由。通过教育自由来学习运用自由，恰恰是教育者的任务之一。放弃这个基本的任务，就是放弃教育者的社会使命。

第二节 民主与教育

民主是现代社会的基本价值追求，也是教育的基本价值追求。我们说，民主是教育的基本价值追求，包含了两层含义：一是教育活动的展开必须体现民主的理念和精神，从而保证教育民主的实现；二是，民主也是教育活动的目标之所在。通过教育而使受教育者获得民主的精神与品质，则是现代民主社会的根本保证。然而，民主又是一个充满歧义的概念。民主的概念和观念分歧之大，以至于无论是在实践层面上还是在哲学理论层面上，人们都很难就此概念达成共识。不过，概念的分歧性为理智的求索提供了广阔的空间，也为人们之间进行民主的对话提供了实践的基础。在我们看到差异与冲突的同时，也应该看到，社会主义的民主概念为我们的思考奠定了坚实的观念基础。

一、对民主的认识

安东尼·阿伯拉斯特（Anthony Arblaster）指出，民主在成为事实之前是一种观念，并且正因为它是一种观念，故它就没有单一的准确和一致认同的含义。在民主的漫长历史中它有着非常不同的意思和内涵，即使今天在不同社会和经济体制下对它的理解也存在很大的差异。[①] 从词源上说，"民主"概念首先是国家的政治制度。"民主"最初是个希腊词，由两个更短的短语 demos（城邦平民）和 kratos（力量）组成。城邦平民可以指生活的一个特定政体或城邦中的整个公民实体，但也可指"乌合之众"或"暴民"、"下层社会"。力量指"权利"或"统治"。所以民主可以理解为"人民的统治"或"民治"，或者理解为"政府为民所有"。然而谁是"人民"，如何理解"人民的统治"，则需要进一步辨明。

（一）民主是一种政治制度

作为一种政治制度的民主，最早为柏拉图所阐述并为亚里士多德所继承。在当代，卡尔·科恩（Carl Cohen）在其《论民主》中给民主的定义是：民主是一种社会管理体制，在该体制中社会全体成员大体上能直接或间接地参与或可以参与影响全体成员的决策。这一定义强调全民参与。《中国大百科全书·政治学》对民主作如是诠释：以多数人的意志为政权的基础，承认全体公民自由、平等的统治形式和国家形态。其基本含义是"人民的权利"、"人民的政权"或"人民进行统治、治理"。18世纪的欧洲思想家对古代的民主概念进行了新的阐释和限定。孟德斯鸠将民主和分权的思想联系在一起，提出了重要的"分权"思想，即将国家的权力区分为"行政权"、"司法权"和"立法权"。同时代的卢梭不赞同孟德斯鸠的"民主观"，认为国家权力实施的方式固然重要，然而弄清楚国家权力的合法性来源更重要。卢梭继承了古典"民主"概念中的"人民统治"、"人民主权"的思想。"人民主权"是"人民意志"的体现，而"人民意志"

[①] 阿伯拉斯特. 民主 [M]. 孙荣飞等译. 长春：吉林人民出版社，2005：3-4.

是建立在"公意"即人民整体的意志的基础之上，而非"众意"即"个别意志的总和"的基础之上。因此，他反对孟德斯鸠提出的"代议制"或"间接民主"，主张通过一切形式让人民直接参与表决，防止"人民主权"被代表们篡夺、滥用。不过，18、19世纪的欧洲并没有听从卢梭的教导，却对孟德斯鸠的观念表示普遍认同。麦迪逊（J. Madison）、边沁（J. Bentham）以及密尔都认为，直接民主是不可取的，议会民主或间接民主是唯一可行的，三权分立是必需的，议会代表可以合法地行使国家职能，定期选举、派系竞争、秘密投票等都是防止出现绝对权力或政治腐败的制度性基础。

当民主作为一种政治制度来理解时，就有了社会主义民主与资本主义民主之分。社会主义民主本质特征是人民民主。社会主义民主坚持中国特色社会主义政治发展道路，坚持党的领导、人民当家做主、依法治国有机统一，坚持和完善人民代表大会制度、中国共产党领导的多党合作和政治协商制度、民族区域自治制度以及基层群众自治制度，不断推进社会主义政治制度自我完善和发展。其主要内容包括：第一，人民当家做主，具体体现为人民参与国家的政治决策，表现为民主选举、民主决策、民主管理、民主监督等。第二，基层民主，即人民依法直接行使民主权利，管理基层公共事务和公益事业，实行自我管理、自我服务、自我教育、自我监督，对干部实行民主监督。第三，依法治国，包括民主立法完善法律体系，法律实施坚持公民在法律面前一律平等，推进依法行政，尊重和保障人权，保证全体社会成员平等参与、平等发展的权利等。第四，爱国统一战线，团结一切可以团结的力量。第五，保障少数民族合法权益，全面贯彻党的宗教工作基本方针。第六，注重完善制约和监督机制，保证人民赋予的权力始终用来为人民谋利益。

（二）民主是一种生活方式

民主不仅是一种政治制度，一种全体共同体成员参与决策的程序，更是一种生活方式，一种生活态度。民主作为一种生活方式的含义在杜威那里得到了最充分的阐发。杜威所理解的民主包含着两个共同的要素。一是共同利益以及生活在联合体中的人们对于共同利益的认识，没有这种对共同利益的认识，也就不可能有一种民主的生活方式。二是社会不同群体之间具有一种更加自由的相互影响，以及通过这种相互影响而不断地改变社会习惯。杜威认为，这是民主社会的两个基本特征。由此，杜威认为："民主不仅是一种政府形式，它首先是一种联合生活方式，是一种共同交流经验的方式。人参与一种有共同利益的事，每个人必须使自己的行动参照别人的行动，必须考虑别人的行动，使自己的行动有意义和有方向……"① 参与一项有共同利益的事业，意味着所有的参与者都必须有充分的能力，并且在参与的过程中贡献他自己的力量，以表明个体在共同参与的事业之中的价值。为此，杜威认为：一个社会必须给全体成员以平等和宽厚的条件求得知识的机会……必须教育成员发展个人的首创精神和适应能力。否则，他们将被突然遇到的种种变化所迷惑，看不出这些变化的意义或关联，结果将是一片混乱，人们变得盲目由外部势力指挥的活动的成果将为少数人滥用。这样，杜威就将民主与教育紧密地结合在一起，并且应该通过对课程、教学等方面的改造，使教育成为一种民主的生活

---

① 杜威. 民主主义与教育 [M]. 王承绪译. 北京：人民教育出版社，2001：97.

方式。教育就是一项形成适当社会生活的活动。民主作为一种生活方式的同时，还意味着一种生活态度，即"自由"、"平等"、"宽容"、"开放"等个性品质。

（三）民主是一种大众文化

列维·施特劳斯在《什么是自由教育》一文中指出："民主的理念只是一种纯粹的幻想，唯一有意义的是诸种民主制的行为和民主制中人们的行为。与普遍贵族制迥异，现代民主将会是一种大众统治——倘若不是由于存在下面的事实的话：大众并不能进行统治，反倒受制于精英，即那些无论出于何种原因处在上层或有很好的机会升到上层的人组成的群体。……民主因而的确不是大众统治，而是大众文化。大众文化是这样一种文化，它被没有任何智识和道德能力的最低劣的能力所占据，并且是极为廉价地占据。但即便是大众文化且恰恰是大众文化，需要所谓新观念的事物的不断支持，这些新观念是那些所谓有创意的人的产品：连歌曲广告都会失去吸引力，如果他们不及时更新的话。"① 施特劳斯是站在保守主义的政治哲学立场上对现代社会的民主作出如是评论的。不过，应该看到，施特劳斯对民主的评论确实击中了资本主义民主本身所具有的缺陷。当民主已然成为一种大众文化的时候，人们对于民主的寄望就有可能变成失望。

上述有关民主的三种含义并不能截然地分开。很显然，没有作为政治制度的民主，便不可能有作为生活方式和大众文化的民主。作为生活方式的民主和作为大众文化的民主乃是政治制度的民主之理念向公民的日常生活领域渗透之结果，由此而形塑公民的思维习惯和行为习惯。然而，不管在怎样的意义上来使用民主的概念，民主都包含着两个重要的原则：首要的原则是自由，即民主正是大多数人实行统治的自由。一个人应该随心所欲地生活，这是自由人的标志。不能随心所欲地生活就是被奴役的标志。因此，民主制的第二个原则是欲望原则。如果可能的话，人根本不愿意被任何人统治；如果不可能的话，就应该轮流进行统治和被统治。民主的基本理念，即一切人都具有平等的政治权利，穷人的统治或人民的统治，传统社会等级制的推翻等。

（四）对民主的评价

关于民主，哲学家似乎对此评价并不高，这在柏拉图和亚里士多德那里表现得尤为突出。例如，亚里士多德倡导建立君主、贵族和民主人士共同组成的混合政府。他们把民主说成是贫民和无知的人的统治，并说这将会导致无政府状态，其结果是出现暴政。这种观点一直到18世纪仍然占据着上风。麦克弗森（C. B. Macpherson）指出："民主曾经是一个坏字眼。几乎任何一个人都认为，按照其最初的意义即人民统治或政府遵从大多数人的意愿，民主就会是一件坏事情——对个人自由和文明生活的优雅品质都是有致命危害的。从很早的历史时期直到大约100年以前几乎所有智者们都抱有这种观点。直到近50年，民主才开始成为好的事情。"② 直到18世纪末，褒义的民主概念才进入一般的政治讨论中。当然，这其中的一个重要的问题，就是民主这个概念为什么会发生如此重大的逆转？（政治家的任务是调整顽固事实以适应变化的环境……以及在效

---

① 施特劳斯. 什么是自由教育［A］. 刘小枫，陈少明. 古典传统与自由教育［C］. 北京：华夏出版社，2005：4.
② 阿拉斯代尔. 民主［M］. 孙荣飞等译. 长春：吉林人民出版社. 2005：10.

果上适应一般较笨的人们的实际接受能力)

美国耶鲁大学教授艾伦·布鲁姆(Allan David Bloom)著有《美国精神的封闭》。该著作通过对现代民主的起源的探讨,揭示出民主政治之下的美国高等教育的危机。在阐述和分析托克维尔论民主体制正反精神生活问题时,深刻地指出民主体制潜在的不足。布鲁姆说,托克维尔告诉我们,民主体制将导致一种特殊的精神倾向,如不主动加以纠正,就会扭曲人们的精神视野。民主的最大危险是沦为舆论的奴仆。这主要是因为,在民主政体下,社会所确立的平等地位使得每个人都是独立自主的。这种民主体制下的人们所获得的独立性,一方面使得人们可以实现自主自决,另一方面使得作出决定所需要凭借的依赖或参照标准也因此而丧失。在传统的社会中或者说在非民主的政制下,人们所生活的传统决定着人们的判断,而民主则摆脱了传统的束缚,精神权威因此而消失。因为人人都是平等的,因而所有人的意见也因而是平等的,在这种情况下,多数人的意见就应该占据统治地位。"人人都应按照自己的意见行事,这话虽然好听,但是社会和政治生活要求共识,所以迁就众人是必不可少的。因此多数人的意见必然占上风,除非有强大的理由去反对它。"① 所有的人都像盲从者一样是舆论的产物。由此,民主体制必然压制着怀疑的产生。

二、教育与民主

160年前,当法国的思想家托克维尔庄严地宣告"民主即将在全世界范围内不可避免地和普遍地到来"② 时,这个预言是如此灵验,以至于处在现时代的人们不仅亲眼见证着托克维尔的这个预言的实现,而且还在目睹着它向着更为广泛的社会领域,向着教育领域发展——民主的理念进入教育领域并成为教育的主导理念之一——由此而形成我们这个时代教育研究文献和教育实践中的一个非常流行的概念——"教育民主"。那么,这一切是如何发生的呢?当人们不断对教育提出民主的要求,并且进而形成"教育民主"的教育思潮时,这个由"教育"和"民主"综合而成的构成性概念到底意味着什么?参照人们对教育民主之本质和理念的把握,现实的教育存在着怎样的问题?由此而产生一个更为紧迫的问题,即实践中的教育又如何体现其对民主的追求?

(一) 从政治民主到教育民主

教育民主作为观念的生成与建构,是一个与政治民主密切相关的问题。自古典政治哲学产生以来,政治与教育都是良序社会建构之必要的前提和条件。柏拉图确定无疑地指出:"政治制度是从城邦公民的习惯里产生出来的;习惯的倾向决定着其他一切的方向。"③ 这意味着,作为共同体基本结构的安排是与构成共同体的公民个体之心灵或内在的品德无法分开的。同样,在亚里士多德看来,最好的政体依赖于公民德性的存在。"城邦的善良却与命运无关,而是在于知识与意愿。要想成为一个善良之邦,参加城邦

---

① 布鲁姆. 美国精神的封闭 [M]. 战旭英译. 南京:译林出版社,2007:202-203.
② 托克维尔. 论美国的民主(第12版序)[M]. 董果良译. 北京:商务印书馆,1988:1.
③ 柏拉图. 理想国 [M]. 郭斌和等译. 北京:商务印书馆,1986:314.

政体的公民就必须是善良的。"① 政治哲学的一个基本主题，即共同体与公民德性的关系在此后的政治哲学中反复地出现，并因此决定了教育哲学与政治哲学的内在联系：讨论一政治体制的完善，离不开讨论生活在政治体制之中的公民品德的形成与获得。该命题隐含着这样一种观点，即完美政治体制之实现是以公民所具有的与完美政制要求相适应的品德为前提的。

因此，当近代以来民主制成为政治体制的基本形式时，与政治民主相适应的公民内在的素质要求问题也因此而相应地提了出来。在托克维尔看来，一方面，通过各种民主措施的作用，人将转变为具有道德意识的公民；另一方面，"民情是使美国得以维护民主共和制度的重大原因之一"。② 在这里，"民情"被托克维尔理解为，不仅指通常所说的心理习惯方面的东西，而且包括人们所拥有的各种见解和社会上流行的不同观点，以及人们的生活习惯所遵循的全部思想。因此，"民情"一词实际上在托克维尔那里被看做"一个民族的整个道德和精神面貌"。③ 政治的民主离不开公民所应当具有的民主的德性。正如法国的哲学家孟德斯鸠所说的那样：专制依靠恐惧，君主制依靠荣誉体系，而民主依靠公民德性。④

上述有关政治体制与个人内在心灵的关系之观点告诉我们，民主政治体制需要以其公民所具有的特定的品德或美德为其条件的。当一个社会实行民主时，当民主成为其基本的政治制度时，这种民主的实行及其政治制度必然要对其公民提出相应的与民主社会相适应的品德要求。民主的政治制度对其公民提出民主素养的要求，也因而向教育提出民主教育和教育民主的要求。

民主教育与教育民主是教育与民主关系的紧密相连的两个方面。在杜威看来，"由于民主社会实现了一种社会生活方式，在这种社会中，各种利益相互渗透，并特别注意进步或重新调整，这就使得民主社会比其他社会更加关心审慎的和系统的教育"。这是因为，"一个民主的政府，除非选举人和受统治人都受过教育，否则这种政府就是不能成功的"。⑤ 教育之于民主的意义在于，民主社会必须有一种教育，使每个人都有对于社会关系和社会控制的个人兴趣，都有能促进社会的变化而不致引起社会混乱的心理习惯。杜威的论述表达教育与民主的双重关系，即政治的民主依赖于教育对公民的心理习惯的培养，而这也就意味着教育本身亦当体现民主的精神。正是在民主政治的历史语境下，杜威的"教育中的民主概念"才得以提出。这个命题意味着教育与民主的双重建构：民主教育和教育民主。两者都将"教育"与"民主"紧密地联系在一起，然而又各有其侧重点。"民主教育"将民主作为教育的内容和目标，希望通过在教育中对学生进行民主的教育，使受教育者形成民主的意识和民主的美德。而"教育民主"则对教育的对象以及教育的方式等提出相应的民主要求（在杜威的民主是一种"联合的生活

---

① 亚里士多德. 政治学 [M]. 颜一等译. 北京：中国人民大学出版社，2003：253.
② 托克维尔. 论美国的民主（上卷）[M]. 董果良译. 北京：商务印书馆，1988：332.
③ 托克维尔. 论美国的民主（上卷）[M]. 董果良译. 北京：商务印书馆，1988：332.
④ 孟德斯鸠. 论法的精神（上）[M]. 孙立坚等译. 西安：陕西人民出版社，2001：37.
⑤ 杜威. 民主主义与教育 [M]. 王承绪译. 北京：人民教育出版社，2001：91,97,110.

方式"的意义上而言说的)。

(二) 教育不民主的表现

教育不民主的表现之一，是教育的不公平。联合国教科文组织国际教育发展委员会编写的《学会生存》提醒我们，在这个号称不断进步不断发展的教育世界里，不公平的现象仍然以各种不同的方式存在着。这种不公平是国家内部的教育不平等。表现之一，是地区间的差别可以达到很大的比例；良好的教育设备集中在主要城镇，因而不利于农村地带；流动人口子女在教育上受到程度非常严重的歧视；教育系统内部的某些部门或学校成员享有特权，等等。因此，《学会生存》指出："同公平合理完全相反，那些最没有社会地位的人们往往享受不到普遍的受教育的权利……在一个贫穷的社会里，他们是首先被剥夺的人；而在一个富裕的社会里，他们是唯一被剥夺权利的人。"《学会生存》进而指出，可能平等的受教育，只是求得教育公平的必要条件，而不是它的充分条件。平等的机会必须包括同样成功的机会。然而，真实的情况则是，成功的机会是不平等的。一个基本的看法是，在家庭的经济、社会和文化地位同接受各种类型教育的机会以及以后成功的机会之间有着相反的关系。不仅如此，在大学内部也同样存在着严重的不平等现象。

教育不民主的表现之二，是教育体系的不民主。《学会生存》认为，如果一种教育体系，广义地来讲是开放的，但是它被一些思想狭隘的人所管理；或者如果它尽力克服社会的障碍，但是所教的教材内容却受到很大的限制而且是十分贫乏的；或者如果它指点给学生许多途径，但是却阻止他们去求得真理；在这种情况下，即使学生都是在民主的基础上录取的，这种教育体系也不能算是民主的。就这一点来说，教育的民主化，要求一种个人化的教育，要求对个人潜在的才能进行详细的调查研究。因此，《学会生存》特别指出，机会均等并不是指名义上的平等，而是肯定每个人都能受到适当的教育，并且这种教育的进度和方法是适合个人的特点的。[①]

教育不民主的表现之三，是师生关系不民主。《学会生存》指出，除了形式与方法的问题之外，我们还应该从根本上重新评价师生关系这个传统教育的大基石，特别当师生关系变成了一种统治者和被统治者的关系的时候。这种统治与被统治关系，由于一方在年龄、知识和无上权威等方面的有利条件和另一方的低下与顺从的地位而变得根深蒂固了。因此，实现教育民主，就需要从根本上改变教师的职责，即教师并不应该仅仅是知识传递者，而应该成为一位顾问，一位交换意见的参加者，一位帮助发现矛盾论点的人。如果教师与学生之间的关系不按照这个样子发展，它就不是真正民主的教育。

教育不民主的表现之四，是共同管理与自我管理缺失。《学会生存》认为，保证人们能够充分行使他们在教育上的民主权利，这意味着保证他们有权参加教育机构的管理和教育政策的制定。这里有两个问题需要回答。一个问题是：在参加者、使用者和其他有关的人群中，谁应该享有指导和管理教育这个共同事业的权利？另一个问题是：究竟应该在什么阶段进行共同管理和自我管理，并且应该实行到什么程度？可能从事的活动

---

① 联合国教科文组织国际教育发展委员会. 学会生存 [M]. 华东师范大学比较教育研究所译. 北京：教育科学出版社，1996：101、105.

有：规定教育政策和目标，建立和组织机构，筹措教育经费和分配资源，确定教材和教法等教学上的问题，聘请教师，制定规章制度并考核其结果等。

《学会生存》最后的建议是，要实行教育民主，就必须做到：改变这一社会结构以减少我们从文化遗产中树立起来的特权。我们必须重新改造教育结构，扩大选拔人才的范围并使人们能够沿着终身教育的模式前进。教材内容必须个人化；学生必须意识到他们的地位、权利和愿望；权威式的教学形式必须让位于以独立性、互相负责和交换意见为标志的师生关系；教师的训练必须使学生了解和尊重个性的各个方面；指导必须代替选拔；那些使用教育机构的人们必须参加管理和制定政策；教育中的官僚主义习气必须消灭，而教育的管理必须实行分权制。

（三）我国教育民主面临的现实问题

基于我们对教育民主的理解和认识来观照现实，那么可以说我国的教育民主尚是一项正在进行中的事业，一项未竟的事业。即使在普及义务教育基本实现的前提下，教育民主也还远没有实现。为此，我们需要积极地行动起来，以民主理念安排教育体系。《学会生存》早已提醒我们，不公平的现象最为突出的，是"国家内部的不平等状态"。① 教育的这种国家内部的不平等状态是教育民主的最集中最典型的表现。

1. 教育民主问题的外部表现

教育存在着较为严重的地区间的不平等。良好的教育设备主要集中在主要城市和城镇，使得农民子女处于明显的不利地位；流动人口子女在教育上受到程度不同的歧视对待；区域教育发展存在着严重的不均衡，即使是在同一城市，义务教育阶段的学校也还存在着非常大的质量差异。因而，公民实际上是接受有质量差异的不平等的义务教育。这种有质量差异的不平等的义务教育使学生面临着不平等的成长环境和条件。这种状况的存在不仅影响到受教育者当下的发展状态，而且也影响到他们今后实现其获得平等教育权利的能力。且不论教育机会是否真正平等，即使是每个人都拥有平等的教育权利，其基础教育阶段所受教育的差别，也会对其后继的教育机会之获得产生重大的影响。基础教育特别是义务教育阶段存在着的以不平等为典型的教育民主问题，无疑将使很多的人失去未来成功或社会成就方面的机会。在非义务教育阶段，优质的教育资源之分配，也并没有完全遵循机会均等的原则。各种不平等的社会背景因素公开地或隐蔽地渗透到入学和就业的环节之中。

2. 教育民主问题的内部表现

教育的民主问题不仅表现在地区之间、城乡之间，而且也表现在教育活动领域的差别对待。民主的教育就是平等地尊重每个人的自由发展，创造各种机遇和条件使得每个人发展自己的兴趣和目标。民主的教育意味着给全体受教育者以平等、宽容、支持的机会和条件获得知识、发展兴趣、实现理想，提供造就人格的时间和空间。② 但是，教育中的功利原则驱使着学校及教育者披着教育民主的外衣，打着"每一个人都能受到适

---

① 联合国教科文组织国际教育发展委员会. 学会生存 [M]. 华东师范大学比较教育研究所译. 北京：教育科学出版社，1996：100.

② 金生鈜. 我们为什么需要教育民主 [J]. 教育学报，2005（12）.

当的教育"之旗号，对少部分学生进行重点教育，对大多数学生进行一般的教育，甚至放弃对一部分学生的教育。教育民主的"身份平等"和"平等的教育权利"被学校及教育者借助各种伪装的外表被形式化，而由此丧失实质性的内容。这是教育不民主的内部表现。此外，由于两个方面的原因而使得教育不是去适应学生，而是力图让学生适合教育。一是教育投入的不足，使得在基础教育乃至高等教育阶段，教育者都不得不面对超过规定要求的学生数来进行课堂教学；二是社会功利原则对于教育的渗透，使得教育越来越偏离素质教育的要求，而成为获取职业和社会地位的工具，教育的目的就是考取示范（重点）中学或名牌大学。教育民主所强调的教育的进度和方法应该适合个人特点的原则被统一的标准和要求所取代。学生成为被塑造的对象，成为获得外在之利益的工具。

3. 教育民主问题的形式表现

作为知识共同体和发展共同体的学校及教育之管理，也存在非民主化的倾向。教育民主化不仅要把更多的教育给予所有的公民，而且也要求有更多的公民能够参与教育管理。教育民主作为一种治理形式，它要求对教育活动以及教育共同体进行共同管理，要求保证人们能够充分行使他们在教育管理上的民主权利，要求保证他们有权参加教育机构的管理和教育政策的制定。这样的观点可能会引起人们的质疑。这主要是因为，教育是专业性比较强的活动，同时也关系社会之共同善的事业。人们是否有能力参与专业性强的管理活动，就很值得怀疑。然而，应该看到这样的质疑是没有道理的。因为国家的民主治理已经树立了一个典范。较之国家的管理，教育相对要次要得多，而且也简单得多。不能说我们能够在重要的事务上进行民主管理，而在次要的事务上却不能够进行民主管理。当然这其中有一些问题值得思考和探讨：如参与教育民主管理的应该采取怎样的形式？参与者应该具有什么样的主体资格？在我国，当教职工代表大会成为教职工参与民主管理的重要形式时，它只解决了学校层面的民主管理问题，却并没有解决政府层面的教育民主管理问题，也没有解决受教育者参与教育民主管理问题。

此外，还有一个更为微观的教育方式的民主问题。此问题通常是以师生关系的是否民主以及教育中的权威与专制而表现出来。它是教育不民主在微观领域的表现。师生关系是包含着道德的、文化的、法律的、政治的、经济的等多重社会关系的交织。师生之间的政治关系典型地表现为一种统治者和被统治者的关系。师生之间所呈现出来的统治与被统治关系，从根本上说是成人世界的统治与被统治关系在成年人与未成年人之间的反映。无论教师在日常的教育活动中以怎样不民主的方式来对待学生，它都是教师经常要面对的对待方式在教育活动中的转移。

三、教育民主的实现

（一）教育民主的理念

自民主理念被引入教育之中并生成为"教育民主"的观念以来，有关教育民主的内涵问题就成为人们不断探询的问题。一方面，"民主"一词所固有的多义，造成人们理解教育民主的多样与分歧，另一方面，东西方有关民主语境的分裂与对立，也导致人们对"教育民主"作出不同的理解。但是，如果把"教育民主"看做政治的民主概念在教育中的推广，从而使得政治的民主与教育的民主获得同质性，那么无疑教育民主的内涵便取决于人们对于政治民主所作出的理解。这意味着，在任一社会之中，有什么样的政治民主观念就有什么样的教育民主观念。对于民主观念之理解所存在的差异尽管并非不重要，但更为重要的则是教育民主与政治民主所表现出来的某种必然关联性。用一句老生常谈的话说，社会的政治民主决定着教育民主。

不管人们对民主作出怎样的理解，民主的本质都与"人民统治"或"多数人统治"联系在一起。从"人民统治"这个概念则引申出民主的基本原则——平等，即一切人生而具有平等的政治权利。托克维尔在论述美国的民主时明确地指出，美国社会最引人注意的事情，其影响远远大于政治措施和法律并对政府和公民所产生作用的，"莫过于身份平等"——"它不仅在制造言论，激发情感，移风易俗，而且在改变非它所产生的一切"。[①] 当政治民主被看做每个人都拥有平等的政治权利时，意味着人们在政治上的身份平等时，教育民主的概念也因此而获得了确定性的原则要求。就政治民主和教育民主共享"民主"之理念，并且政治民主的观念决定着教育民主观念时，教育民主的观念内容也因此而确定：在特定的社会共同体内部，每个人都确定无疑地拥有平等的教育权利。教育民主因此而获得一种确定的规定性：也许并不是每个人都拥有同样的自然能力或禀赋，但是每一个生而有足够智力、能够成为公民的人，都应该得到某种教育，从而使他们能够胜任政治生活，参与公共事务活动或管理活动。[②]

当我们把教育平等确定为教育民主的基石时，对教育民主作深入细致之阐述的一个重要方面，就是确定"教育平等"的含义。在很长的一个时间段里，人们将教育民主理解为教育机会的均等。应该说，这样的理解抓住了教育民主的某个方面，但是它没有顾及教育民主所应当包含的全部内容。而在我们看来，教育民主的意涵远远超出了教育机会均等的主张。每个人都应该接受一定的教育，这是从身份平等的角度来看问题。由于教育资源的有限或稀缺，每个人应该接受什么样的教育，显然存在着诸多的差异即不平等。但他们所面临的教育机会应该是平等的，这是从教育权利的角度来看问题。具体而言，教育民主包含三个方面的含义。

第一，从量上讲，教育民主意味着教育应当像选举权那样普及；无论是年轻人还是成年人，要尽可能地惠及每一个人。由此，教育民主首先是指教育的普及。它强调每一个人都能够接受一定年限的教育——不仅是法律上的要求，而且也是事实上的要求。教育民主所提出的教育普及的要求意味着社会对教育提出这样的平等要求，一种非形式化的并且有着实质内容的平等。法律有关教育平等之规定仅仅具有观念的意义，表明了社会对于应当追求的价值目标的清楚认识和理想追求。然而，仅此是不够的。普及意义上的教育民主要求将法律的要求化为实际的行动。否则教育民主就仅具有法律的意义而不具有现实的意义。一社会能否提供普及的教育体系，既是衡量一个国家所作出的人民民主承诺的诚挚程度，也是衡量一国教育民主的发展程度。人民民主的治理形式要求国家

---

① 托克维尔. 论美国的民主（上卷）[M]. 董果良译. 北京：商务印书馆. 1988：4.
② 美国不列颠百科全书出版公司. 西方大观念 [M]. 陈嘉映等译. 北京：华夏出版社. 2008：246.

必须为公民提供普及的教育体系。反之，我们也可以通过对普及教育程度的考察，来对一国之政治民主的程度进行评判。

第二，从质上讲，教育民主意味着作为普及的教育应当是公民教育和素质教育而不是进行职业培训或职业教育或升学教育。为了培养服务于人民民主的合格公民，教育在一定的阶段，特别是在普及的阶段不应该有质量上的差异，而应该是同质分布。教育质量上的差异存在，意味着公民在接受普及教育时的不平等的对待，而此种不平等的对待背离了教育民主的本质和理念。无论一个人具有怎样特定的社会背景或社会身份，无论他们是农民子弟还是市民子弟，也无论他们是富有阶层还是贫穷阶层，都应该能够获得同样等质的教育。从这个意义上讲，中国的基础教育之民主化还有很长的路要走。因为，即使是在义务教育阶段，不同区域不同学校之办学条件和教育质量所呈现出的差异，都明白无误地向人们昭示着这样的事实：人们虽然都在接受教育，然而却在接受不同质的教育。

第三，从普及后的教育层次讲，教育民主所表达的教育机会均等原则仍然是必要的。教育民主并不意味着排斥差异。从教育的层次上看，义务教育不仅应该为所有的公民成员所享有，而且政府向人们所提供的义务教育也应该是同质的。只有如此，我们才能够说教育是民主的。对于义务教育后的教育，由于它不能够为所有的成员所共享而导致竞争性，一部分人享有它就意味着另一部分人得放弃它，因而，教育民主就要求它应该同等地向一切人开放，使接受义务教育后教育具有平等的机会，无论是普通高中教育还是职业教育、是优质高中教育还是一般高中教育、是名牌大学教育还是非名牌大学教育。

综上所述，教育民主既有量方面的相同要求，也有质方面的相同要求，还有层次上的差异要求。教育民主不仅意味着"教育机会的平等"，——这对于人们接受更高层次的教育是不可缺少的；而且也意味着"教育平等"——在教育结果意义上的平等，而非平等对待意义上的平等。每个人都能够接受一定程度的同等教育（义务教育或普及教育），并拥有接受后继教育之平等的机会，这就是我们所理解的教育民主，也是教育民主的本质所在。一切微观领域的教育民主，诸如师生关系的民主、教育过程的民主等，都可由此而推出，都可以以此为实践原则。学生知识的获得、实践能力和创新精神的培养，是否如杜威所主张的那样，以一种符合民主的内在精神的探究方式来展开，这对于教育民主来说并非是至关重要的问题。倘若教育者具有民主的意识和理念，对于教育民主有着深刻的理解和把握，倘若民主已经成为社会和教育的基本理念，因而师生都生活在民主的精神氛围之中，那么微观领域的教育民主不过是教育民主的本质和理念的具体运用而已。

教育的民主化是20世纪最大的教育思潮之一。有人认为，教育民主化包括三个方面的内容，即教育机会的均等，包括入学机会的均等、教育过程中享有教育资源机会的均等和教育活动结果机会的均等；师生关系的民主化；教育活动、教育方式、教育内容等民主化，为学生提供更多的自由选择的机会。教育的民主化要有助于使人人都得到平等的教育机会，这个要求的产生因素是多方面的，有经济方面的考量，有政治意识形态方面的目标，也有民族国家解放的需要，更有对社会不安定的稳定等。社会应当创造更多的条件，使更多的人有学可上。一方面是努力延长就学的时间，另一方面则是不断地扩充中等教育和高等教育。

（二）致力于创造基于平等原则的教育民主

观念的教育民主与现实的教育民主总是存在一定距离。完善的教育民主或许不会存在，然而这并不意味着我们应该放弃作为理想追求的教育民主，而是意味着我们需要通过加倍的努力而尽可能地接近教育民主的理想状态。为此，就需要改造我们的教育，确保教育民主的实现。从教育民主的本质、理念和现实的教育生活中所存在的不民主的情况看，教育之不民主并非仅仅是一个理念问题，也并不是一个法律制度的安排问题，而是一个从根本来说将教育民主的观念转化为行动的问题。这其中最主要的，乃是教育民主的平等要求与不平等的现实条件之间的差异与平衡。因此，从现实的条件出发，从平等被理解为民主的原则角度出发，则教育民主的创造需要将教育平等区分为初级的教育平等与次级的教育机会均等两个方面来加以考量。

首先，致力于创造教育民主要保证初级的教育平等的实现。在普及教育阶段，必须提供平等的教育。在很长的一段时间里，由于教育总体资源的匮乏和优质教育资源相对不足，教育机会的均等成为社会普遍流行的观念，并对促进教育民主起到了很好的作用。但是，也应当看到这种教育民主观念本身的不足。因为社会对此观念的普遍认同达到这样的地步，以至于掩盖了政府应当尽可能地为公民提供起码的等质教育的责任。公民能够广泛地接受教育与教育民主化不是一个相等的概念。基础教育阶段，特别是义务教育的教育民主并不是一个教育机会均等的问题，而是完全的结果意义上的平等问题。为此，需要对当前效率至上的教育发展观进行批判性反思，对功利取向的学校办学观进行理论上的澄清，以确保每个人所享有的义务教育应该是平等的公民素质教育。这个层面上的教育民主之实现，依赖于政府发挥其应尽的教育职责。着力改造现行的基础教育体系不平等的状况，乃是实现教育民主的首要之务。就实现实质性的教育平等而言，政府必须进一步加大教育投入，确保农村和城市能够拥有大致相同的教育条件和教育质量，特别是要加强农村教师队伍建设，从而使得农村教育具有城市教育的等质性。

其次，致力于创造教育民主要保证次级的教育平等的实现。次级的教育平等主要是指教育机会的均等。即必须从基本的教育制度设计入手，使那些不能为每一个人所平等享有的教育向每一个人开放。现在的制度设计在不同的层级上，包括国家、省以及地市、县教育行政部门所制定的有关教育资源分配的制度安排，倾向于为某种特定身份的人提供更多的机会（指标的分配），从而造成法律面前人人平等、政策面前不平等的局面。这种政策上的安排显然有悖于教育民主的平等原则。就不能够实现实质性平等的高级阶段的教育而言，则必须通过制度设计确保每一个人都能够得到平等的对待。尽管无法实现第二阶段的教育平等，但制度的设计应当能够实现这样的目标，即每一个人都能够获得与其天赋相适应的教育，以保证每一个人都能够获得现有的社会条件下尽可能充分的发展。

值得注意的是，教育的不民主状况并非完全是根源于教育自身的。各种背景制度亦深刻地影响到教育的民主追求，从而使得对于教育民主来说至关重要的教育平等问题以非教育的形式呈现出来。恰恰是背景制度影响并制约着教育结构的调整与改造。因此改造我们的国民教育体系还必须与社会的背景制度的改造同步进行。没有对这些背景制度的改造，就不可能使得现有的教育结构更加的民主。

第三节 公正与教育

公正不仅是现代社会的价值，也是人类社会的永恒追求。作为一种为人处世的品质，亚里士多德将公正视为一种完全的德性，是一切德性的总汇。作为一种利益分配的方式，罗尔斯把公正作为一种社会制度、社会结构，成为是社会制度的首要价值追求。现代社会必须把公正作为公民行事的道德要求，作为社会制度的伦理品性，做正义之人，行正义之事，才能构建公平正义的和谐社会。

公正不仅是社会的要求，也是教育的要求。教育是社会的事业，是社会的重要构成。教育公正不仅是社会公正的重要组成，也是社会公正的基础。只有通过公正教育和教育公正，才能够培养具有正义感、公正心的现代公民。这意味着，建立民主、公正、正义的社会主义和谐社会，有赖于教育的民主、公正与民主、公正的教育。

一、对公正的认识

西方对于公正的认识，最早可以追溯到梭伦（Solon）的政治实践。梭伦生活的时代，雅典的贫富差距极大，穷人和富人之间争吵十分激烈，其他政客对解决这一问题都无能为力，梭伦执政后，认为无论偏于穷人还是偏于富人，都无法解决这一争端，于是，他坚持在穷人和富人之间做到"不偏不倚"。他认为，社会的纷争源于富人的贪婪，因此他要求富人压制他们的欲望，同时给平民以扶持。不过，他对平民的扶持只限于给其自由的，而不给其财富，因为财富是靠个人努力获得的，只有通过劳动而获得的财富才是应得的，别人的财产不可以不正义的手段去侵犯。所以，梭伦实践的公正就是"得一个人的应得"，这奠定了西方对公正认识的根基。

（一）西方政治哲学对公正的不同认识

1. 古代思想家对公正的认识：作为一种美德

公正是一种"应得"，但应得的不是"恶"，而是"善"。所以，古希腊思想家在一个人应得其"善"的意义上认识公正。

苏格拉底认为，"不愿行不义的事情就足以证明其正义"。[①] 不义的事情，就是不应该的事情，是不合乎善的事情。行正义之事就是按照善的要求去行善事，"正义是知道如何行动是最好的"。善是苏格拉底哲学的核心。在他看来，善是人们一切行为的目的，是生活的唯一准则，也是最高的道德价值。正义是善的一种，正义之人是具有善的美德的人，正义的生活是一种善的生活，善行也因此是正义的行为。

苏格拉底的"正义即善"开了美德正义观的先河。柏拉图沿着这一方向，把正义的美德系统化，并扩充到城邦的社会生活中。他认为，正义是个人应有的美德，正义之于个人就在于人的灵魂的各个组成部分和谐有序，"正义的人不许可自己灵魂里的各个部分相互干涉，起别的部分的作用。他应该安排好真正自己的事情，首先达到自己主宰

---

① 色诺芬. 回忆苏格拉底 [M]. 吴永泉译. 北京：商务印书馆，1984：164.

自己，自身内秩序井然，对自己友善"。① 柏拉图把人的灵魂分为三类：理性、激情和欲望，并表现为三种不同的德性：智慧、勇敢和节制，分别适合于成为哲学王、军人和劳动者。对个人来说，人的内心的理性、情感与欲望实现了和谐统一，并且寻找到适合自己的最好的发展，个人因此就是正义的。对城邦来说，三个等级的社会成员哲学王、军人和劳动者各安其位，各司其职，各负其责，每个人做好自己分内的事情而不干涉别人，城邦也因此就成为正义的。

作为柏拉图的弟子，亚里士多德依然在德性的基础上认识公正。他指出："公正自身是一种完全的德性，它是未加分化的，而且是对待他人的。""公正不是德性的一个部分，而是整个德性"，"公正是一切德性的总汇"。② 公正不同于私己的德性，它存在于和他人的关系中。在处理人与人之间关系时候，合法和均等就是公正，违法和不均就是不公正。合法意味着维护城邦的共同利益，均等意味着平等分配共同的利益。所以，亚里士多德把公正作为"政治上的最大的善"，"也就是全体公民的共同利益"。③

2. 近代思想家对公正的认识：基于权利、自由与平等

与古希腊思想家在伦理道德层面理解公正不同，近代思想家以自然法的理论理解公正，基于人的自然权利以及权利的平等与自由认识公正的必要性和意义。在近代思想家看来，自然权利以及由自然权利衍生的一切权利都是人人平等的，保护这些自然权利不受侵犯，维护自然权利的平等，是国家的法律和权利制度的公正选择。"权利制度就使这个法律社会的成员们的生活和行为在一定程度上具有了客观的正义性或合法性，并且维护着这种客观的正义性和合法性。"④ 所以，人的自然权利的平等以及维护这种平等的社会契约成为近代公正观的最基本的依据。

霍布斯认为，人在自然状态下，没有对公正的诉求，也没有什么公正与不公正。但在契约维系的国家中，忠于契约的原则是所有公正与不公正的基础。公正是履行对他人的责任和义务，不公正就是不履行契约。所有对他人的权利和义务都源于契约。霍布斯认为，"恰当理解分配的正义是裁决者的公正，不在于依照每个人的美德与恶行成比例进行分配，而是公平地对待所有人"。⑤ 之所以要公平地对待所有人，因为"我们天生平等，谁也不应为自己获取比他应允给别人的权利更大的权利，除非他是通过协议获得这种权利的"。⑥

洛克认为，自然状态中的人生而平等，人人具有生存权、自由权和财产权。民主政府在于保护人民平等的生存权、自由权和财产权，政府成为仲裁人，"它通过固定下来持久不变的、一视同仁的规章和从共同体那里来的执行那些规章的权威来决断一切就权力问题在那个社会的任何成员间可能产生的所有分歧，并用法律所建立的刑罚去惩罚任何社会成员所犯的

---

① 柏拉图. 理想国 [M]. 郭斌和译. 北京：商务印书馆，1986：172.
② 亚里士多德. 尼各马可伦理学 [M]. 苗力田译. 北京：中国人民大学出版社，2003：90、94.
③ 亚里士多德. 尼各马可伦理学 [M]. 苗力田译. 北京：中国人民大学出版社，2003：95.
④ 鲍尔生. 伦理学体系 [M]. 何怀宏，廖申白译. 北京：中国社会科学出版社，1988：522.
⑤ 列维·施特劳斯，约瑟夫·克罗波西. 政治哲学史（上）[M]. 李天然等译. 石家庄：河北人民出版社，1993：459.
⑥ 霍布斯. 论公民 [M]. 应星，冯克利译. 贵阳：贵州人民出版社，2003：29-30.

反对那个社会的那些罪行"。① 这样的民主政府恰是公民社会的需要,这样的政府所维持的社会,也因此成为公正的社会,因为公正就是使人人具有平等的权利。

卢梭认为,人们依靠社会契约建立了公民社会。公民社会必须有活动和目的,这就需要法律。像"公意"一样,法律必须是一般性的,而不是某个人的。古代社会的法律是靠镇压而实施的,卢梭认为,公民社会的法律需要的是道德的支持。公民社会要成为公正的共同体,在其中的个人就需要为了整体的利益而放弃他们自己的自私欲望。而在卢梭看来,道德不是别的,就是个人意志和公共意志的统一。所以,建立在"公意"基础上的公民社会是公正的社会,也是道德的王国。个人平等的权利和自由虽然依靠契约、法律保证,但根本上靠个人的道德,因为公民的社会不是强权社会,而是平等的社会。

总之,近代社会个人独立性的发展,追求权利的平等和自由,成为近代公正的主要内涵。通过个体权利相互缔结的社会契约构成了社会正当性的基础。公正的社会是一个尊重个人,保障权利人人平等和自由的社会。通过近代思想家的努力,自由、平等、权利已经成为当代社会公正的主题与核心。

3. 罗尔斯:作为平等的公正

哈佛大学教授罗尔斯(John Rawls)于1971年出版了巨著《正义论》,使公正成为20世纪下半叶最具有争议的政治哲学主题。如同西方学者所指出的那样,当代的正义理论离不开罗尔斯,无论是同意罗尔斯的理论,还是通过反对罗尔斯建立自己的理论,都是基于对罗尔斯《正义论》的思考与评判。

罗尔斯将正义视为社会的首要价值。他说,一种制度,无论多么有序和有效,只要是不正义的,就必须加以改造和废除。他反对19世纪以来占统治地位的功利主义,为了追求大多数人的幸福,而牺牲一部分人的利益,认为这是不正义的。在一个正义的社会,公民基于正义的权利是平等的,是任何理由都无法剥夺的。

罗尔斯承继了近代权利、自由、平等的公正思想,把正义定位于一种"社会的基本结构",准确地说,"是社会主要制度分配基本权利和义务,决定由社会合作产生的利益之划分的方式"。② 罗尔斯关注的是如何诉诸社会的政治制度、经济制度对社会合作中所产生的利益进行公平的分配,所以,他的正义论被称为"作为公平的正义"。

罗尔斯在《正义论》中坚持这样一个基本的观念:"所有的社会益品——自由和机会、收入和财富、自尊的基础——都应该加以平等地分配,除非对某一种或所有社会益品的不平等分配有利于最不利者"。③ 在罗尔斯看来,公正意味着平等,所有的生活益品原则上都应该平等地分配。自由、机会、自尊可以完全实现平等地分配,对于收入和财富不能完全实现平等分配的,也要有利于每一个人,特别是社会的最不利者。据此,罗尔斯通过一系列的复杂论证,提出了公正的原则:

(1)平等的基本自由原则:每一个人对于一个与所有人同样的自由之安排相容的、

---

① 列维·施特劳斯,约瑟夫·克罗波西. 政治哲学史(上)[M]. 李天然等译. 石家庄:河北人民出版社,1993:574.

② 罗尔斯. 正义论[M]. 何怀宏等译. 北京:中国社会科学出版社,1988:7.

③ John Rawls, *A Theory of Justice*. Oxford University Press, 1971, p. 303.

完全足够的平等的基本自由之安排都拥有相同的不可剥夺的权利。

（2）社会和经济的不平等应该满足两个条件：一是它们所从属的公职和职位应该在公平的机会平等的条件下对所有人开放（公平的机会平等原则）；二是它们应该有利于社会之最不利成员的最大利益（差别原则）。①

罗尔斯还提出了诸原则间的优先性问题：

第一优先规则（自由优先）：诸正义原则要以词典式序列进行排列，这样，自由只有为了自由的缘故才能被限制。

第二优先原则（正义先于效率和福利）：正义原则优先于效率原则和使总体利益最大化的原则；公平机会要优先于差别原则。②

这两个原则及其词典式排列顺序是罗尔斯对公正问题的回答，集中反映了他作为公平的正义观。第一个正义原则被称为平等的自由原则，目的是保证所有人的自由、权利的平等；第二个原则的第一部分被称为公平的机会平等原则，目的是保证所有人在获取公共职位中的机会平等，第二个部分被称为差别原则，主要是用于分配收入和社会的财富，为了实现社会的平等，对社会最不利者要通过补偿实现最后的平等，这是通过不平等的分配方法实现结果的平等。自由平等的原则要先于机会公平的原则，机会公平的原则要先于差别原则。自由平等原则是一个根本原则，即自由只能为更大的自由才能被限制。自由是首位的、机会平等也先于差别原则，但这并不意味着只停留在自由和机会这个层面。

罗尔斯正义理论的核心是平等，不仅追求自由、权利、机会的平等，而且努力实现收入和财富分配的平等。不仅追求形式上的平等，而且通过差别原则实现结果上的平等。它不同于之前西方主流的"权利平等"、"机会平等"观念，因为权利和机会平等只是形式上的平等，可能会导致不平等的结果。罗尔斯不仅主张权利和机会的形式平等，更注重结果的实质平等。为了缩小差距，实现实质的结果平等，可以实现不平等的差别原则加以调整。

4. 诺齐克：作为权利的公正

虽然自由与平等同等重要，但罗尔斯认为，如果没有平等，自由只是形式的、空洞的，所以，罗尔斯的自由主义具有平等主义倾向。与罗尔斯的平等自由主义不同，诺齐克是极端的自由主义者，他坚持自由高于平等，权利高于一切。个人拥有的权利，不能为了其他任何的利益对其加以侵犯。1974年，诺齐克发表了它的代表作《无政府、国家与乌托邦》。在该书中，他系统建构了一套与罗尔斯"正义即公平"相抗衡的正义理论——"正义即权利"理论。

诺齐克认为，个人拥有权利，就具备持有某种物品的资格，因此他持有这种物品就是公正的，任何人包括国家都无权剥夺他的持有物。国家只能是"守夜人"式的"最低限度的国家，其功能仅限于保护人们免于暴力、偷窃、欺诈以及强制履行契约等；任何更多功能的国家都会侵犯人的权利"。"国家不可以使用强制手段迫使某些公民援助

---

① John Rawls, *Justice as Fairness: A Restatement*. Harvard University Press, 2001, p. 43.
② John Rawls, *A Theory of Justice*. Oxford University Press, 1971, p. 302.

其他公民，也不可以使用强制手段禁止人们追求自己的利益和自我保护。"①

诺齐克反对"分配正义"的观念，因为分配正义主张一种再分配。他认为，只要个人的持有是有权利的、有资格的，他的持有就是正义的。以任何理由对其持有进行再分配，是对其合理持有的剥夺，是不公正的。所以，诺齐克将其分配理论称为"资格理论"（entitlement theory），资格理论的核心是"持有正义"（justice of holdings）。"持有"即人们所拥有的物品，持有是否正义依赖于人们对所拥有的东西是否有正当的权利。如果人们对所拥有的东西有正当的权利，那么持有就是正义的，否则就是不正义的。所以，诺齐克提出持有正义的一般纲领："如果一个人根据获取和转让的正义原则或者根据不正义的矫正原则（这种不正义是由前两个原则确认的）对其持有是有资格的，那么他的持有就是正义的；如果每一个人的持有都是正义的，那么持有的总体（分配）就是正义的。"② 他把这一纲领具体化为持有正义的三个原则：（1）获取的正义原则，即对一种持有某种资格的人，他对这种持有是有权利的；（2）转让的正义原则，即某人对某所持有的资格合法转让给他人，他人对这种持有是有权利的。（3）除非是通过上述两个原则的重复使用，否则，无人对一个"持有"拥有权利。只要财产的最初的获取是符合正义原则的（即起点的正义），而且财产的转让也是符合正义原则的（即过程的正义），那么最终的财产就是符合正义原则的（即持有的正义），由此所产生的财产权是神圣不可侵犯的。诺齐克公正理论的核心是捍卫个人权利的不可侵犯性。公正不在于平等，也不在于有利于社会最不利者，而在于承认、尊重和保护个人的权利，尤其是财产所有权。一个人对其持有的一切东西，只要其是合法拥有，包括初始获得中的合法以及转让过程中的合法，其持有就是公正的。即使是国家也无权干预建立在这种正义原则上的个人财产。因此国家只能是最弱意义上的国家，超越这一界限的现代的干预主义国家是对个人的财产权利的侵犯，是不符合正义原则的。

明星张伯伦的收入

我们现在假定一种分配状态 D1，在此种状态下每个人都得到了等量的财产，而且是按照某一认可的标准给予的。现在再假设张伯伦是某一个球队想要的篮球明星，他球技精湛，能吸引很多门票。张伯伦和这个想要他的球队签订了这样一份合同：在国内的每场比赛中，从每张门票的票价中抽 25 美分给他。这样，一个赛季下来，有 100 万人观看了张伯伦的比赛，张伯伦由此得到了 25 万美元。如此一来，他的收入和其他人的收入就产生了很大的差距，平等的分配状态 D1 就变成了不平等的分配状态 D2。但人们是自愿转让了他们在 D1 平等状态下的部分资源，这符合转让的公正原则，因此，张伯伦的收入也是公正的。我们不能以课税的形式剥夺张伯伦的合法收入以补贴残障者的生活。

---

① 诺齐克. 无政府、国家和乌托邦 [M]. 姚大志译. 北京：中国社会科学出版社，2008：1.
② 诺齐克. 无政府、国家和乌托邦 [M]. 姚大志译. 北京：中国社会科学出版社，2008：183.

5. 德沃金：第三条道路

罗尔斯与诺齐克可以代表自由主义的两个极端。罗尔斯主张公正就是平等，为了平等可以再分配个人的权利及其拥有，他忽视了个人的差异与责任。诺齐克主张公正就是权利，主张个人权利的神圣不可侵犯，但忽视了国家对待每个人的平等责任。超越罗尔斯的平等主义和诺齐克的自由至上，德沃金（R. Dworkin）提出了"资源平等"的第三条道路。

从总体上看，德沃金偏向于罗尔斯，重视平等的价值，他把"平等"看做政府"至上的美德"，主张通过"保险"、"税收"实行一种再分配的正义，这一点他与诺齐克有着根本的不同。但他又主张个人对自己的选择负责，主张通过"拍卖"，满足所有人的意愿。在后一点上，他又与诺齐克保持了一致。

德沃金认为，任何一种平等理论都必须遵循两个重要的伦理学原则。第一是重要性平等的原则。由于每个人的人生意义同等重要，它就要求政府应平等对待每个人，每个人都应该得到平等的关切和尊重。第二是个人责任原则。即每个人都可以选择自己的生活，但要对自己的选择承担责任。① 第一个原则是德沃金的核心思想，他把平等称为"至上的美德"。在德沃金看来，以前和现在绝大多数的平等理论都只满足第一个原则而忽略了第二个原则。德沃金把只满足第一个原则的平等统称为"福利平等"。罗尔斯的结果平等理论就是一种典型的福利平等理论。因为结果平等要求不管是什么原因导致的不平等，国家或社会都应该通过差别原则补偿或倾斜加以解决。从结果平等所蕴含的意义，人们不难发现，它忽略了伦理学的第二个原则，即个人在平等中的责任原则。

德沃金认为，造成不平等的因素可能来自两个方面。客观方面来自于罗尔斯所说的自然禀赋的偶然性和社会文化的任意性；主观方面来自于个人不努力工作、懒惰以及其他选择等。如果不平等是由客观因素造成的，那么国家和社会必须通过再分配的手段加以解决；但如果不平等是由主观因素所造成的，就不应该由国家和社会来解决，而应该由个人来承担。罗尔斯的结果平等没有关注到个人因素的作用，只一味强调国家保证社会成员的平等。显然，它有违于道德的个人责任原则。

德沃金也批评了起点平等论。虽然每个人的权利是平等的，依照权利拥有的东西是公正的，但从结果上看，无法消除其差距，而造成这种差距的因素是偶然的、不应得的，所以，这种差距也是不公正的。

按照德沃金的分析，国家和社会要对公民平等的生活赋有责任，要保证公民的命运不受其他条件——公民的经济背景、性别、种族、特殊技能或不利条件——的影响，但同时还得努力使公民的命运同他们自己作出的选择密切相关。所以，德沃金的资源平等既为自由选择留下了足够的空间，又为解决不平等的自然天赋等客观因素提供了原则性的标准，它真正地体现了平等的两个伦理学原则。

德沃金提出了"拍卖"与"保险"相结合的方案。"拍卖"体现着起点的平等，使每个人有着平等的开端，使每个人各得其所，既体现着权利的平等，又体现着个人的

---

① 德沃金. 至上的美德：平等的理论与实践 [M]. 冯克利译. 南京：江苏人民出版社，2007: 6.

选择。但拍卖结束后，进入正常的生产和生活后，就会产生新的不平等。德沃金所强调的资源平等，不仅要保证起点的平等，还要贯穿于分配的始终。因此，对于生活中由于运气、残障和个人天赋等所造成的不平等，德沃金又提出了"保险"方案，保险就是要对"拍卖"所造成的不平等进行补贴。可以说，"拍卖"体现了个人的选择与起点的平等，"保险"维持了整个过程中的资源平等。如果没有"保险"方案，无法解决实际生产和消费中的不平等，"拍卖"就成了诺齐克权利公正的结果；如果没有"拍卖"，只有"保险"，就可能成了罗尔斯的平等主义的结果。德沃金试图通过"拍卖"与"保险"的方案，超越罗尔斯与诺齐克之间的对立。

6. 社群主义：回归德性的公正

20 世纪 70 年代，对于公正的争论主要发生在自由主义内部，如在罗尔斯、诺齐克和德沃金之间。到了 20 世纪 80 年代，对公正的争论则主要是在自由主义和社群主义之间。80 年代，麦金泰尔（Alasdair MacIntyre）、桑德尔（Michael Sandel）、泰勒（Charles Taylor）、沃尔泽（Michael Walzer）等对自由主义发起了批判，他们虽然主张各异，但在批判自由主义的"个人"、"自我"，建立社群及其成员资格的意义上，都可以称为社群主义。社群主义通过重塑被自由主义忽略的社群价值，对正义与善及其关系问题进行了深刻的思考和重建，提出了社群主义的"德性公正论"。

自由主义的公正建基于个人权利的基础上，强调个人的权利和利益的平等。在自由主义者看来，人与人之间是单子式的、孤立的，他们是靠一种公正的社会契约来维持相互之间的关系。在社群主义者看来，人与人之间不是单子式的，而是共生共在的。每个人都是共同体中的一员，共同体与他们相互融入，共同体的目标就是成员的目标。他们因为目标的共同、利益的共在，而结成一体的关系，维持他们关系的不是冷冰冰的社会契约，而是他们对共同体的认同和美德。桑德尔指出，如果"把人类的仁慈或者自然的施予提高到足够的程度，正义将失去用武之地，取而代之的将是一些更高的美德，更有价值的祝福"。① 所以，对公正的关注越多，就越反映出道德状况的恶化。如果人与人之间充满着仁慈和爱，公正就完全无用了。只有在缺乏这种高贵的美德时，公正才能存在。因为我们需要用公正的制度约束人与人之间的行为，弥补仁慈与关爱的美德的缺乏。当然，这里所说的公正，专指以追逐个人权利为目的外在的规则公正。

自由主义主张的是一种外部的规则公正，规则公正基于个人权利的立场，倡导"权利优先于善并独立于善"。但在麦金泰尔看来，"正义的规则只有对那些具备正义美德的人来说才有意义"。② 一个人"遵守正义规则，但却可能是一个仅仅是出于害怕惩罚而遵守这些规则的不正义的人"。③ 公正首要的不是外在的规则与制度，而是一种内在于人的遵守公正规则的德性。他承继了古希腊的"正义即美德"的传统，认为"无论'正义'还指别的什么，它都是一种美德；而无论实践推理还要求别的什么，它都

---

① 桑德尔. 自由主义与正义的局限[M]. 万俊人等译. 南京：译林出版社，2001：204.
② 麦金泰尔. 谁之正义：何种合理性？[M]. 万俊人等译. 北京：当代中国出版社，1996：9.
③ 麦金泰尔. 谁之正义：何种合理性？[M]. 万俊人等译. 北京：当代中国出版社，1996：56.

要求在那些能展示它的人身上有某些确定的美德"。"对于按优秀善来定义的正义来说，作为一种个体美德的正义，是在撇开并先于强制性正义规则的确立的情况下被定义的。"① 规则公正只能强制约束人的行为，但无法约束人的内心。只有对于拥有正义美德的人来说，才可能了解如何去运用规则。规则公正应该后于德性公正，德性公正才是人类社会公正的基础。麦金泰尔把人类的美德与实践的合理性作为正义理论的重心，认为正义在根本上是对人类美德的追寻。社会公正在根本上应该建基于德性公正基础之上。

之所以自由主义坚持"权利优先"，社群主义坚持"德性优先"，是因为它们对人性的看法不同。自由主义的出发点是"无牵无挂"的自我，人与人之间只有利益的纷争，没有共同的利益和目标。社群主义中的每个人都属于共同体中的一员，我不仅是"我"，也属于"我们"。自由主义中人与人依靠契约、规范生活，"规则正义"保证了人与人之间的平等关系。社群主义依靠对公共善的维持生活，人与人之间不是纷争，而是有共同的目标、认同、德性，所以，他们需要的不是规则正义，而是德性的正义。正义作为个人的德性，由于个人生活在共同体中，个人的正义德性受公共善的制约和规导。因此，德性的正义根本而言就是社群的公共善或公共利益。

在自由主义看来，权利独立并优先于善，人与人之间靠契约生活，道德被边缘化。但在社群主义看来，人与人之间靠公共善而生活，德性优先于权利，个人的权利受公共善的限制而退居其次。因此，社群主义不是不要规则公正，而是规则公正要以德性公正为基础，主张德性优先于权利，回归古希腊时代正义的德性传统。

(二) 对公正认识的总结

"公正"、"公平"、"正义"是一组意义相近的词，不少学者使用时几乎没有区分，至少认为共性大于区别。这里，我们把公正看做公平和正义的有机统一，正义是其价值指向，公平是其分配工具。在不同的时期、不同的语境中，公正的侧重点不同，或者侧重于正义，或者侧重于公平。

就上述西方哲学家对公正的认识而言，大致可以归结为"作为德性的公正"和"作为利益分配规则的公正"两个方面，前者的侧重点在正义，后者的侧重点在公平。

第一，公正作为一种价值观念和德性，是人类对善的永恒追求，具有普遍性、绝对性。作为一种理念，公正是以正义的形态表现出来的，是一种观念化的正义理念和价值追求。正义是公正的价值指向，是人类至善的追求。正义的核心就是把人的价值和尊严、人的自由和解放以及人的全面自由的发展作为根本，并以此作为最高原则对现实的社会关系和生活世界进行合理性和合目的性的审视与评判。不同时代、不同国家、不同的领域受不同的哲学观的影响，公正可以采取不同的制度，但任何公正的制度，必须符合正义的价值追求。这就是把"人作为目的"，捍卫人的尊严和权利，维护人与人之间的平等，促进人的自由和解放，敢于和违背人的尊严和权利的社会丑恶进行不懈的斗

---

① 麦金泰尔. 谁之正义：何种合理性？[M]. 万俊人等译. 北京：当代中国出版社，1996：35.

争。人类为正义而斗争，正义是绝对的价值，是普遍的善。任何社会的发展、个体的发展，都必须把正义作为核心价值，做正义之人，行正义之事，建设公平正义的社会。

第二，公正作为一种社会利益分配的规则和制度，具有社会性和历史性。公正作为一种利益分配的规则和制度，是人类社会的必需。因为一方面人类需要社会合作，人与人之间具有利益的一致性；另一方面，个体的利己性，使社会成员之间又产生一定的利益冲突。所以，维护社会的公共性，合理分配社会成员之间的利益，需要一个公正的制度。而公正本身指向利益的公平分配，在这个意义上，"公正是对社会利益的均衡分配，其核心是给予每个人他所应得，其宗旨是为了社会的共同利益、社会成员的和谐共在生存和更好地发展"。①

恩格斯指出："希腊人和罗马人的公平观认为奴隶制度是公平的；1789年资产阶级的公平观则要求废除被宣布为不公平的封建制度。……所以，关于永恒公平的观点不仅因时因地而变，甚至也因人而异。"② 恩格斯这里所说的"公平"，就是作为一种制度的公正，因为公正作为一种社会政治、经济的分配制度，是一定社会关系的反映，所以，公正随着时代的变化、阶级的变化而变化。公正作为一种制度具有社会性和历史性，不同的时期，不同的阶级，人们对怎么分配才是公平的认识不同，导致公正作为一种分配制度，具有不同的要求。虽然都认可公平分配就是"得其应得"，但罗尔斯站在弱势群体的立场上谈"得其应得"，诺齐克站在强势的立场上谈"得起应得"，导致了他们设计了不同的分配制度。作为一种分配制度，任何公正都只能是对一部分人而言的，符合一部分人的利益，因而可能带来对另一部分人利益的损害，所以，不同于正义的绝对性，作为制度的公正永远是相对的。只有绝对的正义，没有绝对的公正。

正义会产生正义感，正义感无强弱的程度差别，只有正义与不正义之分。伴随着制度分配的公平，人们会产生公平感。公平感是利用公平制度进行资源分配所产生的主观感受。作为资源分配的制度，公平是相对的，所以，公平感也是相对的。完全的公平是不现实的，最好的公平就是没有比这样处理更为公平了。公平不能导致最好的结果，但可以避免最坏的结果。

第三，公正应该是德性公正和制度公正的统一。作为德性的公正与作为利益分配规则的公正，二者是紧密相连的。没有正义德性的人，所谓的分配正义也是不可能的。同样，如果没有社会的利益分配的正义，每个人都生活在不正义中，也不可能造就正义的人。正如亚里士多德所说："建造房屋，才能成为营造者，弹奏竖琴，才能成为琴手。同样，我们做公正的事情，才能成为公正的人。"③ 我们的生活需要将二者紧密结合，以正义人，行正义之事，缔造正义的社会。同时，在正义之事中，成就正义之人。

二、公正与教育

公正作为一种德性，是个体发展的核心品质，是行公正之事的前提。没有公正品性

---

① 冯建军. 教育公正：政治哲学的视角 [M]. 福州：福建教育出版社，2008：26.
② 马克思恩格斯选集（第2卷）[M]. 北京：人民出版社，1957：539.
③ 亚里士多德. 尼各马科伦理学 [M]. 苗力田译. 北京：中国人民大学出版社，2003：26.

的人，不可能行公正之事；公正作为一个利益分配的规则，如同罗尔斯所说，是社会制度的首要价值。一个没有公正制度保证的社会，一定是一个不公正的社会。一个没有公正制度的社会，即便有公正之人，也难行公正之事。所以，公正不是空洞的，它依赖于公正之人和公正的制度。毫无疑问，教育作为现代社会的公共利益，不仅教育自身需要公正，而且教育对于培养具有公正和正义之心的人，对于促进社会的公正，都具有重要的意义和价值。

（一）公正是教育自身的内在要求

教育，无论是作为一种促进个体发展的活动，还是作为一个社会系统的重要组成部分，以及作为一种公共的社会资源，其本身都必须体现公正的要求，具备公正的品性。

第一，教育是正义的事业，正义是教育的根本所在。

公正必须符合正义的要求。正义代表一种价值，这种价值是一种道德善。柏拉图指出，"正义是心灵的德行，不正义是心灵的邪恶"。① 亚里士多德进而把正义看做一切德性的总汇，是整个德性。在向"善"这一点上，教育与正义具有一致性。因为对于教育而言，"教"是手段，"育"是目的。"育"，按照《说文解字》的注释是"养子使做善"。教育与教唆虽都是教，但二者有着根本的不同，就在于善是教育的基本要求，教育是使人为善、向善的事业。在这个意义上，可以说教育的事业是道德的事业。教育必须符合善的要求，即教育符合正义的要求。正义的教育，一定是善的教育，是真正的教育。不正义的教育，无视人的价值与尊严，侵犯人的权利，压制人的个性，是一种强权、规训、灌输与暴力。因此，从根本上来说，正义是教育的基本特性，也是对教育的应有要求。

第二，适合每个人的教育，是最公正的教育。

公正不仅在价值上指向正义的善，而且还要求资源、利益分配上的公平、平等。亚里士多德指出："正义是某些事物的'平等'观念。"他把平等分为两类：一类是数量相等，一类是比例平等。数量平等是指所得的事物绝对一样；比例平等是根据各人的价值，按比例分配与其等值的事物。通俗地说，亚里士多德指的两种平等原则就是"同等情况同等对待，不同情况不同对待"。

教育公正坚持平等的取向，实现教育机会和资源的平等分配。但平等并不只有绝对平等一种，应该承认，教育对象是有差异的，这就意味着教育公平更多的是一种差异的公平，是一种比例的平等。正如联合国教科文组织所指出的，"机会平等并不等于把大家拉平"，"机会平等是要肯定每个人都受到适当的教育，而且这种教育的进度和方法是要适合个人的特点的"。② 教育公正就是要根据每个人发展的差异，给其相应的与其自身发展相称的教育，它使强者更加卓越，弱者也得到最大的发展。如果不顾这种差异，给所有的人以同质的教育、划一的要求，无论对强者还是弱者，实际上都是不公正的。所以，适合每个人的个性化教育，真正贯彻了公正"得其所得"的精

---

① 柏拉图. 理想国 [M]. 郭斌和等译. 北京：商务印书馆，1986：42.
② 联合国教科文组织国际教育发展委员会. 学会生存 [M]. 华东师范大学比较教育研究所译. 北京：教育科学出版社，1996：105.

髓，也贯彻了比例平等的原则，不仅对个人发展来说是最好的教育，也是最公平、公正的教育。

（二）教育公正是社会公正的表现和基础

社会是由政治、经济、文化、教育等组成的复杂系统，教育是社会系统的组成部分，而且是关系国计民生的重要组成部分。我国建设的社会主义和谐社会是一个公平正义的社会，其中包括教育公正。教育公正是和谐社会首要的、基本的内容。因为只有公平得以实现，正义得以伸张，社会才有可能和谐。教育关系到每个公民的切身利益，教育的不公正不仅危及社会正义，严重的不公正还危及社会的和谐与稳定。所以，建设社会主义和谐社会，不能不重视教育公正。

教育公正是社会公正的前提和基础。这主要表现在两个方面：第一，教育通过培养人来推动社会公正的实现。人是社会运转和发展的主体，是社会政治、经济活动的主体。即便是再正义的社会制度，如果没有具备公平意识、正义感和相应能力素质的行为主体，也只能是美好的摆设。所以，正义社会制度的运作，取决于社会主体的素质。教育就是通过人的素质的培养，而作用于社会，实现社会的公平正义。第二，教育可以营造一个公平正义的社会舆论环境。公平正义社会的形成，制度是关键，思想观念是基础。因此，它需要正确的思想引导和社会舆论的营造。教育可以引导社会成员树立科学的社会公正观，正确认识公平正义的内涵，恰当地处理人与人、人与社会的关系。教育通过宣传和制造舆论，可以扶持社会正气，谴责歪风邪气，打击邪恶势力，建设有助于实现公平正义的良好社会风气。

推动教育事业科学发展，必须促进教育公平

教育公平是社会公平的重要基础。坚持教育的公益性和普惠性，把促进公平作为国家基本教育政策，是促进社会公平的重要基础性任务。教育公平的关键是机会公平，基本要求是保障公民依法享有受教育的权利，重点是促进义务教育均衡发展和扶持困难群众，根本措施是合理配置教育资源。

……

促进教育公平，要着力促进教育制度规则公平，全面推进依法治教和依法治校，坚持用规范管理维护教育公平，探索教育行政执法体制机制改革，完善督导制度和监督问责机制。

……

推进教育公平是复杂的社会系统工程，也是一个需要逐步实现的历史过程。要坚持在经济社会发展的基础上，以发展促公平，以改革促公平，以政策支持促公平，不断满足广大群众日益增长的多层次、多样化教育需求。

——胡锦涛在全国教育工作会议上的讲话（摘录），新华社2010年9月8日电。

从个人层面上说，教育给人以知识和能力，给社会成员提供平等的社会流动机会，尤其是可以帮助社会最不利者改变其生存状态，缩小社会差距，减少社会不公正。社会的发展在从"权力依附"转向"能力本位"后，个人的生存状态与其能力有关，而能力又与所受的教育息息相关。教育通过改善社会不利者的知识、能力，增加其社会竞争性，使他们有资格获得更多的社会资源，改变他们的不利处境，提高他们的社会地位。所以，教育应"视为在整个社会的范围之内消除至少是减缓社会不公正因素的必要之举"。①

（三）公正品质的培育需要教育

卢梭在《社会契约论》中谈到"公民国家"时说，"当人从自然状态进入到社会状态中时便会发生巨大的变化：正义取代本能成为人类行为的准则，并赋予人类行为以原先所不具有的道德内涵"。在原始状态下，人类行为凭借的是原始的欲望与本能的满足，满足的是自我的利益。进入共同生活的人类社会，"人类的责任意识取代了肉体的冲动与欲望，人类也由原来的只为自己着想而转变为开始按社会原则行事，理性开始代替个人欲望指导人类行为"。② 这意味着，公正成为人类社会公民行为的最基本准则和要求。社会有秩序地运行和公民有秩序地生活，都离不开公正这一最基本的社会准则。因此，公正就成为人类社会最基本的道德支撑，也成为人类社会发展的永恒价值。

公正作为人类社会行为的基本要求，既是一种制度的公正要求，更是个体行为的公正要求。人的行为是一种有目的的行为，公正的行为必然受人的公正意识、公正信念的支配。公正作为一种德性，不是先验的、天生的。对什么是公正、怎么才算公正、实现什么样的公正、怎么实现公正等问题，都是深思熟虑的结果。所以，公正不是本能，公正需要理性的思考，公正需要教育的培育。自然人依靠本能和欲望生存，必然是一个自我中心的人，而不是公正之人。公正基于社会的公共利益、公共生活，是建立在对他人权利、自由的平等尊重基础上的共同生活准则。个体从自然人转变为社会人，从自然的生存转变为社会的公共生活，教育的重要责任就是引导人具备公正品质，做公正之人，行公正之事。

培育公正的品质需要教育，这就是"公正教育"。"公正教育"是培养公民公正品质的教育，是公民教育的核心和道德教育的主题，它以公正的价值观为内容，致力于培养学生的正义观念、正义感、正义精神。"公正教育"不同于"公正的教育"。"公正的教育"是对教育性质的诉求，相对于不公正的教育，公正的教育是一种民主的教育、差别的教育和个性化的教育，其结果是个体发展的公正，也即个体的自由和谐发展。个体发展的公正如同柏拉图所指出的，人的内在灵魂的各个部分互不干涉、井然有序。"教育公正"是相对于政治公正、经济公正而言，是社会公正在教育中的延伸和体现，表现为教育权利、教育机会和教育资源的公平分配。"公正教育"、"公正的教育"、"教育公正"三者侧重点虽有不同，但却是密切联系的。没有教育公正，难有公正的教育；没有教育公正和公正的教育，在教育不公正和不公正的教育中，也难以培养具有公正品

---

① 吴忠民. 社会公正论 [M]. 济南：山东人民出版社，2004：177.
② 卢梭. 社会契约论 [M]. 庞姗姗译. 北京：光明日报出版社，2009：22.

性的公民。因为公正德性的形成,更多地源于公正的实践,正如亚里士多德所说,我们是在待人接物的公正行为中学习怎样公正。学生的实践主要是教育,教育的公正与否,直接影响着学生公正品质的形成。所以,公正教育不一定都在公民教育中学习公正的内容,更多的是在教育公正实践中学习。如果我们一边进行培养公正观的公民教育,一边实施的却是非公正的教育,这不仅无助于公正教育培养公正品质的人,而且更是对公正教育的极大讽刺。所以,在宽泛意义上说,教育公正本身也是一种公正教育。

三、教育公正与公正教育

对于"教育公正"而言,公正是一种规则和制度,追求教育资源分配的公平合理;对于"公正教育"而言,公正是一种个体的德性品质,它致力于培养具有公正品性的人。

(一)教育公正:通过资源的公平分配,获得公正的教育

教育的目的是促进个体自由完善地发展。教育公正也是为了实现教育的目的,使受教育的个体得到应有的发展,实现个体发展的公正。为了实现个体发展的公正目标,就必须合理分配教育资源,包括教育权利、教育机会以及教育过程中的资源等。教育资源的合理分配是为了实现教育公正的目标,同时,教育公正的目标也是教育资源分配的依据。因此,我们给"教育公正"的定义是:通过合理的教育制度,恰切地分配教育资源,使每个人获得与其相称的教育,满足个体的学习需要,实现个性化的发展。通俗地讲,教育公正就是为个体的发展"量体裁衣",为个体发展提供与其自身条件"相当"或"相称"的教育和资源。

教育公正涉及前后相连的三个环节:教育的社会公正(教育的外部公正)、教育中的公正(教育的内部公正)以及教育结果的公正。教育的社会公正和教育中的公正,反映的是教育资源的分配,是个体发展的手段。教育结果的公正指向个体发展的公正。个体发展的公正不是人为的,它是教育资源公正的必然结果。但个体发展的公正指引着教育资源的分配,是决定教育资源分配的重要尺度。

1. 教育的社会公正(教育的外部公正)

按照罗尔斯的说法,"社会正义原则的主要问题,是社会的基本结构,是一种合作体系中的主要的社会制度安排。这些原则要在这种制度中掌管权利和义务的分派,决定社会生活中利益和负担的恰当分配"。[①] 依照罗尔斯的认识,教育公正首先要求教育制度的公正,表现为教育权利的平等和教育机会的均等。教育权利,尤其是义务教育限定中的基本教育权利,是一个人生存的权利,必须平等地分配给每个人,而不论个体的外在身份差异以及内在的发展差异,不受任何的社会排斥和歧视。教育机会均等是为每个人享受某种教育提供同等的可能性。有享受某种教育的同等可能性,并不一定必然享受到某种教育,它只是提供了平等享受教育的机会。这种机会是面向所有人的,至于实际上谁能享受到某种教育,享受到什么程度,那是进入教育过程中需要考虑的事情。在这个意义上说,教育的外部公正主要解决教育实施前的问题。一个人没有受到某种教育,

---

① 罗尔斯. 正义论 [M]. 何怀宏等译. 北京:中国社会科学出版社,1988:54.

不能说是不公正的。但如果不给他提供平等的教育机会，使他没有争取这种教育的可能性，那肯定是不公正的。所以，教育的外部公正主张教育的平等主义。

教育的外部公正面向的不是个体，而是群体或阶层。它关心的是特定群体、阶层在教育权利和利益分担中所占有的份额。如在古代专制社会，劳动人民有无受教育的权利的问题；在现代社会，处于弱势地位的群体或阶层的教育权利的保护问题。只有在确认了"份额"在群体中公平分配的前提下，群体中个体教育权利分配的公平性才有可能和意义。①

制度作为一种公开的规范体系，要求公众认可、服从和执行，它是公共意志的体现，因此是由国家制定并保证的。国家通过对受教育权利与利益分配关系的调整，形成公众普遍认可、共同遵守的要求。所以，苏格拉底说"守法就是正义"。制度的公正体现的是一种普遍性的要求，是国家意志的表现，是国家对公民的正义要求，在某种程度上，它是以牺牲个体意义上的教育公正为代价的。比如说，义务教育的就近入学，取消重点学校和重点班，目的是实现教育资源的均衡化，体现国家在教育资源分配上的平等性。但在一定程度上它不符合因材施教的原则，把个人的发展置于同一制度下，使那些有发展潜力的人可能失去了更好的发展机会。

总之，教育的社会公正提供了每个人接受教育的权利和受教育的机会，它遵循的是平等优先的原则，强调权利和机会面前人人平等，它是由国家意志来保证的，国家是控制的主体。

2. 教育中的公正（教育的内部公正）

教育中的公正关注的是教育过程中受教育者应该享受多少教育资源，应该如何分配这些资源。其中最主要的是分配的原则和标准。由于人与人之间客观差异的存在，对于每个人来说，简单的平等分配必然是不公正的。亚里士多德提出了"给平等者以平等的分配，给不平等者以不平等的分配"，即比例平等的分配原则。比例平等所强调的公正是基于比较区别对待的，"公正的区别性对待必须基于个人之间相关的差异；公正的相同对待也必须基于个人之间相关的类似之处。当个人在各个相关方面（并不是绝对的任何方面）都相似时，但受到不同的对待，或当个人在某些相关方面不同而受到相同的对待时，那么，这种对待就有失公允"。②

所以，在相关方面相同的人应该受到相同的对待，在相关方面不同的人，应该按照其差别受到不同的对待，这种分配原则只是形式上的。这里的关键问题是：在哪些方面考察人与人之间是相同、相似或有差别的，根据什么来分配才是公正的？其中有很多选择，比如根据个人的需要来分配，根据个人的权利来分配，根据每个人的能力进行分配，根据个人的成绩进行分配，根据每个人对社会的贡献进行分配，等等。究竟要选取哪个方面呢？范伯格给出了一个原则性的建议："究竟哪些方面是相关的，则要取决于当时正义问题的情况，取决于我们的目的和目标，并取决于我们所玩的'游戏'的内

---

① 胡劲松. 论教育公平的内在规定性及其特征 [J]. 教育研究，2001（8）.
② J. 范伯格. 自由、权利和社会正义 [M]. 王守昌，戴栩译. 贵阳：贵州人民出版社，1998：144.

在规则。"①

就教育过程中资源的分配而言，古代阶级社会曾经出现权力公平阶段。在这一阶段，受教育是统治阶级和贵族阶层的特权，个人能否受教育以及受什么样的教育，依父辈的社会地位、阶层以及职位的高低、权力的大小而定，与个人的能力无关。近代以来，随着个人主体意识的觉醒，民主化程度日益提高，加之社会生产力的发展与扩大教育规模的需要，教育几乎都选择以学生的能力为依据进行教育资源的分配，统一考试成为衡量能力、选拔人才的公平尺度。即便是对科举而言，通过科举也有可能使下层阶级的少数知识分子改变自身的阶层身份，这也对统治阶级成员的地位或身份的世袭形成了很大的挑战，上层阶级的子弟也不能再依靠父辈，必须通过自己的努力和成绩来保持他们上层的地位。所以，以成绩优劣获得受教育的权利代替过去那种以出身或阶层获得权利，这是教育公平发展的进步。近代以来的制度化教育，从总体上来说，是以能力为依据选拔人才的精英主义教育体系。

当代社会，随着人们对教育的需求越来越大，人们开始反思这种制度化教育的精英主义，以终身教育为方向改造制度化教育，以学习化社会取代学历化社会，教育也因此从选拔能力向更好地满足个人的学习和发展需要转变，使"能力公平观"走向"需要公平观"，主张根据个体的学习和发展需要分配教育资源。"能力公平观"主张能力卓越者接受教育，是精英主义的路线。"需要公平观"倡导个体根据自己的发展需要选择相应的教育，是一种平等主义的教育路线。

其实，无论是以能力选才，还是主张平等满足每个人的发展需要，都大致符合教育促进人的发展的目的，也构成教育的内部"游戏规则"。问题是哪种选择更符合我们的现实？我们认为，不断地扩大并满足个体学习发展的需要是教育发展的方向。但这其中有基本的学习需要和高级的学习需要。在教育资源有限的情况下，我们要满足所有人的基本学习需要，即实行义务教育的均衡发展，保证所有人的基本受教育的权利。然后，可以将特别的资源集中于少数精英，让他们致力于卓越目标的追求和品质的提升，这就是说，在非义务教育阶段坚持的是效率优先和精英主义。

3. 教育结果的公正

公正对于群体来说意味着均衡发展，如果存在着差异，那就是不公正。在这个意义上，公正更多的是关注弱势群体的利益。但对于个体来说，由于个体差异是客观存在的，如果给予每个人同等的教育，却是不公正的。所以，对个体来说，公正不意味着平等。麦金泰尔说得好："正义是给每个人——包括给予者本人——应得的本分，并且是不用一种与他们的应得不相容方式来对待任何人的一种品质（disposition）。"② 这说明，公正是面向每个人的利益分配，反映其应得，而不是多于其应得。

促进个体全面、自由、充分的发展是教育的永恒追求。教育公正是根据个体发展的状况分配其"应得"的教育资源。所以，教育公正的根本是寻找适合自身发展的教育，

---

① J. 范伯格. 自由、权利和社会正义 [M]. 王守昌，戴栩译. 贵阳：贵州人民出版社，1998：148.

② 麦金泰尔. 谁之正义：何种合理性？[M]. 万俊人译. 北京：当代中国出版社，1996：56.

即公正的教育。教育上的平等要求实现教育的个人化，即使每个人接受符合其自身发展水平的教育。

给每个人以适合其发展的教育，即公正的教育，才真正地实现了教育公正。单就这一点而言，古代的个别教育比现代班级授课制的集体教育似乎更公正。制度化教育的划一性，使教育无视个人的存在，每个人只是"整体"的化身或抽象。在集体教育中，教师不是面向具体的学生，而是一个抽象的"整体"学生。这种教育极不利于学生个性化的发展，也是不公正的教育。

鉴于公正的教育是个性化的教育，因此，教育公正的目的也应该指向个体发展的公正，或者说是为了个体发展的公正，这可以看做教育公正的本质。教育只有回到个体发展的公正，才是真正的公正的教育和教育的公正。因为"正义的本质就是人对人的自身本质的确认"。"任何把正义问题归结为具体的社会规范、利益分配、权力或权利的观点与理论都是无根的、狭隘的。"因为我们需要进一步追问，建立公正制度的目的何在、意义何在？它不仅仅是为了得到一份属于自己的资源，而更在于利用资源，实现自身的发展。因为"正义的实质是把人的发展、人的价值、人的尊严视为人的世界、人的关系以及人的行为的根本"。① 所以，教育公正，从本质上说，就是通过给每个人应得的教育资源，促进每个人的全面、自由、和谐、个性化的发展，这也是柏拉图所追求的个人正义的实现。

（二）公正教育：通过公正价值观的教育，培养具有正义感的社会公民

关于公正、正义的概念林林总总、不计其数。但无论人们对公正、正义的理解有多少分歧，但都没有人动摇过公正、正义作为个人德性和社会生活准则的信念。亚里士多德认为在德性中，"公正是最主要的，它比星辰更加光辉"。人类在自己的生活中深切体会到："有一种东西，对于人类的福利比任何其他东西都重要，那就是正义。"一部人类社会的发展史，就是不断地争取自由、民主、公正的奋斗史。人类之所以不懈追求自由、民主、权利、平等，就是因为这是一项正义的事业，是实现社会公正，缔造公正社会的必需。

1. 公正是公民社会生活的基本行为准则

公正表现为个人的一种德性品质，但它不是一种个人私己生活的德性，而是社会公共生活的德性。人类放弃了原始生活而组成一个社会共同体，这意味着每个人必须把自己的权利移交给集体，成为集体的一员，接受集体公共意志的最高领导，这样，集体便成为一个统一体，古希腊称之为"城邦"，现代社会称为"共和国"或"公民社会"。在这样一个集体中，"每个人都将自己交给了集体而非个人，每个结合者都不具有比其他人更多的权利。在这项交易中，每个人不但得到了与他所失相等价的事物，还获得了更多的力量保存既有所得"。② 因为每个人都彻底移交给了集体，任何结合者都不会再拥有任何私人的权利，每个人在集体中都受到公正的对待。因此，卢梭认为，公正就是人民主权、社会契约，是一种公意。这样一个共同体中的成员就是"公民"。可见，公

---

① 高清海等. 人的"类生命"与"类哲学"[M]. 长春：吉林人民出版社，1998：346.
② 卢梭. 社会契约论[M]. 庞姗姗译. 北京：光明日报出版社，2009：18.

民不是个人,而是共同体中具有公共生活和公共善的集体成员。

公正是公民社会个人过公共生活的一种德性,它存在于公民社会人与人之间的和谐关系中,社会的每个成员一方面都致力于维护公共生活和社会公共的善,另一方面都放弃自己的私利和欲望。如此社会才能处于一种公正状态,否则,就会陷入不公正。所以,公正的概念尽管有多么不同,但作为一种公共生活规则,都秉持"公平正直"、"不偏不倚"、"应得"的基本内涵。这正如美国著名的法理学家博登海默在总结历史上对于公正的各种争议时说,"给予每个人以其应得的东西的愿望乃是正义概念的一个重要的和普遍有效的组成部分","一种制度、一部法律、一种关系,只要能使每个人获得其应得的东西,那么它就是正义的"。①

公正是公民社会对其成员的必然要求。因此,亚里士多德把公正作为城邦公民的四大美德之一,并认为是其他三种美德"节制、勇敢、智慧"存在的力量。现代社会更是把公正作为一种普世性的社会伦理价值。20世纪70年代,西方在走出价值相对主义(突出表现为价值澄清学派)后,科尔伯格重新回到价值普遍主义,他只承认超越不同具体文化的一种普遍道德原则,那就是公正。他说:"公正——首先是关心全人类的价值和平等以及人类关系中的互惠——是一个根本的和普遍的原则,它是人类经验所固有的,而不是某种特定世界观的产物。"② 社群主义基于公共善,或者说对公共利益的认可,来定义社群主义的正义观。如麦金泰尔认为,公正就是对社群的共同善的共识,沃尔泽也认为公正就是共同体成员对社会物品的社会意义的共同理解。因此,20世纪90年代在美国复兴的品格教育,就是以社群主义为理论基础,强调社会所一致认可、共享的核心价值和美德。例如品格教育的代表人物利科纳提出"智慧、公正、坚忍不拔、自我控制、爱、积极的态度、勤奋工作、正直、感激及谦逊"十种基本美德。约翰逊基金会作为一个推动品格教育的研究团体,提出品格的六大支柱,即"诚信、尊重、责任、公平、关怀、公民性",在盖洛普民意测验中,公众希望学校传授给学生"尊敬、勤奋、坚韧、公平、同情心"等美德。由此可见,品格教育中对核心价值的研究,基本上都把"公正"列入其中。

自由主义者不赞成公民社会的公共生活,他们以社会契约来维护他们的共同生活,因此,他们把公正作为一种利益公平分配的规则,而不注重社会成员的公正德性培养。其实,正如社群主义所批评的,如果没有人的正义美德,公正的秩序和规则就只能是一纸空文,而且任何一套规则无论多么系统周全,都无法给所有可能的偶然事件提供指导。只有具备公正美德的人,才能够真正地制定规则,执行和运用规则。罗尔斯在"无知之幕"的"原初状态"下,制定了公正原则,但这种"无知之幕"是一种纯而又纯的假设,现实生活中是不存在的。在现实生活中,要制定出公正的规则和制度,不是制造一个个"无知之幕",关键在于有公正心的人。规则的制定者如果没有公正之心,只能站在自我或所在群体的利益上,必然导致的是不公正的规则,其执行更是如

---

① 博登海默. 法理学法律哲学与法律方法 [M]. 邓正来译. 北京:中国政法大学出版社,1999:264、265.
② 科尔伯格. 道德教育的哲学 [M]. 魏贤超译. 杭州:浙江教育出版社,2000:4.

此。所以，即便是自由主义倡导制度和规则的公正，也不能否认公正作为共同生活（非公共生活）的人所必须具有的美德。一个没有公正德性的人，难以与人们共同生活，至少不能过一种和谐的生活。一个社会的公民缺乏公正的德性，这个社会也必然是不和谐、不公正的社会。看来，要解决正义问题，根本的途径在于培养人的正义能力、正义的德性。罗尔斯在《政治自由主义》中，把"公民具有一种有效的正义感"作为一笔巨大的社会财富。

2. 公正教育是公民道德教育的重要内容

既然公正是公民必要的道德品性，是维持公共生活和良序社会的重要工具，那么，公民教育必须重视培育公民的德性，把公正教育纳入其中。尽管对公民教育的理解各有不同，但培养公民似乎是毫无疑义的。公民需要各种品质，包括掌握科学知识、专业技能、发展能力等，但这些并非公民所必需的。公民的核心是作为公共生活的主体维护生活的公共善，因此，过公共生活则是公民的特别要求。公正教育的核心就是教会公民如何过一种公共生活，在这个意义上，公正教育又属于公民道德教育的范畴。

公民不同于臣民，也不同于孤立的个人，就在于他既有个人的独立和自由，又有公共的生活和公共的利益；公民既遵守公共生活的准则，又不违背个人的意愿和自由。因为公共的生活是基于公共的意愿。"公共意愿的公众性与其说来自于参与者的数量，倒不如说来自于将他们联系在一起的公共利益——因为公共意愿是这样一种制度：它使每个人所服从的条件与他加之与其他人的相同。这种利益之间的和谐美好关系与正义为社会思想赋予了平等的性质。"① 因此，公共意愿既保持了公共生活的公共善，也确保了每个公民平等的地位和主权行为。公民服从公共意愿，就等于服从个人的意志。所以，公正作为公民公共生活的一种美德，蕴含着权利、自由、平等诸多公民的道德要素，这也是一些伦理学家和道德教育研究者之所以把公正作为"元道德"或其他道德的根基所在。

尽管公正蕴含公民的其他德性，但并不能由此使公正教育代表公民道德教育，更不能代表公民教育，只不过公正教育是公民道德教育的核心内容。从狭义上来讲，公正教育指向其特定的公正价值观，"公正教育是一种价值观教育，旨在帮助青少年学生理解'公正'这一价值范畴并初步形成相应的个人德性"。②

公民教育在性质上属于公民教育或公民道德教育，在目的上指向培养具有正义感、公正心的社会公民，引导他们过一种和谐的公共生活。因此，公民教育首先要引导学生形成社会的公正观。引导青少年学生对社会公正观形成认同，培养他们对社会道德和国家政治、法律制度的合理性认同，这是公正教育的第一步。没有对公正重要性的认识，没有对社会主流公正观的认同，不可能产生正义感，更不可能有正义的行为。其次，要培养学生对公正的敬畏心、正义感和公平心。敬畏与认同是紧密联系的，是认同的高级形态。公正作为公民公共生活的基本行为准则，每一个人要以虔诚之心认同公正的理念、践行公正的理念。没有对公正的认同和敬畏，在公共生活中就可能为满足自己的私

---

① 卢梭. 社会契约论 [M]. 庞姗姗译. 北京：光明日报出版社，2009：39.
② 石中英. 教育哲学 [M]. 北京：北京师范大学出版社，2007：302.

欲，而侵犯他人的权利和利益，难以行公正之事。公正作为一种价值观，其核心是形成正义感和公平心。正义感是对真善美的追求，是对公共善的维护，是对不正义的怒吼和斗争，是一种发自内心的对正义的捍卫、对不正义行为的抗争。公平是人与人之间利益分配的尺度，公平心就是要以一种公平尺度对待他人的态度。"己所不欲，勿施于人"；"要想别人怎么对待你，你就怎么对待别人"，这都是公平心的写照。正义感和公平心作为一种精神力量，是公正之行的动力，没有正义感和公平心的人，难有维护公平正义的欲望和冲动。再次，要培养学生公正行事的能力。仅有正义感、公平心是不够的，还必须有行使正义的能力、公正行事的能力，这样才能将公正的美好意愿付诸实践。为此，必须使学生明确公民的责任和义务，坚守公民的权利，坚持公正的原则，构建公正的制度，引导学生践行公正，培养学生的公正能力。最后，要引导学生建构一种和谐的公共生活，这是公正教育的最终目的。公正教育不只是在于培养学生的公正心、正义感，而是要引导学生建构一种公正的生活，过一种善好的公共生活，进而塑造民主、和谐、公正的社会。

公正教育的根本目的是培育有正义感的人

什么是正义感？什么样的人才算是有正义感的人？如同政治哲学家反复强调指出的，正义感不仅仅是一种公正的意识，更是笃行公正并竭尽全力维护公正的一种意志、信念与勇气，并通过相应的、持续的行动得以确证……在我们看来，一个有正义感的人，是有着坚定的意志从而能够抵抗利己的诱惑、公正行事的人；一个有正义感的人，是能够面对强权大声疾呼、为弱者申冤的人；一个有正义感的人，是能够为了正义理想不怕任何困难甚至勇于牺牲的人。有正义感的人，在这个时代是稀少的，因而也是急需的。
——石中英. 教育哲学 [M]. 北京：北京师范大学出版社，2007：304.

我们当前建设社会主义和谐社会，公平正义是社会和谐的基本条件和重要表现。为此，我们必须重视培养公民的公正意识，将公正教育纳入公民教育之中，在教育中实践教育公正和公正的教育，努力营造公平正义的教育环境和教育生活，在教育公正和公正教育中培养具有公正意识和能力的社会主义公民。

◎ 反思与探究

1. 如何理解自由、民主、公正？如何理解教育自由、教育民主和教育公正？
2. 试阐述教育与自由、教育与民主、教育与公正的关系。
3. 辨别教育自由与自由教育、教育民主与民主教育、教育公正与公正教育的联系与区别。
4. 学校教育应持一种怎样的自由观念、民主观念和公正观念？

◎ **拓展阅读**

1. 罗伯特·L. 西蒙. 社会政治哲学 [M]. 陈喜贵译. 北京：中国人民大学出版社，2009.
2. 密尔. 论自由 [M]. 许宝骙译. 北京：商务印书馆，1959.
3. 达巍等. 消极自由有什么错 [C]. 北京：文化艺术出版社，2001.
4. 贺照田. 西方现代性的曲折与展开 [C]. 长春：吉林人民出版社，2002.
5. 托克维尔. 论美国的民主（上）[M]. 董果良译. 北京：商务印书馆，1988.
6. 布鲁姆. 美国精神的封闭 [M]. 战旭英译. 南京：译林出版社，2007.
7. 罗尔斯. 正义论 [M]. 何怀宏等译. 北京：中国社会科学出版社，1988.
8. 诺齐克. 无政府、国家和乌托邦 [M]. 姚大志译. 北京：中国社会科学出版社，2008.
9. 冯建军. 教育公正：政治哲学的视角 [M]. 福州：福建教育出版社，2008.

第七章　当代西方教育思潮

☞ **学习目标**
1. 说出下列五种西方教育思潮的重要论点：
存在主义　建构主义　后现代主义　批判理论　女性主义
2. 找出各思潮代表人物的论点。
3. 掌握各思潮对教育的影响。
4. 反思西方教育思潮对当代教育的启示。

☞ **本章要点**
  在工业革命后，整个西方社会发生了根本的改变。科学与技术的发明，政治、社会和经济的快速发展，新文化思潮的涌现，使得19世纪与20世纪是教育学说出现最多的时代。本章不能尽列各种思潮及它们对教育的影响，只选了其中五种思潮。存在主义和后现代主义的哲学思维较强；建构主义和批判理论可以作为教育理论来看；女性主义是一种意识形态，妇女解放行动影响政治和社会结构，也推进两性公平教育的发展。
  存在主义关心人类在集体社会和教育政治化和官僚化的情况下变成物体或工具。后现代主义批判现时知识及价值的合理性，它把大家认为合理的事情解构，并挑战它们背后的价值观。建构主义和批判理论的教育理论意义较强，前者强调个人经验是建构知识的基础，后者以马克思的唯物辩证思想指导学习的设计、过程和内容。最后是女性主义，它不能只看成女权运动，它的理念涉及自由主义和社会主义，讲求人类平等、思想与性别解放。这五种思潮在剧变的时代中产生互动，对教育政策、课程、教材和教学方法形成交叉式的影响。

第一节　存 在 主 义

一、存在主义出现的背景

  存在主义被认为起源于19世纪的克尔凯郭尔（Kierkegaard），但一直到两次世界大战后，存在主义才在欧洲和美国流行起来。
  20世纪的西方社会处于剧变当中，存在主义被称为"危机哲学"，因为它出现的时代，正是一个面对种种危机的时代。存在主义认为人生活在焦躁不安中，被迫作出不同的抉择，解决一个接一个的危机。人感到自己的努力只会落空，生命变得无奈、荒谬。
  为什么人类到了19、20世纪才感觉到"存在"的意义和价值呢？尼采指出人要实现自己，进化到"超人"，就要靠强烈的意志，存在就是要制造动物与超人的差别，存在就是把生命力表现出来。① 归纳当时各种情况，存在主义的出现受19世纪工业革命的影响、对黑格尔唯心哲学的反动，以及两次世界大战引起人们重新检视人"存在"的意义。②

（一）工业革命的影响

19世纪工业革命后，人类的生产模式改变了，由家庭手工业变成大工业生产。以前人们面对面的交易、往来，是清晰的依赖性经济，但工业革命后，人与人的需要变成潜藏的。妇女、童工挤在潮湿肮脏的工厂日以继夜地工作，只负责生产的一个环节、产品的一小部分，人变成机器或机器的一部分。慢慢地，他们对自己的工作失去感情，开始怀疑自己存在的价值和意义，渐渐产生了疏离感（alienation），这种自我疏离感到了20世纪更尖锐化。于是人们否定了自己：我为什么而生？我为什么还要活下去？人生存的意义是什么？这些涉及人的"存在"和"生存"的问题，正是存在主义尝试解答的论题。

（二）反对黑格尔的唯心论

19世纪30年代，黑格尔的唯心论或观念论风靡整个欧洲。他所讨论的"心"，就是精神或绝对精神。宇宙万物，包括心和物，都是绝对精神的实体的展现。克尔凯郭尔在哥本哈根大学研究黑格尔的哲学理论，觉得黑格尔理论所谈到的个人存在和自由，已消失在整体的存在和自由之中。他后来在柏林时批评黑格尔的命定论，因为它剥削了个人的性格。克尔凯郭尔强调自己是"个人"，是独特的"存在者"，是"有限与无限"、"时间与永恒"的结合。

后来的存在主义学者都反对唯心论的客观、理智理论，他们提出反智与反精神的非理性的生命意义。

（三）两次世界大战带来的反思

随着工业革命的成功，带来科学的进展，人们生活逐步现代化，但两次世界大战暴露了人性极大的弱点：不尊重人、不保障他人生命。尤其是第二次世界大战，使得人类经历空前浩劫，科学发明变成杀人武器。在集中营内，人们失去人性和尊严，变成动物一般。在这场人类灭绝的危机中，存在主义重新讨论人存在的重要命题：人为什么要活下去？人应该怎样活着？

二、存在主义的代表人物

要为存在主义下一个定义是比较困难的，因为几位主要代表人物的哲学观念很不相同，有些有宗教信仰，有些是无神论者，有些积极面对人生，有些较悲观。著名的存在主义者包括鼻祖丹麦的克尔凯郭尔（Kierkegaard）、德国的雅斯贝尔斯（Jaspers）、海德格尔（Heidegger）、巴尔特（Barth），法国的萨特（Sartre）、马塞尔（Marcel）、加缪

---

① Nietzsche F, *Thus Spoken Zarathustra*. R. J. Hollingdale (translated). London: Penguin Book 1961, p. 15.

② 李雄挥. 孔子的教育哲学 [M]. 台北：师大书苑，1997：219-223.

(Camus)、维尔(Weil)、波伏娃(de Beauvoir)、莱·先尼(Le Senne)、拉维尔(Lavelle)，其他如布伯(Buber)、蒂利希(Tillich)。现主要介绍四位代表人物的思想。

（一）克尔凯郭尔(Søren Kierkegaard, 1813—1855)

存在主义的思想渊源来自丹麦的克尔凯郭尔。克尔凯郭尔1813年生于哥本哈根的一个富裕家庭。在外人看来，他拥有一个当时社会标准下的理想家庭，但家中的丑事（他是非婚生的私生子）却要掩藏起来。他父亲把忧郁、罪恶感、不安、对基督的虔信遗传给了他的儿子，而克尔凯郭尔也继承了父亲在哲学的辩论能力和创意能力。

克尔凯郭尔提出怎样在基督教世界中成为真诚的基督徒。在当时教育制度下，人们成为群众中的一员，没有机会找寻个人特点。丹麦从一个封建社会变成资本社会，所有儿童都可以接受基础教育。乡村人口涌向城市，社会流动很快，由层式结构变成水平结构，人面对"自己"，愈来愈感到困难。克尔凯郭尔认为人必须使用一种新的沟通方式，迫使人们对生存的选择负责任，而且超越社会加在他们身上的身份。他运用讽刺、嘲弄、幽默或破坏建构的技巧来打破传统知识和价值的基础。当时欧洲黑格尔的唯心论十分流行，黑格尔主张运用逻辑辩解来获得绝对知识，用"正、反、合"法则来衡量，提出精神的绝对性，于是一切变化都只是观念，所有发展，不外是思想的演变。个人需要参与国家的生活，才能得到他真正的价值。理性、抽象、共相的观念主宰一切。人们的个性、情绪、尊严与价值全部消失。① 克尔凯郭尔反对黑格尔的见解，他觉得黑格尔所说的个人存在和自由，已消失在整体的存在和自由之中。

克尔凯郭尔提出人存在的三个层次：（1）生理感性——只求一己的满足。（2）伦理制度——想到他人的存在。（3）宗教——人必须认同神的存在，是人最完美的存在。② 第一个层次是官能上的，人在这阶段中，受命运与外来事件所摆布，要逃避这样沉闷的阶段，人便要娱乐自己，但他认为这不是最好的方法，只会使自己愈来愈感到孤寂。在伦理方面，克尔凯郭尔认为人须服从自己的责任，这样他才可以得到一个平和的经验。因他的宗教信仰，伦理学中"好"与"坏"的最后决定，不是社会一般的准则，而是神的决定，因为神对好、坏定义是超越人类社会所定义的。伦理道德可以帮助个人了解自己的不足或罪孽，但却没有带给人新的生命，所以人必须跳跃至宗教层面。他强调基督就是个人，这里，是单独的一个人站在上帝面前。他对宗教充满热情，确信只有信仰才能使人成为真正的我。他说："信仰不是通过学者讨论而得到，它也不是直接来到。在这些客观性中，我们失去了信仰的条件：无穷的、个人的、热烈的兴趣。信仰的存在是无处不在，哪里都不在。"③

人类肩上负着很多责任，这些存在的抉择，决定他是应获得救赎还是诅咒。克尔凯郭尔强调自由抉择的主观个人，反对跟从客观与科学导向的世界，所以他主张真理的主

---

① 陈照雄. 西洋教育哲学导论[M]. 台北：心理出版社，2001：185-186.
② 伍振鷟. 教育哲学[M]. 台北：五南图书出版公司，1997：239.
③ Kierkegaard S, *The Concluding Unscientific Postscript to "Philosophical Fragments"*, Vol. 1 & 2. Edited and Translated with an Introduction and Notes by Howard V. Hong and Edna H. Hong. Princeton, NJ: Princeton University Press, [Vol. XII & XIII, 1978] 1992, p. 29.

观性，知识是来自个别的、主观的体验。

（二）雅斯贝尔斯（Karl T. Jaspers, 1883—1969）

雅斯贝尔斯是德国有名的心理学家和哲学家。他早年从医，四十岁后转到哲学的研究。在纳粹统治德国期间，因为他妻子是犹太人，夫妇俩长期受到监视，甚至受到生命的威胁。雅斯贝尔斯被公认为存在主义的倡导者。他的著作中大量引用克尔凯郭尔和尼采的学说，同时，他对个人自由的看法也作了大量的阐述。

在早期的著作中，他谈到现代科学及经验主义。他指出人们质疑现实，但当碰到一些用经验或科学方法无法越过的情景时，个人便要面对选择：失望、放弃，或采取跳跃方式（超越 transcendence）。这一跳，要具备如信仰般的热情。跃升后，个人可以获得无限制的自由，经验真实的"存在"（Existenz）。"超越"是凌驾世上的空间和时间，他解释这是终极的"非客观性"或"无物性"（虚空）。

在《哲学与存在》一书中，他提到自由和可能性的经验时，指出真实的个体认识到生命的全部，要面对痛苦、斗争、罪疚、机会和死亡，人的自由不是通过理性产生，非理性是每个人"存在与生命"的动力。雅斯贝尔斯是有神论者，但他批评保守的宗教。第一，宗教的中心常由一些虚假的客观真理所组成，所以忽略了"超越性存在"的出现，所以宗教的世界观是一种局限性的态度，最后变成教条，逃避了"超越性存在"所带来的无限性和变动，宗教反过来窒碍了人们拥有"超越性存在"的能力。第二，教条式的宗教销毁人们自我批判和理性沟通。但他认为人类的真理不能没有宗教的诠释，人存在的意义，要由物质经验世界跳跃到精神领域的自由世界。

雅斯贝尔斯后期的著作提出"人性共通"（shared humanity）的概念。这些共通点只能在文化、传统、理论所组成的政治生命中找到，所以他晚年致力于探讨人本主义的政治。①

（三）海德格尔（Martin Heidegger, 1889—1976）

海德格尔是20世纪一位知名的德国哲学家，也是最具争议性的一位哲学家。②《存在与时间》被认为是20世纪最有影响力的一本哲学书籍。海德格尔是存在主义的创始者之一，虽然他不接受这个称号。他与雅斯贝尔斯同期，二人政见虽不同，但学说却有共通之处，同样谈到人存在的问题。

海德格尔受他的老师胡塞尔的影响，借用现象学分析人在时间、历史的特征中的"此在"（Dasein）（也翻译作"此在"、"亲在"）。他在《存在与时间》中探讨"我们本身的存有"，创造了"此在"（Dasein）这个词语。他认为"存在"不能被视为现象背后永远不变的本质，与时间没有关系。他指出存在是有时间性的。笛卡儿说"我思故我在"，意思是把人看做主体，自然为客体，运用"主/客"二元对立的思考模式，进行对自然的度量。"存在"被看做一种永恒的现存状态，一种处于身体之外、呈现在眼前可被观察的客观实体。海德格尔认为这种思考方式是对存在的误解。他把笛卡儿的话反

---

① 雅斯贝尔斯较后期的著作，如《历史的源头和目的》(1949)、《原子弹和人类未来》(1961)都讨论到人本主义和人性的共通点。

② 海德格尔曾为纳粹党做事，支持希特勒，所以战后曾有一段时间政府不许他讲学。

过来看:"我在故我思",因为个人的存在是在世界存有(Being-in-the world),是"此在"的一种基本状态。海德格尔指出在世存有的概念由三个基本面向组成。第一个面向是个体把世界经验变成一种环绕式的环境(Umwelt),这个环境不是客观的物理环境,相反,这是个体经验得到的环境,所以它不是一种严格的客观经验。第二个面向是对他者或一群个体(Mitwelt)的经验,社会关系的网络很复杂,不只是个体对他者的主观经验,也包括他者所拥有的自身个人观点的主体性。意思是说个人存在世上虽然是命定,但如何去利用这种关系,却是个人的自由。换句话说,个人在世上,世界属于他,但他却不属于世界。找到自己,找到他人,这才算完成人的存在。第三个面向是个体对他自身作为一种确切的和主观存在的(Eigenwelt)观察。这是在一种极度个人的层级中所遭遇到的经验。当一个人提出"我是谁"这样的问题时,个体必须正视面临的痛苦和焦虑,因为这个问题在一个活生生的经验层级上并没有清晰的答案——没有法则、指引或客观的现实会主动给予答案,人们必须为自己解答。"存在没问题,我们得接受要通过存在来说明人的存在,我称这种了解本身为存在的了解。"[①]

海德格尔指出人的存在具有时间性,死亡是不能避免的,人们未来最确定的事情就是死亡,因此当"此在"视死亡为存在的自我显示的总表现,视"虚无"为存在的总体依托时,人便会产生焦虑。"存在"的本质就是"虚无",因此"存在"的本质是不存在的;"存在"没有本质,这就是理解"存在"的本体论和认识意义的先决条件。海德格尔提倡以果断的行动达到生命的自我超越。他认为个人如能冒险,能超越现存时间的限制,便能克服恐惧、忧虑,便能面对死亡,展开未来的远景,此时间性为一切"存在"的最后统一。

海德格尔的学说对法国哲学界也有一定的影响,也曾引起一阵回响,在萨特的著作《存在与虚无》中便找到海德格尔思想的痕迹。

(四)萨特(Jean-Paul Sartre,1905—1980)

存在主义在第二次世界大战后由德国传到法国,可以说到达顶峰,人才辈出。其中可以分作两大阵营:有神论者与无神论者。前者以西蒙娜·维尔(Simone Weil)、加布尔埃尔·马塞尔(Gabriel Marcel)为代表;后者以尚-保罗·萨特、阿尔伯特·加缪(Albert Camus)、西蒙娜·德·波伏娃(Simone de Beauvior)为代表。

"二战"后法国文化思想非常活跃,过去的价值、传统观念,出现了激烈的变化。人对自己发生疑问,"怎样才是人"?"我又是谁"?知识分子感到孤独、苦闷、无出路。在这一背景下,存在主义在法国风靡一时,是20世纪50—60年代欧洲最流行的哲学思潮,后来影响至美国和亚洲地区。存在主义者多利用文艺作品来宣扬存在主义,其中佼佼者就是尚-保罗·萨特。他最成功的地方就是用小说、戏剧来实证存在主义的学说。1964年,萨特获诺贝尔文学奖,但他拒绝领奖,因为他不愿意因奖金而改变自己。

萨特在1937年的著作《超越自我》中(The Transcendence of the Ego)就已开始讨

[①] Heidegger M, *Being and Time*. Translated by Joan Stambaugh. Albany, NY: State University of New York Press. 1996, p. 10.

论"在己存有"（Thing-in-itself）的问题，任何形容、解释、叙述"在己存有"的，萨特统称为"反思的意识"，所以人的反思注定引起焦虑。在1943年出版的《存在与虚无》（Being and Nothingness）中，萨特把存在分成两类："在己存有"（Being-in-itself）和"为己存有"（Being-for-itself）。前者是指一个物体同其本身的存在。例如：一把刀，它的存在是为了切割东西的目的而存在。"为己存有"是对客观世界的反省与否定。仿佛人类意识试图成为它自己的目标物，如同一个自我意识的人，扮演着一个角色，却试图成为其他人（other），这样的企图总是失败。意识或个体性无法成为其所不是的东西。① 萨特认为我们的思想超越自身，超越一切，我们无法占有我们的"存在"，我们的存在永远在我们自身之外。这看法成为萨特最有名的学说"存在先于本质"的基础。

萨特在1945年一次名为"存在主义就是人本主义"的演讲中，提出"存在先于本质"的见解。他说："人先于存在，面对自己经历世间折腾，然后定义自己。"人没有既定本质，个人本质是通过他怎样创造自己的生活而定义。存在主义重点在探究人存在的问题和存在的条件。存在主义探究的是每个人实实在在的生活经验，和他实实在在的存在这世界，但一些条件是人存在的特有条件，一个最重要的主题就是世界本身的"荒诞"，一个有意义的生命可以随时失去所有意义。这些情况可以使一个人变得精神不平衡，所以存在主义其实是让人们意识到这些情况。

萨特指出人总不免受环境所限制，这种情况不是不能接受，但当人感到压迫，这情况便不能接受。所以人们的意图反射到现时的情况，便有自由通过行为来改变这种情况。他说这世界是他自由的一面镜子，世界推着他作反应，要他超越自己，跳过局限的境况。人们被判获个人自由，但人对自由感到畏惧，因为人们须为自由的决定或行为而承担一切后果。我们不能做了某件事情，然后声称这是上帝的意旨，或说因科学法则所致，又或推说这是社会逼使我们这样做的。

当萨特说人自己界定自己，读者常常误解为人想怎样便怎样，例如变成一只小鸟，但萨特认为这是"极坏的信念"，因为没有神来创造人，人是通过行为来定义自己，他要为自己的行为负责。例如，一个人虐待他人，就是这一行为，他被定义为"残酷的人"，在这一刻，他要为这"残酷的人"负所有责任。当然，这个人可以选择成为"大善人"，他可以为恶为善，所以他的本质非善非恶，纯粹是他的选择，但面对自由选择时，人感到焦虑和晕眩，好像一个站在崖边的人，他意识到自己可以选择跳下去自杀，也可以不跳。作出怎么样的决定，他不能依赖任何东西作选择，也没有上帝的指引。这种自由，使他焦虑、晕眩，所以他要超越这没出路的境况。在选择时，可以设想每个可能的后果，这样人才可以作出合适自己的选择，然后承担后果。总之，萨特认为人是孤寂的、绝望的，他被抛掷在世上，世界对他冷淡无情，所以他与世界无必然关联，他的一切行动都是自由的。但人要真诚地、朝向他身外的目的地去实现他自己。

---

① Ozmon H. A., Craves S. M. 教育哲学［M］. 刘育忠译. 台北：五南图书出版公司，2007：281.

> **存在主义的第一原则**
>
> 　　人，在存在主义看来，是无法预先界定的。因为人最初空无所有；后来，渐渐有人模样，而且是透过他自己的意愿所造成。所以，没有所谓人的本性，即使是神也无从知悉人。只有人晓得他自己是什么，不仅如此，在直入存在之后，人是唯一可以使自己成为自己所希望者。人就是靠他自己的所作所为，来成就他自己，这就是存在主义的第一原则。
>
> ——J-P Sartre, *Existentialism and Human Emotions*. New York: Philosophical Library, 1957, p. 5.

三、存在主义的哲学思想

存在主义的理论体系，严格来说，并不完整，加上各存在主义哲学家的思想分歧，海德格尔、马塞尔否认为存在主义者，只有萨特接受这个称谓。再者，他们对宗教也有不同看法，例如：克尔凯郭尔、雅斯贝尔斯、马塞尔是有神论者，但海德格尔、萨特、加缪属于无神论者。虽然各人思想不一，但综观各人学说，存在主义是一种注重个人自我存在的哲学思想。现归纳其中几个要点：①

（一）对理性主义的抗议

存在主义反对传统的理性主义哲学，认为他们的研究对人生漠不关心，那种纯思辨的哲学体系（如康德、黑格尔的哲学体系）显得非常不自然。他们认为哲学思辨应注重个人切身的存在问题，譬如：人的生与死、快乐与悲哀、自由与责任、无助与荒谬等人与人的关系，这些问题都是存在主义要思考的问题。他们主张哲学家应由观众变成舞台上的参与者，用新的角度来探讨问题。

（二）个人存在的重要

存在主义认为每个人是独一的、不可替代的。他们反对黑格尔将个人解释为一种在"精神"展开中的无足轻重的存在，或是一个抽象符号的存在。存在主义学者提出人的存在是真确的，这个"我"的存在，先于一切，包括本质，所以他们的主要命题是："存在先于本质。"

通过客观手段所得到的任何知识都是假设性的，真正的知识是通过人的直觉而得到的。真理不是人们发现的，而是个人选择的产物，克尔凯郭尔强调真理即主观。

（三）个人与他人

存在主义认为个人无端被抛掷到这世上，世界对他冷淡无情。他是孤立无助的，与这世界无必然的关联，出现了疏离感。但是人有行动的自由和选择的自由，这个选择很重要，有了自由意愿的选择，才肯定了价值，而任何选择，决定者要负上个人的责任。

---

① 吴俊升.教育哲学大纲[M].台北："商务印书馆"，1982：218-219.

作抉择时，必须真诚地面对自己，要勇于行动。产生不愉快的后果时，也要坦诚面对，这就是真诚的选择。

雅斯贝尔斯认为人虽然是孤独的，但人是上帝创造出来的，彼此可以交往，可以相亲相爱。萨特却把与他人交往看做"他人即地狱"，因为他人的抉择往往影响"我"的自由。马塞尔抱相反意见。他认为不能把人当做异己、敌人，而要当做精神上亲近的"汝"。与人交往，不要变成地狱，而是天堂，通过人与人之间的交往，才能上升到个人与上帝的交往，复归于上帝就意味着进入"天堂"。①

（四）不安与死亡

个人要作出选择，然后行动。决定的后果可以很严重，必须负上行动后果的责任，所以产生了情绪上的焦虑，感到受到威胁。但焦虑没有特定对象，个人渐渐迷失了要扮演的角色，最后连个人认同也失去了，世界变得很荒谬。存在主义者都认为世界没什么意义，除非我们赋予它意义。好像人们相信"坏事不会降临在好人身上"，但世上没有既定的好人或坏事，要发生的事情终会发生。因为世界这么荒诞，任何事情会随时发生，从天而降的大祸迫使人们面对荒诞。

个人因为不安、焦躁，所以决定不行动，这其实也是一个决定，还是要负责任的。所以人企图去寻找一个没有紧张痛苦的世界——死亡。许多人选择避免决定，以逃避冲突，他们的生活就像死亡了。生活着的人，时刻要作种种抉择，就无法避开紧张。人的存在受时间所限，人生的唯一终结就是死亡，所以存在主义在某方面起了积极作用，使人们了解既然死亡是每个人最后的归宿，我们就要珍惜自己短暂存在的生命的价值，真正去做一个自由的人，一个绝对存在的人。

四、存在主义与教育

存在主义对现代哲学思潮、文学创作的影响很大，但在教育方面却没有一套系统的教育理论，这并不表示存在主义者满意学校的一切，他们从人本主义出发，指出工业时代只着重"齐头式"教育，注重教育的标准化和划一化，于是学习时，教师只教课本的内容，师生都被考试方式和内容牵制着，整个教学过程，加上很多所谓学能标准，都是受政治主导，例如：要达到某些能力（阅读能力、分析能力），或学习某些"重要"科目（英语、数学），这些规定把学生导入当代工业科技与科层体系的机制中，学生没有发展独特自我的机会，更遑论什么创新思维，所以存在主义提出的教育理论，重点是反对把学生变成学校的一颗钉子，学生应该是教育的中心。

对存在主义教育理论讨论得较深入和全面的是莫理斯（Morris），他提出教育是要让学生认识每个人的"自我性"。这个"自我"的心理层面，包括三种觉知（awareness）的成分：

（1）我是一个选择体，在我一生中无法避免作出选择；
（2）我是一个自由体，我可以完全自由地设定我的生命目标；
（3）我是一个负责体，我能自由选择如何过生活，是我个人的原因。

---

① 王克千．存在主义论述［M］．上海：人民出版社，1981：76．

莫理斯认为教育的目的是唤醒学生的觉知和强化觉知的条件及环境；教育能唤醒学生对自己的生命负责任。

（一）教育的目标

存在主义以人本主义为基础，在教育的层面来看，不应只注重知识的传授，而是面对教育的对象——学生，他们是作为实体而存在，本身具有价值的活生生的人。西方很多教育家指出教育的目标是维护个人自由，帮助学生对他的生命作出选择和决定，并对产生的后果负责任，从而建立具有个人尊严的人格。

（二）存在主义课程

在设计存在主义的课程时，应记着存在主义的四个重要主题：要唤醒学生的自我觉知；扩大个人自由和选择；认识生命中的模糊性；拒绝把人变成对象或工具。

1. 课程内容

人的存在是整全的，所以教育应以发展全人为对象。教育不仅是知识的灌输和技能的训练，还需顾及个人的意志和情感各方面，因此意志教育不可忽视。同时，人生活在忧虑、恐惧、无奈的情境，所以情绪教育应有适当的指导。对于生死问题，现代的课程中很少讨论，死亡是人生的终结，这部分可指导学生积极地面向死亡。存在主义教育的课程是开放的，因为真理是展开和流变的。学习内容较着重人文学科，如文学、历史、艺术、哲学等，因为这些学科对人类经验的重大争议常能发人深思，而且很多人文学科的主题围绕爱、恨、疾病、生死、性等人生中所面对的难题，如何作抉择，如何承担后果，这些科目正视了人生的积极面，也正视了它的消极面。存在主义学者不反对基本学科的学习（语言、数学、科学、社会学科等），但这些学科的学习应与学生的情绪发展联系在一起，而不是孤立于个体存在的意义和目的之外。

存在主义者对知识的态度，大大影响到那些依赖思想系统或参考架构的学科之教学：其态度认为学校的科目仅是实现主观性的工具而已。①

知识带来了自由，因为它可使人免于无知和偏见，而能看出他自己的真面目。存在主义反对以客观、标准化的测试来评估学生的学习，例如家长问他的孩子学得怎么样，学校便从他学校（省、市）中的排名告诉家长，这是真正的评估？存在主义建议"真确"的评估，每个学生都有一个"学习历程档案"，他们定下自己的学习目标，然后衡量自己的进度。评估方式除了测试、论文，可以包括图画、报告、文学创作、表演、活动参与及反思日志，这些都可以反映他的学习过程和思想的发展。

2. 教学方法

存在主义教育强调让学生去发现自己，所以反对任何制度化的课程、教材和教学法。学生可以选择他们喜欢的学习方法，而不是强制性的。这些方法有助于学生去发现，并使学生成为他自己，例如尼尔（A. S. Neill）的"夏山学校"（Summerhill School）便采用自由学习和自由选科的取向。

存在主义认为，求知不应采旁观的态度，学生应介入实际的存在中，自己努力，自己选择活动的方向，自己对活动作决定，因而对于万事万物以及他存在的本身全心全意

---

① 莫里斯. 存在主义与教育［M］. 黄昌诚译. 台北：五南图书出版公司，1995：176.

地投入（engagement）和体验，这样才可以获得真正的知识来充实个人真正的存在。所以，上课时，教师引导学生讨论，或让学生自己在小组中交流、参与，而不应把知识作为客体，学生用旁观态度吸收；否则，一离开学校，学生即把这些"知识"丢弃，因为他跟知识没建立什么关系。学习时，可考虑加入游戏，因为在游戏中个人可以充分表现他的创造性。

3. 师生关系

学者范登堡在《存有与教育》一书中，对于传统教育方法做了分析：方法特征是控制/臣服、命令/服从的师生关系，教师控制和下达命令，而学生的角色则是臣服和顺从。这样的关系使得教师浪费很多时间来控制学生，而学生则花心思去击溃教师的控制。教育不是帮助学生发展自我潜能，反而变成战场。

存在主义者关注到学习历程中教师的角色，教师的责任是帮助学生学习，但不是强迫学生记诵笔记，然后考试时，要学生全倒出来，拿取高分，教师便完成他的"教育工作"。他作为学习的推动者，不应以权威压迫学生，也应避免代学生决定一切，而是要帮助学生对可能的行动来做选择，让他自己决定，自行负责。教师把学生看做"人"，不是"物"。①

在这样的一个教育信念下，每一位教师都是学生，每一位学生也是教师。存在主义教育家布伯提出"我与你"(I—You) 的师生关系，充分发挥尊重个人、互为主体的观念。他把师生关系分成两种，一是"我—你"，另一种是"我—它"(I—It)。前者把别人当目的的关系，后者把别人当手段的关系。在"我—你"的关系中，二人开展对话，有了"包容"，产生了思想或情感的交流。即是说，在对话中，每一个人都成为另一个人的主体对象。对话，不一定要具体的发声，而是一种心灵沟通，两人之间，虽然有着空间的隔离，只要他们仍继续把自己敞开呈现给对方，可做到思想与情感的交流。

这样的师生关系，把双方变成学习的伙伴，于是在学习的过程中，教师不是把教育看做某种外部施加到可塑的学生身上的对象，而是努力去了解每一个来自独一无二的背景的学生是如何进行学习。

五、存在主义教育评鉴

（一）存在主义教育思想的优点

存在主义的教育哲学，对现在变化多端的时代，有几点重要的启示，值得教育工作者反思。

1. 重视人

教师可以选择不同的教学方法，但别忘了师生之间是"我—你"的关系，而不是"我—它"的关系。现代文明以科学和技术占了优势。科技发展扩大人类控制自然的能力，但另一方面却使人与人之间的关系愈来愈疏离，所以存在主义的教育特别强调"人"的关系。这关系不是指仅见见面，而是要大家本着平等、互相尊重的基础，双方

---

① Vandenberg D, Charlatans, "knowledge, curriculum and phenomenological research", *Working Papers in Distance Education*. University of Queensland. 1982, No. 5.

真诚地面对。在现时的教育制度下，教师往往面对几十名学生，甚至上百名学生讲课，课堂教学变成"满堂灌"，学生是谁，教师是谁，大家都不认识，这样的教育，真的是人本主义的教育吗？

2. 教师角色的转变

教师由"传道者"变成引导者或促进学习者，仅以权威的形象示人，只会把自己与学生隔离。存在主义主张在学习时，教师利用发问方法引导学生思考，没有正式答案，这样学生才能构建自己的知识，建立自尊、自信。教师把不同的信念、价值观摆放在学生面前，鼓励学生探求他自己的心灵，所以学生最后找到的真理，是他自己确信是真的。

3. 学生的自觉性

现代教育以考试主导，学生一旦考试失败，便好像失去人生存的目的。存在主义的积极意义是让个人自觉其存在，恢复他的自由、责任以及尊严。它注重情意的训练，注重直觉与体验，让学生发展自我的实现。同时，存在主义的教育也重视个性与群体的平衡。个性发展做到自我超越，即个人真诚地自我实现；群性指自我投射，意指关怀他人，注重个人与他人的关系。例如小组学习，个人要学会平衡自己和组员的意见。

（二）存在主义教育思想存在的不足

1. 欠缺系统的教育思想

存在主义本身不是严格的哲学，各家论述多是思辨的、主观的，较少分析论证，所以存在主义教育思想的讨论显得较零碎。

2. 过分提倡主观性和情绪自由

存在主义强调主观性，哲学思想变得非理性。个人与社会不能分割，两者是一种互动关系，而人类的价值源自这种互动中，绝对的自由恐难被现代社会与文化所接受，所以很多存在主义的"信徒"都感到疏离、苦闷、悲哀。

3. 夸大了人生悲观的一面

存在主义强调人的存在是虚空的、荒谬的，最终必迈向死亡，这样悲观地看待人生，对青少年（学生）的身心发展有不良的影响。

4. 不能平衡理性与感性的发展

知识本身是理性的产品，不能全是文艺作品，过分侧重个人感受，作主观的论述与表达，学习走到另一极端，出现反理性的危险，这种反对科学探究的精神和态度，不利于自然科学的发展。

六、小结

存在主义在第二次世界大战后的30年间风靡西方各国，当然有它特定的时代背景。现在热潮已退，但它提出的一些理念，对我们仍有启发性。它提出人与人互相尊重、人的自由选择、对生命的看法和开放的教育观点，现在我们反对一致性、标准化，正好就是萨特、马塞尔、波伏娃等思想家的见解。对于灵性的追求，现代人反教条主义，可上溯到克尔凯郭尔的"信心跳跃"。后现代主义和批判理论多多少少受到存在主义的影响，在政治、社会、教育各层面中，现代人强调的"选择"、"真诚"、"自由"等都是存在主义的重要思潮。

存在主义教育强调个人价值比政治、社会、宗教、阶级、种族、性别等加起来的总和还要大。虽然上述各层面反映了我们是谁，但我们不是由政治、阶级等所界定的；存在主义帮助我们面对及接受个人的责任，包括"我是谁"和"我在自由的情况下所决定的行动"。

第二节 建构主义

一、建构主义的发展

建构主义是20世纪末至今世界上最具影响力的教育理念之一，探讨建构主义或由建构主义观点来检讨课程、教学策略的论文很多。建构主义主要探索的是知识是什么和怎样学习的问题，所以建构主义与学习理论关系密切。它的先设是学习是个人经验的反思，每个人建构自己对世界的认知，因此每个人都发展自己的"规则"或"图式"来解释每个人的经验。学习，就是一个调整大脑模式来适应不同新知识、新经验的过程。

建构主义的思想涉及面很广，深受皮亚杰的认知发展理论、维果茨基的社会建构理论影响，与后现代主义的科学观点、女性主义的知识论、科学哲学理论等有密切关系。

（一）认知科学和认知心理学对建构主义的影响

建构主义学习理论被认为是认知学习理论的一个重要分支，近代心理学家皮亚杰在这方面功不可没。他主要研究发展心理学，尤其致力于研究儿童在成长过程中知识的建构。他认为研究人类知识的起源，最好观察生长中的儿童。他把儿童发展过程分作四个阶段：

（1）感知阶段（0~2岁）：这时期婴儿通过真正物体的接触来跟外界环境互动，形成一系列现实观念和它们是如何运作的。在婴儿期，婴儿不知道不在他们眼前的东西是存在的。

（2）前运作阶段（2~7岁）：这时期幼儿的抽象思维能力逐渐发展，可以利用图像和符号来寻找意义。他们不断发问，喜欢问"为什么"，这表示小孩"原始理性"的发展。

（3）实在运作阶段（7~11岁）：孩子开始建立观念，利用逻辑结构来解释他的经验。抽象解难能力开始发展，因此他们学会使用数学符号来运算。

（4）正式运作阶段（11~15岁）：这时期，小孩的智力结构已非常接近成人，包括推论、抽象思维等。[①]

皮亚杰的理论依据是儿童的认知结构，但他提出的结构与结构主义不同，这结构不同于一个集合性的东西，结构的各组成部分不会以它们在结构中存在的同样形式真正独立地存在于结构之外。结构不是静态的，在每一个发展阶段，小孩会运用他已建构的脑

---

① Piaget J, *The origins of intelligence in children*. New York: International University Press, 1952, p. 10.

图式来面对新的经验，如果这经验跟预期的一致，那么这经验就有意义，他只要把新经验加到自己脑中的信息库，同化这些新经验，成为认知结构的一部分，以保持认知的平衡状态。但是，如果新的经验并非孩子所预期的，他便会失去认知的平衡。他有三种处理方法：一是不去管它们；二是在脑中改变它们，使这些经验能契合大脑中已有的信息；三是改变他的思维方式，使新经验能契合认知结构。皮亚杰认为第三种做法才能让学习者认知进步，"智力在把某些新的因素，纳入到先前的图式之中，又不断地改变着这些后来形成的图式，以便调整它们，使之适应新的情况。但反过来讲，事物从来不是在自身的基础上认识的，因为这种适应活动只有依靠与同化过程相反的过程才能实现"。① 这要通过一系列认知阶段的基模（schemata，亦译图式）的改变。当新的信息跟以前经验有差异而不能契合时，这些信息便不能进入已有的基模块中，因而就不能被理解，学习便出现困难。消除前后差异的方法，就要使支配认知结构的规律活动着，从而使结构不仅形成结构，而且还起构成的作用。结构是自我调节的，换句话说，为了有效地进行基模转变程序，它不向自身以外求援。

> ### 皮亚杰的"图式转变"理论
>
> 认识一个对象并不意味着复制它，而是意味着一些行动的开始。这意味着建构一种能利用这个对象运作的转换体系。了解意味着建构充分或不充分地与现实相一致的转换体系。……这样，知识就是一种越来越完善的转换体系。
> ——Piaget J, *Genetic epistemology* (3rd edition). New York: Columbia University Press, 1970, p. 14.

皮亚杰除了对心理学，尤其是儿童心理学有很大的贡献外，他对哲学中的知识论也产生影响，成为建构主义的重要根据。总的来说，皮亚杰在认知学上提出了三种论断：(1) 图式论，这是人类认识事物的基本模式。(2) 同化与顺应。刺激输入的过滤或者改变叫同化；内部图式的改变，以适应现实，叫做顺应。(3) 平衡，这是指同化与顺应两种对新事物的适应形式，从而达到机体与环境的平衡。皮亚杰的最大成就是使教育学者重新思考知识的获得是一种连续不断的建构过程。

（二）文化与社会互动对建构主义的影响

维果茨基与皮亚杰同年出生，对认知发展理论贡献很大，但他的理论在他去世后三十多年才逐渐受到西方心理学家和教育家的注意，主要因为他的作品在前苏联遭到禁版，加上大部分著作用俄文写成，到1962年，他的名著《思维和语言》才翻译成英语，其他著作也陆续在欧美出版。

维果茨基与皮亚杰最不同之处是他把知识视作社会的建构，文化与社会互动成为复

---

① 皮亚杰. 发生认识论的原理 [M]. 王宪钿等译. 北京：商务印书馆，1981：19-20.

杂思维发展的重点,拒绝知识的生物学观点,表现了他深受马克思理论的影响,这也间接使他的作品不为部分西方学者所接纳。

知识是什么?根据维果茨基的见解,知识是人类社会范围里,通过个体之间的相互作用及其自身的认知过程而建构的。他主要的理论根据称为"文化—历史理论"。他运用辩证唯物主义来分析马克思观念中工具发明对人思想生活(正论)的影响,以及人类学观点中文化在人类发展(反论)中的角色。他提出应指定文化符号作为心理工具,以使之成为认知发展的手段(合)。他的理论经过正、反、合三个阶段发展而成。人类在早期创造符号(心理工具),然后向复杂思考来推进发展,个体在社会的任务是把他的文化符号系统正确地运用到逻辑思维上。换句话说,传统符号的角色(如语言、文字、数学、代数符号)是意义和社会文化模式的载体。符号另一个更为重要的角色便是帮助儿童去控制复杂的心理机制,如自我管理、分类观念、概念思考、逻辑思维。在这些较高层次的活动中,行为的文化发展和由内部过程控制的行为获得平衡,这种起着中介作用的心理工具有一个特点,即可以在作用于外部物质变革的同时作用于人的内部心理过程。

维果茨基在学习理论上最有影响的是"最近发展区"(zone of proximal development, ZPD)。他认为学习引导发展,"最近发展区"是指儿童自觉性的不成熟阶段与掌控思考阶段的中间区域,包括快发展成熟的高级心理机能,这个最近发展区由学习者在成人或能力较高的同侪的协作下成就的认知任务所决定。在发展认知能力时,学习者与一个知识能力比他强的人发生作用,能否发展其高认知能力取决于对方创造的情境,和怎样要求学习者的注意力、感知力、或怎样引导他的概念思考。

维果茨基的 ZPD 理论引发出"搭建脚手架"(scaffolding)的隐喻,指专家用来根据学习实践中来自新手的反馈而有目的地发展新手技能的动态过程。专家在创设新手的 ZPD 的过程中,与新手通过相互促进,共同建构共享的经验和知识表征。不论是专家还是新手都要把他们自己的任务行为(自我规则)跟他人的言语和行为(他人的规则)联系起来,借此来调节自己的感知并对语言和活动作出新的选择。"最近发展区"的概念描绘了学习是通过不断协调感知、谈话和其他行为而发生的。①

维果茨基关注社会性的客观知识对个体主观知识建构的中介,更重视社会的微观和宏观背景与自我的内部建构,信仰和认知之间的相互作用,并视它们为不可分离的、循环发生的、彼此促进的、统一的社会过程。

总的来说,维果茨基对社会建构主义理论有四大贡献:(1)提出两种心理机能。心理在环境与教育的影响下,人类心理的发展实质就是从低级心理机能逐渐向高级机能转化的过程。这种发展受社会文化历史发展规律所制约。(2)语言中介作用。语言是思考与认知的工具。语言是儿童在成长过程中用来认识与理解世界的一种"文化工具包"。儿童的"自我中心言语"是为自己思维而服务的,有助于克服认知过程中的困难与障碍。因此,语言促进了反思和自我监控,起着元认知工具的作用。(3)内化。在

---

① 高文,斐新宁.试论知识的社会建构性——心理学与社会学的视角 [A].钟启泉、高文、赵中建.多维视角下的教育理论与思潮 [C].北京:教育科学出版社,2004:28-34.

儿童发展高级心理机能的过程中，高级心理机能出现两次：第一次是作为集体活动、社会活动，即作为心理间的机能；第二次是作为个体活动，是儿童内部思维方式，作为内部心理机能。心理发展是从外部的、心理间的活动形式向内部的心理过程和机能转化的一个过程，这就是人类心理发展的"内化"机制。(4) 最近发展区。对个体发展而言，社会文化背景很重要。文化对儿童的影响是通过他们与成人以及比自己年长的相伴的相互作用或交往实现的。而儿童现有的发展水平和在成人或在高能力的同伴指导下所能够达到的可能水平之间总有一定的差距，这个差距就是最近发展区。教育就是要激发起那些目前仍处于最近发展区内的发展过程。

二、建构主义概论

（一）建构主义理论

经过皮亚杰和维果茨基等心理学家和其他教育家、科学哲学家对人类心理发展的研究、知识论的深入探讨，对什么是知识、学习是怎样发生的，提出了新的视点。

知识是什么？柏拉图认为知识来自两种世界：一是实在世界，是物质性的，是靠感官、感觉得到的经验世界。例如：我们看到青年人、老人；我们感到季节冷热转变等现象，这些都会变，是不完美的。二是观念世界，是精神世界，是理性思维的结果。例如：人会由婴儿成长到老年，这是生长原理，是抽象而且永远不变的真理。柏拉图认为来自感官的知识是不确定的，真正的知识来自理念世界，只有靠先天理性的思维、内在观念，才能获得真正的知识。

柏拉图的学生亚里士多德持相反意见。他确信认识的对象是客观事物，而且断定人的认识活动起自感觉，人在婴儿时，如同一块白板，上面什么也没有，由于受外界事物的刺激才产生感觉和知觉。这些特别的、散漫的感觉汇合在一起，我们就获得了一个关于对象的认识。有了感觉，人才有知觉、记忆与回忆，逐渐形成每个人的经验。

传统哲学中认为知识的获得只是真实世界的表征，也就是说，知识本身跟学知识的人是分别独立存在的两者。持这种观念的哲学家把知识看成一种能够反映真实世界的客观事实。学习者学习新知识时是一张白纸，只有外界在白纸上涂上知识的色彩，他才能获得知识，学习者要等待权威的教育者来给予他们知识，以便成为知识的拥有者，于是学习者在接受知识的过程时，他们的感受与观点都不重要。

建构主义放弃传统上认为知识本身跟学习者两方独立的观念，反而强调知识是基于学习者在现实世界中，事物经验及事件本身的作用关系；因为这是学习者是否能够成功地适应新信息之关键。

学习是怎样发生的呢？建构主义把学习看做心智建构（mental construction）的结果，也就是学习者把新接触到的信息融入他们已有的知识中的过程。因此，当学习者自己去弄懂新学习的事物，所得到的效果会最好。建构主义者认为学习者不可能像白纸一般，而是带着已有观念去接触新观念。透过学习活动，新旧知识接轨。如果新旧知识无法融合衔接，就会发生认知冲突的现象。这时候，教师的角色就很重要，教师要以有经验的学习者的立场，帮助发生认知冲突的学生，达到真正了解新信息的意义。所以建构主义强调学习者在学习过程中的主动角色，他在创造意义而不是获得意义。

在学习过程中，学习者与环境的具体互动创造了知识。知识应该放在运用的情境中来学习，情境实际上是通过各种活动共同产生知识。每一个活动被认为是基于先前互动的完整历史对当前的情境作出解释。例如：学习"污染"的语词意义，会随着学习者从实际看到的"污染情况"到"语言污染"、"精神污染"的扩充理解。每一次新的运用中所涉及的概念也不断变化。

通过让学习者参与到一个有意义情境中的真实任务，就能实现迁移。由于理解是与经验的多少密切相关的，经验的真实性就成了个体运用观念的能力的关键所在。学习是发生在情境之中，而情境则与镶嵌在其中的知识形成了不可分割的联系。

大体来说，建构主义理论有下列三项主张①：

（1）人们知识的形成是主动建构的，并非被动地接受。知识不可能由外人（例如教师）传递给认知主体，认知主体也不会对他人传递的知识照单全收。主动的关键就在于认知主体对各种出现的知识现象会依据自己的先前知识、经验来衡量并赋予意义，从而转化了他人提供的知识，并以自己的观点诠释现象。

（2）人们知识的建构乃是对个人经验的合理化、意义化。当我们只依据自己有限的知识、经验来诠释意义时，我们不能确定建构出的知识就是世界的终极写照，所以建构主义回避了真理的讨论，只强调建构出的知识只是自己经验的合理化及实用化。

（3）人们知识有其发展性、演化性。由于每个人的知识是自己主动建构而来，又不是最终真理，故知识也必然带有变化的可能。所以建构主义者主张不以正确、错误来区分人们不同的知识、概念，对于超国界普遍化及绝对化的知识概念持怀疑的态度。

（二）建构主义流派

当代的建构主义思潮包含了众多流派和不同的声音，根据上述的三项主张，本节择其要者加以介绍，分别是：普通建构主义、激进建构主义和社会建构主义。

1. 普通建构主义（trivial constructivism）

这一派的建构主义奉行的是第一项主张：人们知识的形成是主动建构的，并非被动的接受。这是各流派都相信的第一原则，被称为"普通建构主义"（trivial constructivism），或"个人建构主义"（personal constructivism）。这一原则是根据皮亚杰的认知理论而发展出来的，它说明知识与外在世界的关系，强调人经由主体经验来建构外在世界的知识。这一原则反对实证主义把知识当做客体的论点，不接受知识可以简单地由一个人传递给另一个人。

2. 激进建构主义（radical constructivism）

这一派的理论来源是根据皮亚杰的"图式转变"理论而发展出来的。对物体的认识是从施加在它上面的动作开始的，当动作实现了我们的目标，就从中加以抽象。整个结构的机制就是反思抽象，它来自对象的动作。学习者通过对现有知识结构的后设认知反思和在各种动作的相互协调基础之上而建构新的知识。

这一派的代表人物冯·格拉塞斯费尔德认为"认知的功能在于适应自己的经验世

---

① 杨立龙. 建构教学的研究 [J]. 台北：台北市立师范学院学报，1998，29：21-37.

界，用来帮助组织自己经验的世界，不是用来发现本体的现实"。① 激进建构主义者不反对客观现实，但他们指出我们无法知悉现实是什么。我们大脑建构的东西，是对经验的组织，这有助个人经验一直发展下去。冯·格拉塞斯费尔德提出了知识的存活能力（viability）。如果概念、理论能证明它们与经验世界有一致性，就是有"存活能力"的。但是，有人提出问题：如果大家对世界的看法不一，人们如何沟通？激进建构主义者的观点是人们沟通时并不需要一模一样的共同意义，只要意义接近或衔接上便可以。如果其中一方达不到对方的期望，这个分享共同意义的幻象就会破灭。

这一派不承认书本的知识，他们认为书中只有文字符号，符号本身并无意义，故无知识。书中符号的意义是读者赋予的，所以，书中的所谓知识也是读者赋予的，不是书中原本就有的。同样，语言也是声音符号，因此教师的说话也无知识，教师在上课讲解时，只是传递声音和符号，并无意义，如果有意义，也是学生赋予的。上课时，学生听到、看到的意思其实是学生个人的意思，与教师所要传输的意思无关，只与学生个人的经验和知识有关。明白了这一点，教师就以为可以把知识或意思灌输给学生，这只是一种神话或幻想。

给教师的建议

1. 教学不是一开始便给学生灌输那"神圣不可侵犯"的真理，教师应制造学习机会来刺激学生思考。教师首先要相信学生懂得思考，但在美国，不是所有教师都相信这一点。

2. 教师只熟悉本科知识是不足够的。他们在指导学习过程中，要表现出帮助学生建立知识概念的本领。学生可以在这一过程中对学习产生兴趣。

这两点要求常常被教师忽略。个人概念只在经验世界中形成，但这最基本的事实却被掩盖了，因为人们相信任何概念只是现实的一种表象，这些概念可以预先制成，然后直接输送给学生。这个假设在教学上是最不可取的。

3. 当学生出示他们的学习成果时，教师常批评说"不对"。不管教师跟着怎样解说，这种否定的态度本身在教学上是误导。学生很少给予随机的答案，他们尝试过，然后说出他们当时认为对的答案，教师不一定接受这些答案，但学生的努力是值得教师称许的。如果教师经常说学生错，这只会把他们当时充满热情的学习动机浇上冷水，以后谁还会愿意去尝试新的学习任务？

---

① Ernst Von Glasersfeld, "An exposition of constructivism: Why some like it radical". In C. A. Maher & N. Noddings (eds.) *Constructivist views on the teaching and learning of Mathematics*. Reston, Virginia: National Council of Teachers of Mathematics, 1990, pp. 19-29.

4.教师在教学时运用很多与某些学科有关联的词语。这些词语有一些特别的意义，但对一些刚开始的学生来说，他们会对这些词语产生不同联想。学生要了解一些概念组织（尤其是科学范畴），便须先有意识地建构一些非常基本的概念。为了培养学生建构知识的能力和组织概念之间的关系，教师须对他们现时的想法和理论基础有一些认识。有了这些初步了解，教师便可以开始引导学生思考问题的方向和帮助学生避免不合适的建构。

5.如果概念的组成需要反思，教师要设计一些活动来推动学生进行反思。最简单的做法是让学生说出他们怎么想。通过对话，学生检视他们想过的和做过的，这种检视方式有助于反思，而且往往能反映他们思想上的矛盾或不完备的地方。在面对难题时，推动师生对话是很重要的，这包括学生向教师或其他同学解释他们的想法。这一做法都能帮助学生反思，做到册卡图（Ceccato）所说的"行动式自觉"（operational awareness）。如果能常常这样做，学生便会养成一种反思习惯，在解决难题时会用上个人内在的对话方式。

——Ernst von Glasersfeld, "Radical Constructivism and Teaching". *Scientific Reasoning Research Institute*, University of Massachusetts, 2003, pp. 15-16.

3. 社会建构主义（social constructivism）

社会建构主义的发展明显受到维果茨基的影响。这一派的代表人物，如布鲁菲（K. A. Bruffee）、沃茨奇（J. V. Wertsch）、康弗里（J. Confrey）、鲍阿斯费尔德（H. Bauersfeld）、库克拉（A. Kukla）等都认为文化和情境影响个体的知识建构。个体认知发展要通过思想的内化来实现，社会互动是其动力和前提，也就是说知识是个人与别人由磋商与和解的社会建构。

上文讨论过建构的知识意义可以是非常主观，但也不是任意建构，因为建构的知识跟社会文化脱不了关系，建构过程中需要与别人磋商、妥协，同时受到当时文化与社会的影响，要不断地调整、再调整。在一定的情境下，结构的机制是辩证的过程，而重点在沟通双方的互动。现实（reality）是通过人类活动建构的，是社会成员一起创造了世界的特性。对于社会建构者而言，现实不能被发现，因为它不能先存在于社会发明之外。其次，知识也是人类的产品，是社会文化建构的，个体通过与他人及其生活环境的相互作用创造意义。

学习是一个社会过程，而不是单个人的事情。有意义的学习只能发生在个体参与社会活动的过程中。例如，儿童在解决困难时学习到的经验，可以与其他人分享，如教师、家长、同学，通过辩证的过程而建构有意义的知识。

语言是指导者与儿童在社会文化中沟通知识的工具。在这种沟通的过程中，儿童用自己的语言作为他适应知识的基本工具，并以内化的语言来指引他的行为。维果茨基认为语言在思维发展中起关键作用，"符号和单词是儿童或学习者与他人社会联系的首要的或最重要的方式，然后，语言的认知和交流功能就成了儿童和学习者活动的新的或更好形式的基础"。① 社会交往或讨论能够进一步激发高级心理功能，如批判性思维技能。社会交往导致了语言和认知的持续发展。

三、建构主义对教育的影响

建构主义对知识论和知识如何获得与传统的看法很不相同，例如：实证主义、行为主义的哲学观点认为世界是真实的，存在于学习者的外部，学习的目的就是把世界的结构与学习者的结构相匹配。建构主义的理论却认为知识是学习者根据自己的经验来创造意义的结果，把以往学习的范式完全改变了。但建构主义实际上不是关于教学的，它是关于知识和学习的。根据建构主义的理念，教师可参考实际的教学内容、情境和价值导向，采取不同的教学策略、设计多式多样的教学方法等。在建构主义思想的指导下，近年教育界出现了很大的变化，我们从下面四个方面来讨论。

（一）教学策略

由于学生学习的主动性很重要，他们是知识的建构者，不是信息的加工者，是学习过程的主角，所以建构主义者建议教师创造一个帮助学生积极地探索复杂的主题的情境，鼓励他们深入思考问题和解决问题。知识不是抽象的，而是与学习的情境以及学习者进入这一情境的经验有密切关系。所以，在学习过程中，教师鼓励学生建构自己的理解，然后通过社会协商证明各种见解的合理性。例如：教师在进行教学设计时，教学生研究性学习的具体规则，却规定了学习的内容和获取信息的来源，于是学生只学到研究性学习的外形，却没有真正地运用有关的知识。

知识的结构是通过学习者之间的协商、讨论而成的，所以同学之间互动及师生之间的互动便很重要，教学策略多以同学合作学习的方式为主；上课时，学生分成不同的小组来学习，在各小组内学生进行讨论交换意见、相互检视及辩论，最后获得共识。协商是合作学习的重要特质，学生有义务，也有责任提出自己的观点，并与同学进行合理的沟通。这个学习过程提升了学生的民主素质，也符合社会文化建构的精神。

（二）教学模式

学习以学生为中心，而教师的任务是创造学习环境，这包括了情境、协作、对话和意义建构四大要素。在这种框架下，根据建构主义发展出来的教学模式有以下两种：

1. "搭建脚手架式教学"（Scaffolding Instruction）

上文讨论过维果茨基的"最近发展区"理论。它是指儿童在智力活动中，对于所要解决的问题和原有能力之间可能存有差异，通过教学，儿童在教师或长辈指导下可以消除这种差异，这个差异就是"最近发展区"。每个儿童都有潜在的发展能力，教师帮助儿童从他的实际水平发展到潜在水平，教师的教学决定了两个发展水平之间的状态，因此教学应走在发展的前面，不是消极地适应儿童智力发展的已有水平。

建构主义借用建筑行业中"搭建脚手架"的比喻，意思是指发展学生对问题的进一步理解时，这种框架按照学生智力的"最近发展区"来建立，通过这种脚手架的支

---

① Vygotsky L. S, *Thoughts and language*. A. Kozulin (translated). Cambridge, M. A.: MIT Press, 1986, pp. 28-29.

撑作用，不停地把学生的智力从一个水平提升到另一个新的更高水平，真正做到教学走到发展前面。

搭建脚手架式教学由五个环节组成①：

（1）搭建脚手架：围绕当时学习主题，按最近发展区的要求建立概念框架。

（2）进入情境：把学生引入一定的问题情境。

（3）独立探索：教师要适时提示，帮助学生沿概念框架续步攀升；指导逐渐减少，放手让学生自己探索。

（4）协作学习：进行小组讨论、协商，调整原来的概念，并使因多种意见而产生的矛盾和复杂局面逐渐变得明朗、一致起来。在共享集体思维成果的基础上形成对当前所学概念比较全面、正确的理解，完成对所学知识的意义建构。

（5）学习效果评估：包括学生个人的自我评价和学习小组对个人的学习评价。评价内容包括：自学能力；对小组协作学习所作出的贡献；是否达到对所学知识的意义建构。

2. "抛锚式教学"（Anchored Instruction）

这种教学方式要求建立在有感染力的真实事件或真实问题的基础上，所以被比喻为"抛锚"。教师和学生确定了一类事件或问题后，整个教学内容和教学进程也被确定了。主要目的是使学生在一个完整、真实的问题情境中，产生学习的需要，并通过镶嵌式教学以及学习小组中成员的互动、交流和合作，学生凭借自己的主动学习，亲身体验从识别目标到提出和达到目标的全部过程。抛锚式教学包括下列几个环节：

（1）创设情境；

（2）确定问题：选出的事件就是"锚"；

（3）自主学习：教师不直接告诉学生怎样解决问题，但教师会提供线索；

（4）协作学习；

（5）效果评价。

（三）学习主体的变化

建构主义认为在学习过程中，学生成为主体，教师处于辅助地位。在上面提到的搭建脚手架式教学和抛锚式教学的过程中，学生组合起来，推动了协作学习，发展了他们社会建构功能。另一个特点就是学生自学能力和自我管理意识的提升，这表现在以下几个方面：②

（1）自律：学习者的学习目标明确，具有强烈的学习动机和良好的学习策略；愿意接受学习任务的挑战，调控自己的学习计划、资源，遇到困难时知道怎样寻求帮助，愿意与他人合作、交换和分享成果。

（2）自我：学习者会积极地根据自己的经验来理解所提供的信息并建构意义。

---

① 何克抗. 建构主义的教学模式、教学方法与教学设计 [J]. 北京师范大学学报（社会科学版），1997（5）.

② 龚亚夫、罗少茜. 课程理论、社会建构主义理论与任务型语言教学 [J]. 课程、教材、教法，2003（1）.

(3) 自信：学习者在完成课堂各种任务，看到自己的学习效果和新建构的意义，取得成就感并获得自信。

(4) 自主：学习者控制自己的学习过程，包括目标、内容、材料。

(5) 自择：学习者自己去规划时间和活动，按照自己的学习风格、策略来学习，并找到自己的强项，改进自己的弱项。

这个模式的教学增强了学生的自主学习意识，并使其在小组互动中学会交际、协商，从而建构自己的知识领域。

（四）重视学习过程

行为主义认为在教学设计中，教学目标非常重要，预定了学习目标后，教师便选取教材、安排学习程序，并设计教学活动，教学过程要善用增强原理来维持学生注意等。教学目标高于一切，它既是教学过程的出发点，又是教学过程的结果，它被用作检查最终教学效果和进行教学评估的依据。

建构主义认为在学习中，学生是认知主体，是意义的主动建构者，所以学习就是学生怎样建构知识意义的过程。教师设计教学要围绕学生意义建构的中心点展开，教学活动可以是独立探索、研究性学习、小组协作学习、师生互动等，但都应与学生所学知识有关，这些知识包括基本概念、基本原理、基本方法和基本过程等当前所学知识的内容，然后再围绕这些内容进行意义建构。教师过去非常重视学习成果，例如考试成绩，却忽略了学生学习过程。在建构主义教学的理念影响下，教师要"为学生提供情境、促使他们思考，并观察他们如何去做。他们告诉我如何思考，而不是我教给他们如何思考"。[①] 因为学习的主体和学习活动改变了，现在的学习"不是给学生一项任务，然后评价他们完成得多成功或多失败，而是由一个教师给孩子们布置任务，然后观察他们需要多少及什么样的帮助，从而成功地完成任务。在这一过程中，学生不再被单独地评价。师生的社会系统被动态地评价，从而判断它是否取得了进步"。[②] 过去评价学习结果的信息不再成为学生掌握知识的标志，评估学习的方法不再是单纯的"对"与"错"，而变得多元化。评价成为学习者的工具，通过教师的引导，学生评估自己的进展和调整自己建构的知识。

四、小结

建构主义是一种教育哲学，尤重知识理论，但在整体学习理论上仍有不完善之处。认知心理学学者指出建构主义对认知心理发展的认识仍相当不足够，例如情意怎样影响认知，又怎样影响知识的建构。建构主义主张人们建构的知识，有用的就比较具有存活力，这是工具主义的另一写照，导致人们对知识概念持着相对主义而非绝对主义的立场。问题是从工具主义的角度来理解主体建构的知识概念时，谁有决定权，谁有能力来

---

① Duckworth E, Personal communication. Presentation at Institute for Educational dialogue on Long Island. April 30, 1993.

② Newman D, Griffin P & Cole M, *The construction zone: Working for cognitive change in school*. Cambridge, England: Cambridge University Press, 1989: 77.

论断何种知识概念才是符合实用/工具的原则呢？如果全由认知主体自行决定，不受他人、社会、外在世界的判断影响，那个人的决定反映了个人主观主义的立场。因此以建构主义的目标如单纯适应、实用来说明知识的发展仍有不足之处。

建构主义者只强调认知主体过去经验和先备知识的影响，而忽略了影响人们建构知识的其他因素，例如性向、动机、欲望等，以及社会因素的影响，譬如阶级、传统习俗等。也有研究指出，对一些基本知识和能力都很差的学生，建构主义的教学模式未必合适。所以如何运用建构主义教学方法，要视学习内容、学生的情况而定。

尽管建构主义在理论上有缺失，但它仍有很多优点，例如在学科整合的取向方面，建构主义主张建立知识的整体概念，而不主张各学科割裂式的学习方式。建构主义提倡个体主动性的学习，反对知识直接灌输，因为教学过程中忽略了学习者的主动性参与，学习成效只会是事倍功半。

在学习过程中，人际互动非常重要。学生在与教师或同学交谈、质疑、辩论等互动过程中厘清或调整自己的想法，使自己的观念更适应社会，更能被他人及自己所接纳。

受到建构主义的影响，评估方法起了极大变化，现在评价学习不再单一强调纸笔测试，因应学习情境、知识的建构方式，评估方式日臻多样化，有学习日志、学习历程档案、口试、报告、多媒体方式等。

虽然建构主义是一种认知论，它是关于知识和学习的，过去几十年一直受到教育界欢迎，主要因为它提出的知识建构观点，使教育家、教师可以尝试更好的教学方式，而学生也可以运用多种有效的学习策略。

第三节 后现代主义

一、现代主义与后现代主义

"后现代主义"究竟是什么？这是一个比较复杂的问题，因为它与现代主义的关系很难分得清楚，连什么时候出现也有争论，而各家对"后现代主义"的解释也不大相同，被称为"后现代主义"的学者也不承认自己是"后现代主义"的支持者。哈桑说他比起30年前，刚开始写有关后现代主义的文章，到今天他还不是太了解后现代主义，因为大家没法对这个概念达成共识。[①]

如果我们都认为"后现代主义"从"现代主义"衍生出来，那我们得先了解一下"现代主义"的特点。现代主义从13世纪启蒙时期开始发展至20世纪，它的主要特征包括：

（1）哲学家认为有一个平稳、连贯性和认知的个体，这个个体是有意识的、理性的、自由的和普及性的。

（2）通过理性个体认识自己和世界。理性被认为是脑袋思考工作的最高表现，而且是最客观的形式。

---

① Hasan I, From Postmodernism to Postmodernism, *Philosophy and Literature*, 2001 (25): 1.

（3）由客观理性所产生的认识就是"科学"，不管认知者的情况，科学提供普世性的真理。

（4）科学产出的知识就是永恒真理。

（5）科学知识或真理带领人类前进和完善化，所有人类的机关组织和实践都可以通过科学来分析和改善。

（6）判断真实、正确、好坏（以至合法性和道德性）要通过理性。"自由"包括服从知识的规则，而知识是由理性所产生的。

（7）世界由理性所控制，所以真实就包含好坏、美丑，它们没有矛盾。

（8）科学成为所有知识的范式。科学是中立的、客观的，所以科学家通过他们的理性能力发现知识，他们自愿遵守理性的规则，而不是被金钱或权力所束缚。

（9）语言用来表达、发布知识，它也是理性的，所以语言是透明的。它的功能是表达一个真实的世界，所以在接触的物体和语言之间应有一个紧密和客观的联系。①

在现代主义风行时期，人们相信理性和科学的进步，相信技术能够征服自然，并且坚信把科学技术运用于社会改革，就能控制和改善人类的状况。② 笛卡儿曾说："我认为我们可能找到非常有用的知识……一种实际的哲学，经由此种知识，我们人类可以变成自然界的主人和拥有者。"③

但这种乐观的想法，到"二战"后便瓦解了，科学和理性真的可以保护人类吗？真的能推动人类进步吗？人们对"现代"的理解出现分歧，因为"当现代主义将理性作为人类进步的工具的同时，理性也为殖民主义、帝国主义和法西斯主义等人类幸福的障碍提供了理论依据"。④ 虽然现代化使世界变得有秩序、更可信，但它不能使世界变得有意义，多种价值观互相冲突，而且科层制产生对人们的威胁。

人们看到在"二战"期间，所谓理性和科学被用作杀害人类的工具，成为恶行的源头。现代性的社会出现了种种矛盾，例如：

（1）经济方面：生产力提升，但管理人员与工人分离。工人的工作日益琐碎和机械化，科学统治了人。

（2）政治方面：政府机关日益庞大，变得集权化，对人民的生活进行诸多干预。

（3）组织形式方面：现代机构组织形式规模庞大，分工细致，纪律严明，管理程序化，但个人需要却渐渐被忽视。

（4）个人发展方面：现代科层制为个人提供了实现期望的机制，但也间接使个人形成讨人喜欢的性格，没有激励个人进行自己内心世界的发现和实现，所以在现代化的社会中，个人的安全感、成就、地位，从某程度上说，要以牺牲个人为代价。⑤

---

① Klages M, *Literary Theory: A Guide for the Perplexed*. London, New York, NY: Continuum, 2006, pp. 1-10.

② 张文军. 后现代教育 [M]. 台北：扬智文化事业股份有限公司，1997：7.

③ Schouls P. A, *Descartes and the Enlightenment*. Kingston, Ontario: McGill-Queen's University Press, 1989, p. 103.

④ Elkind D, School and Family in the Postmodern World. *PHI Delta Kappan*, 1996, No. 1: 10.

⑤ 张文军. 后现代教育 [M]. 台北：扬智文化事业股份有限公司，1997：9-10.

这些内部矛盾到了 20 世纪 60 年代，引发起经济、政治和反组织的危机，如 60 年代中美国青年的颓废主义，反越战的大规模抗议行动、大学暴动等，使得现代主义正衰退下来，社会不得不向另一方向发展。后现代主义对抗的就是现代主义的社会和文化。现代主义是不是完结了？这一点学者有不同的见解，如哈贝马斯（Habermas）认为现代性仍未完结，但利奥塔（Lyotard）却认为启蒙时期已完结，他反对现代主义时期使用的"宏大叙述"方式，接受"小叙述"，强调差异性、多元性。

后现代主义支持者反对被标签为一种思想学派，因为他们不接受单一性和包含性（encompassing）的叙述方式，而且这些哲学家也无法在一种压倒性的哲学原理中找到共识，这跟他们强调多元性正好吻合。他们不认为存在任何单一的文化传统或思维模式，所以少数族群和在边缘生活的人一样可以发表意见。在多元主义的影响下，任何当下的措施都要不断地建构，人们要用批判、质疑、反省的态度，才能使主导势力减少错误。

后现代主义最先的哲学支撑来自法国哲学家，如福柯（Foucault）、利奥塔（Lyotard）、德里达（Jacques Derrida）、鲍德里亚（Jean Baudrillard）、拉康（Jacques Lacan）。美国哲学家，如罗蒂（Richard Rorty）、詹姆士（Federic Jameson）、贝尔（Daniel Bell）、格里芬（David Griffin）和施雷格（Calvin Schrag）也属于后现代主义思想的代表人物。这些学者对于启蒙时期以来的客观科学、普世价值、道德、法律和艺术都提出了抗议。

二、后现代主义与教育

虽然很多学者认为后现代主义开始时是表现在美术、文学、建筑等方面，与教育关系并不密切，但随着利奥塔的《后现代状况：关于知识的报告》一书的出版，以探讨知识为全书重点，集中陈述了知识价值的变化对学校教育的影响，就把学校教育和后现代主义扯上关系。两者的关系是建基于如下几点：

第一，追求知识。构成知识的要素是理性和经验，后现代主义者强调这个论点，同时也强调知识的重要性。

第二，多元性质。后现代主义具有多元的性质，它是由许多因素组成的一种时代思潮。现代教育内容多元色彩浓厚，例如有不同的性别、社会阶层、民族、宗教、特殊性或文化特质。尽管有这些"不同"，但学生在学校中应获得平等的学习机会。同时，学校的设置、教学活动和教材也呈现出多元化的趋势。

第三，自我创造。美国后现代主义哲学家罗蒂（Rorty）提出"自我创造"的理论，他认为创造是偶然的，但"自我创造"出来的"我"是具体的存在。这种存在代表了现代个人存在的意义，即必须是自我设计，于是每一个人所过的生活是"一种创造的、主动的人的生活"。教育家把罗蒂的自我创造扩充为可塑性，强调"改变"的重要性，即人经过教育后而产生改变。不同的个性可以感受得到的是：在偶然的问题方面，是一系列可塑性概念与创造性概念之间的联系。

把后现代主义的思想观点引入教育理论研究的学者有皮纳（William Pinar）、多尔（William Doll）、吉鲁（Henry Giroux）、麦克里兰（Peter McLaren）、切瑞霍尔姆斯

(Cleo Cherryholmes)、鲍尔（C. A. Bowers）、史拉特瑞（Patrick Slattery）。这些教育学家以多元化为特征，反对整体一致，主张分歧。例如在教材的呈现方面，认为不需要有一种强有力的典范或标准教材供人遵循，尤其反对中央指定出版；主张教材应该是多元的，使得教材在研究上质与量、经验分析与批判解放之间不再互相排斥。学科之间不应划清界限，学科范围应该破除。教育内容和方法应破除"种族中心主义"，尊重边缘人群的声音、见解。

由于信息科技的发达，每个人获得知识的方法与途径跟过去不一样，学习也因此变得个人化；但大量知识的流通，降低了个人思考的深度。同时，教育的发展出现了走向平面化、商业化和消费形式的现象。

综合后现代主义教育家的见解，我们归纳后现代主义对教育有如下影响：

（一）知识本质的转变

利奥塔在1979年发表有关知识的报告，对人们以后怎样看待知识有重大影响，这包括电子计算机时代的知识、叙事知识和科学知识的本质、知识的合法性和可出售性，以及未来社会转变对知识的影响。

前文已讨论过由于电子计算机的普及和其他尖端科技的变革冲击着知识领域。第一，知识逐渐转化为计算机语言，供人们操作和运用，原先的知识本质不改变就无法生存下来。第二，因计算机的普及，知识传播很快、很方便，人们可以通过不同的渠道取得大量的信息，获得知识，于是过去唯一"真理"的说法已不能为大多数人所信服。

伴随着知识的信息化，知识进入交流、被出售和消费，知识变成了商品，成为生产力的一部分，并成为政治关系和权力斗争的筹码。"知识不再以知识本身为最高目的，失去了它传统价值。"①

知识变成了商品，它的合法地位便受到质疑。上文已提出利奥塔认为叙事知识和科学知识的合法性，只不过是通过语言游戏来取得的，"宏大叙事"已不存在，于是什么知识最有价值、最合法便失去了意义。后现代教育的知识任务转向寻求差异、维护差异，打破原有知识结构和一致性，提倡从歧见和差异中用推演的方式去发现新的思想和观念。②

"后现代知识不再（像现代知识那样）是权威手中的工具；它增强了我们的差异的敏感，增强了我们对不可通约的异质性事物的宽容能力。后现代知识的原则不再是专家们的统一意见，而是创造者从语言中找出新的意义。"③

（二）课程

后现代主义教育学者反对课程泰斗泰勒（Ralph Tyler）所提出的课程原理。泰勒的课程发展模式符合宏大叙述的特征，要求学习经验、方法与评量都必须配合目标中心，

---

① Lyotard J-F, *The postmodern condition: a report on knowledge*. G. Bennington & B. Massumi (translated). Manchester: Manchester University Press, 1984, p. 36.
② 张文军. 后现代教育 [M]. 台北：扬智文化事业股份有限公司，1999：48-55.
③ Lyotard J-F, *The postmodern condition: a report on knowledge*. G. Bennington & B. Massumi (translated). Manchester: Manchester University Press, 1984, p. 25.

却忽略了经验的反省与扩展。泰勒误程结构有以下的特征：

（1）课程的意义是由课程编制过程中各个步骤的关系所决定的，换言之，学习目标、学习经验、经验的组织及评价之间的关系决定了课程的意义。

（2）个别的步骤必须置于系统之内才有教育的意义，但教师和学生不在这个意义的中心。

（3）课程设计的过程是"政治中立"的。

（4）课程设计的四个步骤界定了课程，规范了课程的实体，也决定了课程如何改变。

（5）泰勒的课程原理设定了一系列的二元对立，例如有目的/无目的、评价/非评价、有序/无序等。①

切瑞霍尔姆斯和其他后现代主义教育家反对课程是孤立存在的自主领域，主张课程应随着社会文化的发展而变化。课程最大的问题是话语和行使权力的关系，在课程设计中，话语叙述了学科特征，因为过去权威（专家、学者）拥有知识，为科目设下学习范围、结构、界定意义、建构诠释和解读，并选择教材和示例，这些专家帮助了政府，给了政府以权力来指定什么是合适的，他们于是进一步规定什么可以评估，什么答案才算正确，然后哪些学生才可以继续接受教育。课程又怎样维持政治中立呢？

吉鲁认为，学科之间界限的争议都是在西方文化独霸的情势下的争议，知识的主导位置由科学科技、市场经济等相关科目垄断——否定人文学科、边际论述、历史与文化科目的价值，并认为理性是追求知识的唯一合法方法。

（三）教育目的

吉鲁认为，教育的目的在于造就具批判能力的公民，发展民主的公民哲学，将教育视为一种政治、社会及文化的事业。教育应协助学生了解个人在广大社会关系网络的经验，参与社会讨论。个体在批判能力的成长过程中，能渐渐深入了解自己与他人之间的各种关系，认同自己，也能认同不同背景、出生、价值观与立场的他人。另外，沟通很重要，学生只有增强沟通能力，才能发现各种论述的意义，提升他们认识的层次，强化他们的社会责任感，使他们能认清不平等的情境，并拓展维护人权的实际工作。学生也借由知识的增进来跨越边界，认识各种不同论述的意义，解除优势文化的独霸性与文本的集权性，也就是重新解释、分析及重塑或重造人们在一个文本性世界（textual world）中的地位，建构个人经验的叙述及历史的解释。

（四）学习内容

后现代教育家反对封闭式的目标模式课程设计，建议设置动态的、循环的、开放的课程。

循环没有起点，也没有终点。所谓终点是另一起点，每个起点接着前一个终点而来，所以学习不是片段的，而是要不断地反思。学习过程中的任何测试、报告、作业、评估等，不仅是一个学习计划/阶段的完成，更为下一阶段继续探索、研究与讨论做好

---

① 钟启泉. 从后结构主义看后现代课程论 [A]. 钟启泉，高文，赵中建. 多维视角下的教育理论与思潮 [C]. 北京：教育科学出版社，2004：119-131.

准备。

后现代课程是动态的、循环的和开放的,所以它不是特定的知识体系的载体。课程内容不是固定的,在课堂上,师生可共同探讨新的领域。课程目标也不用预先设定,可根据实际情况加以调整。课程组织不囿于学科界限,而向跨学科和综合化发展。例如:历史、地理、经济、科学、公民道德可合并为综合社会科,这又可与语文教学、数学在一些课题上共同学习。他们建议多元化的课题和学习方式,学习议题多样化,如"以人"为中心(个人发展、人与社会、人与自然)、文化学习、应用科技与信息、人权与平等、尊重关爱……

(五) 多元化

后现代主义的中心思想是尽量摆脱单一化、中心化的状态,人们接受多元化的意识,包括:异向、变化、解构、去集中化、重视人与己身以外的事物(如人际关系、人与自然—环保、环境发展)。多元文化教育是多元化的一环。后现代主义支持者强调团体能除去本族中心的霸权意识形态,在教育上容许歧异,拒绝专横,让不同地区、种族、文化、宗教、阶级、性别的学生都能受到适合的教育而达到自我实现。尊重多元面向的价值,社会才能变得更兴旺。事实证明,纯粹在一元状态下能蓬勃发展的事物是甚为罕见,做到互相参考、对比、竞赛,社会才充满生机。

(六) 教师的角色

过去教师与学生的角色,前者是引导者,后者是被引导者,师生关系的本质不平等,学生处于相对弱势的位置。教师是教学过程的关键,掌控了教材的选择和诠释、教学的方式、教学结果的评估、分类和解释。在教学过程中,教师的角色举足轻重,因为他对教学的认知、对学生主体本质的预设和他本身的价值判断,均足以影响学生的学习和学生自我形象的塑造。

学校教育的要务是帮助学生发掘自我潜能和培养他们的理性批判思考能力,所以教师已不能局限于过去的"传道、授业、解惑",而变成"改革型的知识分子"(transformative intellectual),即由文化实践者的角色变成协助学生转化智慧的促进者。教师不应使自己只成为教育技师或教书匠,要明白怎样才能增进自己和学生的批判思考与价值判断能力。教师容许学生质疑,挑战文本的内容、见解,以培养学生具备建立自我意识、批判现实的能力,并做到不盲从附和,能自由表达自己的态度、情绪。在学与教的过程中,重视师生、同学之间的对话,通过对话,产生交互作用,刺激新思维,达到转变和建构知识的目标。对话是教育的目标也是学习途径。对话过程需要师生把个体的生活经历参与到对话中来,并且通过对话进一步把经验转化为知识。

三、小结

后现代主义对教育的正面影响,包括:

第一,教育的目标和过程,以及教育的组织结构、课程、学习模式和参与者都显得多元化。教育从不同的文化脉络中找寻它的线索,而不是从普通的"理性中心规范"(logocentric norm)中去找寻。

第二,教育是复制社会秩序的工具,还是作为社会变化的工具?后现代主义教育观否定了上述功能，认为教育本身不具备控制力，也不受控制。后现代教育在时空上已没有界限，挣脱了现代性对教育在知识、政治和实体界限方面的控制。

第三，学科知识的生产和传播的功能不再在教育中具有支配性的地位，它对多元教育有一定的贡献，但不是教育的全部。所有标准化的课程、技术性的教学方法、理性或道德化的普世"信息"，已很难加进教育当中。

第四，现代教育倾向精英主义。后现代教育的特点是容许不同程度、不同类型的参与，因为后现代的教育以文化脉络、局部性及特定知识、渴求和珍惜学习经验为基础，用它们的组合来定义一种"生活风格"(life style)，这样才真正达到教育的多元化。

第五，后现代教育最重要的一点是去中心化和开放"边界"(boundary)。"教育"不应作狭义的解释，不单是学习的过程，而是要成为生活中的一个层面。一个"受过教育的人"，不单是拥有一纸文凭，而要在各方面成为真正的"受过教育的人"。①

教育的内涵在后现代主义的影响下出现了新的诠释，人的整体性得到重视。后现代主义教育的课程是开放的，它允许不匀称、不稳定、不清晰甚至混沌的状态，接受多元价值，并鼓励人们多视角探究问题。不过，后现代的课程论也面对困境，因为从主观想象出发来的评价、重建现代性的课程只会使课程理论活动演变成一种随个人文化兴趣漂流的"语言游戏"，而不是对现实课程及教学活动的追踪与描述。

作为反理性主义的后现代思潮，对于现代社会有很多批评，但建设性提议却不足，而且很多学者指出它摒弃了启蒙思想和现代主义的遗产，很有可能走向虚无主义。也有学者认为社会失去秩序，于是道德和价值观变得模糊、混乱，很多社会运动都是不负责任的行为。例如后现代青少年拥抱"反"的观念——反传统、反权威、反规则、反条例、反理性、反公德、反教育……他们的行为变得玩世不恭、强调自由、不受拘束，甚至触犯法律。后现代青年的观念和心理，与当前的学校教育构成了强烈的对比，冲击了学校的正统教育，使现在教育进退维谷，教育改革也陷入困境。

后现代主义思潮对教育影响有多深远，现在很难作定论，但最低限度是它向教育提供了一条从"课程开发"转向"课程理解"的新思路，拓展了课程研究的领域和丰富了教育的话语。

第四节 批 判 理 论

一、批判理论的渊源与形成

20 世纪 30 年代，欧洲（主要在德国）出现了一批学者，因他们主要在法兰克福大学活动或与该大学有关，所以被称为法兰克福学派。代表人物有霍克海默（Max Horkheimer）、阿多诺（Theodor W. Adorno）、阿普尔（Karl-Otto Apel）、哈贝马斯（Jürgen Habermas）、马尔库塞（Herbert Marcuse）等。法兰克福学派的学者延伸了先贤

---

① Usher R. & Edwards R, *Postmodernism and Education*. London, New York: Routledge, 1994J, pp. 210-212.

哲学家的研究：从康德对理性和知识的情况与局限的关切，到黑格尔对精神的反思，以及马克思针对资本主义的交换过程，发展出批判的概念，再演变成讨论社会实践时的批判观点。①

批判"critical"来自希腊语"Krinein"（crinein），意指洞悉（discern）、反思（reflect）和判断（judge）。

在启蒙时期，"批判"是一个重要议题，因为启蒙运动就是对权威的批判和对个人知识与立场的辩护。康德对批判理论谈得很详细，他提出三大批判：纯粹理性批判（讨论我们能知道什么，这是认识者与被认识者之间的关系）；实践理性批判（讨论我们应该怎样做，就是尽义务，这是伦理学的问题）；判断力批判（讨论人的希望，人类精神的目的、意义和作用，包括人的美学鉴赏能力和幻想能力）。康德潜心研究批判哲学的目的，在于追求能摆脱偏见及无根据观念的"自主性"或"自律"。

康德追随者费希特（Fichte）根据前者的批判哲学，整理出批判哲学理论的雏形。费希特认为个人的自觉性是一个不断创意实体，这一实体通过一个思想之外的世界，产生很多概念和观点。这个创意实体与外化之间的互动，出现了异化或疏离，这成为批判理论的一个基本假设。人类的创作被视为了解现实的工具，而不是实在的本质。

黑格尔的批判不同于康德的批判，变成了理性的"自我检查"。他批评康德的局限，特别是他的主观论。他指出康德依旧把主观思维与客观事物之间的对立看成固定不变，而且他还把心灵的实践方面看得比认识的方面更高。黑格尔一方面批评单向的立场（one-sided positions），一方面发展出更复杂的辩证观点。他认为人类追求的目标是"绝对知识"。当人们明白创造的外部实在是自觉的一部分才能达到这一绝对性。他看自觉与外部实在是同一个实在的两面。

黑格尔认为，要获得真正知识可以通过辩证地理解，他的三段论证逻辑系统：论题（thesis）、反论题（antithesis）与综合（synthesis），可以扫清矛盾，最终可以在绝对观念的综合中达致一致性。黑格尔认为"异化"来自于人们无法认明真理与人类思想是紧密连接着，他相信当人们觉察自我意识并明白到自己是思考的生物，而真理是这种自我意识的一个切面的时候，异化将会减少。他指出，异化是人类进行辩证的动力，最终将推动人们获取更高层次的知识。这样推展向上，直至"绝对知识"的层次。他指出人类行为是一个动态社会过程，而且不断地辩证可以达至完美社会。

马克思把费希特的异化观点和黑格尔的社会不断推进的理论整合为一。马克思看到了社会正在进行着一个演化的过程，但他不赞同黑格尔的绝对知识论，认为完美社会的基础是人类平等，要通过权力分布不平等和非阶级社会的辩证过程，人类才能进化，从而达到最高目标。他保存了黑格尔式的概念装置，但把其从一种理想主义改变为一种唯物主义的哲学基础。马克思认同异化是一个严重问题，因为人类不单从精神客观化自身中被异化，也从他们自身的创造中被异化。他控诉异化的出现是由资本主义引发的，所以他认为知识的结果是行动，知识引发人类的转变。人们不是通过被动的沉思来改变处境，要运用思想与实际行动才能达到理想社会。对马克思来说，值得珍惜的人类行动是

---

① Held D, *Introduction to Critical Theory*. London：Hutchinson & Co.，1980：16.

"实际—批判"或是实践/革命运动。

"批判"的思想到了20世纪30年代,因为新政治和经济情势的出现、新媒体的发展,再加上新学说理论的滋养,逐步成为一种更具体系的社会学及哲学理论——批判理论。

二、批判理论的核心观点

(一) 批判与理论

批判理论的重点在揭露现实与观念的二分法,利用批判态度来检视现实,便可以看到它矛盾的本质,这就是批判的原意。社会在进化的过程中揭露了现实与理念的矛盾,这样,人们获得的知识帮助他们去决定社会生活中哪一个层面需要改变。批判理论强调揭露矛盾的目的是人类生产力的解放。法兰克福学派旗手马尔库塞指出批判可以显示出社会理性发展的可能性,社会结构中包含了已实现的可能性,但这些可能性的出现,是由人类存在和本质,与人类还没达成或因历史形成的能力和生产力所造成的鸿沟而引发的。[1] 批判理论强调的是改变,即逐过批判揭露社会问题,并找到解决这些问题的理想方法。

"理论"从希腊语"theoria"而来。批判理论中理论的目的就是揭露和分析现实与可能的裂口、矛盾的现存序列和潜在状况的脱节。理论的建立应朝着提高自觉性和更多的政治参与方向发展。这跟马克思的理念比较接近,因为理论不仅是解释现象或数据,它已成为改造社会的工具。评估某一理论,要看它带来的社会影响,不能只看科学成就。理论是行动的动机,但不是行动的指令。

理论不能指令和解释行为。理论可以创造一些"代理人",使他们有能力全心参与决定性的行动,并可作为采取某行动的争辩根据,但理论不能自动地或机械性地运作,来发展什么策略或保证什么策略性行动的成功。[2]

理论必须经过辩证思考才能显现真相。辩证思考是对思考本身进行思维活动,让心智处理自己的思考过程。辩证思考始于世界中不自由的经验和异化的情境,这种情境造成了这种思考模式的紧张和矛盾。为了缓解这种紧张和矛盾,必须不断反对事物的纯粹真实性,这种反对是思考和行动不断连接的过程。因此,辩证思考的过程是先否定本身,变成它的对立面。它的功能是打破共识的自我保证和自我满足,消除对权力和事实的语言的信心,显示事物核心的不自由,发展它们内部的矛盾,了解事物真实的状态并改变现状。

(二) 社会理论

批判理论的重点在改变社会和解放人类,它是哲学观点,也是一套社会理论,焦点是超越个人或一个社群,使他或他们变得更理想,所以批判理论要在社会和政治议题上实践,达到解放整个社会的最终目标。

批判理论家视社会为可研究的对象,但同时,社会也是他们生活经验的场所。整个

---

[1] Held D, *Introduction to Critical Theory*. London: Hutchinson & Co., 1980, pp. 224-225.
[2] Held D, *Introduction to Critical Theory*. London: Hutchinson & Co., 1980, p. 349.

社会是理性的,但理性由个人观点与批判来定义,历史力量引致理性的偏离,以致过分理性,反而导致社会变得不理性。

社会的理性力量就是参与一个辩论过程,做到揭露制造人类异化的种种因素。社会行为学者看到科技的突飞猛进,传媒的影响和社会的制度化,导致了社会和政治后果——社会由人本主义变成一个客体,结果是人类的进化过程中,产生了人性社会和非人性技术社会的紧张局面,最极端的情况是人制造出的技术官僚反过来控制人类,人们感到不能控制社会,于是出现了疏离感。批判理论学者指出人们感到在这种社会情况下需要释放这种疏离感,这种疏离感是因人们对客观和主观本质的二分所致,成为社会固有的特性,这种疏离感也体现了人们的理性本质与技术官僚的斗争。从批判理论角度来看,社会循着理性方向的步伐前进。

辩证过程揭露了这些矛盾,所以促使人类渴求改变。"通过反思与批判,客体醒觉自身的局限,于是逐渐发展和接受彻底的改变。"① 改变不因辩证而发生,它是由人类向理性发展的内在本质所引发的。

(三) 解放

当社会根据自己的潜质来进展,它逐步掌控自己,愈来愈变得理性化,并渐渐解除束缚。批判理论与社会获得解放有密切关系,因为人们不了解这些由他们自己制造出来的力量,也不知如何控制他们,批判理论帮助人类从主宰他们的力量中解放出来。解放不仅针对个人,还要面对社会,社会要通过两层转变才获得解放:

(1) 初级状态:包括自我意识的假象和不自由的存在;

(2) 最后状态:人们因启蒙脱离自我意识的假象,因解放而摆脱自己的枷锁,获得自由。

人们的自我意识由上层意识形态控制着,导致人本身与真正自我意识的认知分裂,产生了异化或自我意识的假象,妨碍了人们达到真正的目标。批判理论家关心的就是怎样解决人类的这些困境,以及怎样摆脱现时社会架构所造成的约束。②

社会要揭露压迫人们的现实情况才能向着解放人类目标大步前进。批判理论除了揭露阶级、财富的不公,还指出同性恋者、妇女、有色人种或一些弱势社群在主流意识所受到的歧视。

根据哈贝马斯的看法,批判理论是行动的引子,不是用来解释行动。"理论永远不能直接用来解释政治行为,如果要求理论成为决定怎样做的绝对权威,那么理论与实践都被肢解了。"③ 批判理论提供一个面对社会现时状态的理性观点,帮助社会发展,然后让社会得到选择解决问题的自由。

批判理论的基础哲学观点是发现客体的实在,这需要通过客观与主观的方法。要找

---

① Guess R, *The idea of critical theory*. Cambridge: Cambridge University Press, 1981, p. 58.

② Burrell G & Morgan G, *Sociological paradigms and organizational analysis*. London: Heinemann Educational Books Ltd., 1979, p. 32.

③ Bernstein A. J, *The restructuring of social and political theory*. New York: Harcourt, Brace, Jovanovich, 1976, p. 216.

寻真理，便要通过批判，逐步进化到解放。这个理论包括了费希特的异化理论，黑格尔的辩证方法和马克思的政治权力，最终发展成法兰克福学派。

解放人类是批判理论最终目标，它包括个人通过反思获得解放，群体通过语言的解放，最后是整个社会通过技术官僚理性主义的批判。所有批判活动揭露了现实与理想的二元性，人类的本性是向着理想出发，所有的人要担负这个社会责任，这就是批判理论的焦点。

三、批判理论与教育的关系

（一）批判教育学

批判理论学者赞同马克思的见解，认为控制经济和生产方式的阶级同时主宰着社会、政治及教育体系，这种情况在资本主义社会尤其严重。马克思认为，对经济的控制会无可避免地挑起资产阶级与无产阶级的斗争，胜利的最终是群众。批判理论受马克思阶级斗争思想的影响极大，但理论家把经济阶级的斗争扩展至受迫害的不同族群，例如：非洲人、拉丁裔人、妇女、同性恋者等。他们不大同意马克思说革命是不可避免的，反而建议通过教育来提高人们对社会、经济、政治等现实的意识。他们坚信教育机构由掌权的经济阶级控制，这些掌权的人宰制学校的管治方式和对课程的诠释，长久主宰着低下阶层的意识形态或在社会边缘的贫穷人士和弱小社群，所以批判理论学者提出斗争应在学校进行，改变教育，提升群众对异化的意识，让他们争取自己在社会中应享有的福利。

批判教育深受法兰克福学派批判理论影响，它拒绝把教育简化为知识的实践和技术的训练。批判教育学家认为教育不应只关注学校中所发生的事项，更要以文化与政治的实践来构成其中心要素。

批判理论影响教育，最终形成了一门新的学科：批判教育学。批判教育学的代表人物是弗莱雷，他的观点影响了不少美国学者，而且批判内容不限于教学理论和教学法，也涉及教育的本质、教育的目的和其他教育问题。

（二）批判教育学代表人物

1. 保罗·弗莱雷（Paulo Freire）

弗莱雷出生于巴西的一个中产家庭，小时候经历过经济大衰退，所以他了解贫穷的苦况。他修读过法律、哲学、语言心理学等。1967年，他出版了第一本有关教育的书籍《教育是自由的实践》，1968年出版了他最成功的一本教育著作：《被压迫者的教育学》。因为他在教育界的声誉，他于1969年得到哈佛大学邀请，成为该校访问教授。从此他在美国、欧洲，以及非洲各地讲学、演说，他在教育哲学的影响力与日俱增。1979年，他回到巴西，一直为发展成人教育奋斗，1988年成为巴西教育部长，直至1997年逝世。

弗莱雷帮助贫穷的农民和工人发展文化，他明白到文化不仅是阅读与写字的能力，而且认为语言是让他们觉醒的工具。当人民的"觉知"与文化水平提升后，他们才可以抓着怎样改变经济、社会及政治的情况，反对剥削。因此，弗莱雷的批判教育学也可称为解放教育学（Liberation pedagogy）。

在弗莱雷的批判哲学中，隐约看到存在主义的影子。他认为个人是不完善的在世上存在，但人类可以建构不同的项目来改善世界的一切。存在主义讨论的"提升个人意识"是指不管人们的社会、经济地位，他们会自觉拥有权力来采取任何完善个人的行动。弗莱雷虽然受马克思主义影响，但他以存在主义的观点反对历史决定论。他采用马克思主义分析方法，推动无产或被边缘化的人民检视影响他们生活的物质情况。当人民觉醒时，他们会明白自身所处的情境和压榨他们的中介者，以至于所有从历史发展出来的文化、社会、经济、政治及教育境况都可以改变。弗莱雷也接受存在主义建议的个人选择，人们要拒绝别人给他的"处方"，尤其那些当权者加诸在人们身上的一切，做到个人解放。

弗莱雷的教育目标是提高人们的意识，教育使学生变成主体，而不是客体。为达到这一目标，学生要学会民主思考模式，不断提出问题，通过批判思考来找出所学的意义。认识的过程涉及整体认知，包括个人、感觉、情绪、记忆、倾向、对知识的好奇心，然后对准客体，同时涉及其他思考的主体，即是说：其他人也能认识和感到好奇，所以"思想"不应局限在"思考主体—被认识客体"两者的关系中，还延伸到其他人。

弗莱雷认为学校、课程、教学方法等反映了社会情况、社群等。教育同样受到意识形态的影响和塑造，而控制意识形态的阶级就是控制社会结构的阶级。学校由这批人主宰，他们控制学生接受一些政府想他们认识的东西、信念，接受现行制度下为他们安排好的位置。弗莱雷相信，学校要用批判教育学为主干，课程、学与教都以提高学生的觉醒为目标，鼓励学生对社会现状作深刻反思，让他们有能力改变不公平的情况和重新塑造他们的生命。过去，教育常以一个人的财富和权力来定义他的价值，或评估一所学校以能否成为进入大学或某些大企业的跳板为标准，这完全失去了教育的人性部分。他极力反对教师只把文本讲解一遍的做法，很多教师只是依书直说，要求学生用心听课，记下教师的每一句话，到考试时全"吐"出来。弗莱雷把这教学—聆听—测验的过程称为"教育储蓄"[①]，意思是说学生把数据存进脑袋里（记忆银行），储存一段时期，再提取出来。现行的标准测验模式就是"教育储蓄"的反映。各地教育局煞费周章的大大小小的考核，就是用来决定学生的学业成绩，然后再把他们分组，再复制一个如现时不平等的社会与经济体系。弗莱雷抨击的就是这个考试课程，因为学习内容全由当权者决定，然后加在学生的头上，要他们根据这些规定范畴来学习。

弗莱雷认为真正的学习是教师与学生一同参与平等的对话，然后建构知识，在这个过程中，教师与学生一同分享、反思和评价他们的经验。教学不再仅是教授知识，强记内容的一个过程。他鼓励教师要采取一种批判态度，来检视社会、政治与经济，虽然教师不可能一下子改变过来，但只要他们爱学生、尊重学生，他们会渐渐发现自己的不足，慢慢向小区群众学习，向学生学习。教师与学生两者都需要改造，这种见解反映出弗莱雷的存在主义观点：人类的情况是不完善的，所以我们要以行动来引导生命逐步走向完美。

2. 吉鲁（Henry Giroux）

---

① Freire, P., *Pedagogy of the oppressed*. (Trans.) Myra Bergman Ramos. New York: Continuum, 1984, pp. 57-59.

吉鲁是当代教育文化学者兼评论家，他大力支持批判理论。他把教育看做政治的一个主要特征，个人通过教育获得发展能力、知识、技术以及社会关系，然后成为政治和社会的代理人。

吉鲁对美国直到20世纪90年代的教育仍停留在本质主义（essentialism）、精英主义（elitism）极为不满。他指出美国教育的目的仍然是要建立主流文化或霸权文化，尤其是加强美国中产阶级白人精英分子的霸权，作为美国经济、政治垄断全球的先决条件。美国（以及欧洲）的教育，只是披着启蒙时期以来讲求智慧的意识形态，以及文本权威，这样的教育无法培育具批判能力的公民，也不能为意见不同、背景不同的人们提供公平的教育机会。他赞同后现代主义提出的文化多元性和适合性，这样才能教育学生形成一种公民形态，不至于在日常生活中考虑抽象的权威学术问题。①

吉鲁认为教师应成为改革型的知识分子，他们是文化工作者，也是"边界来回者"。改革型的知识分子不仅要传递政府允许的、写在文件上的官方知识，还需寻找一些策略来发展非官方知识，尤其是在一些没有经济能力地区的学校。这些非官方知识来自每个人的生活与经历过的故事。如果教师只跟着教师手册或指引来教学，他就只能成为剧本的传声机，变成权力阶级的"中介人"。

教师与学生也要"跨越边界"，就是要走出一个局限着他们的地域，向新的地域出发。吉鲁认为中学，甚至大学的课程是有地域的局限性，如学术地盘、科目界限等。在传统学校里，学习分成不同的学科，如历史、地理、科学、语文……每个学科就是教师的"领土"，由专家学者进行划分、设计、运作、诠释等，这些专家定义了每个学科的官方知识，列出了学生必须熟读的书本。这种学科制只会把学生的脑袋分成八个或十个学科部门。所以吉鲁主张统整课程，让学生跃过学科界限去找寻资料，建构自己的知识，运用自己习惯或喜欢的学习方法。

四、批判理论对教育的影响

批判理论学者相信教育的目标是争取社会正义，一些人因种族、语言、性别、阶级等原因而被推挤到次一等地位和边缘的位置，而教育就是用来提升人们的意识的。

（一）学校的角色

根据批判理论的观点，学校应从两个层面来进行评估：学校现在的情况；学校未来的情况。我们应从学校的历史源流和反映某些阶级或政治意识形态的角度来理解它们的现状和未来。学校是某些意识形态或政治立场的战场，对抗的双方为权力和掌控权而进行斗争。批判理论家认为学校过去受到政治、经济和社会上优越的一群人所控制着，主要维持他们的既得利益，所以他们坚持现状，他们的孩子接受相同的教育，进入优质学校，毕业后加入政府、工业、商界的上层。反过来，低下阶层的孩子被教育为必须接受现况的一群，他们失去了在政治和经济上的反抗能力。学校因而成了掌权精英分子传递官方知识和价值的场所，因为大部分学校都是国家控制，所以他们可以一直保持他们的

---

① Giroux, H. & McLaren, P. L., Introduction. In Giroux & McLaren (eds.) Critical Pedagogy, The State, and Cultural Struggle. Albany, New York: State University of New York, 1989, pp.11-25.

社会、经济和政治利益。国家以某种意识形态来订立标准课程,教师作为雇员,他们的责任便是传递这些内容给学生。

在资本主义经济和社会之下,学校成为训练生产工人和消费者的地方,学生被划入不同工作类别,例如:管理、工业、与经济有关的服务业等。社会、经济地位较高的学生,接受教育后将成为控制社会的一批精英,而社会、经济地位较低的学生,尤其是少数族群、边缘人等,将被训练成一般劳工。要维持这种社会结构,学校便不断重复同样的说话:客观、中立、公平、责任、标准等,它们把学校用来把学生分级分层的任务隐藏了。

批判理论学者指出这种"宰制"是可以避免的,未来的学校不一定要担负上述任务,如果它们愿意,也可以挑战控制阶级和他们的意识形态。批判理论学者就是希望打破这种主控的循环,学校就是让学生与社会获得真正自由的场所。为了创造一个新的未来,学校并不是意识形态中立的地方,反而是一个反抗不同意识形态和辩论的地方。教师不仅是接受及传递某一阶层意识的工具,他们更应指导学生来建构自己的社会和政治意识。

(二) 课程和指导方法

批判理论学者在分析现时课程后找出了现行课程的两层情况:一是公开的正式官方课程,包括科目和技能;二是隐藏的课程,潜在公开课程之下并渗透在学校环境中。公开的课程指引教师应该把什么技能和知识教授给学生。弗莱雷认为这是把某一阶级的观点、价值等加诸另一阶级的人们身上。隐藏课程就是在一个资本、消费导向的社会中,通过学校和教学把一些价值、态度、行为传递给学生,并强加在他们身上。

这种官方课程被利用来掌控阶级以维持现状,保障了掌权者的权力、财富和阶层,利用课程来向学生宣传他们某些信念和价值,以便把这个版本的知识合法化。例如:在美国的历史课程中,强调欧洲白人对开发美国、发展工业的成就,而历史中的伟人差不多全是白种欧洲人,而其他种族,如非洲后裔、拉丁裔,以及本土印第安人则成了美国的边缘人。在叙述工业资本主义时,大力称赞工业家的伟大成就,绝口不提他们怎样剥削工人和污染环境。当其他地区大力推行双语或多元文化教育时,他们便认为这是对权威性英语的挑战。

在教学方面,学校多使用官方认可的教科书,以方便某种知识的传递。在指导学习时,教师多运用教科书所建议的方法来教授书本里的知识,少有分析,更不要说批判了。通过学校的潜藏课程,统治阶层可以控制社会。这个课程慢慢地渗透,进入人们的意识形态中。例如一个阶级分明的社会,强调私人财产的"神圣不可侵犯",不允许群众思考这些人财富的来源。更有甚者,在有些种族歧视地区,硬说某些族裔不善思考或无心向学,没有向上流动的动机。所以一早便限制了他们的学习范畴,认为他们不喜欢上学,破坏课堂秩序,成绩差劣,最后必会提早退学。于是,学校便根据过去成绩来预测,把学生分等级,组成精英班、差劣班,安排不同的学习内容、模式以及时间。精英班学生将来进入上层社会和经济阶级,种族歧视、性别歧视、阶级歧视等现象不断重复。

批判理论学者揭露了现时教育的不足后,便提出改革策略,期望改变未来的学校。他们认为真正的知识与价值来自学生生活环境和当时的状况。课程应以学生的生活故事、个人经历为开始,让他们互相交流这些经历。

一个多元的社会,各人背景不一,经历各异,学习的内容是很丰富的,学生居住的小区,上学的地方,就是大社会的缩影。他们在这个小区里开始学习科学、文化,以及安排自己未来的职业。在教学过程中,师生对话很重要,应是双方创造知识,而不是由教师传递知识。现在学校传递的是一种"线性和没有多大问题"的知识,学生处于一种被动的态度来接受这些知识。麦克里兰(Peter McLaren)建议学生要用一种"对抗"的态度来学习,才能建构"再生知识",这是一种学生们通过知识生产过程中自己控制加上创造的知识。①

批判理论学者主张应该打破学科之间的界限,因为很多学科之间是有联系的,例如学习对自己小区的认识,便涉及语言、历史、城市/乡镇规划、环境保育和自我认同等范畴,这跟精粹主义主张的分科学习很不一样。在课程统整后,学习的方式应变成以跨学科学习为主。这些学校反对把知识分层级的概念,因为没有任何一个学科比别的学科重要,这就是吉鲁极力主张的"跨越边界"的课程理论,学生学习时游走于各学科之间,以建构完形、整体的知识观。

五、小结

批判教育学者指出课程由统治阶级控制,用来宣传他们的意识形态和价值等,使得一般群众接受现状,一直被剥削着,却从来没有意识到社会的不公。学校变成宣传政治、意识形态的地方,教学是"文化政治学"的一种形式。从批判理论发展出来的批判教育学就是要揭露这种隐藏的霸权,让群众认识这个社会控制过程,批判那些借以维持统治阶级利益的不对称权力关系和社会配置。教师在面对学校发生的种种的不公平事件时,常常怀疑自己能否继续忠诚地履行教师的角色,于是他们产生无力感,还渐对教师工作产生了"疏离"感,于是教学成为谋生的工具,失去了追求自我实现的价值观。吉鲁指出教育改革多以"技术理性"挂帅,导致观念与执行的分离,知识与标准成为管理或控制。在实用优先的原则下,教师的批判性智识工作受到贬损。吉鲁大力提倡教师应成为改革的知识分子,他们对社会的现况要有所反思与批判,更要投入实际社会结构的改造行动,不仅站在知识分子良心的立场上,针对社会的不公发表意见和批判,同时还能洞察各种权力竞争隐藏在下边的意识形态与利益。教师不是中立的,他们有责任使教育更政治化,使政治更教育化。

第五节 女 性 主 义

一、女性主义的发展

女性主义(Feminism)主要研究两性平等的问题,任何达到妇女获得平等的活动、

---

① McLaren P. L, On Ideology and Education: Critical Pedagogy and the Cultural Politics of Resistance. In Giroux & McLaren (eds.) *Critical Pedagogy, The State, and Cultural Struggle*. Albany, New York: State University of New York, 1989, pp. 174-202.

讨论、运动统称为女权运动。美国早期妇女运动家凯特（Carrie C. Catt）解释女性主义的主要任务是"反对世上用法律或习俗名义强行阻挠女性享有自由的一切人为障碍"。巴巴拉·史密斯（Barbara Smith）指出女性主义是政治理论与实践，目的是为了女性自由进行斗争，包括有色人种妇女、工人阶级妇女、贫穷妇女、残障妇女、女同性恋者、年迈妇女，同时包括白人妇女、有经济能力妇女、异性恋妇女等。

"女性主义"一词最早出现在法国大革命期间。1791年革命女志士古杰斯（Olympe de Gouges）发表了"妇女权力宣言"（Declaration of the Rights of Women）和"女性公民"（Female Citizen），要求国家采取对妇女权力公平的行动，这两份宣言，可以说是开启了女性主义运动的第一页。①

二、女性主义的代表人物

每个人都渴望获得平等对待，互重互爱，但人类历史中，妇女一直处于附属或次一级地位，生命不由自己控制。到了18世纪，妇女自我意识逐渐高涨，女性为自己的生存、自尊开始了两百多年的斗争。她们以行动来为妇女争取权益，组织游行、示威、演说、会议等，有些甚至身陷囹圄，仍坚持为女性的自由和平等而奋斗。以下介绍两位女性主义者，她们都以理论和行动推展妇女运动。

（一）西蒙娜·德·波伏娃（Simone de Beauvoir）

西蒙娜·德·波伏娃是一位存在主义哲学家，也是女权运动分子。她出生于法国巴黎一个中产家庭。年轻时入读巴黎索邦大学，在一个哲学小组中认识了萨特，二人很快发展成为亲密关系，但他们长期分开居住，最终也没有结婚，只维持"精神伴侣"关系。1931—1943年，波伏娃在大学任教，期间出版小说、短篇故事、文章。她在作品中阐述她怎样看待生死、人的意义等存在主义哲学问题。她在1949年出版《第二性》，影响了战后很多女性怎样思考自己在历史、文化中的角色。

波伏娃在《第二性》中以女性存在主义者的观点提出道德革命，她赞同存在先于本质，所以人出生不是男人或女人，而是逐渐成为男人或女人。她提出女性成为"他者"（the Other），这个由社会建构而成的"他者"，变成被压迫的一群。男性在这个"他者"旁边加上一个虚假的光环，使女性变得很"神秘"，这样，男性利用"神秘"的借口而不用去了解女性，即使她们有困难，也不用加以援手。社会中不管上层人士或下层人士都对女性有一种刻板化的观念：柔弱、小气、无决断、无知识……男性利用这些观念逐渐建立起父权制度的社会。女性常被描述为"异物"、"不正常"的群体，如柏拉图祈祷时感谢神说：第一，他是自由人，不是奴隶；第二，他是男人，不是女人。连天主教圣人奥古斯丁也说女性是不能作决定、不能一致性的动物！

波伏娃批评女权先驱马莉·沃史东克拉夫特鼓吹女性要以男性为榜样，以达到男性的能力为理想目标的观念是错误的，因为这想法只会使女性更相信她们不正常，她们是社会的"外族"，一切努力只为了达到所谓正常化，所以女性的成就受到限制。女性要前进便要摒弃男性是理想目标的想法。她指出女性也有能力作出抉择，也能提升自我，

---

① 15世纪已出现了一些讨论妇女权利和价值的文章，但影响不大。

打破以前男性加在她们身上的内在特性而终超越自我，达成个人为己尽责，为己自由而作出的选择。

从1970年开始，波伏娃活跃于法国妇女解放行动的舞台上。她在1971年签署了"343宣言"，承认曾经堕胎（当时在法国堕胎是不合法的），到了1974年，法国政府才修改法例容许堕胎。

波伏娃于1986年去世，大家除公认她是存在主义哲学家外，还承认她是1968年后女性主义的重要推动者。

（二）比蒂·费瑞丹（Betty Friedan）

比蒂·费瑞丹是第二波女性主义运动的代表人物。她出生于美国伊里诺州的一个小康之家。母亲是新闻从业员，因家庭而放弃了工作，但她对这一决定一直耿耿于怀。

费瑞丹曾上过大学，但博士课程读到一半便到纽约发展她的事业。第二次世界大战期间，她曾当过女记者，但战后她被迫下岗，把职位让给一位退伍军人。后来她曾当过心理医学家和社会研究员。

她婚后因生育孩子而遭辞退，当时工会没有帮助她争取什么。她只好在家中替一些杂志（尤其是妇女杂志）写文章。她在一次中学同学聚会时进行问卷调查，发现很多同学"学不致用"，对工作或担当的角色都很不满意。她分析资料，并与学者讨论后，发现男性/女性都被困在一些角色中。她尝试把资料与意见发表，但是没有出版社接受她的文章，于是她索性根据这些资料扩写，在1963年出版了《女性的迷思》（The Feminine Mystique）。这本书成为当年最畅销的读物，并被翻译成13种语言。

费瑞丹成名后参与了很多的妇女工作。1966年，她和其他女性主义者成立了全美妇女组织（National Organization for Women），并成为第一届会长。1967年，在全美妇女组织的大会上，与会者提出平等权利修订案和堕胎条例。1969年，费瑞丹促成召开全美争取堕胎合法化大会，专门针对堕胎合法化的议题而展开一连串的活动。1970年，费瑞丹利用庆祝妇女获得投票权50周年纪念的时机，组织妇女为争取平等而罢工，超过五万纽约妇女参加了这次号召。

费瑞丹在70年代的工作重点是为妇女政治与经济平等而不懈努力。她不大支持女性同性恋的议案，怕失去多数妇女的支持，所以逐渐跟全美妇女组织疏离。

1981年，费瑞丹出版《第二阶段》（The Second Stage），书中指出女性成为"超级女性"的困难，这等于要求女性什么都要做，什么都要兼顾。

很多人批评费瑞丹忽视家庭和孩子，而且她的言论只针对接受过教育的中产白人妇女，却忽略了其他有色妇女。费瑞丹对女性运动最大的贡献是让女性重新定义自己，而不是根据社会中的位置来做定位，例如家庭妇女对社会一样有贡献，但她们的努力却得不到社会的认同，甚至获得很低的评价。她鼓吹女性内部革命，提升女性的自觉意识。在她的文章中，她批评教育是"女性迷思"的传播者和帮凶，消费市场与广告界共同复制了传统妇女的形象，她对此种种现象进行了深刻的分析和批判，试图引爆一场女性意识革命。她创立全美妇女组织，大力推动女性地位和权益。费瑞丹的贡献是"她以体制内的改革为美国妇女争取到参政权、工作权和教育权，不仅带动了女权运动的兴起,更促成了女性参与社会建设的行列"。①

三、女性主义派别和教育的关系

根据各时代妇女不同诉求的研究,女性主义理论可分为不同流派:自由主义女性主义、社会主义女性主义、激进女性主义、存在主义女性主义、精神分析女性主义、后殖民女性主义等。各派的观点和要求对教育理论都有一定的影响。在众多的流派中,前三者的活动和著作较多,现作简单介绍。

(一) 自由主义女性主义(Liberal feminism)对教育的观点

这一派女性主义受到自由主义的影响,强调女人和男人都是人,反对生物决定论,认为两性差异来自两性性别角色和社会制约的结果。性别角色因学习而获得,例如:女生要学习烹调、刺绣、打扮、清洁家居、照顾长辈和弟妹等,这大大影响了女性对未来生活的发展。对女性特质的刻板印象是社会化过程的结果,所以自由主义女性主义学者强调机会的平等,提出改变不公平社会中现存的体制和组织的主张。如果女性能像男性一样获得教育的自由和权利,她们的表现不会比男性逊色。这一派主张透过立法和政治改革,为妇女增强能力和开拓生存空间,建议改革现行社会体制,争取女性平等。②

自由主义女性主义在教育改革上主张两性机会平等,去掉一切阻止女性发展潜能的障碍,这些障碍可能出现在学校,可能是心理素质,可能是工作歧视。这一派学者强调教育须在三个方面进行改革:机会平等、性别角色社会化和刻板化、性别歧视。

机会平等是这一派的一贯主张,"平等就是一样"。③从前受到社会阶级偏见的影响,学校不能做到教育机会完全平等,现在很多国家、地区已发展普及教育,很多不平等事情好像已消失,但其实因性别、种族问题,仍未能做到教育的全面平等。一些地区会把女生分开来接受教育,常常减少她们的教育资源和学习科目的选择。男女同校也会出现不平等现象,例如社会对性别角色的刻板观念,认为女生在某些科目的学习能力比不上男生;又或许在就业市场方面,顾主聘用毕业生时已有先入为主的性别取向,认为女生只适合做某类型的工作。

这一派学者强调现代妇女仍不是全面平等的,现在仍存在着性别歧视、父权社会、种种压迫等。有学者建议在师范课程中加入女性主义理论学习,让未来的教师认识到学校可能是复制性别歧视的地方。

第二个关注点是性别角色的社会化和刻板化。女性主义者认为人们对女生和男生角色的传统观念和取向,主要受社会的影响,尤其是家庭、学校及传统习俗的影响。社会化的过程使两性在互动时,女性常常处于不利的位置,例如:依靠、服从男性。

伴随着性别角色的社会化研究,一些基本概念,诸如歧视的本质、权利、公平公正引起学者作更深入的思考。很多学者认为上述概念与社会结构的关系较大,跟性别角色的关系较小,例如:不少政策和传统观念都对女性带有歧视色彩,对女性发展极为不

---

① 林美和. 成人发展、性别与学习 [M]. 台北:五南图书出版公司,2006:74.
② 林美和. 成人发展、性别与学习 [M]. 台北:五南图书出版公司,2006:80.
③ Byrne E, *Women and education*. London:Tavistock Publications, 1978, p. 19.

利，尤其是乡镇妇女和工人阶级妇女。在学校里，教师和教材可能成为性别角色刻板化的"帮凶"，因为教师的言行会影响男生对女生的态度，他们的态度又会影响学生选修科目（好像科学、技术等较适合男生）和将来升学、就业的发展。同样，女生易受教师和其他人的影响，从而忽略了自己的兴趣和潜能而愿意扮演社会期望她的角色。自由主义女性主义者提出一系列建议，希望能改变教师与学生的态度，这包括学校组织（如课表、女教师职责）、分析课程内容（删去性别歧视和刻板化的内容）、鼓励女生修读科学和技术学科。同时，推动在职教师进修有关性别歧视的课程，加强教师们对两性平等的认知。

（二）社会主义女性主义（Socialist feminism）对教育的观点

女性主义者认为性别角色的认定，透过教育的实施，使女性在家庭中扮演复制生产关系的角色。父权和资本主义同时压迫女性，女性被排除在薪资劳动之外，遂沦为附属角色。

教育怎样与限制女性的角色发生关系？运用新马克思主义在教育社会学中分析，便会发现学校在教育中，使用了不同的方法和渠道，把劳动力分成不同等级。女性主义者从政治、经济观点出发，让群众了解学校的角色——是在为家庭、职场复制着性别角色和人力分配。

有研究指出：办公室的技术非常适合女性学习，因为这些技术一点都不难学，所以一些中学也会开设有关办公室技能的训练课程，另外青年/成人中心也开办夜间训练班，让大量的女性接受办公室技术训练，而顾主不用付出任何费用，便可以在劳动市场以低廉的工资聘请这些女性。这些课程只训练女性怎样使用电子计算机来处理数据（如文件档案、报表、简报），但却没有培训她们对计算机的知识和管理，这些都可以提升女性在职业上的发展和地位。所以社会主义女性主义者通过这些研究，发现教育与经济合伙培训了一大批妇女，她们将来只局限在某些低技术、低收入的工作就业。

另一些研究把重点放在学校与母亲责任上。很多学校的家长会、学校活动都期望母亲参加。孩子在未入学前，他们的教育都由母亲负责，尤其是中产阶级的孩子，母亲要给他们多一些文化资本，使孩子更早站在起跑线上。学校也有很多义务工作也需要母亲帮忙，例如：图书整理、讲故事活动、庆祝生日、表演活动、出外参观等。这些"家长活动"无形中已为家庭人力分配进行性别分工，即强化女性生育和照顾子女的角色。

社会主义女性主义在教育上主张解构一再复制性别角色的学校教育体制，在教育理论上采用较激进的教学法，并要求教师与学生挑战现时的课程内容和活动，让大家意识到在现时父权体制下，女性所获得的知识是不完整的，它只能反映操控的层级和男性的利益。

（三）激进女性主义（Radical feminism）对教育的观点

激进女性主义赞同社会主义女性主义的意见，认为这社会需要在结构上彻底改变。她们认为社会的不平等造成性别阶级和性别之间的不平等。父权社会是女性受到不同压迫（种族、经济、政治）的根源，父权制度必须连根拔起，否则它将会继续演化成各种压迫。她们认为父权制度是无法改革的系统，它盘根错节，所以要消除妇女所受的压迫，一定要采取革命式变化，而不是修补式的改变。

对于女性教育的目标，并不止是知识、权力和财富的平等，而是消灭"性别"这个压迫人们的文化实体。她们指出教育中的复制，其实是男性对女性的控制，拒绝女性获得知识、信息、自由，建立自尊，以及减少被侵犯的恐惧。她们揭示男性主宰文化与知识的现象。很多著作说："我们知悉……"是不正确的，因为数千年来，女性在文学、文化中的贡献全被忽视了，男性一直主宰着文化领域，学校成为"守门人"，不容许女性入学，所以有关教育的政策全由男性决定。他们利用"话语"来控制女性对自身、对世界的观念（譬如：女子无才便是德、女子出嫁从夫、夫死后守节、七出之条等）。就算是现代的学校，课程和活动都限制女性教师和女学生对校政参与和提出教育意见的权力。她们建议在一些大学中开设女性研究学科，而有关性别的科目也应引入成人教育中。

激进女性主义支持者也关心学校（教育机关）运作中的性别问题。例如：教师对男生给予更多注意，鼓励他们多发言、多表现自己各方面的能力，而觉得女生沉默、被动是正常的，这无形中有利于男生的全面发展。更有研究发现一些学校的男教师间接鼓励男生欺压、侮辱、骚扰女生（譬如：笑她们胖、把她们的书藏起来、制造谣言、小组活动不让女生参加……）。过去，不少女生投诉被男生欺负，学校都没有正面处理。女性主义者指出学校必须正视这些问题，通过事件教育教师与学生怎样平等看待女生，并要修改课程、教材和开办"性别研究"学科。至于教学法，教师多运用学生为中心的教学取向，减少学生之间的竞争，让每一位学生更多地参与课堂活动。

一些更激进的女性主义者认为要建立以女性为中心的体制和信念，解放女性，进一步主张在"唯女性"的环境中教育与学习，建立姊妹情谊（sisterhood），肯定自身所拥有的女性特质，进一步自我认同。

这三个流派的分别，可用以下一段引言概括起来："近代分析家同意激进女性主义和社会主义女性主义最大的分野是：激进女性主义认为性别压迫是最古老和最深远的一种剥削形式，它在种族和阶级压迫前已出现，并且是各种压迫最底层的观念。社会主义女性主义强调阶级、种族和性别压迫的互动很复杂。阶级压迫出自资本主义，资本主义不容许女性解放。这两派女性主义与自由主义女性主义观点很不一样。后者强调女性获得全面解放，不需要把当代资本民主制度中的经济和政治结构全面变更。"①

四、小结

在过去人类的历史中，表现在性别领域是一个以男性为中心或父权制度为特征的社会。女性主义反对性别歧视，寻求男女关系的平等，坚持非二元的世界观。男性也明白男女对立不能长期下去，他们提到两性之间的合作，明白女性"要摆脱二元论、机械论和现代的等级制度，必须有女权主义以及我们同女权主义之间的更积极的合作"。②

女性主义者主张以相关性、包容、关心和爱来代替父权主义所引起的分立、异化和对立。教育哲学家诺丁斯（Nel Neddings）从女性本性出发，提出了关爱为本的教育理

---

① Eisenstein H, *Contemporary Feminist Thought*. London: Unwin Paperbacks, 1984, pp. 199-200.
② 戴维·雷·格里芬. 后现代精神 [M]. 王成兵译. 北京：中央编译出版社，1998：112.

念（Caring-centered education），关爱的中心包括关心自己、爱护与自己亲密的人、关心陌生人、动物、植物、自然环境、世界以及知识、学术和美术。诺丁斯坚信在教学中通过学生与教师的关爱互动关系，儿童将与上述各种关爱建立真正亲密的关联。关爱为本的教育不是传统的科目，而是以此为中心来组织课程与教学活动。

中国内地、台湾、香港和澳门等地区都注意妇女接受教育的权利，大家的目标是培育女性能尊重两性平等，做到独立自主。在法律方面，保障男女都有受教育的机会；在课程方面，学习内容不能含有性别歧视与性别区隔的不当意识形态；在教学方面，学习活动以男生、女生共同参与为主；学校空间的运用要确保女生不受侵害，顾及她们的人身安全。

对于成年妇女和已婚妇女，社会应多提供资源让她们有进修的机会（例如：中午/黄昏进修班、托儿服务、家务助理），增强妇女的就业和经济能力，提高妇女整体劳动参与率，避免人力资源的浪费。

性别平等是人权的基本理念，所以男女双方应从小接受这种重要理念的教育，才能缔造平等的社会。

◎ **反思与探究**

1. 存在主义为什么要反对理性主义的哲学呢？
2. 你认为"夏山学校"的成功例子能推行到所有学校吗？
3. 知识是怎样建构的呢？
4. 你怎样评价直接灌输知识的教学模式和"搭建脚手架式教学"模式或"抛锚式教学"模式？
5. 现代主义和后现代主义最大的分别在哪里？
6. 后现代主义对教育有哪几点重要影响？
7. 有人批评后现代主义提倡的多元性会带来不稳定，你赞同这说法吗？
8. 马克思的唯物辩证法对法兰克福学派有什么影响？
9. 弗莱雷等批判教育学者怎样影响20世纪以致当代的教育？
10. 女性主义理论可以分作哪几个主要流派？每种流派对教育有什么影响？
11. 小学教科书中有这样的一篇短文：
    "清早起床，爸爸在看报纸，妈妈在准备早点，我在前院做体操。"
    这篇章为什么受到女性主义者的批评？
12. 试在现行中/小学的语文教科书中找出对两性不平等的篇章、语句或描述。

◎ **拓展阅读**

1. Ozmon H. A. & Craver S. M, *Philosophical Foundations of Education* (7th edition) New Jersey：Pearson Education Inc., 2003.
2. Morris, Van C, *Existentialism in Education：What it means*. New York：Harper and Row, 1966.
3. 卡林·诺尔-塞蒂纳. 制造知识：建构主义与科学的与境性 [M]. 王善博等译.

北京：东方出版中心，2002.

4. 苏永明. 后现代与教育 [M]. 台北：师大书苑有限公司，2004.

5. 詹栋梁. 后现代主义教育思潮 [M]. 台北：国立编译馆，2002.

6. Aronowitz S. & Giroux H. A, *Postmodern education: Politics, culture, & social criticism*. Minneapolis: University of Minnesota Press, 1991.

第八章 当代中国的教育理念与教育改革

☞ **学习目标**

1. 理解素质教育、主体教育、生命教育和教育公平的概念内涵,并能够认识当代社会的主要教育思潮及其发展趋势。

2. 掌握素质教育理念的产生与发展的历程,明确"素质"以及"素质教育"理念的基本内涵,同时能够把握"素质教育"理念与"应试教育"理念的本质区别。

3. 掌握主体教育以及主体间性教育理念的产生与发展的历程,理解主体教育与主体间性教育的基本内涵,同时掌握主体教育、主体间性教育与传统教育理念的本质区别。

4. 掌握生命教育理念在西方社会的缘起与演进,理解生命教育理念在中国社会以及中国教育领域的传播与发展,并掌握中西方在生命教育理念上的相同点和差异点。

5. 掌握教育公平理念的产生与发展的历程,理解教育公平理念在当代教育改革中的重要影响,能够结合政府的教育政策来理解教育公平理念的推广与实施。

☞ **本章要点**

本章主要讨论了当代中国的几个具有代表性的教育理念及其对教育改革的影响。这些教育理念主要包括素质教育理念、主体教育理念、生命教育理念以及教育公平理念。这些教育的新理念作为观念力量,在思想层面上引领了当代中国的教育改革,促进了整个社会的教育革新。具体而言,素质教育理念对传统的"应试教育"进行了反思与批判,促进了人们对于"素质"、"素质教育"以及"教育与人的素质发展"的理解与认同,从而在改造传统应试教育的过程中发挥了重要作用;主体教育理念批判了传统教育观念中的主体性缺乏的弊端,倡导一种主体性与主体间性的教育模式,在维护与提升受教育者的主体性、能动性等方面发挥了积极影响;生命教育理念倡导对学生的生理生命与精神生命的全面关注,推动学校教育去引导学生认识生命、反思生命、关怀生命以及追问生命的意义,促进了教育对于生命的关怀与关注;教育公平理念倡导教育机会、教育过程以及教育结果等的公平与正义,使教育权利平等、教育资源配置公正、教育优质均衡发展等教育的公平理念深入人心,推动了国家教育政策以及学校教育实践的改革与发展。

教育理念是教育改革的精神与灵魂,它作为观念力量对教育实践的发展起着重要的推动作用。回顾20世纪70年代末以来我国教育改革的30年历程,我们发现人的价值与人性的尊严获得了越来越多的尊重。20世纪70年代末至80年代,可以说是教育冲破政治化、阶级斗争化阻力的重要时期，在这个时期，学校教育确立了为社会主义事业培养建设者和接班人的教育使命。但遗憾的是，在这一时期以"人"为核心的教育还没有出现。直到20世纪90年代以后，教育领域才逐渐开始出现对"无人"教育的反思与批判，"人是教育的出发点"的思维逻辑才逐渐获得了广泛的认同，由此而兴起了以人的全面素质发展为核心的素质教育理念和以人的主体性人格培育为核心的主体教育理念。21世纪以来，教育对人性、生命的关注日益增强，人的生命价值与生命尊严、人的生命权利与生命意义，人的生命个性与生命自由等获得了非常普遍的尊重，由此而产生了影响颇深的生命教育理念。同时，伴随着教育机会公平问题、教育资源的分配正义问题以及弱势群体的教育公平问题等教育问题的凸显，21世纪的教育领域中又逐渐形成了教育公平的理念。概而言之，总结这30年来的教育变革历程，我们发现至少有四种主要的教育理念贯穿其中，它们分别是素质教育理念、主体教育理念、生命教育理念和教育公平理念。这四种教育理念作为精神和灵魂，推动了人们的教育观念革新，并且促进了教育理论与教育实践的发展。

第一节　素质教育的理念与教育改革

素质教育的理念是20世纪80年代初提出来的，并且在此后30年间的教育理论领域和教育实践领域中发挥了重要的作用。"素质教育"也逐渐演化成为一股影响深远的教育思潮，对当代中国人的观念变革以及当代中国的教育改革形成了强大的推动力。对于"素质教育"这一教育新理念的理解和把握，首先需要从"素质"与"素质教育"的基本内涵谈起。

一、素质与素质教育的内涵

理解"素质教育"的内涵，我们首先需要理解什么是"素质"。对于"素质"概念的理解，有广义和狭义之分。广义的"素质"包括人的身体素质、知识水平、道德品质、人格特征、性格倾向、潜在能力、生活品位等方面的基本特征。可见，广义的"素质"概念存在着比较严重的泛化倾向，这也在一定程度上导致了概念理解的混淆和杂乱。狭义的"素质"概念，主要是指人在先天遗传和后天环境的共同影响下所形成的已经趋于稳定的生理和精神两方面的基本品质特征。它从生理学、社会学和教育人类学的视角出发，从先天遗传和后天环境两个方面来把握"素质"的形成基础，并从生理品质和精神品质两个层面来逻辑地理解"素质"的基本内涵，这避免了"素质"概念的泛化和混淆。

从狭义的视角出发，我们通过"素质"的形成基础和"素质"的内涵这两个方面来理解"素质"概念。首先，"素质"的形成需要一定的基础，没有基础，"素质"无从产生。人的素质的形成大体上需要两个基础——"先赋基础"和"后赋基础"。所谓"先赋基础"，也就是先天赋予的素质，这是由先天的遗传条件来决定的。而所谓"后赋基础"，也就是一个人在后天所接受的教育环境的影响，人从出生到长大，事实上一直都在接受着来自父母、亲人和教师的影响。一个人的先天遗传素质，在一定意义上决定了这个人的后天发展的可能性和可塑性。比如，一个先天视觉失明的人，很难成为一个画家，一个天生跛脚的人也很难成为一名短跑运动员。先天的遗传条件决定了一个人的后天发展可能性。当然，"后赋基础"也同样重要，一个人如果生活于优良的后天教育环境之中，并且具有改变自己命运的坚忍不拔的勇气，那么他（她）也可以突破"先赋基础"的限制，完成自己的人生目标。比如，著名的音乐家贝多芬在双耳几乎矢聪的情况下，一直坚持创作，最终完成了举世闻名的音乐作品，他显然"扼住了命运的咽喉"。总而言之，构成一个人的"素质"的基础包括两个方面，一是"先赋基础"，二是"后赋基础"；这两个方面是一种辩证的关系，它们共同影响了一个人的基本素质的形成。此外，"素质"的基本内涵也包括两个方面：一是生理学意义上的，即生理品质；二是文化人类学意义上的，即精神品质。很多人可能仅仅从生理学的意义上来理解"素质"，把人的"素质"归结为某种生理品质或身体素质；而有些人则仅仅从文化人类学意义上来理解"素质"，把"素质"归结为某种精神品质。但是，事实上"素质"应包含着两个方面的内涵——生理品质和精神品质。生理品质主要是由先天遗传决定的，但是后天的教育和自我修炼也很重要。而"精神品质"则主要是在后天的教育环境中形成的，但是它也离不开一个人的先天气质。体育运动冠军虽然往往具有某方面的身体、生理品质的优势，但是如果没有艰苦训练以及由此而形成的坚忍不拔的精神品质，那么他（她）也不可能成长为运动冠军；美丽的歌喉虽然为一个人成为音乐家奠定了生理品质的基础，但是坚持不懈地献身音乐的精神品质却是最终的决定性力量。因此，从这个意义上来说，"生理品质"和"精神品质"是联系在一起的，它们共同构成了人的基本素质。

　　当代的"素质教育"理念正是在透彻理解人的素质内涵，同时深入批判"应试教育"的基础上而产生和兴起的。传统的"应试教育"忽视了人的素质是生理品质与精神品质、智力能力和道德能力等的完整结合体，因此往往偏向于知识教育，而忽略了品格培养；偏向于智力教育，而忽略了身体能力教育；偏向于考试教育，而忽略了人的素质的全面成长。针对"应试教育"的种种弊端，素质教育理念脱颖而出。从20世纪90年代开始，在教育理论界和学校教育实践中就逐渐形成了以提升学生的全面素质为基本目标的"素质教育"理念。1997年，原国家教委还印发了《关于当前积极推进中小学实施素质教育的若干意见》，文中对"素质教育"作了一个比较明确的概念界定："素质教育是以提高民族素质为宗旨的教育。它是依据《教育法》规定的国家教育方针，着眼于受教育者及社会长远发展的要求，以面向全体学生、全面提高他们在德智体等方面基本素质的教育。"[①] 这是国家政策文本中第一次给出的关于"素质教育"的明确定义。根据这个政策文本的规定，素质教育在反思"应试教育"的基础上，提出了两个层面的重要目标：一是素质教育要全面提高受教育者的基本素质，二是在提高受教育者的个体素质的基础上，提高整个中华民族的基本素质。

　　因此，根据这个定义，再结合当前素质教育的发展现状，我们可以从三个方面来理解素质教育：首先，素质教育是促进学生在德智体等方面的基本素质的全面发展的教育

[①] 金一鸣，唐玉光. 中国素质教育政策研究 [M]. 济南：山东教育出版社，2004：3.

形式，它反对片面的、狭隘的应试教育；应试教育把学校教育捆绑于知识传授、考试分数之上，把学生限制在书本知识、考试试卷之上，学生的素质无法得到提升，学生所面对的竞争压力却不断地增大。素质教育理念批判这种应试教育模式，它倡导学生的基本素质的培养，主张全面地发展学生的素质，而不只是知识素质、考试素质。其次，素质教育是面向全体学生的，它要培养学生全面的知识和全面的能力。应试教育只教给学生与考试有关的知识，与考试无关的知识则被严重地忽略了。而素质教育提倡全面知识的教育，学生可以从素质教育中获得更全面的知识体验，形成更全面的知识结构，同时也锻炼自己各方面的能力，培养出更全面的能力结构。再次，素质教育的宗旨是提升受教育者的全面素质，最终提升整个中华民族的素质。应试教育无法全面地提升受教育者的素质，它甚至损坏了受教育者的素质发展，最终也损坏了整个民族的素质品质。素质教育要改变应试教育的片面性，重新肯定受教育者的全面素质发展，最终提升整个民族的素质。

二、素质教育的实施与发展

素质教育理念从提出到实施，中间经历了相当长的时间。在这段时间里，素质教育的内涵也在不断地得到深化和发展。根据素质教育的发展历程，以及一些教育学理论研究者对素质教育的发展阶段的分析与研究，我们将素质教育理念的演进与发展分为三个主要阶段：一是酝酿期，主要形成于20世纪80年代初到90年代初；二是发展期，主要形成于20世纪90年代初到90年代中期；三是成熟期，主要形成于20世纪90年代末至今。①

第一阶段：酝酿期（20世纪80年代初到90年代初）。"文革"结束以后，我国恢复了高考制度，并逐步恢复了研究生制度和学位制度。"文革"时期的教育领域中的混乱、无序状态得到了初步的改造，教育、教学质量也在逐步提高。但是，片面追求升学率和学生负担过重的问题也逐渐显露出来。到了20世纪80年代初期，这种现象开始变得严重起来，应试教育的苗头在基础教育领域中越来越突出。为了改变这种状况，1983年教育部颁发了《关于全日制普通中学全面贯彻党的教育方针，纠正片面追求升学率倾向的十项规定》（试行草案），该规定指出，学校教育不能片面追求升学率，不能片面抓考试分数，忽视德育和体育，忽视基础知识和能力的培养。② 1985年，邓小平同志在全国教育工作会议上发表《把教育工作认真地抓起来》的讲话，讲话中明确提出国力的强弱越来越取决于劳动者的素质，因此教育要重视对学生的基本素质的培养。在教育部和中央高层的带动下，有关素质教育理念的讨论与思考也逐渐在教育学研究领域中开展了起来，教育学学者、教育实践工作者都对以往的应试教育展开了批判与反思，同时也开始思考如何在基础教育领域中展开素质教育，全面提升受教育者的基本素质。这也从一定程度

---

① 关于素质教育的实施和发展阶段的分析，可参考吴柳撰写的《素质教育理论与基础教育改革》，金一鸣、唐玉光撰写的《中国素质教育政策研究》，以及由"素质教育调研组"编撰的《共同的关注：素质教育系统调研》等著作。

② 吴柳. 素质教育理论与基础教育改革[M]. 桂林：广西师范大学出版社，1999：26.

上证明，素质教育理念的提出，从一开始就不是单纯的教育学知识分子的学术话语和普通民众的民间草根话语，同时也是政府官方的主流话语的一种表达。

第二时期：发展期（20世纪90年代初到90年代中期）。随着素质教育的"酝酿期"的逐渐展开，素质教育的思想与理念获得了迅速的发展，素质教育的理念在知识分子、普通民众和政府高层的心中也逐渐清晰起来。可以说，到了20世纪90年代初期，素质教育理念已经在更大范围、更广阔的社会领域中发展了起来，进入了快速的发展期。1993年，中共中央和国务院印发了《中国教育改革和发展纲要》，其中就提出了"中小学教育要从'应试教育'转向全面提高国民素质的轨道，面向全体学生，全面提高学生的思想道德、文化科学、劳动技能和身体心理素质"。这是政府和教育管理部门首次明确了要从"应试教育"转向"素质教育"，完成教育理念的根本性变革。1995年，《中华人民共和国教育法》再次重申了要发展教育事业，提高全民族的素质。这些政策文本发挥了重要的导向作用，它使整个社会认识到应试教育的危害，同时也意识到素质教育的必要性和重要性。因此，当时的教育学界纷纷开始按照国家制定的各项教育政策的基本要求，在学校教育中开展素质教育，掀起了第一波素质教育高潮。在这一时期，各个省、市、自治区几乎都在实施素质教育，都在建立素质教育的实验区和实验学校。① 因此，在这一时期，素质教育理念和实践得到了极大的丰富和发展。

第三时期：成熟期（20世纪90年代末至今）。到了20世纪90年代末期以后，素质教育理念已经逐渐扎下了根，不仅是教育管理部门、教育学领域的知识分子比较普遍地认同了素质教育理念，普通大众也同样对素质教育理念表示了认同和支持。在此基础上，1999年中共中央、国务院召开的第三次全国教育工作会议以"素质教育"为主题，再次对全面实施素质教育的相关问题展开了讨论。会议颁发了《中共中央国务院关于深化教育改革全面推进素质教育的决定》，该政策文件指出要"全面推进素质教育，培养适应21世纪现代化建设需要的社会主义新人"。这个文件也预示着，素质教育的理念与实践已经逐渐走向了成熟，"全面实施素质教育"已经获得了坚固的理论基础和实践基础。从20世纪90年代末期至今，素质教育理念在教育领域中发挥出了越来越重要的影响，它已经深入人心，成为当前教育改革过程中的一个重要观念资源，影响了教育改革的方方面面，同时也促进了教育改革对于受教育者的"身体—心灵"、"知识—品德"、"智力—能力"等多方面的基本素质的关注，促进了受教育者的各项能力、各项素质的全面发展。

三、素质教育理念与学校教育的变革

如上所述，素质教育理念在20世纪80年代初期开始酝酿，而到了20世纪90年代初期取得了重大的发展。20世纪90年代末以来至今，素质教育理念一直是中国教育领域中的极具影响力和辐射力的教育新理念，甚至在基础教育领域中一度形成了"素质教育"热潮，影响了学校教育的整体改革与发展。素质教育理念对于当前学校教育改革的影响，主要体现为素质教育理念所引起的教育目标、课程内容、教育方法和考试评

---

① 金一鸣，唐玉光. 中国素质教育政策研究[M]. 济南：山东教育出版社，2004：69.

价体系的改革。可以说，当前学校教育中的一系列变革，基本上都与素质教育理念有着直接或间接的关系。

素质教育调研报告（2006年）

经过十多年的努力，素质教育从教育理论研究和局部的探索、实验，进入了行政全面介入、政策全面调整、工作全面展开的阶段。通过基础教育课程改革、考试评价制度改革、加强教师队伍培训等政策措施的实施，逐步转化为国家对素质教育普遍性的制度化要求。素质教育的政策体系也从人才培养模式的转变扩展到教育结构、教育体制、教育政策的宏观调整，初步形成了全面推进的工作格局和政策体系。

目前国家统一的政策要求已经逐步转化为各地的具体实践和积极探索。素质教育的基本特点之一，是具有很强的实践性、探索性、区域性。近年来，不断涌现出实施素质教育有进展、有特色的典型地区，都是创造性地贯彻国家的方针政策，结合本地实际进行长期积累、积极探索形成的。

素质教育的实施范围已从教育普及发展水平较快的地区以及其他城市教育区域，扩展到广大中西部农村地区和农村学校，类别延伸到各级各类教育，推进素质教育的范围、力度及受益面正在发生着质的变化。

——素质教育调研组．共同的关注：素质教育系统调研［M］．北京：教育科学出版社，2006：53.

正如上面"素质教育调研报告"中所提到的，素质教育已经从教育理论研究和局部的实践探索转而进入了国家政策的制定和全面实施阶段。素质教育理念对于学校教育变革的促进，集中体现为它促进教育目标体系、课程体系、教育方法体系和考试评价体系的革新，具体如下：

（一）素质教育理念与教育目标的变革

素质教育理念对于学校教育的影响，首先表现在其对教育目标的影响。在素质教育理念的推动下，当代学校教育在目标层面上发生了重大的变革。教育目标的这种变革表现为，学校教育的目标从培养"知识人"逐渐转向了培养"全面素质人"，从培养"片面的人"逐渐转向了培养"整全的人"。在应试教育的目标中，习得知识是其最重要的组成部分，而培养"知识人"成为了理所当然的目标。在科学主义观念盛行、科学知识的霸权地位初步确立的情况下，"知识人"的地位在现代教育语境下越来越稳固，知识教育模式也获得了越来越高的地位。正如鲁洁教授所说，"知识的学习对于人来说，其本质的意义应是为完善和提升自我，是为了人与世界的和谐发展"。[①] 但是，在"塑

---

① 鲁洁．一个值得反思的教育信条：塑造知识人［J］．教育研究，2004（6）.

造知识人"的应试教育目标体系下，知识学习已经偏离了它的本质意义，知识教育非但无法提升和完善人的全面素质，反而破坏了人的完善与和谐，破坏了人的素质的全面性和稳定性。因为，"知识人"的教育目标体系把知识当做唯一目标，把知识和考试分数看做最重要的东西，而忽略了人的其他方面基本素质的培养。这是应试教育体系的弊病之所在。素质教育理念的提出，无疑在教育目标维度上形成了新的思维和方向。素质教育强调人的素质的多维性，知识水平不再是人的唯一素质，而只是其中一种类型的素质；教育必须促进学生的各方面素质的发展，而并非只促进学生的知识素质的发展。正因为如此，我们也可以说，素质教育理念推动了学校教育从培养"片面的人"向培养"整全的人"的转变。应试教育的目标体系只注意到知识和知识教育，其所培养的人在各项素质上往往是不平衡的，因为只具有知识素质的人不可能成为一个"整全的人"，而只会成为一个"片面的人"。素质教育理念的提出，正是重申了人格的整全性，强调人的基本素质包括了知识水平、道德品质、性格气质、潜能潜力、能力水平等。因此，素质教育提倡"整全的人"的培养，而批判"片面的人"、"单向度的人"，提倡培养"素质人"，而批判培养"知识人"。这是素质教育理念对于教育目标的一种深层次的影响。

（二）素质教育理念与课程体系、教育方法的变革

素质教育理念的提出与深化，对于学校教育的课程体系和教育方法的变革也发挥了重要的作用，表现为：在课程体系层面上，它促进了学校教育的课程设置从"科学主义"走向"科学人文主义"；在教育方法层面上，它促进了学校教育的教育方法从"知识灌输取向"转向"能力素质取向"。传统的课程内容往往偏向于科学知识，而在一定程度上忽略了人文知识，"学好数理化，走遍天下都不怕"，这句话在素质教育理念实施之前广为流行。但是，科学知识仅仅是知识门类中的一个类型，除了科学知识之外，还有着影响人类的精神文明发展的人文知识。在合理的知识体系中，科学知识与人文知识应当处于同等重要的位置，在人类的教育体系和课程体系中也应该具有平等的地位。但是，应试教育往往过分地偏向于科学知识，而忽略了人文知识，这就导致受教育学者的科学素质和人文素质的失衡，最终两个方面的素质都无法获得正常的发展。素质教育理念的提出，正是基于对"科学主义"课程观的批判与反思，转而追求人文知识与科学知识的平衡，提倡课程体系中的"科学人文主义"。这种"科学人文主义"课程取向在当前学校教育中已经发挥出了积极的作用，它促进了受教育者的科学素质和人文素质的平衡发展。另一方面，在教育方法层面上，素质教育理念强调教育方法要从以往的"知识灌输取向"向"能力素质取向"的转变。素质教育提倡受教育者的多方面能力的发展，而不只是知识能力的发展，因此在教育方法上强调运用多种的教育方法来培养学生的全面能力，而不只是向学生灌输课程知识和教材知识。这些新的教育方法包括活动教学法、发现教学法、交往教学法等。通过这些教育、教学方法的实施和运用，整个教育过程不仅仅是培养学生的知识能力，同时也培养学生的道德能力、情感能力、交往能力、表达能力、技术能力等。总而言之，素质教育理念所引导的课程设置的变革和教育方法的变革，对于当代的学校教育起到了积极的作用，为学校教育的改革提供了正确的导向。

(三) 素质教育理念与考试评价体系的变革

素质教育理念的一个突出特征，就是它对于应试教育的考试评价体系、教育方法的批判和挑战。当然，考试与素质教育从总体上说是不矛盾的，考试毕竟只是测量和评价的工具。作为一种测量的手段，它的性质是中性的。但是，一旦考试评价"异化"为应试教育，那么它可能就偏离考试的本真目的，而成为压制人的一种评价体系。应试教育的考试评价体系，它所产生的正是这样一种背离教育目标的后果，即考试评价背离了教育的目的，作为手段的考试评价反而成为了目的。应试教育的一切都以考试为出发点，以提高考试成绩为目标，一切都是为了考试，一切以考试为导向。而学生也在这种应试教育的氛围中成为了"考试机器"。他们的人格空间不断被压缩，他们的发展空间不断被窄化，他们的校园生活也逐渐成为了"学习—考试—复习—再考试"的过程。在这种应试教育的考试体系下，学生的自由、平等、个性的发展已经不可能。相反，学校的教育目标走向了"异化"，而学生的人格发展也走向了"异化"。素质教育理念的提出，很大程度上正是基于对应试教育的考试评价体系的批判和反思。素质教育理念首先提倡考试评价体系从应试教育的一元体制走向多元体制。应试教育中的一元体制（以高考体制为代表）很容易导致学校、家长以及学生对于考试成绩的过分关注，最终使教育本身偏离自身的合理目标。素质教育理念倡导考试评价体系的多元性，认为应该以更加多元的考试体系来取代传统的一元考试评价体系，以多元的考试测评方法来选拔人才。比如，在高考录取过程中，除了要看学生的高考成绩之外，还应考查学生的道德品格、课外活动的参与、学校的推荐信、个人自述等，通过多方面的综合测评来完成人才的选拔与录取。此外，高考的录取还可以通过增强学校的选择权，给予一部分学校"自主招生"的权利，来促进考试评价体系的多元化。评价体系从"一元"走向"多元"，最终将促进整个评价体系从"分数导向"走向"素质导向"。应试教育的评价体系一般以"考分论英雄"，考试分数成为了评价学生的唯一标准。这对于学生的其他方面素质的发展显然是不利的。与此相反，多元的评价体系将关注到除考试素质（知识素质）之外的其他素质，比如品德素质、技能素质、实践素养等各方面的基本素质，它对于学生的考察与评价更为综合、更为全面，它重视学生的多元素质的发展，因此它可以促进考试评价体系从"分数导向"向"素质导向"的转变。这正是素质教育理念所追求的一个重要目标。

第二节 主体的教育理念与教育改革

主体教育理念萌生于20世纪80年代初期，当时的教育理论界与实践界对传统教育模式展开了反思与批判，逐渐开始重视受教育者的主体权利。传统的教育观念与教育思维强调了教师中心、知识中心，而忽视了受教育者的主体性与能动性，忽视了受教育者的主体权利与主体能力。自20世纪90年代以来，基于对传统教育观念的批判，主体教育理念在教育领域中迅速地传播开来，它倡导学生在教育过程中的主体权利以及教师与学生的交互主体性，推动了整个社会的教育观念变革，同时也推动了教育政策与教育实践的发展。

一、主体人格与主体教育的内涵

（一）主体人格

现代性的主体人格主要是指一种强调个体的自由、独立、自主的现代人格形态，它区别于古代社会的服从、依附、被动的人格形态。现代性的主体人格肇始于文艺复兴和宗教改革时期。当时，人类第一次从神的至上权威中解放了出来，人作为主体性存在的尊严、价值逐渐获得了肯定，作为主体的自我也开始摆脱了以往的卑微角色，而获得了人的基本权利。不过，这还只是主体人格的一个萌生阶段，主体人格的真正崛起发生在启蒙运动时期。启蒙运动向世人宣布："社会是由具有独立本性的个人所组成，是个人为满足自己的目的、根据契约形成的组织。个人的自由、权利和地位高于一切。"① 启蒙思想家康德更是把人视为理性的主体，认为人具有理性认识能力（理论理性）和理性行为能力（实践理性），所以能够通过理性来认识世界，也能通过理性来规范自己的行为。与康德一样，大部分的启蒙思想家也都相信，人因其理性而使人的主体人格高于一切事物之上。在启蒙思潮的推动下，主体人格的观念不断深化，最终形成了现代性的主体人格观念。主体人格观念的基本内涵包括：

1. 主体的优先性

现代主体人格观念认为，作为主体的个人，其人格尊严和价值具有绝对的优先性，个人主体是独一无二的存在者，个人的自由和权利是神圣不可侵犯的；正因为有了自由、权利、价值感和人格尊严，个人才成为具有主体性人格的人。

2. 主体的选择性

现代主体人格观念主张，个人主体具有价值选择的权利，个人的价值选择是独立的、自主的。西方现代性的主体人格一方面强调了对于普遍的公共伦理原则的遵守（比如：不能杀人、不能抢劫、不能撒谎等），但是在此基础上非常强调个人的选择权利。启蒙现代性崇尚以个人主体的理性选择作为核心，肯定个人的道德自主选择。这虽然在一定程度上加剧了现代性社会的道德相对主义风险，但是它对于个人道德选择的重视，无疑也极大地支持了主体在价值选择上的自由与权利。

3. 主体的独立性

现代主体人格观念强调自我的第一性，认为自我是最高的目标，而他者只能是第二性的。因此，自我独立于他者，自我具有价值上的完全的独立性。尤其是在现代性高度发展的当今社会，个人主体的独立性得到了极大的肯定，个人越来越独立、脱离于他者和社群。这一方面增强了个人的自由与权利，另一方面也使个人主体易于陷入"单子式"主体的困境之中，而不再是一个具有丰满人格的人。这也正是主体性人格的悖论之所在。

（二）主体教育

当代的主体教育，简要而言就是以现代性的主体性人格为基础的、以发展主体性人格为目标的一种教育模式。关于什么是主体教育，目前国内教育学界依然有不同的看

---

① 罗晓静. 寻找"个人"[M]. 北京：中国社会科学出版社，2007：101.

法，没有达到共识。一种观点认为，主体教育就是以学生的主体性人格作为培养目标的教育形式；有的观点则着眼于教育活动过程、教育方法的主体性及其表现形式，认为主体教育就是在教育过程中提升学生的主体参与，发挥学生的主观能动性的教育形式；还有的观点则认为主体教育包括相互联系的三个方面：学生的主体性、教育活动的主体性和教育系统的主体性。① 我们认为，为了更透彻地理解主体教育，需要从三个方面来把握主体教育的内涵：一是主体教育的观念基础；二是主体教育的教育目标；三是主体教育的教育方法。

主体教育的观念基础，是现代性的主体人格观念。启蒙现代性以来对于个人自由、权利、自主性的强调，奠定了现代性的主体人格基础。主体教育正是以启蒙现代性所树立的主体人格观念为基石，在观念理论的基础上来实现现代性的主体人格的培养。第二个方面，从教育目标的角度来分析，主体教育的目标即是为现代性社会培养具有主体性人格的现代人。传统教育模式所培养的主要是服从性、依附性人格的人，这是现代主体教育所批判的。主体教育强调人格的培养必须以现代社会为基础，在现代性的文化语境下来设定主体教育的人格目标。因此，主体教育的目标，最终定位于主体人格的培养，以此来反思传统的服从性人格和被动性人格。主体教育的第三个方面的内涵，即主体教育所提倡的教育方法，是以受教育者的主体人格为基础的教育方法。主体教育的方法体系，批判了传统教育方法对于受教育者的主体性人格的忽视，主张在确认受教育者的主体性人格的基础上，取消过度的知识灌输取向，发挥受教育者的主体性、主动性和能动性，使教育者和受教育者成为教育过程中的"交互主体"，最终实现教育的目标与使命。总而言之，现代主体教育是以现代性的主体人格观念为基础的，倡导教育目标与教育方法的主体性内涵的一种现代教育模式。

二、主体教育的观念演进

主体教育思想在教育领域的产生和发展并不是一蹴而就的，尤其是在中国这样一个具有漫长的封建专制历史和依附性人格的国家，教育的客体性、被动性、依附性的特征依然非常突出。因此，从客体性教育向主体性教育的转型不可能是轻而易举的，相反是非常艰难的。大致而言，主体教育思想在当代的演进经历了以下几个重要的发展阶段：

（一）主体教育思想的提出阶段（20 世纪 80 年代）

主体教育思想的提出最初产生于对传统教育模式的批判。在 20 世纪 80 年代初期，随着改革开放政策的实施，人们发现传统的教育模式和师生关系越来越不适应社会的发展需要。在传统的教育模式中，学生仅仅是"被教育者"，他们不具备主体性的选择权利，他们往往是教育过程中的被动接受者，甚至成为接受教师灌输的知识容器。这样的教育模式遭到了越来越多的批判与反思。在批判活动中，形成了几种具有代表性的教育主体思想：（1）主导主体论。这种观点坚持赫尔巴特的"教师中心说"和杜威的"学生中心说"的统一，一方面认同学生的主体性，另一方面也肯定教师在教育过程中的主导地位，最终形成了"教师主导、学生主体"的主体教育思想。（2）交互主体论。

---

① 张天宝. 主体性教育 [M]. 北京：教育科学出版社，1999：38.

这种观点认为，教师与学生在教育过程中所形成的是"交互主体性"的交往实践关系。教师是主体，同时学生也是主体。这两个主体以教育中介作为桥梁，在教育过程中展开主体间的交往与合作，从而形成"主体——客体中介——主体"的交往关系结构。①（3）主体转化论。主体转化论认为，在教育、教学过程中，教师首先成为主体，发挥出主体性的作用；然后，学生在接受教育、不断学习的过程中也逐渐成长为主体，主体性从教师逐渐转到了学生这一边，从而形成了"主体性的转化"。（4）学生主体说。它借鉴了美国学者杜威的"学生中心说"，主张学生是教育过程中的唯一主体，学生是中心，而教师不再享有主体和中心的地位。这种主体教育理论对于传统的教育模式无疑是一个彻底的颠覆。总而言之，在20世纪80年代的主体教育思想的探索阶段，关于教师与学生的主体性的思想依然没有统一的见解，没有形成共识。教育学的理论研究者们纷纷提出自己的观点，为主体教育思想的发展与成熟提供了最初的、原创的理论。

（二）主体性教育思想的明确阶段（20世纪90年代）

进入20世纪90年代以后，随着市场经济体制的初步确立，整个社会的观念结构已经发生了比较大的变革。如果说20世纪80年代依然是主体教育思想的萌芽期，人们的思维依然有很大一部分停留于传统思维阶段，那么20世纪90年代以来传统思维已经逐渐转向了新型思维。改革开放和市场经济体制的发展促进了人们思维的开放、观念的更新。在教育领域中，西方教育的主体性教育思想也随着改革开放而逐渐在中国教育领域中"生根发芽"，教育理论研究者也逐渐明确地提出了"主体"、"主体性"、"主体性教育"等概念，并且对这些概念的内涵和外延展开了深入探讨。当时，在《教育研究》、《教育研究与实验》等重要刊物上，王道俊、郭文安等一批学者相继发表了《让学生真正成为教育的主体》、《人的主体性内涵与人的主体性教育》、《关于主体教育思想的思考》、《主体性·主体性教育·社会发展》等论文。理论研究者们纷纷开始呼唤教育的主体性，呼唤对于学生的主体性人格的肯定。教育领域的这种思想变革是以往所未曾发生过的，它开启了一个新的教育时代的到来，即主体教育时代的到来。基于教育学学者们的强烈呼吁，在教育的实践领域中也逐渐发起了改革的呼声，"尊重学生"、"尊重学生的主体性"、"教育要以学生为中心"等教育理念也逐渐在实践领域中得到了传播。而随着理论与实践的共同发展，主体教育思想也越来越清晰和明确，从而获得了广泛的认同和支持。

（三）主体教育向主体间性教育的转化阶段（20世纪90年代末以来）

20世纪90年代末以来，主体教育思想又经历了一个新的发展阶段，即从主体教育向主体间性教育的转化阶段。由于主体性和主体性教育过分强调个人的主体权利，在一定程度上引发了个人主义、相对主义的泛滥。因此，西方社会的主体性批判风潮越来越大，而国内学界也逐渐加入了这股批判洪流，主张对现代性的主体理念展开批判与反思，从而避免主体性的过度张扬所导致的恶果。在哲学领域，以福柯、德里达为代表的后现代主义学派已经宣告了"主体的死亡"，认为主体性在后现代社会将不复存在；而以哈贝马斯为代表的法兰克福学派批判现代性的"单子式"主体，倡导主体与主体之

---

① 冯建军. 当代教育原理 [M]. 南京：南京师范大学出版社，2009：9.

间的"交往理性"。国内的理论界也逐渐倾向于"交往理性",转而批判西方社会的"单子式"主体。在交往理性理论(主体间性理论)的指引下,当代中国的教育学界开始批判孤立的、极端的个人主体性,倡导教育活动的主体间性。因此,在整个教育理念层面上,出现了从主体教育向主体间性教育的转化。但是,这种转化并非要否定主体性教育,而是深化主体性教育,使主体性教育与主体间性教育实现有机统一。冯建军的《当代主体教育论》、张天宝的《走向交往实践的主体性教育》、陈旭远的《交往教学研究》等著作分别揭示了主体性和主体教育中所存在的弊端和不足,倡导由主体教育向主体间性教育的转换。这也预示了主体教育思想的发展进入了一个新的阶段——"否定之否定"的阶段。

三、主体教育理念与学校教育的变革

主体教育理念延续了启蒙现代性的基本精神,倡导了个人的主体性和独立性,对于提升学生的主体权利和人格尊严有着很重要的意义。在当代的社会变革中,由于市场经济体制的发展需要人格的主体性和独立性,因此主体性人格观念得到了极大的传播。在教育领域中,教育改革的新观念也越来越强调主体性人格和主体性教育,甚至一度形成了主体性教育的思潮。这股主体教育思潮促成了当代学校教育的一系列重大变革,其中包括学校教育的学生观、教师观和课程观等的变革。

(一)主体教育理念与学生观的变革

学生是具有主体性的人,而不是教育过程中纯粹的客体对象,这是主体教育理念的学生观。但是,在传统的教育理念下,学生往往只是"受教育者",学生在学校中就是来接受教育的,他们不具备主体性的特征。在主体教育理念下,学生显然不仅仅是教育过程中的"受教育者",是教育过程的客体,也是教育过程中的主体性存在,是教育中的主体。因为,学生是具有主体性人格的人,学生的主体性在教育过程中必须得到肯定和展现。启蒙现代性的基本理念就是倡导个人的主体性权利和主体性精神,试图将人的主体性完全发挥出来。主体教育理念继承了启蒙现代性的主张,肯定了人作为主体的基本权利和基本自由,首次承认了学生也是教育活动过程中的主体,而不只有教师才是主体。因此,主体教育理念事实上引起了学生观的重大变革,即从传统的"客体学生观"转向当代的"主体学生观"。在这种观念转变中,学生的尊严、价值、自由、权利逐渐得到了尊重,学生与教师的平等主体关系也逐渐得到了肯定;对于教育过程的理解也从传统的"主体—客体"关系转向"主体—主体"的交互关系。学生不再是教育过程中的被动性的存在,而是具有主动性、能动性的主体。随着学生观的变革,学校教育的目标也出现了改革。传统的教育目标并不重视学生的主体性人格的培养,它往往自觉或不自觉地塑造着学生的依附性人格。传统教育强调知识的背诵、记忆和学习,而并不强调对于知识的理解、创新和转化;传统的教育模式往往强调要培养"听话的"学生,而不是培养具有批判意识的"独立的"学生。这都表明传统的教育目标往往是集中于培养学生的客体性人格,而非主体性人格。与此相反,在主体教育理念的引导下,学校教育在目标层面上逐渐发生了变革,学生的主体性人格逐渐获得了重视,学校教育也不再只是要求学生纯粹地去记忆、背诵、服从,而是要求学生学会反思、批判和逆向思考。

在主体教育理念的推动下，当代的学校教育在不断地改造着传统的观念，而使整个教育过程转向了主体教育的新理念，致力于发挥受教育者的主体性精神、主观能动性，塑造受教育者的主体性人格。

（二）主体教育理念与教师观的变革

主体教育理念下的教师，更多的是发挥着引导性的作用。教师不再是教育过程的唯一主体，学生同时也是教育过程的主体。所以，两者形成的是"主体—主体"的交互关系，而非"主体—客体"的二元对立关系。尤其是在主体性教育向主体间性教育的转换过程中，这种交互主体性的关系更加明显，它确认了教师和学生的平等主体的关系，从而重新定义了教育过程的关系结构。这种交互主体教育与传统的教育模式形成了本质的区别。在传统教育理念下，教师往往是教育过程的控制者，教师与学生之间是"控制者"与"被控制者"的关系。教师把学生当做"物"或者"不听话的对象"来加以控制，而学生则把教师当做可怕的人或"控制者"来对待。于是，教师和学生之间就形成了类似于"猫与鼠"的关系，相互之间难以和谐、愉快地共处。而在主体教育理念下，教师与学生之间不再是控制者与被控制者、主体与客体的关系，而成为交互主体的平等关系。因此，教师在教育过程中发挥着引导的作用，而不再是控制的作用。

一位教师的经验之谈

班内调皮捣乱的学生是建设和谐育人环境的最大阻碍因素。对部分学生，我总是平等地对待他们，不歧视他们。像上学期参与打架而受到学校严重警告处分的管程，我总是心平气和地和他沟通交谈，让它真正认识到自己的错误。

我从不挖苦、打击、讽刺他，打架前怎样对他，现在依然怎么对他。他一开始的抵触情绪和极端想法很快就没有了，现在好像换了个人似的，以积极的态度迅速地重新融入了班集体。对待这部分学生，教师要有一颗宽容的心，要允许他们犯错误，在一次的过失中让他们逐渐认识到自己的错误。

班里还有个学生名叫柴猛，他生性暴烈，在教室里坐不住，自习纪律也不好。我找他心平气和地谈话，经过一次次地谈话、沟通，通过一件件发生在师生之间的事情，他现在的进步已经比较可观了。

——丁建志. 主体教育 [M]. 北京：中国经济出版社，2005：319.

此外，在主体教育理念下，教师也不再是知识的灌输者，而是知识的启发者。传统教育往往要求教师承担知识灌输者的角色，把课程、教材中的知识灌输进学生的大脑。但是，在主体教育理念下，知识学习必须依赖于学生的主体性的发挥，教师不是灌输者，而是启发者。教师在课堂教学中更多的是采用"启发式"或者"发现式"的教学方法，来引导学生去发现问题、发现知识、创造知识。在启发式教学或者发现式教学中，教师已经摆脱了知识灌输者的角色，他（她）把自己定位为知识的启发者，引导学生共同去发现那些潜存着的知识。因此，在主体教育理念下，教师观已经悄然发生了改变，教师从课堂教学的"控制者"转变为课堂教学的"引导者"，从教材知识的"灌输者"转变为教材知识的"启发者"。这种变革对于当代学校教育是有益的，它能够帮助教师树立正确的教师观和教学观，从而促进主体性人格和主体教育的生成。

（三）主体教育理念与课程观的变革

主体教育理念所引发的课程观的变革，主要表现为从"规定的"课程观向"自主建构的"课程观的变革。传统的课程理念认为，课程权力应高度集中于国家和地方政府，学校的课程设置是"被规定的"，教师的课程活动和学生的课程学习也只能是在"规定的"轨道之内来展开。但是，在主体教育理念的影响下，这种课程观正悄然发生着变革。主体教育理念强调个人的主体性、独立性，因此"规定的"课程取向正在逐渐被"自主建构"的课程取向所取代。自主建构的课程取向强调了课程权力的下移，认为除了国家和地方政府具有课程权力之外，学校、教师和学生也应该享有课程权力。在这种主体教育观念的指引下，主体性的课程理念逐渐形成，课程形式也朝主体性的方向展开变革。这种变革首先体现为改变单一的课程结构，增设活动课程。以往的教育往往只重视"死知识"的教学，而增强活动课程的比重，则是希望在活动课程中引导学生的学习兴趣，促进学生的主体性参与，使学生的书本知识与社会现实、理论知识与实践知识结合在一起，从而获得更全面的知识，锻炼出更全面的素质。另一方面，在主体教育理念的影响下，课程的选择权利也开始走向多元化，不仅是国家、地方具有课程内容的选择权，同时学校、教师和学生也具备了一定的课程内容的选择权利。一个典型的表现就是校本课程在当前的学校教育中开始广泛地实施。校本课程是由学校所自主建构的一种课程模式，在校本课程的建构中，学校、教师和学生在内容选择和教材编排上都贡献了自己的智慧，都参与到了校本课程的设置之中。因此，校本课程是课程的微观主体（学校、教师和学生）的共同作用、共同参与的结果。教师和学生作为教育过程中的主体，他们所享有的课程选择权，不仅体现了教育活动的主体性原则，同时也体现了新的课程观在当代学校教育中的形成和发展。因此，在主体教育理念中，不仅学生的主体性权利受到了重视，教师的主体性权利也同样获得了尊重。教师成为课程与教学活动的权利主体，获得了课程创生与课程开发的权利。教师的课程创生和课程开发，意味着教师能够批判性地参与到课程改革与教学活动当中，教师不再是教育政策和课程改革的被动接受者，而是成为教育政策和课程改革的参与者、推动者、实施者，它们可以发挥出自身的主体性，来影响课程改革与教育改革。

（四）主体教育与教学方法的变革

主体教育理念对传统的教学方法也展开了反思与批判，并在批判的基础上提出了新的教学方法，即一种倡导教师的主导性与学生的主体性相统一的教学方法。传统的教学方法一方面过度地强调教师的中心地位和权威地位，认为教学过程就是以教师为中心来展开的，教学活动中的一切设计、一切知识、一切讲授都是由教师来决定的。在这种教育观念的主导下，课堂教学几乎成为教师的"一言堂"，成为单调的知识讲授和知识灌输。另一方面，传统的教学方法也在刻意地压制学生的主体权利。在传统的课堂教学中，学生只是课堂教学的客体，他们只能被动接受教师的讲授和灌输，因此学生更像一个接受知识灌输的"容器"。在主体教育理念的指导下，传统的教学方法遭到了严厉的批判。主体教育理念促进了当前学校教育在教学方法层面上的更新，具体表现为：首先，在主体教育理念的影响下，学校教育逐渐从以往的灌输式教学方法转向为发现式教学方法。发现式教学方法鼓励学生自己去发现知识、探索知识，而不只是单纯依赖教师的讲授和灌输。比如：学生在学习物理、化学或地理知识的时候，教师不仅仅讲授相关的化学公式、物理公式和地理学理论等方面的知识，更重要的是教师要通过化学实验、物理实验、地理考察等多样化的方式来引导学生自己去发现物理公式、化学规律和地理知识。在不断的发现与探索中，学生不仅学到了知识，同时也获得了学习知识的乐趣，并且还形成了发现的精神、探索的精神与创造的精神。其次，在主体教育理念的影响下，学校教育逐渐从以往的"死教学"转向"活教学"。"死教学"以知识讲授为中心，以知识记忆为中心，教师在讲台上不停地讲授，而学生则在讲台下不停地记录和背诵。这样的教学方法和教学活动可以说是一种"死教学"。在当前的学校教育实践中，"死教学"的方法正在被抛弃，而"活教学"的方法则得到了越来越多的教师的认可。"活教学"方法倡导学生的主体性参与，学生不只是在讲台下"听"，同时也积极地参与到教师的知识传授之中；教师创造性地组织各种游戏、实验、问答、讲座、社区实践等活动来传递理论知识，而学生也可以在这些创造性活动中锻炼自己的各方面的素质和能力。教学方法的这种从"死教学"到"活教学"的发展与变革，不仅促进了学生的发展，同时也促进了学校教育的改革与发展，促进了人们的教育观念的变革与创新。

第三节 生命教育的理念与教育改革

生命教育理念最初导源于西方社会所兴起的"死亡学"和"生死教育"，其后逐渐发展成为一种以促进青少年学生的生命健康，提升青少年学生的生命质量，发展青少年学生的生命活力为宗旨的教育思想流派。到了20世纪90年代，西方的生命教育理念逐渐传入中国的台湾、香港和内地，并且迅速地形成和发展起来，这主要是由于当代中国（中国内地、香港地区和台湾地区）教育领域中，压抑生命、限制生命、损害生命等教育现象的普遍存在。基于对教育中压抑生命、限制生命等不良现象的反思与批判，当代中国的生命教育理念正在不断走向成熟，同时对学校教育实践产生越来越重要的影响。

一、生命教育的内涵

生命教育简要而言就是一种倡导关注生命、珍爱生命、提升生命和发展生命的教育形式。它批判割裂人性、生命、人格的教育，倡导对于人的整全生命的关注。生命教育理念的提出，最初是源于对肢解、割裂和迫害学生生命的现代教育的批判。现代教育对于学生的整全生命的破坏，具体表现为：（1）"知识主义"的教育取向割裂了人的知识生命和道德生命的有机联系，造成了人的生命完整性的消弭；（2）"工具主义"的教育取向服从于科学理性主义和功利主义的逻辑，使青少年学生的生命发展受限于科学主义和功利主义，失去了接受人文主义熏陶的机会，也失去了道德理性的培育；（3）"唯教材"的教学观限制了青少年学生的生命灵性，阻碍了青少年创造力的发展，青少年学生的学习只是围绕书本的"正确答案"而进行，他们失去了自主性、创造性和灵性；（4）整齐划一的学校制度对生命独特性的阉割。学校教育制度发展到今天，已经越来越规范，越来越制度化，也越来越成为一个封闭的系统，"划一性的制度和规范的管理，越来越排斥学生的个性和自主性，这有悖于现代社会对生命独特性的弘扬"。① 在这种统一的、封闭的教育制度体系下，青少年学生的个性自由和生命自由遭受了压制，生命的独特性在封闭的制度体系中失去了存活的空间。这正是当代社会提出生命教育理念的缘起。

对于生命教育的基本内涵的理解，目前教育学界形成了几种有所区别的观点。钱巨波在《生命教育论纲》一文中指出了生命教育的三重内涵：一是教育要关注生命的整体性和主体性，二是教育要遵循生命成长的规律性，三是教育要培养热爱生命、珍视生命的健全的生命品格。② 程红艳认为，生命教育的基本内涵应该是："教育应根据生命的特征，遵循生命发展的原则，引导生命走向更加完整、和谐与无限的境界，引导人的生命进入'类生命'。"③ 刘济良则提出，生命教育的基本内涵就是"强调生命的个体性、完整性、过程性和人文性"。④ 以上这些观点都具有合理性，但是我们认为，对于生命教育的基本内涵的理解，不能仅仅是从抽象的或理论的层面来把握，还应当在更具体的层面上来理解生命教育的本真涵义。笔者在拙著《生命化教育》中提出生命教育是"通过有目的、有计划、有组织地进行生命意识熏陶、生存能力培养和生命价值的提升教育，使学生认识生命、敬畏生命、珍爱生命、欣赏生命，探索生命的意义，实现生命的价值"。⑤ 因此，生命教育的基本内涵应包括以下几个方面：（1）认识生命。生命教育应引导学生去认识生命，认识生命的有限性、脆弱性和宝贵性，从而使学生意识到残害生命、浪费生命的行为是不正当的。（2）敬畏生命。生命教育应该使学生理解到，人的生命虽然脆弱，但是它很值得我们的敬畏，对于自我的生命、他人的生命甚至大自然中的其他生命要保持一种敬畏之心。（3）热爱生命。生命教育要引导学生热爱生命，包括热爱自我、热爱他人、热爱社会以及热爱大自然中的每一个生命，而不是无视生命、漠视生命。（4）追问生命的意义。生命教育在要求学生认识生命、敬畏生命、热爱生命的基础上，还要求学生去追问生命的意义；只有真正参与到对生命意义的追问之中，学生才能真正理解生命的价值，才能真正地珍爱生命。因此，这四个方面构成了生命教育的基本内涵，它们也是实施生命教育的基本内容。

二、生命教育理念的演进

如上所述，生命教育的起源是 20 世纪初在西方兴起的"死亡学"以及此后发展起来的死亡教育和生死教育，随后，在 20 世纪 60 年代的美国社会逐渐形成了批判戕害生

---

① 冯建军. 生命与教育 [M]. 北京：教育科学出版社，2004：7.
② 钱巨波. 生命教育论纲 [J]. 江苏教育研究，1999（4）.
③ 程红艳. 教育的起点是人的生命 [J]. 教育理论与实践，2002（8）.
④ 刘济良. 生命教育论 [M]. 北京：中国社会科学出版社，2004：7.
⑤ 冯建军. 生命化教育 [M]. 北京：教育科学出版社，2007：8.

命、危害生命、生命颓废等问题的教育思潮，生命教育理念开始在西方社会中发展了起来。随后，它逐渐传入东方社会，在日本、中国台湾地区、中国香港地区等地获得了认同和实践，同时也逐步在中国内地兴起和发展。由此而言，生命教育理念的演进和发展，体现出了从西方社会衍生到东方社会的这样一个发展过程，其最初的思想源头来自于西方，随后逐渐传入东方国家（包括中国），最终形成了各具特色的生命教育理念。

谈及生命教育思想的初创，我们不得不提及美国学者杰·唐纳·华特士。杰·唐纳·华特士在1968年首次提出了生命教育思想，提倡教育要保护生命，促进学生的生命健康和发展。杰·唐纳·华特士同时还在加州创建了阿南达学校，致力于反吸毒、预防艾滋病、反自杀和反暴力等实践活动。随后，1979年，澳大利亚悉尼成立了"生命教育中心"，这是西方国家最早使用"生命教育"（Life Education）这一概念的机构，最终这个机构还发展成了一个正式的国际性机构，它的基本宗旨是防止药物滥用、暴力与艾滋病，在全球从事着保护生命健康的实践活动。[①] 此后，生命教育思想开始逐步传入东方国家。20世纪70年代、80年代和90年代，在日本的大学和民间组织中相继兴起了一些以"生死教育"为宗旨的组织和机构，它们提出了一个新的理念，即要在小学、中学、大学的学校课程中开展"死亡准备教育"，促进人们形成正确的人生观和死亡观。2001年，日本东京大学建立了"死生学"的研究基地，该基地的主要目标是"构筑有关生死的广阔的、有深度的知识体系，将生死学作为重构生命伦理学的基础，回答和升华应用伦理学的课题"。[②] 该基地的研究和实践工作使日本的生命教育有了依托，同时也促进了日本的生命教育理念的发展。

中国台湾地区在20世纪90年代以后也逐渐兴起了生命教育理念。当时，在中国台湾的青少年群体中吸毒、自杀、自残等现象开始凸显，这引起了人们对于青少年学生的生命问题的关注。1997年，台湾地区的有关教育部门设计了生命教育课程，并开始在学校教育领域中进行推广。2000年以后，台湾地区还成立了生命教育委员会，并把2001年定为"生命教育年"。与此同时，中国香港地区也展开了生命教育的实践。2001年香港出版了《爱与生命》教育系列丛书，提倡生命教育的基本理念。2002年香港教育学院公民教育中心明确提出要以生命教育整合公民教育，倡导生命的价值和生命的意义。[③]

除了西方国家以及中国的台湾、香港地区之外，中国内地在新世纪以来也逐渐形成了生命教育的理论思潮和实践潮流。当代中国的生命教育理念，已经不只是狭义的珍惜身体生命的教育，而成为一种教育理念，这就是我们所说的生命化教育。如果说西方的生命教育更多的是要保护学生的生理生命，预防艾滋病、吸毒、自杀、自残，那么当代中国的生命教育理念则显然极大地扩充了生命教育的范围。国内的生命教育理念可以说是"人是教育的出发点"的逻辑延伸，它彰显了人的生命价值与尊严，批判教育的工

---

① 何仁富. 生命教育引论［M］. 北京：中国广播电视出版社，2010：2.
② 何仁富. 生命教育引论［M］. 北京：中国广播电视出版社，2010：3.
③ 关于中国台湾和香港地区的生命教育实践，可再具体参考：冯建军的《生命化教育》（北京：教育科学出版社，2007）一书。

具性和社会本位论，在保护学生的身体生命的同时也倡导对于学生的精神生命的呵护与关怀，对于生命意义与生命价值的追问与寻求。当代中国生命教育理念的这种独特性，在教育实践领域和理论领域都有集中的体现。在教育实践领域，一系列的教育实践都主张要保护学生的生命尊严，肯定学生的生命价值，同时促进学生的个体生命的完善，比如：在华东师范大学叶澜教授的带领下，"生命·实践教育学派"在全国范围内展开了丰富的教育实验和教育实践活动，促进了生命教育实践的发展；与此同时，辽宁省于2004年启动的"中小学生命教育工程"以及《中小学生命教育专项工作方案》，上海于2004年出台的《上海市中小学生命教育指导纲要》，云南省于2008年开展的"三生教育"（即生命、生存和生活的教育）等，也在国内生命教育理念的指导下，开展了以关注学生的生命价值、生命尊严与生命主体性的教育实践。

在教育理论领域，当代中国的生命教育理念也超越了生命教育的原初意义，而获得了更广阔的内涵。叶澜教授于1997年在《教育研究》上发表论文《让课堂焕发生命的活力》，开始了教育对生命的关注。此后，她还在理论层面上继续探索生命教育，明确提出了"生命是教育的基础"、"生命的价值是教育的基础性价值"、"教育是直面人的生命、通过人的生命、为了人的生命质量的提高而进行的社会活动"。[1] 在叶澜教授及其所创立的"生命·实践教育学派"的带动下，国内一批学者也开始进行了以"生命"为核心的教育理论与实践研究，主要研究成果有冯建军的《生命与教育》、《生命化教育》，刘济良的《生命教育论》，李家成的《关怀生命：当代中国学校教育价值取向探析》以及河南大学的"生命教育丛书"等。这一系列研究成果所提出的生命教育理念，已经超越了西方社会的生命教育理念的原初内涵，它获得了更为广阔的内涵与意义，从而形成了一股"生命化教育"的思潮。生命化教育思潮所倡导的基本理念包括：生命整全与全人的教育内容、生命自由与自由的教育追求、生命独特性与个性化、生活化的教育方式以及生命意义与生死观教育等。基于生命化教育的基本理念，当前的学校教育已经开始了实践变革，从忽视生命、漠视生命甚至无视生命逐渐走向了肯定生命、保全生命和珍爱生命，对以"生命"为核心的生命教育理念形成了更为深刻的认同与理解。

三、生命教育理念与学校教育的变革

如上所述，生命教育理念不仅在西方社会获得了广泛的认同，同时也在中国的台湾地区、香港地区和内地获得了比较广泛的支持。中国内地在学校教育领域中相继推出了生命教育的实施纲要和课程计划，这也在一定程度上证明了教育实践领域对于生命教育理念的重视和认可。生命教育理念作为一种理论力量，也正在影响着学校教育实践，促进了当前学校教育的变革与发展。这种变革和发展主要包括了以下几个方面：

（一）生命整全的观念与全人的教育内容

生命教育理念认为，人的生命具有整全性，这个整全的生命包含着两个维度：自然生命（肉体生命）和精神生命（社会生命）。第一个维度是人的自然生命。人首先是作为一个自然生命存在于这个世界上的，人的存在的基础是肉体的生命、自然的生命。作

---

[1] 叶澜等. 教育理论与学校实践 [M]. 北京：高等教育出版社，2000：137-140.

为肉体的生命，正如马克思所说，人是一个自然的存在物，但人又是一个特殊的自然存在物。人的生理生命或者自然生命虽然与其他动物有着很大的共性，但是人的自然生命又有着本质的特殊性，这就是人的自然生命的非特定化和可塑造性。这也使得人能够超越本能和自然生命的限制，而达到其他动物所不能达到的境界。正因为人具有自然生命，生命教育理念认为，教育必须保卫人的身体，锻炼人的肉体生命。学校教育中的一切行为都不能伤害学生的身体，残害学生的生理发展，而是必须按照学生的身体发展规律来展开教育和教学活动。对于学生的肉体的不正当的惩罚或者鞭打是不允许的，对于只关注学生的智力发展而漠视学生的身体发育的教育行为也是不允许的。生命教育理念倡导对学生的身体生命的呵护，强调教育的基本使命是保护和培育学生的身体，在此基础上发展学生的智力和品格。第二个维度是人的精神生命。人不仅在自然生命上是未特定化的，具有超越本能的动力，而且人在精神和心灵上的超越性则更加显著。人是有精神、有心灵、有情感、有记忆、有认知的社会生命。人在社会中的生存，不是动物式的肉体生存，而是具有知识、精神和道德的社会式生存。人知道自己想干什么，自己能干什么，自己应该干什么；人有知识能力，人有道德能力，人有追问生命意义的能力。因此，人除了是一个自然生命，同时还是一个精神生命，或者说还是一个社会生命。因此，生命教育提倡在自然生命的基础上发展人的精神生命和社会生命。教育要培养学生优秀的智力、健全的精神、健康的心理，同时还要培养学生完善的品格，使学生能够融入社会生活当中，并且为社会生活的进步作出贡献。

以生命为本，为生命而歌
——成都锦西外国语实验小学办学追求

以生命为本的理念在"锦西"正式确立，这是对生命不倦的探索与追求结出的果实，这是教育人对教育梦想的理解与诠释。

教育旨在唤醒每一个人自觉的能力，培育完整的生活，造就完整意义上的人，是帮助个人，使其成熟、自由，绽放于爱与善良之中，并由此而创造出新的价值。

教育，本质上是为着生命的发展！只有不断地去参悟生命，遵循生命内在的发展规律，教育才真正地回归到本质！而生命，是一个内涵极为丰富的哲学命题。

生命：横向6个面

体验学习的快乐；

体验生活的快乐；

体验与他人交流的快乐；

体验与万物相处的快乐；

体验经受挫折的快乐；

> 体验成功的快乐。
> 生命：纵向5个层次
> 发现生命的快乐；
> 享受生命的快乐；
> 传递生命的快乐；
> 设计生命的快乐；
> 创造生命的快乐。
> 每一个生命都是一个蕴藏丰富的宝藏！不断地开启，就不断有欣喜呈现！相信生命，相信奇迹！

(二) 生命自由与自由的教育追求

生命教育理念倡导生命的自由（或可称之为个性的自由）。所谓生命的自由，即作为一个个体生命所具有的自由的权利。自由是教育中最可宝贵的东西，教育要维护人的自由人格和尊严。生命教育对于自由的追求，首先就是要把儿童从成人的控制之中解放出来，让儿童在教育活动中、在课堂教学活动中获得真正的自由。20世纪初期，由美国学者杜威所引领的进步主义教育运动，就是在批判传统的教师中心、成人控制的基础上，提出了"教育即生活"、"学校即社会"的思想，来解放儿童的心灵和手脚，回归于生命的自由和个性的自由。虽然美国的进步主义教育运动最终走向了比较极端的一面，但是其解放儿童、追求生命自由的主张却依然值得当代教育去提倡和发扬。可以说，生命教育对于自由的追求，也正是这样一种解放儿童生的教育追求。生命教育对于儿童或青少年学生的生命自由的追求，集中表现为其对于儿童和青少年学生的人格尊严和人格独立的尊重，对于儿童和青少年学生的自然天性、童真童趣的尊重。儿童或未成年的学生虽然不是成年人，但是他们像成年人一样具有自身的人格尊严，具有自己的价值观，具有自己喜欢的生活方式。因此，追求生命自由的教育，要树立起正确的儿童观和学生观，要把儿童当做"儿童"来看待，不要把儿童当做成年人来看待。如果我们把儿童当做成人来看待，那么我们就会强加给儿童很多成人的价值观，而这些价值观本来是不属于儿童的世界的。生命教育对于儿童的生命自由的重视，正是表现于对于儿童的人格尊严和自然天性的尊重。生命教育不是用成人社会的价值观来控制和约束儿童或青少年学生，而是引导青少年学生通过学习来选择合理的人生观、价值观和生命观，让儿童和青少年学生在学校生活当中获得生命的自由、个性的自由和选择的自由。最终，使整个教育活动凸显人的生命价值与生命尊严。

(三) 生命独特与个性化、生活化的教育方式

人的生命是独特的，这个世界上没有两个生命是重复的。生命教育对于学生的生命的尊重，首先就表现为对于学生的生命独特性的尊重。所谓生命的独特性，也可以称为生命的个性，即一个人在思想、情感、认知、思维、性格、品德等方面所具有的独特个性。学生作为受教育者，在教育活动过程中往往被视为统一的整体，他们的人格、个

性、认知、情感等方面的特殊性往往被忽略了。整个教育的制度化机制和规训机制不是解放学生的个性，而相反在很多方面压制了学生的个性。事实上，学生的生命都是独特的，不同的学生，其家庭背景、文化环境、民族背景、教育背景甚至宗教背景都有很大的差异。正是在这些差异的基础上，学生们形成了独立、鲜明的人格特征。生命教育关注学生的不同的人格特征，尊重学生的个性自由和价值选择；它将对学生实行个性化的教育方式，它主张教育要回归于学生的生活世界，而不是脱离学生的生活世界。生命教育倡导个性化和生活化的教育方式。个性化的教育方式通过个性化的教学手段、个性化的教学内容和个性化的教育目标来组成，生活化的教育方式提倡学校教育与学生生活的统一，它们与制度化的教育流水线有的本质差异。在制度化的教育流水线之下，学生的个性差异被忽视了，学生的生活世界也被忽视了。"教育流水线"给学生规定了统一的教材、统一的知识点、统一的考试方式、统一的成绩标准，目的是培育出统一规格、统一个性、统一知识体系的"教育产品"（学生），最终将这些产品在教育市场上加以"销售"。这种教育模式既脱离了学生的生活，也压抑了学生的个性自由。它不仅毒害了学生，也毒害了整个教育。生命教育的理念，正是要摆脱这种无个性、无生活的"流水线式"教育，倡导对于学生的生命个性和生活世界的回归，来培养儿童的独立精神和个性自由。

（四）生命意义与生死观教育的凸显

生命教育的一个重要理念，就是要在学校中展开生死观的教育。生命教育理念在最初就是源于西方社会的死亡教育，它充满着对于生命意义的关注。而随着西方社会在20世纪中期以后各种危害生命、戕害生命的病理性现象的产生，比如吸毒、自杀、暴力、艾滋病等，愈发凸显出生死观教育的重要性。所谓的生死观教育，顾名思义，主要包括"生的教育"和"死的教育"这两个维度。生的教育，即是对受教育者进行生命意义、生活价值的教育，引导学生树立正确的生命观和价值观，促使他们尊重自我的生命、尊重他人的生命，同时也尊重一切有生命的物种的生命。比如，日本文部省在20世纪80年代的《教学大纲》中就针对青少年学生的自杀、杀人、破坏自然环境、浪费等日益严重的社会问题，提出了"以尊重人的精神"和"对生命的敬畏"之观念来定位道德教育的目标。中国的台湾地区和香港地区也广泛地开展了重视生命价值、珍爱生命健康的生命教育活动。生命教育理念促使学校教育更加关注生命的意义，重视"生"的价值。另一方面，生命教育理念也促进了当前学校教育对于"死亡"教育的关注。死亡教育在学校教育中本是一个禁忌的话题，家长和学校往往都认为不宜和学生谈论死亡的话题。但是，生与死处于辩证的关系之中，如果学生不理解"死"的含义，那么他们又如何能理解"生"的价值呢？因此，从某种意义上说，以往的学校教育忽略了死亡这个重要话题，这对于学生形成正确的生命观是不利的。生命教育理念肯定了死亡教育的重要性和必要性。正如海德格尔所说的，人必然需要"向死而生"。只有当学生能够理解生命的短暂、死亡的必然性的时候，他（她）才真正能理解生命为何是宝贵的，生活为何是宝贵的。生命教育理念对于学校教育的促进，正在于它不仅推动了学校中的"生的教育"，同时还推动了学校中的"死的教育"。最终，生命教育提升了学生的生命认识，促进了他们对于生命意义的领悟。这无疑体现出生命教育理念对于学校教育实践变革的推动与促进。

第四节 教育公平的理念与教育改革

教育公平是教育理论领域与实践领域的一个热点议题，它对于当代教育的变革与发展产生了极其深远的影响。自中华人民共和国成立以来到20世纪80年代，教育公平观念就已经开始萌生，当时的教育公平理念主要关注人的受教育权利的公平和正义，从宪法、法律和政策层面上规定了公民的受教育权利的平等。到了20世纪90年代，教育公平理念则促使人们去反思教育均衡发展和教育资源配置的公平问题，推动了基础教育的均衡发展和教育资源的公平分配。新世纪以来，教育公平理念则进一步走向了成熟，它继续推动着教育目标体系、教育制度体系和教育资源配置体系的变革，使得我们的教育朝着更公平的方向迈进。

一、教育公平的内涵

关于"教育公平"的基本内涵，目前还存在着一些认识上的差异。有的学者认为，"教育公平"是指教育资源配置的公平和正义，有的学者则认为"教育公平"是指教育机会的均等，有的学者则把"教育公平"界定为教育目标和教育结果的公平。由此可见，对于"教育公平"的理解，教育学界目前依然没有形成统一的认识。我们认为，若要对"教育公平"的基本内涵形成透彻理解，则必须从更综合、更全面的视角来对"教育公平"展开逻辑分析，因为"教育公平"是一个系统的、整体的概念，它不能从单一维度来加以界定。因此，本文倾向于认为"教育公平"的基本内涵是：（1）教育起点的公平，即每个学生是否享有了受教育的平等机会与平等权利；（2）教育过程的公平，即教育活动是否为每个学生提供了公平的教育资源和教育条件；（3）教育结果的公平，即教育成功机会和教育效果的相对均等。以下我们将就此展开更详细的分析。

（一）教育起点的公平

教育起点的公平主要是指国家宪法、法律和教育政策是否保障了每个公民的受教育权利和受教育机会的平等，从而在"教育的起点"上保障了每个公民的受教育权利。教育起点的公平主要包括以下几个方面：（1）国家宪法、法律是否保证了每个公民的受教育权利的平等，即每个公民是否都具有接受教育的平等权利与义务，不会因为民族、性别、职业、财产状况、宗教信仰等方面的差异而在受教育权利和受教育机会方面遭受不平等对待。教育起点的公平，意味着宪法和法律规定每个公民都依法享有受教育的平等权利与机会。如果宪法和法律没有规定公民具有受教育的平等权利，那么这就构成了"教育起点的不公平"。（2）国家教育政策对于教育资源的配置是否保障了每个公民的受教育机会的平等。教育资源在贫困地区与发达地区、东部地区与西部地区、强势群体与弱势群体之间的配置方式，潜在地决定了"教育起点的公平"。如果国家教育政策在资源配置上偏袒发达地区、东部地区和强势群体，那么就等于剥夺了贫困地区、西部地区和弱势群体的适龄儿童的受教育权利与机会，因此也就形成了"教育起点的不公平"。概而言之，教育起点的公平更多地体现为宪法、法律和国家政策是否赋予了每个公民以平等的受教育权利和受教育机会，它保障着每个公民在教育起点上的公平待遇。

（二）教育过程的公平

教育过程的公平主要是指在教育活动过程中，学生群体和学生个体是否获得了公平、正义的对待。学生群体大致可以分为性别群体、学业群体和种族群体。教师对班级中不同学生群体的公平态度，决定了教育过程的公平与否。比如，男女两种性别的学生在课堂教学中是否获得了公正的对待，女生是否遭受到了教师的歧视；"差生"和"好生"这两个学业群体，教师是否能公平、正义地对待；班级里除了汉族学生之外，还有维吾尔族、壮族、哈萨克族的学生，教师是否能以平等的态度来对待这些来自不同民族的学生……这些无疑都涉及教育过程的公平。此外，当教师在面对学生个体的时候，是否会因为个人的好恶或者个人的主观判断而对某个学生更加偏爱，对另一个学生产生厌恶情绪，这也影响了教育过程的公平。总之，教育过程的公平更多地体现为在微观层面上受教育者是否获得了公平的对待，是否能公平地享受课堂教学中的教育资源与教育条件。

（三）教育结果的公平

教育结果的公平即每个学生接受同等水平的教育后是否能够达到一个最基本的标准，从而实现教育结果的基本公平。教育结果的公平主要包括两个方面的内容：一是学校教育在目标层面上是否实现了基本标准，同时保障教育质量的稳步提升，促进每个学生的基础能力的提高；二是学生的学业成绩是否达到了实质性公平。就前者而言，学校教育是否使每个学生都达到了基本标准，学校教育是否完善了自身的教育质量，从而实现了自身的基本目标，这是判断教育结果是否公平的重要依据。教育结果的公平，并不是要求每个学生都达到最高的发展水平和发展标准，这是不现实的，也是不可能的，因为学生个体之间的差异是很明显的。但是，学校教育有责任保证通过优质的教育质量来促使每个学生在素质和能力等方面达到基本标准，如果无法做到这一点，那么我们认为这种教育在结果上是不公平的。其次，学生的学业成绩的实质性公平也是判断教育结果公平的重要标准。学生的学业成绩的实质性公平，主要是指学校教育是否保障了学生的学业成绩依其能力水平和努力程度而获得了公平的发展。但是，学业成绩的"公平"不等于学业成绩的"平均"，学生的能力水平、智力水平和思维水平等都存在着差异，因此不能以所有的学生都得90分来衡量教育结果的公平。学业成绩的实质性公平的衡量指标应当是教师的公平态度以及学生是否依其能力而达到了相应的学业成就。如果教师公平地对待学生，学生也依其能力达到了相应的学业水平，那么这样的教育就是结果公平的教育；反之，则是结果不公平的教育。

二、教育公平的观念演进

教育公平观念在现代中国的演进经历了几个重要的时期。首先是中华人民共和国成立之后直到20世纪80年代，人民民主专政的人民政府及国家教育政策致力于保障公民的受教育权利和受教育机会的平等，着重实现教育起点的公平。而到了20世纪90年代以后，国家的教育政策则逐渐转移到教育资源配置的公平与正义、教育过程的公正与平等，追求教育过程中的公平。新世纪以来，由于受教育者的合法权利基本上得到了保障，教育过程的公平也逐渐受到了重视，因此，教育公平观念逐渐演进成为了追求教育结果的公平，致力于提升教育质量，实现教育的"优质均衡发展"。因此，教育公平的观念演进，大致可以划分为以下几个重要阶段：

（一）教育公平观念的萌生阶段（中华人民共和国成立以来至20世纪80年代）

这一阶段的教育公平观念主要集中于受教育权利的公平（教育起点的公平），致力于从国家宪法和教育法律层面上来规定公民的受教育权利与受教育机会的平等。中华人民共和国成立以后，人民民主专政的人民政府规定了每个公民都具有受教育的平等权利，公民不因性别、种族、宗教信仰、财产状况等而受到不公平的待遇，人人都具有享受教育的公平权利。在1954年、1975年和1978年的中华人民共和国宪法中，都一致地规定了"受教育权是公民的一项基本权利"、"妇女在文化教育方面享有同男子平等的权利"；1982年宪法（即现行宪法）也规定了"中华人民共和国公民有受教育的权利和义务"（第46条第1款）。到了1986年，国家颁布了《中华人民共和国义务教育法》，义务教育法规定："国家实行九年义务教育制度。各级人民政府采取各种措施保障适龄儿童、少年就学。适龄儿童、少年的父母或者其他监护人以及有关社会组织和个人有义务使适龄儿童、少年接受并完成规定年限的义务教育。"可见，在教育公平观念的萌生阶段，国家宪法、国家法律和国家政策致力于保障每个公民的受教育权利，而教育公平的观念也主要集中于受教育权利的公平，即教育起点的公平。这是教育公平观念在萌生阶段的一个基本特征。

（二）教育公平观念的兴起和发展阶段（20世纪90年代至21世纪初）

在这一时期，教育公平观念获得了比较大的发展，同时其内涵也得到了扩大：它不但重视受教育者的法定受教育权利和受教育机会的公平，同时还关注教育资源分配的公平以及教育过程中的公平。1995年的《中华人民共和国教育法》不仅规定了每个公民的受教育权利的平等，同时也规定了受教育者在教育过程中不得遭受任何形式的歧视和不平等对待。由此，教育公平观念逐渐从关注教育起点的公平转而开始关注教育过程中的公平，致力于实现教育的均衡发展（尤其是基础教育的均衡发展）。到了21世纪初期，国家对义务教育法进行了相关的修订（2006年修订），修订后的义务教育法不只是停留在权利保障上，而是进一步提出义务教育"是国家必须予以保障的公益性事业"，"实施义务教育不收学费、杂费"，"国家建立义务教育经费保障机制，促进义务教育制度实施"，把依法保障广大公民均衡共享义务教育资源作为新义务教育法的重要目标。因此，在这一时期，教育公平观念已经不再是停留于受教育权利的公平，而是发展为对教育均衡发展和教育过程公平的关注。由此，教育公平的观念从抽象的法律观念逐渐过渡为具体的教育观念。

（三）教育公平观念的成熟阶段（21世纪以来至今）

这一时期的教育公平观念，首先是延续了20世纪90年代以来对于教育均衡发展和教育资源分配正义的关注，致力于建立公平的教育资源分配制度，来促进基础教育的均衡发展，促进中西部地区、弱势群体与强势群体、贫困地区与发达地区之间的教育资源分配的公平。同时，这一时期的教育公平观念，又对前述的教育公平观念形成了超越，即从强调"教育过程的公平"走向了强调"教育结果的公平"，从强调"教育均衡发展"走向了强调"优质均衡发展"，即从以往的权利保障逐渐转向了质量提升，重视教育结果的公平，要求使每个学生都能享受到优质的教育资源，实现优质的教育结果。正如学者所指出，"优质均衡发展，不仅是均衡发展，而且是优质教育的均衡发展。优质教育不等于优质资源，而是指向教育结果、教育质量的优质"。① 如果说，萌生阶段的教育公平观念主要关注的是教育起点的公平（受教育权利的公平）；第二阶段的教育公平观念主要关注的是教育均衡发展（教育资源分配的公平和教育过程的公平）；第三个阶段的教育公平观念则更加关注"优质均衡发展"（教育结果的公平），这是教育公平观念的一个发展趋势。

三、教育公平观念与学校教育的变革

如上所述，教育公平观念从萌生阶段、发展阶段再到成熟阶段，经历了一个漫长的历程。而我们国家的教育政策也伴随着教育公平观念的演进而不断地发展和变化着，从最初重视受教育权利的公平（教育的起点公平），逐渐过渡到教育过程中资源配置的公平和教育均衡发展（教育过程的公平），进而过渡到追求教育的优质均衡（教育结果的公平）。总而言之，改革开放30年来教育公平观念的演进，它不仅具有很强的理论意义，同时也具有极大的政策意义和实践意义，它促进了当代学校教育的变革与发展。

《国家中长期教育改革与发展规划纲要(2010—2020)》中关于"教育公平"的论述

教育公平是社会公平的重要基础。教育公平的基本要求是保障公民依法享有受教育的权利，关键是机会公平，重点是促进义务教育均衡发展和扶持困难群体，根本措施是合理配置教育资源，向农村地区、边远贫困地区和民族地区倾斜，加快缩小教育差距。教育公平的主要责任在政府，全社会要共同促进教育公平。

形成惠及全民的公平教育。坚持教育的公益性和普惠性，保障人民享有接受良好教育的机会。建成覆盖城乡的基本公共教育服务体系，实现基本公共教育服务均等化，缩小区域差距。努力办好每一所学校，教好每一个学生，不让一个学生因家庭经济困难而失学。切实解决进城务工人员子女平等接受义务教育问题，保障残疾人受教育权利。

---

① 冯建军．走向优质均衡——基础教育发展主题的转换［J］．江苏教育研究．2010（8）．

> 推进义务教育均衡发展。均衡发展是义务教育的战略性任务。推进义务教育学校标准化建设，建立健全义务教育均衡发展保障机制，均衡配置教师、设备、图书、校舍等各项资源。
>
> 加快缩小城乡差距；建立城乡一体化的义务教育发展机制，在财政拨款、学校建设、教师配置等方面向农村倾斜；率先在县（区）域内实现城乡均衡发展，逐步在更大范围内推进。
>
> 努力缩小区域差距；加大对革命老区、民族地区、边疆地区、贫困地区义务教育的转移支付力度；鼓励发达地区支援欠发达地区。

根据国家政策的基本精神以及教育公平观念（包括教育起点公平、教育过程公平和教育结果公平）的主要旨趣，当代教育在资源配置体系、教育制度体系和教育目标体系层面上都形成了变革，朝着教育公平的方向逐渐迈进。

教育公平观念促进了教育资源配置方式的变革。教育公平作为教育资源的配置方式，它保障了学生的受教育权利和受教育机会的基本公平。随着教育公平理念的传播与发展，教育资源分配的公平、正义逐渐成为一种主流的观念。当前教育领域已经开始了教育资源的公正分配，这首先体现为区域之间教育资源的公平分配。欠发达地区和发达地区、东部地区和中西部地区的教育资源配置的不公平现象正在改善，国家财政对于欠发达地区、贫困地区和中西部地区的教育经费投入正在增加。2004年，中央财政投入100亿元专项教育经费来支持西部地区的义务教育和农村教育工作，用于解决农村儿童的上学难问题；2008年，国务院要求全国城乡实行免费义务教育，解决农村地区和贫困家庭子弟的入学难问题。这些可以说都是这些年来国家、政府在教育资源配置上的公正取向的集中体现。其次，学校与学校之间的资源配置也正在走向均衡。通过这些年的改革，原先的重点学校与非重点学校的差距已经开始缩小，教育资源在各类学校之间的分配也趋于均衡。一些地区目前已经取消了重点学校和非重点学校的划分，并且在资源配置上对基础薄弱的学校投入更多的经费和资源。这无疑有助于实现教育公平，促进学校与学校之间的均衡发展。最后，教育资源在不同社会阶层和群体之间的分配也开始走向均衡，不同社会阶层和家庭背景的孩子的受教育机会、受教育权利的公平问题获得了广泛的关注，比如，这几年来教育学界和政府部门对于弱势群体（农村儿童、留守儿童、农民工子弟）的特别关注，在教育资源的分配上向弱势群体倾斜，这使得教育资源的配置更加公平、正义。这无疑是教育公平观念所带来的积极影响。

教育公平观念促进了教育制度体系的变革。在整个教育的内部体系中，教育制度体系占据着核心的位置。公平的教育制度是教育的过程公平的基础和保障。如果没有教育制度的公平和正义，那么也就不可能实现教育活动过程中的基本公平与正义。当前教育制度的公正变革至少体现在了以下三个层面：（1）教育制度规定了学生在教育过程中平等权利。国家、政府、教育主管部门已经制定出相应的政策、法规和规范制度，比如1992年国务院批准并由国家教育委员会发布的《中华人民共和国义务教育法》，以及

1995年国家颁布施行的《中华人民共和国教育法》等法令、法规，都规定不得因学生由于性别、民族、家庭背景、经济状况等原因而歧视学生，不公平地对待学生，而是要保障每个适龄儿童的接受教育的平等权利与平等机会。（2）教育制度规定了学生群体之间的平等地位。当前的教育制度越来越趋向于肯定不同民族、不同阶层、不同文化背景、不同家庭背景的学生在学校教育中的平等地位，在制度层面上保障了学生群体之间的公平与正义，偏重于保障弱势群体的教育公平。比如，2001年国务院发布了《关于基础教育改革与发展的决定》，明确规定"要重视解决流动人口子女接受义务教育问题，以流入地区政府管理为主，以全日制公办中小学为主，采取多种形式，依法保障流动人口子女接受义务教育的权利'。2006年，国务院和教育部再次强调中国要用两年的时间在农村全面免除义务教育阶段的所有的学杂费，同时积极解决成千上万进城就业务工农民子女的上学问题，保障适龄儿童的受教育权利。（3）教育制度规定了学生个体之间的平等。不同的学生个体在能力、智力、思维水平上存在着差异，由此而形成了学习能力、学业成绩的差异。但是，教师必须公平地对待每个学生，不能因为学生之间的差异而歧视某类学生。按照1993年颁布施行的《中华人民共和国教师法》的规定，教师必须关心爱护全体学生，尊重学生人格，促进学生的全面发展。也即是说，教师在教学活动中要关心的是"全体的学生"，而不是"某些学生"，教师不得因为个体差异而歧视某些学生，而必须公平地对待每一个学生。在课程设计、教学机制、考试制度等方面，当前的学校教育也正在研究更为个性化的方案以适应学生个体的差异性。这无疑为学生个体在教育过程中的公平发展创造了制度条件和环境条件。

教育公平观念推动了教育目标体系的变革。教育作为一项公正的事业，在当代社会获得了越来越多的认可与尊重。当代学校教育逐渐把公平作为自身的一种内在品格和内在目标，致力于追求公正的教育秩序和教育效果。教育结果的公平，首先推动了教育目标的公平价值取向的产生，它促使学校管理者和教师们认识到公平乃是学校教育的本质要求，教育目标必须指向于公平和正义。在以往的教育观念中，教育的效率问题往往获得了更多的重视，即以何种方式来有效地进行知识传递，有效地实现学校管理，有效地提高学生的学业成就。相反，如何有效地实现受教育者的公平发展等问题却往往被忽略了。教育结果公平理念的提出，即是要求学校管理者和教师不仅要有效地实施学校管理、班级管理和课堂教学，同时也要关注教育中的公平问题，促进教育结果的公平与正义。其次，教育结果的公正观念也推动了教育目标体系对于弱势学生的关注。比如，2005年教育部印发了《关于进一步推进义务教育均衡发展的若干意见》，提出了要把义务教育工作中心"进一步落实到办好每一所学校和关注每一个孩子健康成长上来"。这也即是说，义务教育工作不是为了某一部分学生的发展，而是要让所有学生——不论是差生还是优生——都得到比较均衡的发展，在教育结果和教育质量上实现公平和正义。在以往的教育目标体系中，受教育者往往被歧视性地划分为"优等生"和"差等生"。学业成绩优异的学生获得了更多的关注，而学业成绩差的学生则往往被忽略。学校管理者和教师的教育目标往往定位为使"优等生"获得更好、更快的发展，以促进学校的升学率和声望的提高。与此同时，"差等生"的发展则被忽视，他们在学校教育的目标体系中失去了位置，他们并不是学校教育所关注的对象。这就导致了"强者恒强，弱者恒弱"的教育结果不公平现象的产生。但是，在教育公平观念的指导下，当代学校教育的目标体系已经逐渐转向了均衡、公平的发展轨道上来，学校教育不是为了"优等生"而进行的教育，而是为了所有学生而进行的教育；学校教育的目标是使所有学生都能因其潜能水平和努力程度而获得公平的发展。教育结果的公平，真正成为了教育公平的一个基本衡量标准。教育结果的公平理念，在无形中促进了教育目标体系的变革，使得教育目标不仅关注效率问题，同时更关注公平问题，不仅关注强势学生群体（"优等生"）的发展，同时更关注弱势学生群体（"差等生"）的发展。这可以说正是教育公平理念的本真内涵。

◎ 反思与探究

1. 如何理解素质教育、主体教育、生命教育、教育公平的基本内涵？
2. 素质教育与应试教育的主要区别体现在哪些方面？
3. 主体教育的内涵与特性是什么？在教育实践过程中如何提升受教育者的主体性与能动性？
4. 生命教育理念缘起于何处？中国的生命教育理念与西方社会最初所提出的生命教育理念的共同点与差异点分别有哪些？
5. 在当代中国的基础教育领域应如何实现教育公平？

◎ 拓展阅读

1. 素质教育调研组．共同的关注：素质教育系统调研［M］．北京：教育科学出版社，2006．
2. 谢祥清．素质教育导论［M］．长沙：湖南教育出版社，2001．
3. 王道俊，郭文安．主体教育论［M］．北京：人民教育出版社，2005．
4. 冯建军．当代主体教育论［M］．南京：江苏教育出版社，2001．
5. 刘济良．生命的沉思：生命教育理念解读［M］．北京：中国社会科学出版社，2004．
6. 冯建军．生命与教育［M］．北京：教育科学出版社，2004．
7. 罗尔斯．正义论［M］．何怀宏等译．北京：中国社会科学出版社，1988．
8. 冯建军．教育公正：政治哲学的视角［M］．福州：福建教育出版社，2008．
9. 周洪宇．教育公平论［M］．北京：人民教育出版社，2010．

后　　记

　　虽然我长期以来从事教育原理学科的教学和研究，但对教育哲学一直有着一种憧憬与热爱，在南京师范大学工作期间也间或为本科生和研究生讲授"教育哲学"。哲学是一种个人化的思想表达，一定意义上，讲授别人的哲学，除非把它作为"思想事实"的陈述体系研究，否则无疑是把自己的头脑当作别人思想的"跑马场"，这对于多少有些头脑和思想的人，都会有些难受和不适应。所以，编写一本《教育哲学》，系统地表达自己对诸多教育问题的哲学思考，一直是我的一个心愿。

　　感谢武汉大学的肖昊教授给我提供了这样一个机会，他邀请我承担由他总主编的"普通高等院校教育学创新规划教材"中的这本《教育哲学》。接受邀请，真正着手编写后，才体会到任务的艰巨。杂七杂八的人间俗事，时常打断哲学的沉思。每个教育哲学问题的博大精深，都需要一个人一生的探索。于是我放弃了一个人写作的念头，邀请同行朋友一起完成。感谢安徽师范大学教授周兴国博士，香港浸会大学教授梁燕冰博士，副教授张慧真博士，南京师范大学青年教师叶飞博士的鼎力相助和愉快的合作，才有了这本《教育哲学》的诞生。

　　本书由冯建军主持编写，草拟提纲后，分工合作。具体分工是：第一、第二章由南京师范大学教授冯建军撰写，第三章由香港浸会大学副教授张慧真撰写，第四、第五章由安徽师范大学教授周兴国撰写，第六章由周兴国、冯建军合作撰写，第七章由香港浸会大学教授梁燕冰撰写，第八章由南京师范大学叶飞撰写。全书最后由冯建军统稿、定稿。

　　由于哲学更多的是个人思维和思想的表达，各位作者都有自己对教育问题的独特认识和理解，以及个人化的语言表达风格，作为主编，我虽然会提出一些修改建议和要求，但更多的还是尊重作者自己的表达。非常高兴的是，我们第一次与香港学者合作，她们的思想、她们的表达风格，虽然会与我们稍有差异，但也给我们以新的启发。

　　本书在编写过程中参考了国内外学者大量的教育哲学著作，有的以注释的方式列出，有的在章末以"拓展阅读"的方式列出，有的可能还有所疏漏。在此，向直接引用和间接给我们以启迪的各位作者一并表示最真挚的感谢。

　　本书无论内容还是形式，都还存在一些不足，希望在使用过程中能够得到学界前辈、同行和读者的批评指正，以便能够有机会修改完善。在此，也感谢阅读本书的每位读者，正是你们的阅读、批评和建议，才彰显了本书的意义和价值。

　　教育哲学在我国的恢复和重建时间还不长，学科的建设还需要我们更多的努力，本书的出版若能为学科的建设作出微薄的贡献，也实现了我们最大的心愿。

冯建军

2011 年 3 月 20 日于南京